国家社会科学基金西部项目（14XMZ095）

清代西南地区的教育发展研究
——以云贵地区为中心

杨永福 等 著

天津出版传媒集团
天津古籍出版社

图书在版编目（CIP）数据

清代西南地区的教育发展研究：以云贵地区为中心 / 杨永福等著. —天津：天津古籍出版社，2022.2
ISBN 978-7-5528-1205-3

Ⅰ.①清… Ⅱ.①杨… Ⅲ.①地方教育—教育体系—研究—西南地区—清代 Ⅳ.①G529.49

中国版本图书馆CIP数据核字（2022）第027505号

清代西南地区的教育发展研究 —— 以云贵地区为中心
QINGDAI XINAN DIQU DE JIAOYU FAZHAN YANJIU
YI YUNGUI DIQU WEI ZHONGXIN

杨永福等 / 著

出　　版	天津古籍出版社
出 版 人	张　玮
地　　址	天津市和平区西康路35号康岳大厦
邮政编码	300051
邮购电话	（022）23517902
责任编辑	门　辉
装帧设计	鞠佳美
印　　刷	北京虎彩文化传播有限公司
经　　销	全国新华书店发行
开　　本	710毫米×1000毫米　1/16
印　　张	22
字　　数	383千字
版次印次	2022年2月第1版　2022年2月第1次印刷
定　　价	128.00元

版权所有　侵权必究
图书如出现印装质量问题，请致电联系调换（022-23517902）

序 一

在《清代西南地区的教育发展研究》一书即将付梓之际,作者杨永福博士将书稿寄给我过目,并嘱我作序。鉴于对这个问题我还是颇有兴趣的,也就爽快答应了。

最初了解杨永福,大约是在四五年前,是我的好友方铁教授谈起的。方铁先生曾得意地说起他培养的几个博士已是云南各高校的骨干,杨永福便是其中之一,当时他在文山学院人文学院当院长,已是硕果累累。我真正认识并了解杨永福,是在2018年的4月。那次,他趁我们到昆明参加学术会议,特邀我和李治亭先生去文山学院讲学,并亲自开车接我们到文山。在他主持的人文学院里,历史教学有声有色,学生们也是朝气蓬勃。我们的讲座结束后,同学们提问题积极踊跃,乃至提出问题的深度都令人赞叹。讲课之余,杨永福陪我们参观了广南侬氏土司衙署和麻栗坡的老山主峰和烈士陵园。那四五天的时间,我们朝夕相处,使我对杨永福有了一个深刻的印象:勤奋好学,为人忠厚。从那时起,我便称他为永福,也正是那个时候,我知道永福拿到了一个国家社科基金项目,这也使我对永福更多了一份敬意。要知道,在地处边疆的一个地方普通高校,要想拿到国家社科基金项目是相当不容易的,除了幸运之神眷顾之外,个人学术水平和业务能力(所谓的前期成果)是最基本的入围条件。

从那以后,我们联系频繁,我也经常问及他的课题完成情况。现在,他的课题已通过结项,并且要正式出版了,可谓是件大喜事。认真看过书稿后,深知永福完成这一课题真是下了很大功夫,特别是收集了相当丰富的史料,对于地处边疆小城市的永福来说,实属不易。

清朝在西南边疆少数民族地区推行的教育政策是清政府在对西南边疆开发过程中的重要措施之一,取得了非常明显的成效,突出的表现是边疆少数民族地区的国家认同超过了以往任何一个时期,大大促进了边疆与内地一体化的进程。如今西南少数民族地区是中国最稳定的民族地区,与清代以来推行的教育政策是分不开的。对这一问题我一直是很关注的,却少有研究。永福能以此作为研究课题,说明他还是很有学术眼光的,此外,全书除绪论外,共有七章。第一章讲清前期对西南边疆的治理与经营,并突出清政府在西南边疆推行的文教政策,核心内容是"崇儒重道"、文教为先。以下五章,分别谈论地方官学、学额政策、书院发展、义学教育,以及西南边疆的科举政策,最后一章总结分析西南边疆少数民族地区的文化认同与内地化趋势,可谓内容全面,结构合理,而且每章之中都体现了西南边疆的特点,给我印象最深的是,永福将学额问题、书院问题、义学问题各立一章,这显然是他深思熟虑的结果,的确也写出了西南边疆少数民族地区的特色。学额的分配是各地读书人十分关注的重要问题,第三章专门讲西南边疆地区的学额,并详细统计了贵州、云南、广西三省的学额(详表见附录)。从统计数字可以看出,西南边疆地区的学额大体与内地相当,正如作者所说,这"对西南边疆各省是一种优惠政策",这的确是非常中肯的结论。第四章专门讲书院的发展,也突出了西南边疆地区的特点,即书院在西南地区兴起较晚,但发展迅速。据作者统计,清代云南有书院250所,贵州135所,广西221所。义学在清代的教育中一直被视为"补学校之所不足",在内地各省主要是为了教育贫寒子弟,但就西南边疆地区而言,义学的作用与内地不同,有其特色,第五章正是抓住了这一特色,明确指出,清政府在西南地区广置义学,旨在通过兴文教而达到变夷风,进而"达到政治上的有效管理与控制"。同时还详细统计了云南、贵州、广西三省义学的数字,论述了三省在义学发展中的不同特点,颇有新意。

总体而言,本书达到了预期目标,是一部有地方特色的学术专著。当然,本书也有美中不足之处,就课题中的清代"教育政策"而言,除了学校教育之外,尚应包括社会教化,这部分内容也是相当丰富的,这是本书没有涉及的,或许是限于篇幅,或许是与申报课题有关,建议永福在日后亦能对此有所关注与研究,在本书完成的基础上,再完成一部专著,以成清代西南边疆教育研究的姊妹篇。

是为序。

李世愉

2021 年 4 月 20 日

序 二

《清代西南地区的教育发展研究》一书即将付梓,作者杨永福教授嘱我为该书写个序言,鉴于我对西南边疆史领域的研究有一些心得,因此答应下来。

杨永福于 2005 年考入云南大学,在教育部人文社科重点研究基地中国西南边疆少数民族研究中心攻读博士研究生。在我指导的博士生中,他平时言语不多,但勤奋好学、求实多思,进步明显。读博期间,杨永福一边履职原单位的教学科研管理工作,一边潜心研究,出版了两部著作,发表了一些高质量的论文。毕业后杨永福继续在学术领域辛勤耕耘,不断在治学的道路上攀登。有付出就会有回报,于是就有了摆在读者面前的这一部著作。

清朝统治的前半期(1644—1840),是历史上西南边疆经济社会发展最为重要的时期之一。从变革的深度和广度而言,清代无疑要超过明代,是西南边疆少数民族社会变革深度和广度最为明显的时期。一般认为,清代西南边疆少数民族社会的变迁有诸多复杂的原因,如:政治上清朝通过改土归流、拓展在西南边疆的政治权力网络,经济上大力开发西南边疆丰富的矿产资源,发展广大山区的农业,同时重视与内地交通、允许内地汉族向西南边疆移民等,都是促使西南边疆少数民族社会发生深刻变化的重要因素。更值得重视的是,这一历史局面的形成和巩固,与这一时期西南边疆各民族逐渐确立起从模糊到较为明确的与内地汉族人民共同的文化认同、国家认同是分不开的。而西南边疆各民族能够逐渐确立起对中原内地儒家文化及其价值体系,以及建构于此基础上的国家认同,很大程度上要归功于清朝统治者认识到"治天下者莫亟于正人心厚风俗,其道尚在教化。……教化者为治之本,学校者教化之原",从而在西南边疆施行一系列相应的教育政策。对此问题,以往的研究成果虽有不同程度的涉及,但进行整体、系统的梳理尚属欠缺,杨永福能以此作为研究课题,说明他是很有学术眼光的。

全书除绪论外,共分为七章。第一章简要叙述清前期对西南边疆的治理与经营,并突出清政府在西南边疆推行的文教政策,其核心内容是"崇儒重道"、文教为先。之后五章,分别考察清代西南边疆地方官学、学额及科举中额配置政策、书院发展、义学教育,以及西南边疆的科举考试政策。最后一章总结分析西南边疆少数民族地区的文化认同与内地化趋势,总体上内容全面,结构合理,而且每章之中都体现了西南边疆的特点。大致而言,该书有以下几点值得肯定:

一是较为系统地梳理了清朝西南边疆少数民族教育政策及其发展演变的情况,相对于此前主要聚焦于分省进行考察的做法,在现有研究基础上有较大拓展。作者认为清朝的西南边疆少数民族教育政策已经形成了一套较为完整的体系,并能根据西南边疆的实际,在实施过程中权宜变通,有些明显的优惠政策是针对西南边疆的特殊情况,体现出清政府在西南边疆的治理措施方面,坚守因地制宜的原则。

二是在研究的方法和视野方面,作者综合运用历史学、历史地理学、民族史学等学科的理论和方法,对清代政府档案、相关地方志书等第一手文献资料进行梳理、辩析,同时运用长时段和系统研究方法,将清朝西南边疆少数民族教育政策的制定与实施置于全国经济社会发展的大背景下,注意到清朝教育政策的整体与共性,同时又能突出西南边疆少数民族教育发展及西南边疆少数民族地区内地化的地域性特征。

三是在西南边疆少数民族地区内地化问题上,本书较以往的研究更进了一步。该成果并非停留在内地化层面一般的讨论,或者将西南边疆少数民族地区内地化趋势看作整齐划一的历史,而是站在西南边疆整体性的宏观立场审视,把握清代西南边疆少数民族地区内地化的动态趋势,借助个案研究的路径,深入考察不同少数民族地区社会文化变迁所呈现的个性化特征,以揭示边疆少数民族地区的内地化过程,既不是全盘接受或照搬中原地区的发展模式,也不是被内地所同化,而是在保持区域和民族特点的前提下,逐渐受到较发达和强势的中原内地模式的影响,同时形成自己的特点并体现自身的价值。西南边疆少数民族地区的内地化过程,体现出复杂化且带有显著的地域性特征,不同少数民族地区的内地化的"面相",亦存在一定的差异。

西南边疆经过元、明两代大一统王朝的治理与经营,已经与内地形成了密不可分的联系,成为中原王朝版图不可分割的一部分,并在中原王朝的整体视野中占有重要地位。就国家整合的整体形势而言,西南边疆因其重要的地缘区位、复杂的地理环境、多元的民族社会文化,在清政府的边疆治理总体设计和实施过程中有着特殊性。西南边疆少数民族地区在元、明、清王朝的持续治理下,内地化进程加快,且最终形成了不可逆转的历史趋势,对于中华民族多元一体格局的最终形成和稳固奉献了不可替代的历史价值。从宏观的视野来审视,该书出版以后,关于西南边疆少数民族地区与内地一体化发展的问题还有进一步探讨的空间。

  本书的出版,不仅可以丰富学术界有关清朝西南边疆少数民族教育发展与少数民族地区内地化问题的研究,而且对中国当前的边疆治理和民族教育政策的施行也具有重要的参考价值和借鉴意义。

  同时,也希望杨永福教授继续努力,推出更多、更好的研究成果,贡献给广大的读者。

方 铁
于云南大学
2021 年 4 月 18 日

目　　录

绪　言 · 1
　一、选题缘由 · 1
　二、关于西南边疆的空间界定 · 2
　三、关于清代民族教育政策与实践的研究之回顾 · · · · · · · · · · · · · · · · · · 4
　四、关于清代西南边疆内地化的研究 · 13

第一章　清前期对西南地区的治理与经营 · 19
　第一节　清前期治理西南地区的指导思想 · 20
　第二节　加强对西南少数民族地区的治理与经营 · · · · · · · · · · · · · · · · · · · 26
　　一、改土归流与开辟苗疆 · 28
　　二、重视西南边疆少数民族地区的吏治，严密防范"汉奸" · · · 31
　　三、加强对西南边疆的军事防控 · 33
　　四、西南边疆复杂的民族社会与教化策略的选择 · · · · · · · · · · · · · · · 42
　第三节　在西南地区倡导崇儒重道、文教为先 · 45
　　一、明朝以文教治理西南边疆的方略 · 45
　　二、清朝对文教治理西南边疆方略的继承 · 48
　本章小结 · 55

第二章　在西南地区恢复和重建官学 · 58
　第一节　在西南地区大力发展官学教育 · 58
　　一、贵州官学的恢复和重建 · 59
　　二、广西官学的发展 · 60
　　三、云南官学的恢复与发展 · 64
　第二节　通过官学加强对土司子弟的教育 · 76
　第三节　加强对西南地区官学教育的管理 · 80
　　一、制定严厉学规，控制士子言行 · 80
　　二、对官学实行严格管理 · 81
　本章小结 · 82

第三章 清代在西南地区的学额和科举中额配置政策 …… 86
第一节 明清时期学额的基本情形 …… 86
第二节 学额配置的基本政策及在西南边疆的实施 …… 88
第三节 乡试中额的配置政策及在西南边疆的实施 …… 95
第四节 会试中额的配置政策及在西南边疆的实施 …… 98
第五节 在西南地区实行的学额变通措施 …… 100
本章小结 …… 103

第四章 清代西南地区的书院及其发展 …… 106
第一节 清前期的书院政策 …… 106
一、清初书院政策的变化 …… 106
二、清政府对西南边疆书院教育加强控制 …… 109
第二节 清代西南地区书院教育的发展 …… 111
一、贵州书院教育的发展 …… 111
二、云南书院教育的发展 …… 120
三、广西书院教育的发展 …… 126
第三节 西南地区书院的管理与运作 …… 132
一、山长选聘与学员遴选 …… 132
二、教育目的与教学内容 …… 134
三、经费来源 …… 135
四、书院条规的个案考察 …… 138
本章小结 …… 143

第五章 清朝在西南地区广泛举办义学教育 …… 146
第一节 西南地区义学教育的开办 …… 146
一、清代义学教育的发端 …… 146
二、陈宏谋对义学政策的解读 …… 148
三、乾隆时期苗疆社学和义学政策的波动 …… 152
四、晚清时期苗疆义学政策的恢复 …… 155
第二节 西南地区义学教育的发展 …… 157
一、贵州义学教育的发展 …… 157
二、云南义学教育的发展 …… 190
三、广西义学教育的发展 …… 210
四、川西南地区的义学教育 …… 218
第三节 西南地区义学的管理与运作 …… 220
一、教育目的与教学内容 …… 220

二、义学的师资与教育对象 ······ 223
　　三、义学教学管理 ······ 226
　　四、义学经费来源 ······ 228
　本章小结 ······ 235

第六章　完善西南地区科举考试政策体系 ······ 238
　第一节　实施科举优惠措施,促进西南边疆人才选拔 ······ 238
　　一、另编"云""贵""广"等字号取录 ······ 238
　　二、开行"明通榜" ······ 239
　　三、对西南边疆士子参加考试实施资助 ······ 240
　　四、岁科连考、改附省棚、合棚分棚考试 ······ 241
　　五、寄籍考试、移家入籍应试与借考异地 ······ 243
　　六、在苗疆地区设置"边额" ······ 250
　第二节　采取诸多措施防止考试舞弊 ······ 255
　　一、严格审定报名资格 ······ 255
　　二、严格订立场规 ······ 257
　　三、采取各种反冒籍措施 ······ 261
　本章小结 ······ 278

第七章　清代西南地区教育发展的影响 ······ 280
　第一节　教育政策对西南地区文化认同的牵引 ······ 280
　第二节　西南地区文化认同的基本表现 ······ 285
　　一、儒学知识群体的出现 ······ 285
　　二、传统文化观念、社会习尚发生深刻的变迁 ······ 291
　第三节　西南地区社会变迁的个案考察 ······ 294
　　一、滇桂交界地带的壮族地区 ······ 294
　　二、贵州苗疆地区 ······ 298
　　三、滇黔川交界的彝族地区 ······ 303
　　四、云南南部傣族地区 ······ 307
　本章小结 ······ 308

结　　语 ······ 312
附　　录 ······ 319
参考文献 ······ 335
后　　记 ······ 338

绪　言

一、选题缘由

清朝统治的前半期(1644—1840)是历史上西南边疆经济社会发展最为重要的时期之一。有的学者指出,明清之际是贵州少数民族社会发生变革的重要时期。① 事实上,明清之际同样是西南边疆少数民族社会剧烈变革的时期。从变革的深度和广度而言,清代无疑要超过明代,是西南边疆少数民族社会变革深度和广度最为明显的时期。许多在元、明时期还是"刻木为信,不习文字,不喜构讼,崇巫祀鬼,迁徙无常"的少数民族地区,到清中后期已经是"中州礼乐以次输入,至于今日,纲常道德,文章风雅亦已大备。故士敦廉洁,女重贞操,力农务本,知耻好义,俭朴成风,忠孝为贵"②;在一些土司地区,"衣冠、风俗焕然改观,州治既建,城郭已成,赋税定而武备修,学校隆而人才起,虽曰新疆,无殊内地"③等,其描绘的图景与内地已经相去不远。

那么,是什么原因促使西南边疆少数民族地区发生了如此深远的变化?

一般认为,清代西南边疆少数民族社会的变迁有诸多复杂的原因,如:政治上清朝通过改土归流,拓展在西南边疆的政治权力网络;经济上大力开发西南边疆丰富的矿产资源,发展广大山区的农业,同时重视与内地交通,允许内地汉族向西南边疆移民等,都是促使西南边疆少数民族社会发生深刻变化的重要原因。更重要的是,这一历史局面的形成和巩固,与这一时期西南边疆各民族逐渐确立起从模糊到较为明确的与内地汉族人民

---

① 李耀申:《试论明清之际的贵州民族社会变革》,《贵州民族研究》2006年第2期。
② (清)汤大宾、周炳修纂,娄自昌、李君明点注:《开化府志点注》卷九《风俗》,兰州大学出版社,2004年,第241页。
③ (清)屠述濂等修:乾隆《镇雄州志》卷六《艺文》,张寿宽主编:《昭通旧志汇编》(四),云南人民出版社,2006年,第1058页。

共同的文化认同、国家认同是分不开的。而西南边疆各民族能够逐渐确立起对中原内地儒家文化及其价值体系,以及建构于此基础上的国家认同,很大程度上要归功于清统治者认识到"治天下者莫亟于正人心厚风俗,其道尚在教化。……教化者为治之本,学校者教化之原"①,从而在西南边疆施行一系列的教育政策。

事实上,元、明、清三个王朝在治理经营西南边疆的过程中,除了军事、政治、经济上的举措之外,均把兴办教育作为治理少数民族地区的重要手段。即通过儒学教化,传集"土人"讲解开导,使之豁然以悟,幡然以改,将见移风易俗,即为久安长治之机。在这一点上,清朝在西南边疆推行的儒家教化运动的覆盖地域是元、明两代不能相比的。

这就是本课题欲研究解决的问题,即清朝在西南边疆少数民族地区的教育政策主要包括哪些内容?这些教育政策是否与内地一致,还是在西南边疆的实施过程中有所变通,并带有一些特定空间的地域性特征。清朝在西南边疆少数民族地区的教育政策实施成效如何?对清代西南边疆少数民族地区社会变迁产生了什么作用?基于这样的思考,学术界目前对清朝西南边疆少数民族教育政策及其实践的研究尚有较大空间,因而确定了这一选题。

二、关于西南边疆的空间界定

地理生态环境是人类生存发展的空间,是社会物质生产的基本条件。在西南,地理生态环境对本区域各民族社会发展所起的作用是相当大的,距今时代越远,这种影响就越大。因此,自然生态环境和由生态环境所决定的生产方式、社会发展程度等构成了西南少数民族发展的背景和基础。与此同时,在民族生存发展的许多客观条件中,地理生态环境也是最为重要的,对民族的形成与发展、对民族特征的产生有制约作用,是形成这一民族而不是那一民族极为重要的因素。②

西南作为中国内部的一个区域,对它的认知有着不同的视角。

从当代的政区角度看,西南指四川省、重庆市及云南省、贵州省、西藏自治区,但在自然地理意义上的"西南",则指秦岭以南的四川盆地、川西高原、云贵高原及青藏高原南延部分的横断山脉。显而易见,从政区和自然

---

① 《钦定国子监志》"卷首",引自蒙荫昭、梁全进编的《广西教育史》,广西人民出版社,1999年,第196—198页。
② 王文光等:《中国西南民族通史》(上册),云南大学出版社,2015年,第2页。

地理的角度看,这两个"西南"的概念是不完全吻合的。因之,从纯粹地理的角度看,西南地区并非一个非常整合化一的区域,整个区域由多个地理单元组成,单元与单元之间甚至存在着比较大的差异,即上述提及的四川盆地、云贵高原、横断山脉南延部分、川西高原。①

从历史研究的视角看,西南又有不同的划分。有学者认为,狭义的"西南"指今天的云南省、四川省、贵州省及重庆市,而广义的"西南"还应包括西藏、广西两个少数民族自治区。但在传统的西南民族史研究中,常以今天的四川省、重庆市及云南省、贵州省为主。② 方国瑜先生曾指出:"西南地区的范围,即在今云南全省,又在四川大渡河以南、贵州省贵阳以西,这是汉代至元代我国的一个重要政治区域,西汉为西南夷,魏晋为南中,南朝为宁州。唐为云南安抚司,沿到元代为云南行省,各个时期疆界虽有出入,而大体相同。"③

童恩正先生还从更为广阔的视野来看西南,他认为:"中国的西南地区位于亚洲大陆的南部,包括四川、云南、贵州三省和西藏自治区。其西部为西藏高原,南部为云贵高原,北部为四川盆地。全境海拔高度相差悬殊,动植物的垂直分布差异很大,故品种繁多,物产丰饶,十分适宜原始人类的繁殖生息。从地理位置上看,本地区北接黄河流域,南与印度、不丹、缅甸、老挝、越南等国为邻,是连接亚洲大陆腹地与印巴次大陆及中南半岛的枢纽。"④这强调了中国西南在世界范围内的地位及与周边地区的地缘关系。

如前所述,无论从何种视角认识,云南、贵州及川西南地区均被界定为"西南"范围之内。

那么,西南边疆又该如何界定?中外文献中,都把边疆解释为一个国家比较边远的靠近国境的地区或地带。进一步说,凡是有国境线的边境县的总和是当代中国狭义的边疆地区。⑤ 然而,边疆是一个历史概念,历史时期的边疆变动不断,不能用当代的概念来代替历史时期的边疆范围。即便是在封建社会后期的明、清时期,时人在认识边疆问题时,除了基于地理的因素外,民族及其文化也是一个重要的考量因素。例如,清雍正时期,官府对苗族聚居的黔东南地区进行武力开辟,就认为是新辟的边疆,而将设置的古州、清江、台拱、八寨、丹江、都江六厅称之为"新疆六厅"。

---

① 李孝聪:《中国区域历史地理》,北京大学出版社,2004 年,第 79 页。
② 王文光等:《中国西南民族通史》(上册),云南大学出版社,2015 年,第 2 页。
③ 方国瑜:《中国西南历史地理考释·略例》,中华书局,1987 年,第 1 页。
④ 童恩正:《中国西南民族考古论文集》,文物出版社,1990 年,第 16 页。
⑤ 马大正:《中国边疆通史丛书总序》,见方铁的《西南通史》,中州古籍出版社,2003 年,第 1—2 页。

因此，本文中使用"西南边疆"而非"西南地区"一词，更多的是突出明、清时期这一区域民族社会与文化的多元性特征，遵从时人的习惯性认知，而非当下严格学术意义上的专业的地理概念。进一步说，指的是明、清时期中国的西南部边疆地区，包括今天云南省、贵州省及广西壮族自治区的西部、四川省的西南部，同时为了保持某一具体问题叙述的完整性，在论及广西地区时，会扩展到今广西壮族自治区全区范围。

西南边疆历来就是多民族地区，人口众多、分布广泛，至明、清之际，虽有较多内地汉族人口迁入，但人口结构及地理分布格局总体上仍无大的变化。与以往相比，清政府对西南边疆的统治更加深入，其治理力度更大，可以说形成了相对完整的治理政策体系，其中教育政策及其教育实践活动占有重要地位。因此，清政府在西南边疆实施的教育活动具有汉夷一体的特征，而更多的是面向少数民族子弟，因而视为民族教育亦无不可。

三、关于清代民族教育政策与实践的研究之回顾

进入 21 世纪以来，学术界对清政府在西南边疆实施的教育政策，以及各种教育活动的研究可谓推陈出新，研究队伍新人辈出，成果可谓丰硕，成绩斐然。从中国知网（CNKI）和部分高校图书馆藏可知，总体看，关于清代西南边疆教育政策和教育活动的研究已经形成体系，对官学、书院、义学及科举考试制度等方面的研究较为系统，对西南边疆少数民族社会内地化的研究渐趋热门，并取得了丰硕成果，为后来者进一步学习和研究打下了基础。认真梳理和总结目前学术界已有的研究成果，找寻存在的不足或薄弱区域，是持续开展相关研究的重要前提。由于我们水平和眼界所限，有时可能挂一漏万，仅能稍补时贤所未逮。

（一）关于清代西南边疆少数民族教育及政策的研究①

1. 整体性研究

20 世纪 80 年代以来，学界对中国古代边疆治理的研究逐渐发展为中国边疆学，取得了一些重要的成果。同时，学界对历代治理西南边疆的研究亦有很大进展，从历代民族政策视角进行研究的成果，重要者如马大正主编的《中国古代边疆政策研究》、龚荫的《中国民族政策史》，均从通史的视角对历代封建王朝在边疆少数民族地区实施的政策做了宏观研究，教育

---

① 参见杨永福的《近 20 年清代西南边疆少数民族教育研究的回顾与展望》，《云南民族大学学报（哲社版）》2015 年第 5 期。

政策被视为治理边疆的举措之一,但限于篇幅,论述不多。具体到清前期对西南边疆的治理,方铁、方慧的《中国西南边疆开发史》、方铁主编的《西南通史》等著作有较深入的考察。其中部分内容在论及清代治理开发西南边疆时,亦指出教育政策的运用及其效果,然而限于体例、篇幅,对上述成果未有深入研究。①

何耀华总主编的《云南通史》(第四卷)、《贵州通史》编委会编的《贵州通史》(第三卷)、钟文典主编的《广西通史》(第一卷)、陈世松主编的《四川通史》(第五卷)等分省、区通史也有涉及清代教育的内容,但篇幅均十分有限。②

分省对古代教育进行专题研究的著作如:张羽琼的《贵州古代教育史》第四章"清代前中期贵州教育的全面发展",简要介绍了清代前中期贵州学校教育、民族教育及书院、私学、科举制度等各类教育形态和教育现象发展的基本情形。限于体例,清代贵州教育在全书中所占的比重不多。孔令中主编的《贵州教育史》第三章对清代贵州各种教育活动作了简要的叙述。刘光智著的《云南教育简史》对两汉至民国时期云南教育发展的历史作了简要的叙述,其中第二章"元明清三代的云南教育"对清代云南的学校教育有叙述,但极为简略。蔡寿福、陶天麟主编的《云南教育史》关于清代云南教育发展的内容同样较为简略。杨益新、梁精华、赵纯心编著的《广西教育史》亦大致同上。③ 蒙荫昭、梁全进主编的《广西教育史》④第七章"清代的教育"对清代广西的官学、书院、义学及土司地区教育、教育经费的来源等做了考察。徐毅著的《绥服远人——清帝国在广西的教化策略》⑤对清朝在广西实施的以举办学校教育及科举选士为核心的教化策略进行了深入系统的考察。

在专题研究方面,有如下较有代表性的论文。

---

① 马大正主编:《中国古代边疆政策研究》,中国社会科学出版社,1990 年;龚荫:《中国民族政策史》,四川人民出版社,2006 年;方铁、方慧:《中国西南边疆开发史》,云南人民出版社,1997 年;方铁主编:《西南通史》,中州古籍出版社,2003 年。
② 何耀华总主编:《云南通史》(第四卷),中国社会科学出版社,2011 年;《贵州通史》编委会编:《贵州通史》(第三卷),当代中国出版社,2002 年;钟文典主编:《广西通史》(第一卷),广西人民出版社,1999 年;陈世松主编:《四川通史》(第五卷),四川大学出版社,1993 年。
③ 张羽琼:《贵州古代教育史》,贵州教育出版社,2003 年;孔令中主编:《贵州教育史》,贵州教育出版社,2005 年;刘光智:《云南教育简史》,贵州人民出版社,1993 年;蔡寿福、陶天麟主编:《云南教育史》,云南教育出版社,2001 年;杨益新、梁精华、赵纯心编著:《广西教育史》,广西师范大学出版社,1997 年。
④ 蒙荫昭、梁全进主编:《广西教育史》,广西人民出版社,1999 年。
⑤ 徐毅:《绥服远人——清帝国治理广西的教化策略》,社会科学文献出版社,2013 年。

余梓东的《论清朝少数民族教育政策》①,认为清朝政府突破"华夷之辨"的局限制定少数民族教育政策,在实施中予以倾斜,使之在维护统一的多民族国家、巩固清朝统治方面发挥了不容忽视和不可替代的作用。对清朝的西南边疆少数民族教育政策涉及不多。

胡绍华的《清朝对南方民族地区的文教政策》②一文,首先简要考察了清朝在南方少数民族地区推行"文教为先"政策的由来,其次重点阐述了清朝"文教为先"政策的具体措施,即提倡强制土司子弟及土民入学学习,广设义学、社学和新学,设立儒学、府州县学和书院,开科举之门,培养人才。在此基础上,对清朝"文教为先"政策进行了评价,认为客观上对少数民族地区文化教育事业的发展起到了促进作用,有利于各民族社会的发展。

台湾师范大学王美芳的硕士论文《文教遐宣——清朝西南地区文教措施研究》③,对清朝在西南地区实施的文化教育政策进行了系统的考察,使用的文献资料多为档案等第一手资料,具有较高学术价值,但该文主要偏重于对清代西南地区的义学教育及其影响的考察研究。

徐彩霞的《清代文教政策述评》④,认为清代文教政策包括崇儒重道、提倡程朱理学、严格制定学规、笼络利用汉族文人、科举与学校紧密结合及以科举调控学校,提高官学地位,调控非官办学校等内容,但篇幅、内容均较简略。

针对清朝对某一民族地区的教育政策进行研究的论著较少,如程印学的《清王朝对傣族地区的文教政策评析》⑤,分两个阶段对清代傣族地区实行的文教政策进行了简要的考察,认为清前期傣族地区的文教政策的主要内容包括将入学习礼作为土司承袭的必要条件,积极设立和倡建义学。清末新政后,清政府继续加强在傣族地区的文教政策,如设立土民学塾。这些措施对于发展傣族地区的教育事业,促进傣族社会进步和巩固国防均具有重要意义。

2. 关于清代西南边疆官学教育的研究

这里说的官学教育是相对的,因为在清代西南边疆少数民族地区,除府、州、县学以外,书院、义学、社学也得到官府的大力支持。从办学指导思想上看,它们都要服从清政府的统治要求和治边方略。从这个意义而言,

---

① 余梓东:《论清朝少数民族教育政策》,《民族教育研究》2003年第3期。
② 胡绍华:《清朝对南方民族地区的文教政策》,《西南民族大学学报(人文社科版)》2006年第6期。
③ 王美芳:《文教遐宣——清朝西南地区文教措施研究》,台湾师范大学硕士论文,2006年。
④ 徐彩霞:《清代文教政策述评》,《文学艺术》2012年第10期。
⑤ 程印学:《清王朝对傣族地区的文教政策评析》,《商丘师范学院学报》2006年第12期。

上述学校均视为官学亦无不可,但为了区别或是突出义学、书院研究的情形,这里的官学主要指府、州、县学,习惯上也称儒学。

古永继的《清代云南官学教育的发展及其特点》①,分两个阶段对清代云南官学教育(前期的儒学、书院、义学,后期的新式学校)发展状况进行了简要的梳理,肯定了其在人才培养方面取得的成绩。古永继总结出清代云南官学教育的三个特点:一是与内地相比迟缓落后,但从自身纵向看则发展迅速;二是社学不复存在,义学取代社学;三是重视民族教育,促进民族地区人才培养。

顾霞、顾胜华的《清代滇东北地区的学校教育》②,对清代滇东北地区的学校教育,主要是书院、义学的开办情况做了简要的考察,并梳理了这一地区人才培养的政策和模式,认为学校教育的兴办,减少了不同民族的文化异质性,提高了地区民族的文化认同度,有效地维护了国家的统一。

赵美仙的《明、清时期大理地区的儒学教育及其影响》③,对明、清时期大理地区构成儒学教育的官学、书院等兴办、发展的历史背景,儒学教育的空间分布及发展概况,以及对大理地区社会文化发展的推动作用等问题进行了较为细致的研究。

张羽琼的《论清代前期贵州民族教育的发展》④认为,贵州民族教育在清代前期得到了较大的发展,体现在各级学校数量的增多,在学生员和科考录取名额的逐步增加,特别是新辟苗疆地区义学的陆续兴办,反映了贵州民族教育的成绩。之所以得到较大发展,有朝廷和地方官员的重视,改土归流的善后需要,社会历史发展的趋势等方面原因。

3. 关于清代西南边疆义学与社学的研究

近年来,关于清代在西南少数民族地区大规模开办义学,一些学者表现出浓厚的兴趣。首先,是一批学位论文专门针对清代西南地区义学展开研究。于晓燕的硕士论文《清代边疆民族地区官办民助初等教育:云南义学研究》⑤,对清代云南义学创设的历史背景、时空分布特点、管理运行制度、义学的性质等问题进行了较为系统的研究。后来,其在博士论文的基

---

① 古永继:《清代云南官学教育的发展及其特点》,《云南社会科学》2003 年第 2 期。
② 顾霞、顾胜华:《清代滇东北地区的学校教育》,《昭通师范高等专科学校学报》2011 年第 2 期。
③ 赵美仙:《明、清时期大理地区的儒学教育及其影响》,云南师范大学硕士论文,2007 年。
④ 张羽琼:《论清代前期贵州民族教育的发展》,《贵州民族研究》2001 年第 2 期。
⑤ 于晓燕:《清代边疆民族地区官办民助初等教育:云南义学研究》,云南大学硕士论文,2005 年。

础上,出版了《清代南方民族地区的义学研究》①一书。该书立足于清朝档案和地方志书,视野宽广,以明、清时期国家对南方少数民族地区治理进一步深入、控制不断强化为背景,考察清代南方七省少数民族地区开办义学的基本情况,认为大量开办义学是清朝治理南方少数民族地区政策的重大调整,适应了边疆与内地一体化发展的历史趋势,并形成较为深远的影响。该书是近年来研究清代南方少数民族教育,尤其是义学教育较重要的著作。

蒲晓的《清代云南义学研究》②,在研究梳理清代云南义学发展概况、特点的基础上,考察义学与书院的联系与区别,从资金筹集、教学管理两个方面对云南与山东两地的义学进行比较,最后考察清代云南义学的影响。

许庆如的《清代贵州义学的时空分布研究》③,在考察清代贵州义学设立的历史背景之后,对贵州各地义学建置沿革逐一列表明示,并对贵州义学时空分布特点作了简要分析。他认为贵州是清代西南少数民族地区推广义学的典型省份和其他省份一样,其义学的大量设立体现了清政府注重边疆少数民族教化,力图通过文教宣扬王化来达到政治上的有效管理与控制。

毛信元的《清代贵州榕江地区义学政策实施情况研究》④,从教育史学科视角对清代榕江地区义学政策进行了研究,内容包括清代贵州榕江地区义学政策的实施背景、义学政策的实施情况、官府的义学政策在榕江产生的影响,并以榕江为个案对清代义学政策进行反思。

在所见公开发表的专题论文中,对清代贵州义学的研究较多。顾龙先的《"苗疆义学"历史考察》⑤,对包括贵州苗族地区在内的"苗疆义学"的设置情况、发展迅速的原因和发展阶段,以及苗疆义学的历史作用等问题做了简要考察,认为贵州的少数民族教育就是滥觞于清代的苗疆义学,苗疆义学开创了贵州少数民族教育的先河。

蒋立松的《清前期贵州少数民族地区社学、义学发展述略》⑥,在对贵州社学、义学创办、发展的曲折历程进行考察后,认为清政府在贵州设立社学、倡办义学有着特定历史背景,并具有十分明确的目的性和针对性。社

---

① 于晓燕:《清代南方民族地区的义学研究》,云南民族出版社,2011年。
② 蒲晓:《清代云南义学研究》,云南大学硕士论文,2011年。
③ 许庆如:《清代贵州义学的时空分布研究》,西南大学硕士论文,2009年。
④ 毛信元:《清代贵州榕江地区义学政策实施情况研究》,西南大学硕士论文,2008年。
⑤ 顾龙先:《"苗疆义学"历史考察》,《贵州民族研究》1995年第1期。
⑥ 蒋立松:《清前期贵州少数民族地区社学、义学发展述略》,《贵州民族研究》1998年第4期。

学、义学在贵州少数民族地区的兴办具有一定的积极作用,在贵州少数民族教育史上具有承前启后的作用。

张羽琼的《论清代贵州义学的发展》①一文认为,清代贵州义学最早创办于康熙二年(1662),此后经历了创立、蓬勃发展、陷入低谷又走向发展这样四个阶段,并呈现出发展缓慢、起伏较大,以教化少数民族子弟为主,创办容易、坚持困难等特点。因此,作为初级官学教育组织的义学,在提高贵州各族人民整体文化素质方面所起的作用极其有限。

宋荣凯的《清代贵州民族地区义学试探》②、《论清代贵州义学教育的创建、办学性质及功效》③两文,前者简要探讨清代贵州少数民族地区义学兴办、发展的社会历史背景和现实条件,后者主要考察贵州义学发展过程中地方官员的作用,并对义学的办学性质、教育功效进行讨论,认为清代贵州义学教育属于官办,是清代官学教育的重要组成部分,是政府在少数民族地区开办的基础教育,在教育普及和人才培养等方面,其效果远胜过前代。

许庆如的《清代贵州义学经费来源探析》④,鉴于义学的生存状况与经费来源直接相关,因此,作者主要考察了清代贵州义学的经费来源情形,认为贵州义学的经费来源主要是官方出资和民间捐资,有从官方到民间的演变趋势,并具有多样化、民族性特色鲜明的特点。

黄廷安的《清代黔东民族地区义学教育发展简论》⑤、黄亦君的《清代贵州思南府义学研究》⑥两文,分别对清代黔东少数民族地区和思南府的义学教育发展的原因背景、义学教育特点、义学办学经费、教学管理,以及义学的作用等问题进行了简要阐述。

李良品的《清代乌江流域民族地区义学教育研究》⑦一文,分析了乌江流域少数民族地区义学发展的原因,总结了乌江流域少数民族地区义学教育发展的特点,并对乌江流域少数民族地区义学的管理、义学教育的作用

---

① 张羽琼:《论清代贵州义学的发展》,《贵州文史丛刊》2002年第1期。
② 宋荣凯:《清代贵州民族地区义学试探》,《贵州民族研究》2009年第4期。
③ 宋荣凯:《论清代贵州义学教育的创建、办学性质及功效》,《怀化学院学报》2009年第9期。
④ 许庆如:《清代贵州义学经费来源探析》,《重庆工商大学学报(社会科学版)》2009年第2期。
⑤ 黄廷安:《清代黔东民族地区义学教育发展简论》,《中共铜仁地委党校学报》2007年第2期。
⑥ 黄亦君:《清代贵州思南府义学研究》,《贵州教育学院学报(社会科学版)》2007年第1期。
⑦ 李良品:《清代乌江流域民族地区义学教育研究》,《教育评论》2008年第4期。

进行了考察。

可以看出,对清代贵州义学的研究大致呈现出几个趋向:一是立足于全省地域空间的宏观探讨;二是对具体地区义学办学情况的研究有扩大之势,且主要集中于乌江流域、黔东苗疆等有特点的地区。

学界对清代云南义学的研究亦有较大进展,李可的《清代云南"义学"初探》①是较早的一篇。比较有代表性的如于晓燕的《清代云南官办民助初等教育"义学"初探》②、《试论清代南方民族地区的义学》③、《清代滇黔义学比较》④,陆韧、于晓燕的《试论清代官办义学的性质与地域特点》⑤等文,主要关注的是清代云南及南方民族地区义学的发展背景、经费来源、教学管理,以及义学的性质特点,并对清代云南、贵州两省义学进行了较深入的比较研究。

清中前期,社学在西南边疆地区曾广泛存在。张羽琼的《论清代贵州社学的发展与衰亡》⑥对清代贵州社学的发展历程进行考察之后指出,顺治朝至雍正朝时期是贵州社学的初步发展阶段,乾隆初年贵州社学得到一定的发展,但在乾隆十六年(1751)后,清政府便采取种种措施限制贵州社学的发展,社学在贵州走向衰亡。

4. 关于清代西南边疆书院教育的研究

明、清之际,西南边疆书院教育才开始进入一个较为兴盛的时期,故不论是发展的速度还是发展的水平,整体均落后于内地发达地区。从全国范围来看,关于明、清书院教育及其社会功能,学界的成果主要集中在对内地文化教育发达省份书院教育的研究,而对西南边疆书院教育的研究并不多,且主要是分区域的研究成果。

清代云南书院教育研究可见郑升等人的《近三十年云南书院、文学综述与展望》⑦、李天凤的《明清云南书院发展述略》⑧两文。专题论文则较少,如李庭辉的《思茅明清书院研究》⑨、张黎明的《明清建水书院及其文化

---

① 李可:《清代云南"义学"初探》,《昆明师专学报(哲学社会科学版)》1992年第1期。
② 于晓燕:《清代云南官办民助初等教育"义学"初探》,《云南民族大学学报(哲社版)》2007年第3期。
③ 于晓燕:《试论清代南方民族地区的义学》,《思想战线》2008年第1期。
④ 于晓燕:《清代滇黔义学比较》,《云南师范大学学报(哲社版)》2008年第1期。
⑤ 陆韧、于晓燕:《试论清代官办义学的性质与地域特点》,《历史地理》第22辑。
⑥ 张羽琼:《论清代贵州社学的发展与衰亡》,《贵州师范大学学报(社会科学版)》2002年第2期。
⑦ 郑升等:《近三十年云南书院、文学综述与展望》,《长江大学学报》2011年第11期。
⑧ 李天凤:《明清云南书院发展述略》,《教育评论》2003年第2期。
⑨ 李庭辉:《思茅明清书院研究》,《思茅师范高等专科学校学报》2004年第2期。

价值》①两文,对今普洱、建水两地区明、清书院教育进行了研究。田景春的《试论明清时期云南的书院教育》②对明、清时期云南书院教育的发展概况进行了考察,并对明、清两代云南书院教育的阶段性发展进行了比较。

关于清代贵州书院教育的成果甚少。明中后期,王阳明被贬谪到贵州龙场,他在这里授徒讲学。或许是因为王阳明对明代贵州书院教育影响很大的缘故,因此,关于明代贵州书院教育有部分研究成果,如张羽琼的《论明代贵州书院的发展》③等。

5. 关于清代西南边疆科举制度及相关问题的研究

清代的学校教育与科举选拔密切相关,因此,一般将科举制度视为国家宏观教育政策的一部分。关于清代科举制度,研究成果十分丰富,但主要是从宏观的视角来进行考察,如李世愉的《清代科举制度考辩》《清代科举制度考辩(续)》④,刘希伟的《清代科举冒籍研究》⑤等。

清朝的科举考试制度(如考试内容、考场要求、录取程序等)在全国范围内是统一要求的,但在西南边疆少数民族地区的执行还是有所区别,诸如实行分省取士的做法,就对西南边疆各省有所照顾或优惠。夏卫东的《论清代分省取士制》⑥、李润强的《清代进士的时空分布》⑦均对此有论述。杨永福的《试论清代西南边疆民族地区的学额配置政策》⑧一文,对清代在西南边疆少数民族地区的官学学额,以及乡试、会试两级考试中式名额的配置政策作了较为深入的考察。

明、清时期西南边疆经济文化有了较大发展,士人群体的扩大即是表现之一。杨斌的《清代贵州人才的地域分布》⑨、古永继的《明清时期云南文人的地理分布及其思考》⑩、侯峰和罗朝新的《明清云南人才的地理分布》⑪等文对这一时期贵州、云南士人群体的地理分布状况及其原因进行了探讨。

---

① 张黎明:《明清建水书院及文化价值》,《云南农业大学学报》2008年第5期。
② 田景春:《试论明清时期云南的书院教育》,《昆明学院学报》2015年第3期。
③ 张羽琼:《论明代贵州书院的发展》,《贵州社会科学》2002年第5期。
④ 李世愉:《清代科举制度考辩》,沈阳出版社,2005年;李世愉:《清代科举制度考辩(续)》,万卷出版公司,2012年。
⑤ 刘希伟:《清代科举冒籍研究》,华中师范大学出版社,2012年。
⑥ 夏卫东:《论清代分省取士制》,《史林》2002年第3期。
⑦ 李润强:《清代进士的时空分布》,《西北师范大学学报(社会科学版)》2005年第1期。
⑧ 杨永福:《试论清代西南边疆民族地区的学额配置政策》,《文山学院学报》2019年第1期。
⑨ 杨斌:《清代贵州人才的地域分布》,《贵州文史丛刊》1995年第2期。
⑩ 古永继:《明清时期云南文人的地理分布及其思考》,《云南学术探索》1993年第2期。
⑪ 侯峰、罗朝新:《明清云南人才的地理分布》,《学术探索》2002年第1期。

清代在西南边疆少数民族地区大规模兴办教育,促进了中原内地儒学文化的传播。潘先林、潘先银的《"改土归流"以来滇川黔彝区儒学的传播和影响》①一文,对明、清时期滇、川、黔交界彝族地区办学情形、儒学对彝族知识分子的影响、交界地区彝族社会生活的普遍变化进行了较为细致的考察。他们认为,儒学的传播不仅影响了彝族上层的思想行为,而且影响着彝族下层民众的生活方式,譬如改汉姓、说汉语,岁时节日亦出现变迁。

唐建荣的《儒学在贵州民族地区古代社会的传播与影响》②,简要考察了两汉至清代儒学在多民族的贵州地区传播和发展的历程,指出儒学的传播对贵州各民族文化产生了深远的影响。王红光的《清代贵州民族文化变迁的思考》③,认为贵州少数民族文化在物质生活方式、生活情况、生活礼俗、精神生活、节日生活、社会组织、集市与交换、学校与教育等方面发生了深刻变化,导致变化的三个基本因素是自然选择、政策影响、文化互动。

由前述可知,关于清朝西南边疆少数民族教育与政策及其相关研究仍旧较为薄弱,尚且存在较大的探讨空间。具体而言,存在以下三个较为明显的特征:

第一,整体性研究不足。在前面涉及的课题及论著成果中,很少将清朝西南边疆少数民族教育政策作为一个整体来进行研究,据笔者粗略查新,仅有胡绍华的《清朝对南方民族地区的文教政策》、王美芳的《文教遐宣——清朝西南地区文教措施研究》、徐彩霞的《清代文教政策述评》等数篇论著,从整体观的视角来考察清代西南或南方少数民族地区的文教政策;于晓燕的硕士、博士学位论文及相关专题论文,对清代在云南、南方少数民族地区的教育政策有相当的考察和梳理,而更多的成果是专门对某一类学校展开研究,如官学教育、书院教育,或者义学教育。换句话说,目前学界对清代西南边疆少数民族教育与政策及其相关内容的整体性研究是不够的。

第二,研究不平衡。主要有两层含义,一是研究空间地域不平衡。从研究的地理空间看,除了部分成果如于晓燕、王美芳的著作及少数专题论文立足于西南地区的视野外,《贵州古代教育史》《云南教育史》《广西教育史》等著作是区域研究,大部分专题论文的研究主要是针对某一省份或省辖区域,比如云南滇东北、贵州苗疆、乌江流域等教育活动的考察,而且这

---

① 潘先林、潘先银:《"改土归流"以来滇川黔彝区儒学的传播和影响》,《云南教育学院学报》1997年第6期。
② 唐建荣:《儒学在贵州民族地区古代社会的传播与影响》,《贵州民族研究》2002年第1期。
③ 王红光:《清代贵州民族文化变迁的思考》,《贵州民族研究》2004年第2期。

些研究主要是集中在云南、贵州两省,在前举研究成果中,对清代贵州教育活动的研究较为丰富,而且体现出全省性和区域性两个指向。在区域性研究中,又以考察苗疆地区的义学教育的成果为最,而对川西南、广西等地的研究似不多见。二是对各类学校的研究不平衡。清代在西南边疆少数民族地区大力实施教育政策,开办了官学、书院、义学和社学等各类学校,涵盖了启蒙教育、初等教育、科举应试教育,形成了较为完整的教育体系。但从研究状况看,集中在义学研究方面的成果较多,而对其他类别的学校教育研究还较少。

第三,对义学的原因背景、内容性质、作用影响等具体教育活动关注较多,而将清代西南边疆少数民族教育政策置于全国性的大背景下,将其与清政府在西南边疆少数民族地区的其他政治、军事、经济、文化措施等联系起来,从文化治边的战略高度去研究,并深刻揭示民族教育政策与西南边疆少数民族社会变迁的内在关联等方面的延伸性研究工作显然做得还很不够。

四、关于清代西南边疆内地化的研究

"内地化"概念最早是由郭廷以 1949 年在其名著《台湾史事概说》中提出的。①

1975 年,李国祁在《清季台湾的近代化——开山抚番与建省(1875—1894)》一文中进一步阐释了这一概念,认为内地化是台湾社会制度和文化习俗的中国本部化。② 这里,作者主要是基于当时台湾社会的研究而得出的结论。

陈跃认为,上述两位学者把内地化的内涵侧重在民族血统和制度文化上,而没有包含经济发展方式和中华民族的认同等方面的内容。他在《"因俗而治"与边疆内地一体化——中国古代王朝治边政策的双重变奏》一文中认为,"因俗而治"主要是中央政府在被管辖和治理的边疆地区实行的一种政治上任用当地部落首领,依据当地民族和地方习惯法自主管理地方民众事务;经济上不改变当地的经济形态和发展模式;文化上顺应民族的和当地的风俗习惯;社会结构上不改变其原有形态,并且在与内地的交往中不断向先进的内地经济形态和文化学习,最终趋同一致的治理模式。并指

---

① 尹全海:《移民与台湾的"内地化"》,《寻根》2006 年第 6 期。
② 原载《中华文化复兴月刊》(台湾)1975 年第 12 期,转引自周琼《清代云南内地化后果初探——以水利工程为中心的考察》,《江汉论坛》2008 年第 3 期。

出,介于"因俗而治"和边疆内地一体化之间的就是边疆内地化①,但没有进一步阐释什么是"内地化","内地化"的特征是什么。

苏德是较早对"内地化"这一概念予以界定的大陆学者。他认为,"所谓内地化,是边疆地区各个民族区域在政治、经济和文化诸方面出现的与内地汉族区域逐渐趋同和接近的趋势"②。此后,又有部分学者对"内地化"的内涵进行了阐释。

王景泽教授认为,边疆内地化"系指边疆地区的社会发展水平达到与内地先进的水平,消除边疆地区在生产力水平、生产关系状况、行政管理能力、人民生活质量、文化教育普及、民众素质、基础设施建设等方面与内地的差距,推动社会整体进步,从而使'边疆'仅仅是地理或自然的概念的过程"③。明确指出边疆内地化就是这样一个过程,即在生产力水平、生产关系状况、行政管理能力、人民生活质量、文化教育普及、民众素质、基础设施建设等方面与内地缩小差距的过程,但这一阐释似乎不太严谨。

李大龙则认为,边疆内地化就是"某些地区在人们的观念和统治方式等方面和内地趋同,这是中央王朝直辖区域向外拓展的结果"④。这一阐述显得过于简单,而且仅仅认为是"人们的观念和统治方式等方面和内地趋同"的结果。值得肯定的是,作者注意到了中央王朝在边疆内地化进程中的地位。

部分学者在边疆史研究中也注意到历史上边疆少数民族地区内地化这一客观现象,并在各自研究成果中有所涉及,如:

张萍在《边疆内地化背景下地域经济整合与社会变迁——清代陕北长城内外的个案考察》一文中指出:"边疆内地化本是一个历史的进程,在中国各朝代疆域伸缩、民族融合的过程中,南北区域均有不同体现。明清交替之际,陕北长城沿线的边疆内地化伴随着农牧生产方式转变、民族人口迁徙、省域边界外展等社会变迁;在北方农牧交错带及鄂尔多斯南缘黄土风沙地区,进一步表现出区域自然环境的变迁。"⑤

张月琴的《边疆内地化进程中军户群体对社会结构的影响》认为:边疆

---

① 陈跃:《"因俗而治"与边疆内地一体化——中国古代王朝治边政策的双重变奏》,《云南师范大学学报(哲学社会科学版)》2012年第2期。
② 苏德:《试论晚清边疆、内地一体化政策》,《中国边疆史地研究》2001年第3期。
③ 王景泽:《中国"边疆内地化"问题研究》,马大正主编:《中国东北边疆研究》,中国社会科学出版社,2003年。
④ 李大龙:《汉唐藩属体制研究》,中国社会科学出版社,2006年,第54页。
⑤ 张萍:《边疆内地化背景下地域经济整合与社会变迁——清代陕北长城内外的个案考察》,《民族研究》2009年第5期。

内地化是长城沿线区域社会发展的一个重要历史进程。从地理空间上讲，明代的边疆之地变成了清代的内地；从社会文化上讲，文化边缘地带向文明开化之地的转变，并逐步成为"腹里"之区。诸多的因素一起推动了这一历史进程。①

段金生认为："从早期封建王朝视西南边疆为边野之地到元、明、清在西南边疆先后设省施治，西南边疆与内地联系更加密切，其政治、经济、文化内地化的速度加快。""所谓内地化，笔者以为中国古代社会长期处于一种相对静态的生产力水平，按照中国传统的夷夏观念及服事思想，中原王朝多视周边少数民族政权或聚居地为蛮夷之地，而事实上在传统农业生产力条件下，中原的农业生产力水平确实较之边疆的游牧或山地形态高，在经济或文化交流过程中居于主导性地位，形成了一种边疆向中原学习或认同的趋势。"②

陈征平在考察了西南边疆近代交通发展情形后认为："如果说，历史上西南边疆社会的内地化主要是由中央通过政治一体化方略来达成，那么进入近代，其由前期构筑的边疆内地化基础在外来势力威逼下，已演化为各少数民族内地化的自觉选择。"③

陆韧教授对明代汉族移民与云南经济社会发展关注颇多，发表了多篇论著。她在论著中，虽然没有就明代云南边疆内地化问题予以明确的阐释，但其分析指向提供了考察内地化的重要视角："明代是云南社会历史发展的重要时代。在这个时代，云南的人口构成、民族分布、社会结构和文化趋向都发生了划时代的变迁，知识分子士绅阶层在云南社会勃兴、发展和形成是重要特征之一。知识分子士绅阶层的兴起与形成彻底改变了云南原来以部族首领与部民为主的单一的社会结构，促使云南社会结构与内地逐渐趋于一致，云南与内地的一体化进程加速，深刻影响了明、清以来乃至如今的云南社会发展。""以夏变夷，兴教化，导风俗，是明朝统治云南的根本指导思想。""明代云南士绅阶层的形成对促进云南人口素质、文化素质的迅速提高，推动着西南边疆社会的进步和云南与内地一体化进程的发展发挥了极其重要的作用，使云南的社会结构与内地趋于一致，社会的发展实现了与内地基本同步，标志着云南社会历史的发展又上了一个新台阶，

---

① 张月琴：《边疆内地化进程中军户群体对社会结构的影响》，《山西师大学报（社会科学版）》2015年第5期。

② 段金生：《从边缘到内地化的进程：封建时期西南边疆屯田的线性考察》，《思想战线》2010年第1期。

③ 陈征平：《论近代交通对西南边疆少数民族地区的内地化牵引》，《学术探索》2013年第2期。

是明代云南社会变迁的主要特征之一。"①

部分学者使用"一体化"的提法来概括清代边疆与内地交流更加频繁、联系更加紧密的情形。李治亭教授的《论清代边疆问题与国家"大一统"》认为,"由于我国的边疆地区几乎都是少数民族聚居区,在西方列强入侵以前,所谓边疆问题,实际就是民族问题。"清朝将郡县制深入推进到边疆地区,开发与发展边疆经济,与内地经济一体化。清政府真正开启了边疆与内地"一体化"的历史进程。② 衣长春则认为,雍正时期是清代民族大一统理论的成熟时期,也是清代边疆统一的关键时期。在这十三年中,雍正继续对西北准噶尔部的分裂活动进行军事打击,在青海设立办事大臣,在西藏设立驻藏大臣,在西南实施改土归流,有力地推动了边疆与内地的一体化进程。③

郝文军则聚焦于清代伊克昭盟行政制度内地化这一具体问题。他在《清代伊克昭盟行政制度内地化的起始时间与标志研究》一文中指出,苏德在《试论晚清边疆、内地一体化政策》④中探讨边疆内地一体化的核心就是边疆、内地行政制度一体化问题;根据苏德对内地化的定义,可以确定,边疆行政制度内地化是边疆内地化在行政制度上的反映,指边疆地区在基层行政管理方面实行与内地相同或相似的制度,即体现中央集权的郡县制体系。"以往的研究有个惯性思维,即认为边疆内地化步骤是先经济、文化,然后是行政;实际上,统治者在边疆内地化方面不总是被动地顺应潮流,经常是积极主动、有所作为的,而且统治者在促进边疆内地化的过程中常常是以行政内地化为先导的。"⑤

迄今对边疆内地化从学理层面进行较为完整和系统深入阐述的是周琼教授。她在《清代云南内地化后果初探——以水利工程为中心的考察》⑥一文中指出,"内地化"是一个集地域性、社会制度及其发展模式、民族文化生活及生活方式等内涵为一体,表现历史时期中央集权统治的区域与边疆

---

① 陆韧:《论明代云南士绅阶层的兴起与形成》,《云南师范大学学报(哲学社会科学版)》2007 年第 1 期。
② 李治亭:《论清代边疆问题与国家"大一统"》,《云南师范大学学报(哲学社会科学版)》2011 年第 1 期。
③ 衣长春:《论雍正帝边疆民族"大一统"观及政治实践》,《云南师范大学学报(哲学社会科学版)》2012 年第 2 期。
④ 苏德:《试论晚清边疆、内地一体化政策》,《中国边疆史地研究》2001 年第 3 期。
⑤ 郝文军:《清代伊克昭盟行政制度内地化的起始时间与标志研究》,《中国边疆史地研究》2015 年第 2 期。
⑥ 周琼:《清代云南内地化后果初探——以水利工程为中心的考察》,《江汉论坛》2008 年第 3 期。

少数民族地区差异的概念,指将中央集权直接控制的地区所实施的政治、经济(包括生产力水平和生产方式)、文化及社会生活的发展水平和发展模式推行于边疆民族地区,以改变边疆民族的政治、经济发展模式和发展方向,并强调,"内地既指中央集权直接控制的中原内地,也指边疆地区的省会及受中原内地影响较大的腹里地区,内地化的对象既包括中央集权控制相对薄弱的边疆地区,也包括边疆区域内中央集权势力影响较小的、多民族聚居的边缘地区。因此,'内地化'包含了两方面的内涵,一是边疆地区在政治、经济、文化、社会生活等方面受中原内地强烈而直接的影响;二是边疆地区的边缘地带受到带有强烈内地化色彩的腹里地区的影响(中原内地的间接影响)。两种方式不同但实质相同的内地化形式在很多时候往往同时推进,但在一些特殊的历史时期和地区,两者也存在强弱不等,甚至强烈反差的现象"。虽然一些少数民族在"内地化"过程中被同化,但绝大部分在接受中央集权的统治和发展模式的时候,还保留和传承了自己的发展模式及民族文化,形成了独特的发展方式。

周琼教授指出,"内地化"既强调地域性特点(即该地域上实施的发展模式、生活方式及其传承的文化等内容),也强调和突出边疆地区在中央集权统治过程中的民族主体性问题。提出这个有别于民族史研究中长期使用的"汉化""同化"或"儒学化"等一系列带有浓厚汉族中心观,或具有强烈的民族性和民族文化色彩的词语,目的在于以一个凸显地域特征及民族特征、强调边疆地区自身发展特点的概念,涵盖边疆少数民族地区历史时期的发展道路和发展模式。

她还认为,"内地化"与"中原化"是不能等同的。虽然"中原"一词在一般意义上指代了中国中央集权控制的中心区域,但传统意义上的"中原"指代了一个更为细致的地域范围,这个范围在不同的历史时期是不同的,中原的主体政权及其代表的政治、文化、经济发展方式在不同时期的不同地域也存在着差别。更重要的是,"中原"过于强调一个准确而具体的地域空间和文化方面的内涵,具有浓厚的固定化和程式化色彩,而"内地"既有地域空间概念比"中原"的范围更宽泛的含义,又具有这块地域上运行的政治、经济、军事等发展模式,当然也包括文化、社会生活、民族构成等方面的内涵,更能在宏观层面及抽象程度上体现中央集权直接控制区域与周边民族地区所具有的差异。

周琼教授最后强调,"边疆民族地区的内地化既不是全盘接受或照搬了中原地区的发展模式,也不是被内地同化,而是在保持区域和民族特点的前提下,或被动或主动地受到较发达和强势的中原内地模式的影响,具有中原传统及民族区域的双重特点"①。

上述各位学者对"内地化"的理解总体上较为接近,形成了一些共识,比如都认为"内地化"是一个较为长时段的动态演进的进程,是一个边疆少数民族地区向内地趋同的过程;边疆"内地化"的内涵不仅是中原内地的政治管理制度在边疆推广这样单一的层面,还包括边疆少数民族地区社会经济、文化、社会生活等在中原内地的影响下发生变迁的情形;历史上北部边疆、南部边疆由于自然环境、民族种类等存在明显差异,所以各自的内地化进程是有显著差别的。

上述关于边疆内地化的论述,大多停留在关于"内地化"这一概念在学理层面的宏观探讨,而以清代西南边疆少数民族社会内地化为区域,对个案进行深入考察的还不多。

可以肯定的是,清代两百余年(主要是在清代前期)中,西南边疆少数民族地区经济社会得到较快发展,发生了显著变革。清政府在西南边疆少数民族地区采取了一系列的政治、经济和文化教育举措,对该地区的政治控制力进一步增强,中原儒家文化在西南边疆得到更加深入的传播,边疆与内地及中华民族多元一体格局发展的历史趋势愈加明显。可以说,清朝统治时期,近现代民族地理分布状况与西南边疆少数民族关系格局逐渐确定下来,并为中国西南部疆域最终形成奠定了坚实基础,这与清朝西南边疆少数民族教育政策有着密切的内在关联。

因此,对清朝在西南边疆地区推行的民族教育政策及善施文教的整体状况进行深入研究,具有重要的学术价值和现实意义。

---

① 周琼:《"八景"文化的起源及其在边疆民族地区的发展——以云南"八景"文化为中心》,《清华大学学报(哲学社会科学版)》2009年第1期。

第一章 清前期对西南地区的治理与经营

清顺治三年(1646),清军在部分明朝降将的引导下,开始进攻西南地区。张献忠起义军抗击失利,余部由孙可望、李定国等人率领退入贵州和云南。顺治十三年(1656),李定国等人北伐失利,遂将南明永历帝朱由榔迎入云南。顺治十五年(1658),清军向西南发起更大攻势,自湖南一路攻入贵州和云南,永历帝自昆明向西逃入缅甸。康熙元年(1662),清军将领吴三桂从缅甸捕获朱由榔,并将其杀害于昆明,经过镇压控制了云南、贵州两省。而在顺治十三年(1656),清政府已建立对广西的统治。至此,西南边疆地区完全被纳入清朝统治之下。

清代云南省的范围初期与后期稍有变化,主要是雍正年间将原属四川的乌蒙府、东川府等地改隶云南。光绪二十四年(1898)的云南省"东至广西泗城,南至交趾界,北至四川会理,西至天马关,接缅甸界",其范围与今云南省大体一致。其时的云南省"共领府十四,直隶厅六,直隶州三,厅十二,州二十六,县四十一;又土府一,土州三,土司十八"①。清代贵州省的范围与明代比较有很大变化,主要是四川所属的播州地区(今遵义一带)划归贵州,以后辖境与今贵州省大致相同。清末的贵州省"东至湖南晃州,西至云南沾益,南至广西南丹,北至四川綦江。共领府十二,直隶厅三,直隶州一,厅十一,州十三,县三十四,土司五十三"②。清代广西省的范围大体上同于明代,仅北部地区的罗甸、望谟、册亨、贞丰数县并入贵州。清末广西省的范围"东至湖南道州,西至贵州普安,南至广东信宜,北至湖南城步县。领府十一,直隶厅二,直隶州二,厅八,州十五,县四十九,土州二十四,土县四,土司十三"③。川西南凉山地区归四川省统辖,清政府在今四川凉山州地区设宁远府,下领2厅、1州、4县和11处土司,府治设在西昌。④ 总体来看,清朝对西南边疆的统治在明代的基础上更加深入,设治局明显加密,尤

---

① 赵尔巽等撰:《清史稿》卷七四《地理二十一·云南》,中华书局,1977年。
② 赵尔巽等撰:《清史稿》卷七五《地理二十二·贵州》,中华书局,1977年。
③ 赵尔巽等撰:《清史稿》卷七三《地理二十·广西》,中华书局,1977年。
④ 《清史稿》卷六九《地理十六·四川》。

其是对西南山区和边疆地区的统治程度与前代相比进步甚为明显。比如：清朝在西南各省的山区和边疆修建了很多城镇，雍正八年（1730），云南省修筑普洱府城、攸乐城、思茅城，又筑维西、中甸、阿墩子、浪沧江、其宗、喇普、奔子栏格等城，"皆筑土为之"；又于旧维摩州筑邱北城。雍正九年（1731），又建东川府、镇雄州、大关、鲁甸等，十年（1732）建昭通府城。①

清朝将西南边疆纳入大一统政治统治框架内，西南和全国其他地区一样，也感受到了时代脉搏，同时，西南边疆地区亦处于清政府整体布局的视野之下。对西南边疆少数民族地区采用什么样的治理思想与措施，成为清朝统治集团面临的重大问题。

第一节　清前期治理西南地区的指导思想

清朝是北疆建州女真建立的中国历史上最后一个大一统封建王朝，清初仍是继承中古历代王朝封建统治传统的政权。"清朝在总结历代安边治国经验的基础上，在反对分裂势力和抵抗外来侵略，加强国家统一与边疆地区的管理开发等方面作出了重要贡献。"②

从清朝治边思想的宏观层面看，以1840年为界，经历了前期和后期两个大的阶段，前期多积极进取，后期则内敛、消极和保守。其中，康、雍、乾三朝是清政府治边思想发展的关键时期，取得的成果亦最为丰富。清政府的治边思想及其在西南边疆的实践大体可以概括为以下方面。③

第一，清朝统治者治理边疆的核心思想是"守中治边"和"守在四夷"。所谓"中土居大地之中，瀛海四环，其缘边滨海而居者，是谓之裔。海外诸国，亦谓之裔"④。在历朝统治者眼中，中原是王朝国家经济社会发展的中心，因而在其针对内地和边疆地区的治理策略上具有明显的差别。需要指出的是，清朝中央政府摒弃元朝以边疆为基地和用兵徼外的方式，积极秉承"守在四夷"的传统治边思想。乾隆的看法可谓非常典型，"夫开边黩武，朕所不为，而祖宗所有疆宇，不敢少亏尺寸"⑤。

---

① 《滇云历年传》卷一二。
② 方铁：《西南通史》，中州古籍出版社，2003年，第667页。
③ 参见杨永福的《明、清西南边疆治理思想之比较》，《广西社会科学》2007年第2期。
④ 《清朝文献通考》卷二九三《四裔考一》。
⑤ （清）《清高宗实录》卷三七七。

第二，清朝政府吸纳了汉唐以来历代王朝"恩威并用"和"因俗而治"的治边思想。大体看，清政府能依据西南边疆蛮夷众多的特点，注意循其俗、施其政。① 康熙二十一年(1683)，在讨论云南贵州总督蔡毓荣奏陈土司承袭之事时，皇帝明确主张"平远、黔西、威宁、大定四府土司，本属苗蛮，与民不同，仍以土司专辖甚便"。在批阅滇、黔、川、粤四省巡抚请征剿土司的奏疏中，康熙皇帝认为："朕思从来控制苗蛮，唯在绥以恩德，不宜生事骚扰。"②"封疆大吏，自宜宣布德意，动其畏怀，俾习俗渐驯，无相侵害，庶治化乎于远迩。……务令该地方督、抚、提、镇等官，洗心易虑，痛改前辙；推示诚信，化导安缉；各循土俗，乐业遂生。"③乾隆帝亦明确指出："中国抚驭远人，全在恩威并用，令其感而知畏，方为良法。……历观往代中国筹边，所以酿衅，未有不由边吏凌傲姑息，绥驭失宜者。此实绥靖边隅，抚驭外人之要务。不特川省为然，即直隶、山、陕、云、贵、闽、粤等省，凡与边境毗连之处，各该督、抚等均宜时刻留心，督率文武，体朕此旨，永远遵奉，以昭我国家中外同仁之治。"④比如，具体到对贵州苗疆的治理，雍正时期进行大规模的武力开辟，造成新辟苗疆地区社会矛盾激化，乾隆即位后，反复指出对苗疆总的方略仍是抚绥化导。他首先申明："贵州古州台拱等处，生苗虽自古未沾王化，然其地实在数省疆域之中。我皇考怙冒如天下，不忍弃之化外，是以就其归顺之诚，为之安抚区画，俾得与海宇人民共享升平之福，并非利其土地人民，而为好大喜功之事也。……务使边宇安宁，百姓乐业，以副朕义安海内，一视同仁之至意"。在此基础上，一再指出"苗疆非内地可比"，"云贵省分向有僮、瑶、猓、猡等，均系苗民"，"务俾知所感畏"，"抚绥镇静"，"方为抚驭得宜"，"苗众一切自相争讼之事，俱照苗例，不必绳以官法"。⑤ 因此，在地方官员拟编查贵州苗族地区户口时，乾隆帝发布上谕，指出此举可能带来的隐患，曰："裴宗锡奏查办民数情形一折，据称'黔属在汉、苗杂处；而向来民数，有仅报汉民者，亦有仅报苗民者，且有汉、苗全不报者。现在通行严饬，确查实在数目，分别汉、苗，一体开报'等语。所办非是。各省岁报民数，用以验盛世闾阎繁富之征，原只就内地编氓而言。其边徼苗瑶，本不在此例。国家休养生息，户口殷繁，各省滋生之数，不啻岁

---

① 参见方铁的《方略与施治：历朝对西南边疆的经营》，社会科学文献出版社，2015年，第210页。
② 康熙朝《圣训》卷三六，第10—11页。程敏贤选编：《清〈圣训〉西南民族史料》，四川大学出版社1988年，第5页。《清圣祖实录》卷一二四，第16页。
③ 《清圣祖实录》卷一二四，第19—20页。
④ 《清高宗实录》卷一一一六，第12—13页。
⑤ 程贤敏选编：《清〈圣训〉西南民族史料》，四川大学出版社，1988年，第36、62页。

增万倍,岂借此处苗民以形阜庶。况苗性多疑,只应以镇静抚绥为主。伊等箐居硐处,滋息相安,素不知有造报户口之事。忽见地方有司,逐户稽查,汉、苗悉登名册,必致猜惧惊惶,罔知所措。甚或吏胥、保长借此扰累,致滋事端,于绥辑苗疆之道甚有关系,断不可行。……著传谕裴宗锡,所有汉、苗一体查造之处,即速停止。且不独黔省为然,其云南、两广、两湖等省,凡有苗、瑶、黎、僮等类,其户口皆不必查办。"①正是基于这样的认识,清初继承了明朝土司制度。雍正时期在西南地区的大规模"改土归流",亦只是针对大的土司势力,很多中小土司被保留下来,甚至又新设了很多小土司。迨至晚清,国门被迫打开,中国边疆地区面临巨大的危机,清政府被迫逐渐舍弃"因俗而治""分而治之"的传统治边理念。

第三,与明朝集聚重兵防守北方、"重北轻南"不同,在清朝的整体治边战略中,"重北轻南"的倾向虽存在,但并不突出,且内涵已然发生变化。尽管清朝仍十分重视北部边疆的防务,但其防御的重点已经不是以往传统的草原地带的游牧民族,而是正在向东扩张的沙俄帝国,这与清初的形势有极大关系。清朝统治集团是以北方少数民族的身份入主中原的,早在清军入关之前,就通过联姻等手段,与漠南蒙古诸部建立起政治联盟。康熙和乾隆时期最终解决了北疆蒙古问题,统一了新疆天山南北。正如雍正皇帝所言"汉唐宋明之世,幅员未广,西北诸处皆为劲敌,边警时闻,烽烟不息,中原之民悉索敝赋,疲于奔命,亦危且苦",而"我朝为中国主,合蒙古、中国成一统之盛,并东南极边番彝诸部俱归版图"②,因之此时形势已发生完全不同的变化。

第四,清朝统治集团对边疆地区移民问题持较为务实的认识,并非一味严厉压制。雍正帝强调:"国家承平日久,生齿殷繁,地土所出,仅可赡给,倘遇荒歉,民食维艰。将来户口日滋,何以为业?"③乾隆帝谕曰:自清初百余年来,"承平日久版籍益增,天下户口之数,视昔多至十余倍,以一人耕种而供十数人之食,盖藏已不能如前充裕"④。清朝中央政府认为,人口由密集地区向僻地和边疆地区流动是一种自然现象,因而允准广大农民走向人口比较稀少的地区开荒耕种,借此把移民实边与边疆地区的经济开发和人口合理分布联系在一起。乾隆五十八年(1793),乾隆帝谕曰:"犹幸朕临

---

① 《清高宗实录》卷一〇一一,第19—20页。
② 许曾重:《曾静反清案与清世宗胤禛统治全国的大政方针》,《清史论丛》第5辑,中华书局1984年,第164页。
③ 《清世宗实录》卷六,"雍正元年四月乙亥"条。
④ 《清高宗实录》卷一四四一,"乾隆五十八年十一月戊午"条。

御以来,辟土开疆,幅员日廓,小民皆得开垦边外土地,以暂谋口食。"①乾隆皇帝开疆拓土和滋养生民的实践,对清朝加强对边疆地区的开发与进步有重要的影响。此外,清朝统治者还认为,人力资源是边疆地区的宝贵财富,因而倡导把垦荒种地和流民安置具体结合起来。顺治十八年(1661),云贵总督赵廷臣奏称:"滇黔田土荒芜,当亟开垦。将有主荒田令本主开垦,无主荒田招民垦种。俱三年起科,该州县给以印票,永为己业。"户部议复并准予遵从。② 此后,雍正朝亦对开垦土地做出相应的规定:"嗣后,各省凡有可耕之处,听民相度地宜,自垦自报,地方官不得勒索,胥吏亦不得阻挠。"③这就极大地推动了西南边疆的移民活动和边疆开发。

毫无疑问,明、清时期大量内地汉族移民涌入西南边疆少数民族地区,在促进经济开发的同时,也对边疆民族地区的文化和教育起到促进作用。本质上来讲,官学、书院及义学教育是以儒学价值理念为核心的文化传播过程,因此,汉族移民不仅是西南边疆官府巩固政治统治的重要力量,也是其实施思想文化统治的基础。对于汉民而言,由读书而科考入仕,从而改变地位、光宗耀祖已经是全社会的核心价值导向,而且捐资助学、赞助教育,在一个重教兴文意识浓厚、崇尚读书科考的社会里还能博得美好的名声和赞誉。④ 与此同时,因外来移民的进入,与当地土著居民因争夺土地、山林、水资源等爆发的争斗,以及少数民族不堪改流后的高额税收进行的反抗,逐渐成为西南边疆社会矛盾的焦点。⑤

第五,18世纪后,伴随着西方殖民者入侵中国,特别是西方列强相继占领东南亚地区后,中国的边界和边疆安全问题渐次凸显,尤其是涉及西南沿边国界的交涉和斗争渐趋尖锐。但是,清朝帝王和臣僚仍然坚持传统的"守中治边""柔远服人"的治边观念,而这样的策略在维护国家领土安全的形势下显得极其不合时宜,这也成为后来清政府在边疆问题上逐步退让的重要根源。雍正三年(1725),云贵总督高其倬奏称:"云南开化府与交趾接壤,有内地旧境失入交趾。"他建议恢复旧界,应当将失去的120千米领土彻底取回。雍正皇帝却认为,安南乃小国,且累世恭顺,"天朝"怎可与之争尺寸之地?⑥ 在知晓高其倬奏疏后,安南国王黎维祹上疏辩解,雍正帝谕令鄂尔泰处理此事。鄂尔泰提出以铅厂山下小河为界,事实上自旧界后退了

---

① 《清高宗实录》卷一四四一,"乾隆五十八年十一月戊午"条。
② 《清圣祖实录》卷一,"顺治十八年二月乙未"条。
③ 《清世宗实录》卷六,"雍正元年四月乙亥"条。
④ 杨永福:《文山地区清代儒学教育发展述要》,《红河学院学报》2007年第4期。
⑤ 方铁:《方略与施治:历朝对西南边疆的经营》,社会科学文献出版社,2015年,第213页。
⑥ 《清世宗实录》卷三一,"雍正三年四月己丑"条。

40千米。黎维陶上表称谢,雍正帝"嘉其知礼",竟又再给安南20千米土地,将边界后移至今马关县城以南的小赌咒河。① 自鸦片战争以后,列强相继侵占中南半岛诸国,中国西南边界安全问题骤然严重,尽管清政府在观念上做了一定的转变,但由于国力不济和政治衰败,清政府和地方当局在边界交涉中屡屡退让,进而不断陷入丧权失地的困境。

第六,清朝核心统治集团即为少数民族,对边疆地区的少数民族存在较少的歧视。清朝统治者认为,"边疆"与"夷狄"在概念上不可以相等同,并明确提出反对"内华夏外夷狄"的说法,认为中原内地和边疆各民族"无分内外""皆朕赤子"。雍正帝谕曰:"且自古中国一统之世,幅员不能广远,其中有不向化者,则斥之为夷狄,如三代以上之有苗、荆楚、狁狁,即今湖南、湖北、山西之地也。在今日而目为夷狄可乎?至于汉唐宋全盛之时,北狄、西戎世为边患,从未能克服而有其地,是以有此疆彼界之分。自我朝入主中土,君临天下,并蒙古极边诸部落俱归版图,是中国之疆土开拓广远,乃中国臣民之大幸,何得尚有华夷中外之分论哉!"② 显而易见,在清朝统治者的夷夏观念体系中,"夷"的内容已发生质的变化。

总之,清朝在确立西南边疆地区的统治秩序后,还相应地继承了明朝治理和经营边疆的思想和举措。伴随着时代发展,边疆与内地一体化的历史演变趋势逐渐明晰,清朝统治者的民族观和边疆观在治边实践中有所进步,主要表现在两个方面。第一,强调"中外一家""华夷无间",强烈反对以往的"夷夏大防""华夷之辨"。在清前期诸帝中,雍正帝专门撰写《大义觉迷录》予以深刻的阐释。在他看来,在大一统下,中外满汉和华夷皆"中国之臣民",至于华夷的分别,不过是文化的不同而已,凡是言行符合仁义道德的就应是华夏,凡是言行不符合仁义道德的就应是夷狄。③ 因此,在清朝统治者看来,夷夏是可以互变的,"夷人慕学,则夷可以进而为汉;汉人失学,则汉亦将变而为夷"④。而教化即是华夷互变的根本条件。总体来看,与明代相比,清朝边疆政策的创新之处在于:一方面主张中外一体,从边疆与内地一体的认识出发,主张以积极态度治理边疆各民族;另一方面又主张"以德怀远",通过德化将边疆与内地在政治版图上连为一体,在文化上

---

① 《清史稿》卷二八八《鄂尔泰传》,参见尤中的《中国西南边疆变迁史》,云南教育出版社,1987年,第176页。
② 《大义觉迷录》,中国社会科学院清史研究所编:《清史资料》第4集,第5页。
③ 倪爱山:《雍正思想述论》,《徐州师范大学学报》2000年第3期。
④ (清)王旭德甫辑:《湖海文传》卷二九《义学汇记·序》,道光丁酉(1837年)经训堂刻本第十六册。

将其整合为一体,核心是大一统的一体化发展。① 第二,基本上以雍正时期在西南地区集中进行改土归流、武力开辟贵州苗疆为分界,统治者的治边思想从清初的"以夷治夷"发展到"以汉治夷",其实质就是要通过改土归流等举措打破原有土司地区行政管理体制上的半封闭性,变为国家制度的直接管控,将原来土司治下的土民变为国家经济制度下的编户齐民。雍正五年(1727),皇帝谕令兵部:

> 向来云、贵、川、广及楚省各土司,僻在边隅,肆为不法,扰害地方,剽掠行旅。且彼此互相仇杀,争夺不休,而于所辖苗蛮,尤复任意残害,草菅民命,罪恶多端,不可悉数。是以朕命各省督抚等悉心筹画,可否令其改土归流,各遵王化。此朕念边地穷民,皆吾赤子,欲令永除困苦,咸乐安全。并非以烟瘴荒陋之区,尚有土地人民之可利,因之开拓疆宇,增益版图,而为此举也。今幸承平日久,国家声教远敷,而任事大臣,又能宣布朕意,剿抚兼施,所在土司俱已望风归向,并未重烦兵力,而愿为内属者,数省皆然。自此土司所属之夷民,即我内地之编氓;土司所辖之头目,即我内地之黎献。民胞物与,一视同仁,所当加意抚绥安辑,使人人得所,共登衽席,而后可副朕怀也。但地方辽阔,文官武弁需员甚多,其间未必尽属贤良之辈。且恐官弁等之意,以为土民昔在水火,今既内附,已脱从前之暴虐,即略有需索,亦属无伤,此等意见,则万万不可。著该督、抚、提、镇等严加晓谕,不妨至再至三,且须时时留心访察,稍觉其人不宜苗疆之任,即时调换;并严禁兵丁胥役生事滋扰。务俾政事清明,地方宁谧,安居乐业,共享升平。倘有不遵朕旨,丝毫苛索于土民地方者,著该上司立即参劾,重治其罪。即系平日保举之人,亦不可为之容隐。果能据实纠参,朕必宥其失察之愆,嘉其公忠之谊。该督、抚、提、镇等可共体朕心,各尽怀保边民之道。②

在这里,雍正皇帝明确指出,众多边地穷民,都是国家"赤子",改土归流是欲令他们永除困苦,咸乐安全;在改流后,土司所属民众,就成为与内地一样的编民,包括土司所辖之头目,亦即内地之"黎献",因此,要求地方官员必须要一视同仁,加意抚绥安辑,不能认为"土民昔在水火,今既内附,已脱从前之暴虐"而加大勒索。雍正强调,云南、贵州、广西各省督、抚、提、

---

① 于晓燕:《清代南方民族地区的义学研究》,云南民族出版社,2011年,第54页。
② 《清世宗实录》卷六四,"雍正五年十二月己亥"条,中华书局,1986年。

镇等地方要员严加晓谕,并须经常留心访察,一旦发现不适宜在少数民族地区任职的,即提出调换,"并严禁兵丁胥役生事滋扰","各尽怀保边民之道"①。通过政治上改革土司制度,经济上编赋其民,将边疆民族地区纳入内地一体化发展之列,也就是要将此前没有设官置吏的"化外之地"纳入大一统政治之下。

可以说,进入清代,西南边疆在多民族国家整体构建进程中处于十分重要的地位,而值得注意的是,清前期几位统治者(康熙、雍正、乾隆)亦对此有较为明确的意识,因而对西南边疆少数民族地区进行了积极的治理与开发。

第二节　加强对西南少数民族地区的治理与经营

西南边疆与内地在自然环境、人文环境方面差异极大,清人对此已有相当的认识:"西南诸省,水复山重,草木幽昧,云雾晦暝,人生其间,丛丛虱虱,言语饮食,迥殊华风,曰苗,曰蛮,史册屡纪,顾略有区别。无君长不相统属之谓苗,各长其部割据一方之谓蛮。"②具体到云南、贵州、广西三省,从当时的各种记载可窥探时人对该地复杂的自然环境和种类众多的少数民族印象极为深刻,如:

> 广西,古百粤地,当岭南右偏,三江襟带,提封甚广。然内给藩封,外困边围,而风声气习,又视广东特异。如府江绵亘八百里,则已半为苗夷所有,阻兵江道,肆为寇窃。不但古田、荔浦县苦其蚕食而已。浔州则大藤峡跨在黔、郁二江之间,诸蛮巢穴在焉,剽掠四出,急则投窜。虽有上隆州五屯所扼其咽吭,不足制也。若兴安、西延六峒与武冈州、阳岗接壤,瑶实据之,是为桂林北境之患。柳、庆以西,则八寨号为盗区。洛容怀远,竝罹惨毒,而宾州其襟喉矣。然右江一带,惟岑氏最强,思田既已残破,则泗城州犹婴樊之虎计,非削弱不可也。③
> 云南孤悬天外,内则百蛮环处,外则三面临边,形势险要。④

---

① 《清世宗实录》卷六四,"雍正五年十二月己亥"条,中华书局,1986年。
② 赵尔巽等撰:《清史稿》卷五一二《列传二百九十九·土司一》,中华书局,1977年。
③ (明)王圻、王思义辑:《三才图会》,《地理二·广西》,上海古籍出版社,1988年。
④ 《清高宗实录》卷一七三,"乾隆七年八月丁未"条。

滇省汉土交错,最称难治。治滇省者,先治土人,土人安而滇人不足治矣;然非姑结之以恩而能安,亦非聚加之以威之所得治也。查土人种类不一,大都喜剽劫,尚格斗,习与性成。其土目擅土自雄,争为黠悍,急之则易于走险,宽之乃适以生骄。故从来以夷治夷,不惜予之职,使各假朝廷之名器,以慑部落而长子孙。①

滇边西南界以澜沧江,江外为车里、缅甸、老挝诸土司。其江内之镇沅、威远、元江、新平、普洱、茶山诸夷,巢穴深邃,出没鲁魁、哀牢间,无事近患腹心,有事远通外国,自元迄明,代为边害。②

贵州古称鬼方,自城市外,四顾皆苗。其贵阳以东,苗为夥,而铜苗、九股为悍;其次为革老,曰羊黄,曰八番子,曰土人,曰侗人,曰蛮人,曰冉家蛮,皆黔东苗属也。自贵阳以西,罗罗为夥,而黑罗为悍;其次曰仲家,曰米家,曰蔡家,曰龙家,曰白罗,皆黔西苗属也。专事斗杀,驭之甚难。③

贵州向无钳束群苗之责,苗患甚于土司。而苗疆四周几三千余里,千有三百余寨,古州踞其中,群峒环其外。左有清江可北达楚,右有都江可通南粤,皆为顽苗蟠踞,梗隔三省,遂成化外。④

面对如此复杂的民族人文情状,清政府对西南边疆的治理模式显然不同于内地及北部边疆。⑤ 总体看,清朝在西南边疆实施的仍是恩威兼施、武力与文治交替使用的治理策略。其采取的具体举措颇多,如军事上派驻大军,严密防控,镇压各族人民反抗;政治上改土归流,加密设治局,完善行政

---

① （清）蔡毓荣撰:《筹滇十疏》"第二疏 制土人",载方国瑜主编的《云南史料丛刊》第八卷,云南大学出版社,2001年,第425页。
② （清）魏源撰:《雍正西南夷改流记》（上）,载方国瑜主编的《云南史料丛刊》第八卷,云南大学出版社,2001年,第461页。
③ 赵尔巽等撰:《清史稿》卷二七三《赵廷臣传》,中华书局,1977年。
④ （清）魏源撰:《雍正西南夷改流记》（上）。载方国瑜主编的《云南史料丛刊》第八卷,云南大学出版社,2001年,第461页。
⑤ 为有效地统治幅员广袤而各地又差异明显的帝国,清统治集团吸取了前朝的很多统治经验,根据不同的地区采取不同的治理策略。一种是对内地即汉化之地的治理,这些省份只存在一套帝国的地方官僚体系,同时也是清帝国从明代继承而来的一整套汉人政权的官僚体系。第二种模式是在宗教势力和影响相当大的边疆地区实施,如蒙古、新疆、西藏等地,清帝国仅以藩封待之,派驻将军或大臣作为参赞,以示威慑。而东三省作为清廷龙兴之地,在相当长时间里,其治理策略又有别于其他地区,可以视为第三种情形。还有一种情况是"边省",虽存在从督抚到知府、知县的正规地方官僚体系,但因少数民族众多,其或还有所谓的"化外之区",如云南、贵州、广西和川西南地区,这些地区的一大特点是广泛实行土司制度。有的学者认为,清朝对"江南"的治理策略表明,尽管属于内地,然"江南"又具有自身特点。见杨念群的《何处是"江南"——清朝正统观的确立与士林精神世界的变异》,生活·读书·新知三联书店,2010年。

管理制度;经济上重视西南边疆的资源开发,发展山区农业和水利;文化教育方面积极兴办教育,推行教化等。然限于篇幅,此处仅列举数端略述于后。

一、改土归流与开辟苗疆

明朝政府在西南边疆少数民族地区广泛实施土司制度,然行之既久则弊端也就渐显,到后来已经成为影响朝廷深入统治和当地经济社会发展和进步的严重障碍。迨至清初,这一状况尚未得到根本改变。"土司肆虐并无官法,恃有土官土目之名,行其相杀相劫之计,汉民被其摧残,夷人受其荼毒。"①土司在其辖区内拥有特权,视土民如牲畜,生杀任性,"土司一日为子娶妇,则土民三载不敢婚姻。土民一人犯罪,土司缚而杀之"②。在湖广永顺,"土司自称本爵,土民称之曰爵爷。……生男生女辄报名书册,长则当差。赋役无名,刑杀任意,抄没鬻卖,听其所为"③。在桂西地区,"田州土官岑宜栋……其虐使土民,非常法所有。土民读书,不许应试,恐其试而脱籍也。田州与镇安之奉议州,一江相对,每奉议州试日,田民闻炮声,但遥望叹息而已"④。在云南,"滇省汉土交错,最称难治","土司各有土地、人民,而其性各不相下,往往争为雄长,互相仇杀,一不禁而吞并不已,叛乱随之,故明沙、土之祸可见也","土官以世系承袭,不由选举,其祖父势利相传,其子弟恣睢相尚,不知诗书礼义为何物,罔上虐下",因此"土人知有土官而不知有国法久矣"⑤。说明土司目无法纪,不仅荼毒所辖之土民,任意残暴,草菅人命,即便是当地汉人亦深受其害,造成严重的社会问题。

自雍正四年(1726)起,清政府在滇、黔、桂毗邻地区进行了大规模的改土归流。雍正朝在云南实施改流的重点地区有两个:"一是今滇东北地区。为便宜鄂尔泰行事,雍正四年将四川东川府改隶云南,五年以四川的乌蒙、镇雄二府改隶云南,六年降镇雄为州并属乌蒙。二是澜沧江内镇沅府、威远州及孟养、茶山土司地区。军事行动结束后,江外地区归车里土司管辖,仍保留较大土司;江内地区则全部改流,并升格普洱为府,移沅江协副将驻

---

① 《宫中档雍正朝奏折》第六辑,雍正四年九月十九日云南巡抚管云贵总督鄂尔泰奏折。
② 蓝鼎元:《论边省苗蛮事宜书》,见贺长龄编的《皇朝经世文编》卷八六《兵政十七·蛮防上》,〈台北〉文海出版社,1972年。
③ 乾隆《永顺府志》卷一二,《艺文志》,乾隆二十八年刊本。
④ (清)王锡祺辑:《小方壶斋舆地丛钞》第七帙《越滇杂记五》。
⑤ (清)蔡毓荣:《筹滇十疏》,参见康熙《云南通志·艺文志》;方国瑜主编:《云南史料丛刊》第八卷,云南大学出版社,2001年,第425—427页。

扎之,在思茅、橄榄坝各设官兵驻守,扼守滇南通往缅甸、老挝之门户。在此前后,一些地方也陆续进行了改流。如康熙六年,原来临安府管辖之下的教化、王弄、安南三长官司被改流,设立开化府。"①

雍正朝在西南边疆地区推行的改土归流,不仅是稳固国家政治秩序和加强社会治理的管理制度层面的变革,还是一次深入而剧烈的社会变革。尤其是在重点实施改土归流的滇东北地区,由于改流进程中不可避免地出现武力镇压的事件,并相应造成改流地区各族民众生命和经济的重大耗损。清雍正四年(1726)夏,云贵总督鄂尔泰命令总兵刘起元进驻东川府,并强力革去东川府六营土目职。同年五月,由于乌蒙土司禄万钟不愿接受改流,并伙同芒部土司隆庆侯起兵反对,鄂尔泰借机兵伐乌蒙、镇雄,并直抵鲁甸。雍正五年(1727),刘起元率兵进驻乌蒙土城。至此,乌蒙土司政权宣告瓦解,鄂尔泰随即在乌蒙设置了流官。雍正六年(1728)和八年(1730),米贴土目禄氏和鲁甸土目禄万福先后聚众煽动大规模反对改土归流的事件皆遭到鄂尔泰的强力镇压。在清军武力征伐的进程中,反对改流地方土司掌管之下的彝族遭到屠杀,仅米贴一地被杀或逃亡者就有三万余人。武力进剿后,鄂尔泰又进行严酷的清洗,"凡属头目,俱应剪除,断难令一名漏网。即罪不当杀,亦必须迁徙,庶既尽根诛,期可绝萌蘖","除酋长头人,务严剿穷搜,或诛或遣,不留一孽,统计逆首逆党及附从凶徒,前后临阵杀伤,并滚崖投江自杀自尽者,已万余人。擒获搜获,讯明枭首及刹去右手者,已数千人。所获倮贼男妇,分赏在事有功者,亦万余人。其余生擒贼首贼目,并应质审要犯家口,现已数百人,押解到省城,收监发牢……至于扼要关隘,及深密箐林,不得不焚毁,以防埋伏。即室庐房舍,于正当搜擒时,或需用火攻,或恐其复聚,亦有不得不焚毁者"②。另外,改土归流之后伴随有汉族移民大量进入,并在经济、文化等方面与原住民不断发生冲突和摩擦,因此,如何对原来实行土司制度的西南边疆少数民族地区进行有效统治,始终是清政府考虑的一个重点,对贵州苗疆的开辟亦是一场剧烈的社会变革。清代贵州地方官府统治所不及的"苗疆",即所谓"生苗"之地,主要有三大块:一是湘、黔、川三省交界,以腊尔山脉为中心的"红苗"聚居区,亦即今天的贵州松桃苗族自治县和湘西自治州凤凰、花垣、吉首等县、市及邻近地区。二是黔东南以雷公山脉为中心的另一个苗族("黑苗"

---

① 田景春、印义炯:《清代云南边疆民族地区教育发展的社会历史背景》,《云南行政学院学报》2016年第5期。
② 《雍正朱批谕旨》第五十六册,雍正八年十二月十七日鄂尔泰奏,转引自潘先林的《民国云南彝族统治集团研究》,云南大学出版社,1999年,第29页。

为主)聚居区。"黑苗,在都匀、八寨、丹江、镇远、黎平、清江、古州等处,族类甚繁,习俗各殊,衣皆尚黑。"①三是除上述两大块"生苗"区外的其他分布区,如魏源的《圣武记·雍正西南夷改流记》载:"广顺、定番、镇宁'生苗'六百八十寨,镇宁、永宁、永丰、安顺'生苗'千三百九十八寨,地方千余里,直抵粤界。"②其中,清政府武力开辟的重点是黎平以西,都匀以东,镇远以南的清水江和雷公山一带的"生苗"地区。因为这一地区对于清代贵州地方政府而言具有重要的战略价值和经济价值。时人指出,"黔省故多苗,自黎平府以西,都匀府以东,镇远府以南,皆生苗地,广袤二三千里,户口十余万,不隶版图";"清水江潆洄宽阔,上通平越府黄平州之重安江,其旁支则通黄丝驿,下通湖南黔阳县之洪江,其旁支又通广西。清江南北两岸及九股一带,虽多复岭重岗,而泉甘土沃,产桐油、白蜡、棉花、毛竹、柜木等物,若上下舟楫无阻,财货流通,不特汉民食德,苗民亦并受其福,此黔省大利也。诚能开辟,则利可兴也"③。

　　自从雍正二年(1724)清军进剿定番、广顺的"生苗"开始,到雍正十一年(1733)哈元生平定"九股苗"止,前后军事征伐历时九年。经过大规模的军事"讨伐",反复"进剿",清统治者达到了预期目的,大量开垦的土地得到清查,人口数目编造在册,并先后设置八寨厅、丹江厅、都江厅隶属于都匀府,古州厅隶属黎平府,清江厅、台拱厅隶属于镇远府,并派遣流官直接统治。新疆六厅的设置是清朝中央政府将其纳入版图的重要步骤,这也成为清朝对黔东南"生苗"地区武力"开辟"基本完成的重要标志,也意味着贵州苗疆地区的政治向内地化层面迈出了实质性一步,从而促进了经济发展模式和社会文化内地化的进程。清政府武力开辟苗疆的过程,部分学者大多称之为"国家化"或"王化"过程。认为清帝国"开辟"苗疆,用武力把苗民征服,在苗疆设置厅县,安屯设堡,建立新的社会统治秩序,其目标是使"新疆六厅"的"生苗"化为"熟苗","熟苗"化为"民人";"新疆"变为"旧疆","旧疆"变为"腹地",④从而使黔地苗疆社会卷入被动内地化变迁的轨道。

　　雍正时大规模治理苗疆,除了其具有重要的战略价值和经济价值外,最主要的原因是,清政府认为"苗患"太甚,需要铲除。雍正七年(1729)十

---

① (清)李宗昉:《黔记》,转引自《贵州通史》第三卷《清代的贵州》,当代中国出版社,2002年,第66页。
② (清)魏源:《圣武记》,中华书局,1984年,第2124页。
③ (清)方显:《平苗纪略》,转引自《贵州通史》第三卷《清代的贵州》,当代中国出版社,2002年,第70页。
④ 张中奎:《改土归流与苗疆再造——清代"新疆六厅"的王化进程及其社会文化变迁》,中国社会科学出版社,2012年,第259页。

一月,雍正皇帝敕谕:"古州等处苗蛮,界在黔、粤之间,自古未通声教,其种类互相仇杀,草菅人命;又常越境扰害邻近之居民,劫夺往来之商客,以致数省通衢,行旅阻滞,迂道然后得达;而内地犯法之匪类又往往逃窜藏匿其中。此实地方之患,不得不为经理者。"①雍正十三年(1735)八月,雍正帝再次强调:"从来经理苗疆之意,原因苗性凶顽,久为地方居民之害,是以计议剿抚,为艾安百姓之计。若云利其'民人',则其人不过鸟兽之属;若云贪其土地,则其地本在吾版图之中。"②显然,这番说辞主要是为其采用武力进剿导致苗疆人民财产大受损失辩护罢了。

二、重视西南边疆少数民族地区的吏治,严密防范"汉奸"

清前期,朝政府十分重视西南边疆的吏治,凡是新选拔任用的官吏,必须在奏疏中说明其经历、素质甚至能否"抗瘴疠"等,经中央相关部门审查合格方可赴任。乾隆帝曾在上谕中明确强调:

> 守令为亲民之官,最关紧要。而边疆之地,民夷杂处,抚绥化导,职任尤重,更不得不慎选其人,以膺牧民之寄。查云贵诸苗,向在王化之外,危害于地方。近来改土设流,渐次安辑。然疮痍初起,元气未复,必得循良之员,恩信兼著,调剂咸宜者,令其心志帖服,然后可以久安于无事。近时督抚于苗疆重地,多择能员,以资弹压。殊不知矜才喜事之辈,饰文貌以欺耳目,图声誉以求升迁,非有实心实政,以为抚绥化导之本,究于苗疆无所裨补。夫苗夷虽极顽悍,然亦具有人心,非不可以至诚感动者。果得廉静朴直之有司,视同赤子,勤加抚恤,使知各长其妻孥,安其田里,俯仰优游,一无扰累,谅无有不可以革面革心者。嗣后,遇有苗疆要缺,应令该督抚慎选贤员,以居其任,三年之后,察其汉夷相安,群情爱戴者,保题升擢,以示优奖。其有恃才贪功者,虽有才干,不得轻任以滋事端。其如何定例之处,著九卿妥议具奏。至于文武不和,乃地方之大患,其在苗疆,更宜严禁而重惩。嗣后,若有怀挟私意,彼此龃龉致误公事者,该督抚提臣,即行题参,从重议处,毋得姑容!③

---

① 《〈清实录〉贵州资料辑要》,贵州人民出版社,1964年,第19页。
② 《〈清实录〉贵州资料辑要》,贵州人民出版社,1964年,第611页。
③ 程贤敏选编:《清〈圣训〉西南民族史料》,四川大学出版社,1988年,第48页。

从上述史料可以看出，为了在新开辟的苗疆等少数民族地区建立起稳定的统治秩序，清政府对在这些地区任职的官员的素质、能力是十分重视的。一是要循良之员，能够理解把握朝廷的治边政策，能静心为政，不能任用那些"矜才喜事之辈，饰文貌以欺耳目，图声誉以求升迁"之辈。二是廉静朴直，对老百姓勤加抚恤，一无扰累，否则纵有才干但贪功，也不轻易派往苗疆等地任职，以免滋生事端。三是在少数民族地区任职的文武官员要能团结，互相尊重，否则"文武不和，乃地方之大患"，尤其是在新开辟的苗疆，更是要严格禁止文武不和的现象发生，一旦出现，就要重惩。

西南边疆少数民族地区改流包括贵州新辟苗疆后外来人口大量进入，一些汉人奸商游走村寨，在交易时欺负当地少数民族，或教诱当地少数民族，或包揽诉讼，导致地方社会不安，甚至发生动乱。清政府称这部分人为"汉奸"。对潜入西南边疆少数民族地区的"汉奸"，清政府采取严密防范及从严惩处的措施，颁布命令严禁汉人进入少数民族村寨，禁止少数民族与汉人贸易，违者从重治罪。鄂尔泰在经理西南边疆改土归流事宜时，就提出要严禁"汉奸"，"查边境逞凶，莫如顽苗；而顽苗肆恶，专仗汉奸。苗之种类甚繁，凡黔、粤、四川边界，所在皆有。今安设营、汛，兵、苗错处之地，虽不能禁汉民之不相往来，而劫杀之风，自可少息。其余无营、汛之寨，原不许汉民杂居，借贸易之名，巧为沟通，自宜严行禁止。旧议以拿获川贩十五名，准予该管官纪录一次。夫川贩汉奸，潜匿凶寨，拿获甚难，又多由外结，并不报部。故虽有鼓励之典，而踊跃效力之员甚少。请嗣后凡有擒获奸贩，审明实有通同劫杀情罪，每擒获一起，即予纪录一次。一切劫杀案件，不得外结。有能告首奸贩，情实罪当者，每获一人，赏出首人银五两"①。在壮族、瑶族聚居的桂西地区，地方官府严禁外地汉人进入，如广西巡抚金𫓧即言："粤西土属，为湖广、江西汉奸聚集之薮，利欲熏心，行同狡狯，唯恐地方无事，不能施其伎俩，于是百计营谋，多方唆拨，或令拘捕，或令抗粮。凡不法之举，尽出汉奸之教诱。……今欲靖地方、安民生，当以查拿汉奸为首务。"②至乾隆、嘉庆年间，官府在桂西地区多次下令"禁汉奸潜入"，甚至直接"将流民驱逐"③。

但此类隔绝政策难以完全做到。道光朝时，仍然难以禁止。道光十八年（1838），道光皇帝谕令军机大臣等称："川、楚、粤各省穷苦之民，前赴滇、黔租种苗人田地，与之贸易，诱以酒食衣锦，俾入不敷出，乃重利借与银两，

---

① 《清世宗实录》卷五二，第23—26页。
② （清）金𫓧：《檄拿汉奸论》，载乾隆《横州志》卷一二《艺文志》。
③ 《清高宗实录》卷一六五，道光《白山司志》卷一七《诏令二》。

将田典质,继而加价作抵,而苗人所与佃种之地,悉归客民、流民。至土司遇有互争案件,客民为之包揽词讼,借贷银两,皆以用田土抵债。"①云贵地方官府大为头疼,遂进一步制定流民租种苗民章程,规定:"一、外省流民私佃苗田,应严明立禁。一、客户勾引流民,续入苗寨,应严行究办。一、近苗客户,不得续行当买苗产。一、续来流民,预宜盘诘递送,稽查游棍,以安苗境。"②类似的规定虽然有隔绝少数民族与汉民往来的消极作用,但也减少了少数民族受"汉奸"欺诈的事情发生。

三、加强对西南边疆的军事防控

为了加强对西南地区的统治,为政治管控、经济开发乃至文化教化提供强力后盾,清政府在西南边疆施行驻军制度,在各地派驻绿营兵和乡兵,重视各地尤其是沿边关隘的守卫,形成严密的军事防控格局。

雍正六年(1728),川、陕总督岳钟琪就川西南地区的行政建置及军事驻防布局提出了完整的方案,内称:

> 一、建昌土司,惟河东、河西宣慰司、宁番安抚司三处地方最广。而河东半近凉山,半近内地,请仍授安承爵之女安凤英为长官司,约束凉山一带。其附近内地者,俱改隶流官管辖。至河西、宁番逼近内地,悉改归流。其阿都宣抚司、阿史安抚司及纽结、歪溪等土千百户,共五十六处,一并改流。近卫者归卫管辖,近营者归营管辖。并择番苗之老成殷实者,立为乡约、保长,令其约束。
>
> 一、建昌旧设通判应行裁去,改置一府。设知府一员,经历一员。裁建昌卫及左、中、前三所。礼州守御所改置一县;其宁番、盐井二卫,俱行裁去,改置二县;各设知县一员,典史一员。会川卫改并会理州,移会川营千总带兵一百名,分防州属之会理、苦竹、者保三寨。以上一州三县,俱隶新设之府管辖。
>
> 一、建昌为边疆重镇,请于越巂所属之柏香坪添设守备、千总、把总各一员,驻兵三百名。冕山贴近乾县,添设游记一员、中军守备一员、千总二员、把总四员,驻兵五百名。移冕山营中军守备驻宁番卫城,添兵二百五十名。宁越营原设守备应改为都司,添设千总一员,兵一百五十名。盐井卫添设游击一员、千总二员、把总一员,兵二百五十

---

① 《清宣宗实录》卷三一六。
② 《清宣宗实录》卷二六一。

名。其原设守备改为中军守备,带把总一员,兵一百名,移驻河西会川所属之披砂。添设游击一员、中军守备一员、千总二员、把总四员,兵五百名。再拨建昌镇标中营守备一员,带兵八十名,移驻建昌东之木托。拨建昌镇标右营游击一员、千总一员,带兵二百五十名,移驻建昌西北之热水。各与该地方之原设弁兵协同防守。①

岳钟琪的方案获得了高层批准。如此一来,该地的军事力量大为增强,防控布局日趋完善。

康熙年间,清政府曾对贵州全省的军队驻防及分防区域进行过一次调整,较为完善的军事网络格局基本形成,各府、州、县所属地方被置于严密的军事控制和监督之下,大体情形为:"(1)督标、抚标和提标。督标4营,额兵4000名,驻贵阳省会,其后移驻云南抚标。旧时仅有护卫甲兵50名,因总督移驻云南,新设左右2营,额兵1500名,驻扎贵阳府城。提标4营,兵3000名,驻扎安顺府城。(2)三镇。安笼镇,辖3营,兵1500名,驻扎安笼所(今安龙)。大定镇,辖3营,兵1500名,驻扎大定州。威宁镇,辖3营,兵1500名。驻扎威宁府城。(3)六协。黔西协,辖2营,兵1200名,驻扎黔西州城。平远协,辖2营,兵1200名,驻扎平远州城。镇远协,辖2营,兵1200名,驻扎镇远府城。定广协,兵660名,驻扎定番州城。铜仁协,兵640名,驻扎铜仁府城。黎平协,兵620名,驻扎黎平府城。(4)十三营。贵阳城守营,兵600名,驻扎贵阳府。新添营,兵280名,驻扎贵定县。平伐营,兵280名,驻扎平伐司(今贵定境内)。盘江营,兵280名,驻扎盘江河。安南营,兵400名,驻扎安南县。普安营,兵280名,驻普安州。平越营,兵600名,驻扎平越府。黄施营,兵400名,驻扎偏桥(今施秉)。都匀城守营,兵600名,驻扎都匀府城。凯里营,兵280名,驻扎凯里司。思南营,兵600名,驻扎思南府。石阡营,兵280名,驻扎石阡府。毕赤营,兵600名,驻扎毕节县。"②

从雍正五年(1727)开始,清政府对黔东南清水江等处生苗地方实施剿抚,至雍正七年(1729)底,贵州省都匀府所属八寨、丹江,镇远府所属清江,黎平府所属古州悉数被平定。鄂尔泰乃上奏雍正帝,请求设镇安营,以加强贵州新辟苗疆的防务,"八寨去都匀城仅九十余里,实为都、黎总隘。请将都匀营裁去,改为都匀协……设立副将一员,驻扎八寨。安兵一千六百

---

① 《清世宗实录》卷六六,"雍正六年二月壬午"条。
② 康熙《贵州通志》卷九《兵防》,参见本书编委会编的《贵州通史》第三卷《清代的贵州》,当代中国出版社,2002年,第37—38页。

名,分为左、右二营,以游击一员驻府城,一员随副将驻扎。丹江逼近凯里营汛,山势陡峭,素为生苗盘踞,请增立一营,将凯里营都司裁去,归并丹江营管辖……设参将一员,安兵一千六百名"①,分驻大丹江、鸡讲、小丹江、凯里等地。将黄施营游击移驻施秉旧县胜秉,屯守兵丁三百,又于稿贡驻扎士兵二百,以控制九股地方。"清水江有南北两岸,寨分稠繁,应于清水江居中设立一协,名清江协,增副将一员……分为左右二营,安兵二千名",分驻公鹅、对江北岸、柳傍、革冬。将镇远协改为一营,裁去副将,留驻游击一营,其余归清江协标下。天柱营参将改为都司,其余归入丹江营。"古州地方,户口极多,乃都、黎适中要隘,应设一镇,名为古州镇,增总兵一员……分为中、左、右三营,安兵三千名。将黎平协改为一营,副将改为游击。此所设协、营,并下游旧制一带协、营,俱听古州新镇统辖。"兵部议复称"均应如所请",得到雍正帝的批准。② 至此,在贵州新开苗疆进行的军事部署基本完成,清中央政府对苗疆的军事控制能力得到显著增强。

在此期间,鄂尔泰计划在广西省泗城土府推进改土归流,同时又开始筹谋调整黔、桂两省疆界及省内的行政区划。"红水江在黔粤交界,粤在江南,黔在江北。惟泗城、西隆两处苗、僮之地,多跨江而北与黔畛域相连,村寨相间。苗性犷悍轻生,睚眦必报,黔员难统辖,粤员亦难遥制,遂致仇杀劫掠不休。"③鄂尔泰建议"划江而理,江以南属之粤,江以北属之黔,则界限井然,防守稽查,皆易为力,庶两省之纷争永绝矣"④。雍正五年(1727)五月,雍正帝令云贵总督鄂尔泰与工部侍郎、前任广西巡抚臣李绂,以及现任广西巡抚臣韩良辅会同定议。六月,三人会于贵州南笼,商议贵州、广西两省界务问题。七月,鄂尔泰领衔合奏,"议以红水江为界,江以南属之广西,江以北属之贵州。凡广西西隆州所属罗烦、册亨等四甲及泗城府所属之上江、长坝、桑郎、罗斛等十六甲,俱在江北,应请割隶贵州。其地南北约三百里,东西径六、七百里,势既辽阔,民多凶悍,请于泗城对江之长坝地方建设州治……东北罗斛四甲与贵州定番、永宁二州相连,土苗凶顽,山谷尤险,请于罗斛甲地方设州判一员分理之。西隆州所割四甲距长坝窎远,请于册亨甲地方设州同一员分理之……至泗城之北有一肩作山,为黔、粤分界,黔属之董家旗等十寨穿入泗城,请将此十寨俱归新设之州管理"⑤。雍正帝欣

---

① 《清世宗实录》卷八九,"雍正七年十一月戊申"条。
② 《清世宗实录》卷八九。
③ 民国《贵州通志·前事志》卷一九。
④ 民国《贵州通志·前事志》卷一九。
⑤ 《清世宗实录》卷六〇,"雍正五年八月癸卯"条。

然允准,寻定贵州该新设州曰永丰。至此,贵州、广西两省疆界更加分明,纠纷冲突得以调和,为黔、桂两省的地方社会管理提供了条件。此外,由于贵州省安顺府原领辖一厅三州五县,其南笼厅所属地方辖境广阔,若再管辖新设州地数百里,势难统筹兼顾。鄂尔泰奏请"将南笼厅改为府治,添设知府一员……仍留南笼通判为之佐理。将安顺府所属之普安一州、安南、普安二县,并新设一州,俱归南笼府管辖……又普安州之黄草坝民居稠密,汉多夷少,且距州遥远,请于普安州添设州判一员,分驻其地,稽查奸宄"①。鄂尔泰的建议很快得到雍正帝谕准。南笼府后改名兴义府,今为贵州黔西南州,是贵州省西南方向的重要屏障。

鉴于"云南孤悬天外,内则百蛮环处,外则三面临边,形势险要"②,而滇东北和滇南作为雍正时期云南改土归流范围最大、经历最曲折的两个地区,是清政府在云南统治必须派兵重点驻守的地方。同时,滇东北地区"(民族)种类繁多,边隅险远","地方辽阔",统治对象极为复杂,"且乌蒙紧挨东川,镇雄兼接(贵州)威宁"③,有"控扼黔、蜀","为全滇东北藩屏"的重要战略作用。④ 而滇南的普洱府不但"所辖车里茶山地方,幅员辽阔至二千余里,摆夷、窝泥等狡诈犷悍,反复靡常",而且地处"极边瘴疠之区,逼近交缅莽挝诸外域"⑤。镇沅府则不但接近边疆,且"内通哀牢,四面夷猓"⑥,与"在全滇之中而山势险远,林箐深密"又"包各种夷猓","为滇民腹心之患"⑦的鲁魁山地区相连。面对这些新改流地区复杂、特殊的地理及民族情况,统治者深切地感受到若是"不设重兵弹压,设专司调剂,恐革心不易,善后终难"⑧,因此在上述地区,清政府一方面调整行政区划,完善建置,一方面派驻重兵,确保有效军事控制。

滇东北改流后不久,鄂尔泰即上奏,提出政治善后措施:

> 乌蒙、镇雄既经改土归流,并归滇省管辖。谨查乌蒙、镇雄地方,接壤千有余里,而乌蒙地势尤广,请仍设为府治。其扼要之地,一为天砥,去旧治七里,轩敞宽平,可建城垣。请设知府一员,教授一员,经历

---

① 《清世宗实录》卷八六。
② 《清高宗实录》卷一七三,"乾隆七年八月丁未"条。
③ 《清世宗实录》卷六六,"雍正六年二月癸巳"条。
④ 《张允随奏稿》(上卷),乾隆七年二月十七日,见《云南史料丛刊》第八卷,云南大学出版社,2001年,第620页。
⑤ (清)鄂尔泰:《请设普洱镇疏》,见光绪《续云南通志稿·武备志·兵制》。
⑥ 《清世宗实录》卷五九,"雍正五年七月癸亥"条。
⑦ (清)范承勋:《土夷归诚恳请授职疏》,收入雍正《云南通志·艺文志》。
⑧ (清)鄂尔泰:《请设普洱镇疏》,见光绪《续云南通志稿·武备志·兵制》。

一员,司狱一员,知事一员。一为天关地,去府城窎远,设通判一员驻扎。又米帖地方,去府治西北三百里,控扼险要,设知县一员,教谕一员,典史一员。又鲁甸、盐井渡地方,各设巡检一员驻扎。至于镇雄较乌蒙稍隘,请改为州治。稍移而南,建立城垣,设知州一员,学正一员,吏目一员。其彝良地方,设州同一员驻扎。威信地方,设州判一员驻扎。母享地方,设巡检一员驻扎。俱归乌蒙府管辖。①

这一部署措施得到清朝中央政府的批准。于是"寻定乌蒙曰乌蒙府,附郭县曰永善县,镇雄曰镇雄州"②。滇东北地区的行政疆界自此得到明晰。

伴随着行政设置的完善,清朝中央政府和云南当局亦加强了对滇东北的军事控制。鄂尔泰于雍正六年(1728)上疏酌定乌蒙、镇雄营制,奠定了此后滇东北军事布局的基础。其疏言:

> 乌蒙、镇雄地方辽阔,且乌蒙紧接东川,镇雄兼接威宁。谨酌定营制:乌蒙设立一镇,以总兵一员统辖。率领游击一员、守备一员、千总二员、把总四员、兵一千三百名,驻扎乌蒙。分设游击一员、千总一员、把总二员、兵三百名,驻扎凉山。守备一员、把总二员、兵二百名,驻扎米帖。守备一员、把总一员、兵二百名,驻扎鲁甸。千总一员、兵一百名,驻扎盐井渡。千总一员、兵一百名,驻扎滩头。把总一员、兵一百名,驻扎牛皮寨。其镇雄添设参将一员,率领守备一员、千总一员、把总一员、兵六百名,驻扎镇雄。千总一员、兵一百二十名,驻扎彝良。把总一员、兵一百二十名,驻扎威信。把总一员、兵八十名,驻扎却作。把总一员、兵八十名,驻扎吼西。改贵州威宁镇为一营,裁去总兵一缺、游击三缺、守备二缺、千总四缺、把总八缺及兵五百名。添设参将一员,留守备一员、千总二员、把总四员、兵一千名。又裁去督标左、右援剿两协副将二缺、游击二缺、守备二缺、千总四缺、把总八缺及兵三千一百名。该援剿协原辖之寻甸、罗平二汛归云南曲寻镇统辖。仍留右协兵六百名,增入曲寻镇。其威宁及援剿两协所裁兵三千六百名,即以补充乌蒙、镇雄新设兵数。所有贵州之威宁、云南之镇雄、东川三营,总归乌蒙镇管辖,俱受云南贵州提督节制。③

---

① 《清世宗实录》卷六六,"雍正六年二月戊戌"条。
② 《清世宗实录》卷六六,"雍正六年二月戊戌"条。
③ 《清世宗实录》卷六六,"雍正六年二月癸巳"条。

雍正九年(1731),鄂尔泰根据实际情形又对滇东北地区军力驻防提出调整:

> 乌蒙一镇,中、左、右三营额兵止二千八百名,而威宁、镇雄、东川三营,又止额兵各一千名,应援防守,均觉不敷。请照广西左江镇之例,置中、前、左、右四营。应添设前营游击一员、守备一员、千总二员、把总四员、外委千把六员、兵一千六百名。合原设之兵,定为每营一千一百名。镇雄、东川二营,请各添设守备一员、把总二员、兵二百名,分为左、右军。威宁营请改为威宁协,裁参将缺,改设副将一员,添设都司一员、千总二员、把总四员、兵五百名,分为左、右两营。再:曲寻所属之寻甸州,为东川、乌蒙扼要之区,请另置一营。添设参将一员、守备一员、千总二员、把总四员,分拨督标兵八百名、抚标兵二百名,移驻寻甸。其原防寻甸兵三百一十名,移驻罗平。①

这一调整亦很快获得清政府的批准。从此,官府对滇黔交界彝族地区的控制力量显著增强。

在滇南地区实施改土归流前,于顺治十七年(1660),由元江协派协标右营右哨三司把总带兵50名分防普洱。雍正二年(1724),在平定新平县鲁魁山各派势力的纷争后,云贵总督高其倬上呈《筹酌鲁魁山善后疏》,请求设立普威营。雍正三年(1725),清政府正式设立普威营,统辖兵丁1200名,分别驻扎普洱和茶山。改土归流后,雍正五年(1727),鄂尔泰上疏言:"云南镇沅府附近之威远,系新辟地方,而普洱乃沅江府旧属,流官所辖,皆须设兵弹压。应令普洱参将带兵五百名移驻威远。威远守备带兵三百名移驻普洱。又镇沅府内通哀牢,四面夷倮,茶山地势狭隘,不能安设多兵,应令茶山守备带兵三百名移驻镇沅;茶山设千总一员,带兵二百名防守。者乐近于镇沅,界接景东,应令把总一员带兵一百名驻防。其余汛地,仍令原设千、把总带兵防守,总属于普威营参将,仍令临元总兵官副将统辖,则声势联络,呼应得灵矣。"②雍正七年(1729),鄂尔泰又上《请添设普洱流官营制疏》,亦获中央允准,于是改普威营设元普沅威镇,驻扎普洱府,下辖中、左、右、元江4营,统兵3200名,分驻元江、普洱、攸乐、思茅、镇沅等处。十年(1732),又增元普镇兵300名。后经总督尹继善上呈《筹酌普思元新

---

① 《清世宗实录》卷一○八,"雍正九年七月辛未"条。
② 《清世宗实录》卷五九,"雍正五年七月癸亥"条。

善后事宜疏》，对这一地区的军队驻防提出非常详细的建议：

> 普洱全境，纵横绵亘约计六七千里，额兵二千四百名，除亲丁公费及分布汛塘外，存城之兵甚少。前岁倮贼猖肆，兵力单弱，守战不能兼顾，及调两迤官兵，远路奔驰，而贼势蔓延，地方已遭荼毒，是设兵不足，犹之乎无兵也。但增兵太多，又虑山路险远，粮运维艰。今再四斟酌，每营必须添兵一百，连原额计算，每营各九百名，三营共二千七百名，庶极边辽阔之地，可以守御有资矣。
> 查普镇中营，原设等角、通关哨两大汛；左营原设抱母、镇沅、新抚、恩乐四大汛；右营原设猛旺、思茅两大汛。又中营原设整董一小汛；左营原设猛班、三圈二小汛；右营原设猛旺、倚邦、猛乌、慢林、猛养五小汛。凡小汛兵丁，每处或四五十名，或二三十名，离营窎远，散碎零星，平日徒作践夷人，有事即先遭残害。况多分小汛，大营兵单，欲调动则前出后空，欲分应则顾此失彼，前车之鉴，历历可指，是兵势散而无济，不如合而可恃也。应将三营之整董等小汛一并撤归大营，以壮声威，以收实用。至于三营大汛，又有当详加斟酌者：中营通关哨一汛，界在把边、阿墨两江之中，实系元、普咽喉，应拨中营守备一员，把总一员，外委把总一员，带兵二百名驻扎。又把边渡口，亦关紧要，应于通关哨兵内，拨出外委把总一员，带兵五十名驻扎游巡江崖。等角一汛，接壤元界之里仙江，实系夷倮出没之地，应拨外委把总一员，带兵五十名驻防。此外，尚有兵六百五十名，游击一员，千总二员，把总三员，外委把总四员，随总兵驻扎普城。又左营游击原驻威远，守备分驻镇沅。今查威远地方，烟瘴甚盛，镇沅为适中之地，风俗强悍，较威远紧要，应将游击移驻镇沅，与知府同城。以千总一员，把总一员，外委千把二员，兵三百名，随游击驻扎。以把总一员，外委把总一员，带兵一百名，驻防恩乐，内抽拨三十名，令外委把总带领，分驻三家坡防守。以把总一员，外委把总一员，带兵一百名，驻防新抚，内以队目一名，带兵十名于界牌安哨稽查。其威远地方，以左营守备一员，把总一员，外委把总一员，带兵二百五十名驻防，内以把总一员，带兵一百名，分防抱母井。其左营原贴防攸乐兵丁一百五十名，令千总一员，外委千总一员带领，随总兵驻扎普城。又右营原驻攸乐，今拟撤归思茅，应令游击一员，千总二员，把总二员，外委千把四员，带兵五百名驻扎思茅。查猛旺一汛，距思茅二百里，若原有攸乐一营，自宜于此处设汛，以联声势。今攸乐既撤，则猛旺亦可不必设兵，唯由普腾猛旺茶山直

抵九龙江一路,饬令各土弁沿途按站设立土塘,递送公文。又斑鸠坂系思普咽喉,应拨把总一员,外委把总一员,带兵一百名,驻扎斑鸠坂,保固道路。此外尚余兵三百名,令右营守备并把总一员,外委千总一员带领,随总兵驻扎普城。统计:总兵带游击一员,守备一员,千总三员,把总四员,外委六员,马步兵一千一百名驻扎普城,则官员兵丁力量充足,无事可以壮声威,有事可以供调遣,仍令各营汛备弁,每月拨兵五十名于连界各路,彼此会哨一次,换旗巡防,不许骚扰多事。①

简要地说,尹继善的意见就是裁去元江营游击,改设参将一员,将所辖之千把总及马步兵800名改隶临元镇管辖,遂把元普沅威镇改为普洱沅威镇,下辖中、左、右三营,统兵2700名,分防普洱、威远、镇沅、恩乐、思茅各地。经过以上一系列的军事设置和调整,清政府最终在这一地区形成了前所未有的军事防控局面,对改土归流后这一地区的政治、经济、文化统治提供了强有力的支持。②

雍正年间,清政府加强对云南边疆地区的统治,还体现在对滇西北今迪庆地区行政归属的调整以及军力布防的加强。今迪庆藏族自治州的香格里拉、维西等地处滇川藏交界,为"通藏咽喉",且"为云南西面藩篱"③,"控扼炉藏,制驭蒙番",是唐宋以来历代王朝和各派地方势力防御西藏及其以北蒙古势力向西南扩张的"极边要地"④,也是保障川滇内庭稳定的枢纽和门户。从明朝崇祯十二年(1639)和硕特蒙古南下占领迪庆地区,到清雍正二年(1724)迪庆归滇的80多年时间里,迪庆的政治、宗教、社会发展几乎与西藏连成一体⑤,西藏的黄教势力在迪庆的渗透大为加强,使得南面入藏的道路由此堵塞,不仅制约着清王朝的军事部署,难以形成对西藏的三面包围或钳制之势,更威胁着川、滇的安全。⑥ 雍正三年(1725),清政府将中甸等处划入云南,并同意云贵总督高其倬的请求,"添设云南中甸抚番清饷同知一员、经历一员、巡检二员"⑦,开始对中甸等地实施统治,相应地,川滇两省也开始在这一地区划分辖疆,"雍正四年四月癸亥朔,议政王大臣

---

① (清)尹继善撰:《筹酌普思元新善后事宜疏》。参见道光《云南通志》卷二〇四《杂著八》,亦见方国瑜主编的《云南史料丛刊》第八卷,云南大学出版社,2001年。
② 秦树才:《清代云南绿营兵研究——以汛塘为中心》,云南教育出版社,2004年,第26页。
③ 《雍正朱批上谕·高其倬卷》第85册,雍正元年十二月二十五日。
④ 《清高宗实录》卷三〇三,"乾隆十二年十一月癸卯"条。
⑤ 西绕云贞:《天下一统的重要决策——迪庆藏区归滇研究》,《西藏研究》2003年第3期,第33页。
⑥ 秦树才:《清代云南绿营兵研究——以汛塘为中心》,云南教育出版社,2004年,第27页。
⑦ 《清世宗实录》卷三二,"雍正三年五月癸亥"条。

等议复:'据川陕总督岳钟琪奏称……中甸贴近滇省,久入滇省版图,附近中甸之奔杂拉、祈宗、喇普、维西等处,虽系巴塘所属之地,向归四川,而其界紧接滇省汛防,总通于阿墩子,阿墩子乃中甸之门户,请改归滇省管辖……应如所请。'从之"①。这一意见于雍正五年(1727)得到了落实,两省勘界的人最终"以红石崖为分址,凡江外中甸、江内其宗、喇普、阿墩子等地方,俱还滇辖"②。其后,云南设维西厅和中甸厅,隶属于鹤庆府。"云南鹤庆府通判驻维西,添设剑川州判一员驻中甸区。"③

清政府将中甸、维西等地划归云南,是因为该地具有联系西藏、扼制藏蒙势力向西南扩张、稳定西南边疆的重要作用。而要使这一作用得以实施、发挥,关键又在于该地的稳定。因而清政府着意在该地区部署驻军。雍正五年(1727)四月,云贵总督鄂尔泰疏称:

> 中甸一区为云南西面藩篱,延袤二千余里,应设弁兵,以资控制。但中甸虽地大民众,天气寒冷,不能种植。维西一带天气和畅,又接鹤丽镇剑川协之汛防,外通西藏,实紧要之区。应于维西建立大营,设参将一员、千总一员、把总一员、兵四百名驻扎。中甸地方应设守备一员、把总一员、兵丁二百名驻扎。中甸之格咱地方应设兵五十名。奔杂拉渡口应设把总一员、兵五十名。祈宗、喇普二处应各设兵五十名。阿墩子应设千总一员、兵一百五十名。浪沧江应设把总一员、兵五十名。其守备、千、把、兵丁,统属于维西营之参将,仍听鹤丽镇统辖,则声势联络,呼应得灵。其设兵一千名,应于鹤丽镇抽兵四百名,剑川协抽兵二百名,援剿左、右两协抽兵四百名,拨归维西营。饷银移彼就此,已敷给放。其所设营弁,应裁援剿右协守备一员,两协标千总一员,把总各二员,拨补维西营,只须设参将一员。④

这一建议得到雍正帝和议政王大臣的拥护和赞许,雍正帝尤其指出,"维西一区乃通藏之路,甚属紧要。今令兵丁移驻边远地方,搬移家属等项,不可节省钱粮,必须丰裕足用,施恩前往"⑤,并对从中原内地调遣至迪庆驻守的绿营兵丁施以特别的恩惠。在各方的重视和支持下,这一方案很

---

① 《清世宗实录》卷四三,"雍正四年四月癸亥"条。
② 《滇云历年传》卷一二。
③ 《清世宗实录》卷四七,"雍正五年四月戊申"条。
④ 《清世宗实录》卷五六,"雍正五年四月乙巳"条。
⑤ 《清世宗实录》卷五六,"雍正五年四月乙巳"条。

快得到落实。

总的看,经过雍正时期的调整,云南的绿营兵布防范围有较大扩展,将明代未设卫所的滇南普洱地区、滇东北昭通府、东川府,滇西北新近归附的中甸、维西等地纳入了绿营军驻守、控制的范围,较好地适应了这一时期云南改土归流和边疆形势的需要,稳定了清王朝对云南边疆地区的统治。

四、西南边疆复杂的民族社会与教化策略的选择

然而,从长远来看,武力高压控制并非长治久安之计。尤其是西南边疆少数民族众多,经济社会发展极端不平衡,习俗各异,面对如此情状,武力高压、严密的军事控制只是一时之策。

贵州民族种类繁多,分布广泛,同一民族内部支系繁杂,民族情势十分复杂。"贵州自大路城市外,四顾皆苗。其贵阳以东苗为夥,而铜苗、九股为悍,其次曰仡佬、曰佯僙、曰八番子、曰土人、曰侗人、曰蛮人、曰冉家蛮,皆黔东苗属也。自贵阳而西,倮倮为夥,而黑倮倮为悍,其次曰仲家、曰宋家、曰蔡家、曰龙家、曰白倮倮,皆黔西苗属也。"①这里所说的"苗",泛指贵州境内各民族,但其他如"仡佬"是仡佬族,"佯僙"是今之毛南族,"峒人"是侗族,"倮倮"是彝族各支系,"仲家"是布依族。面对如此的民族情势,统治者不得不沿袭明代的土司制度,实行"以土司治土人"的政策,因而从顺治到康熙年间,清政府为了稳定贵州局势,竭力拉拢和借助土司,以致形成了贵州"虽有府州县卫之名,地方皆土司管辖"②等状态。而黔南、黔东南的清江、台拱、八寨、古州一带大片地区则是被称为"生界",因交通梗阻,加之长期形成的民族隔阂与矛盾,直到雍正初年尚未纳入正式的行政建制,形同化外。正如蓝鼎元在《论边省苗防事宜书》中所言:"楚蜀两粤滇黔之间,土民杂处,曰苗曰猺曰獞曰仡佬,皆苗蛮之种类也。其深藏山谷不籍有司者为'生苗',附近郡邑输纳丁粮者为'熟苗'。……土民之顽顺,唯视土司,土司多冥顽不法,作纵其行凶杀夺,而因以为利,即使事迹败露,大吏督责,无参罚处分之加乎其身,是以无所忌惮,而敢于无所不为也。"③

在广西,除汉族之外,人口较多的少数民族主要是壮族和瑶族。经过明代200余年的开发,明末清初的广西民族分布格局已经发生较大的变化,

---

① (清)赵廷臣:《抚苗疏》,见民国《贵州通志·前事志》(点校本)三。
② (清)佟凤彩:《请定土司考成疏》,参见民国《贵州通志·前事志》(点校本)三。
③ 蓝鼎元:《论边省苗蛮事宜书》,贺长龄编:《皇朝经世文编》卷八六《兵政十七·蛮防上》,文海出版社,1972年。

总的趋势即桂东地区的居民以汉族为主,壮族和瑶族逐渐被压缩到桂西地区。明代,瑶族大批从岭北经广东进入广西,使广西成为瑶族人口分布最多的地区。"广西瑶、僮居多,盘万岭之中,当三江之险,六十三山倚为巢穴,三十六源琚其腹心,其散布于桂林、柳州、庆远、平乐诸郡县者,所在蔓延。"①大藤峡一带成为瑶族活动的中心,"盖广西瑶寇处处有之,唯浔州大藤峡为大"②。明代广西瑶族主要分布在桂林府的全州、灌阳、古田、灵川、兴安、临桂、阳朔、永宁,柳州府的宾州、象州、柳城、洛容、上林、马平、武宣、融县、来宾、罗城、怀远,庆远府的河池、忻城、荔波、天河、思恩、永顺长官司、永定长官司、南丹土州、都阳巡检司、安定巡检司,梧州府的苍梧、藤县、岑溪、容县、博白、怀集、北流,平乐府的永安、富川、恭城、贺县、平乐、昭平、荔浦、修仁,浔州府的武靖、桂平、平南、贵县,南宁府的横县、宣化、武缘、上林等地。③ 到了清代,由于多次起事被镇压,大批瑶族人又被迫向桂西北和云南、贵州及越南等地迁徙,刘锡蕃的《岭表纪蛮》载:"现计全省未化瑶民约二十五万余人,散播区域,凡五十六县,最多者为龙胜、恭城、灌阳、凌云、三江、罗城、南丹、凤山、东兰、贺县、隆山、奉议等属;次多者,为西林、西隆、河池、思林、榴江等属,或一二万人,或三四千人不等。又平南、修仁、荔浦、武宣、象县、桂平、蒙山七县环围中之瑶山,即古之所谓大藤瑶,人数约五六万,是为广西瑶族之大本营。至若邕、梧、郁、贵之瑶,逃者逃,化者化,今则已无只影矣。"④桂东地区已经很少有瑶族人聚居。居住在山区的瑶族人大部分仍过着刀耕火种的游耕生活,如永安州"百姓居三,瑶僮居七。……瑶有剃头、长发、过山三种,剃头瑶赋而不役,长发瑶不赋不役,过山瑶迁徙无定"⑤。

清初的云南少数民族情状更为复杂。云贵总督蔡毓荣在《酌定全省营制疏》中对云南的战略地位有着简明扼要的评价,即"滇省东接东川,西连猛缅,北拒蒙番,南达安南,四周边险而中间百蛮错处"⑥,蔡毓荣特别指出云南少数民族众多的特点。具体来看,在云南众多的少数民族中,除白族等部分少数民族与汉族在经济文化方面较为接近、发展水平较高外,更多地处山区、边远地区的少数民族仍然保留着较为明显的民族文化和民间传统,因与外界交往较少而鲜为外人所知。以彝族为例,由于受周遭复杂的

---

① 《明史》卷三一七《广西土司传》,中华书局,1974年。
② (清)谢启昆修:《广西通志》卷一九〇《前事略·明二》,嘉庆六年刻本。
③ 奉恒高主编:《瑶族通史》,民族出版社,2007年,第302—309页。
④ 刘锡蕃撰:《岭表纪蛮》,1934年油印本,广西民族大学图书馆藏复印本,第8页。
⑤ (清)全文炳修:《平乐府志》卷三三《夷民部·瑶僮》,光绪十年(1884)刻本。
⑥ (清)蔡毓荣撰:《酌定全省营制疏》,载雍正《云南通志·艺文志》。

自然地理环境、气候条件和生产生活方式差异性的影响,逐渐形成"名号差殊,言语嗜好亦因之而异"①的特点。由于彝族支系繁多,各支系之间的经济和文化发展呈现出不均衡的特点。如广南府就有多个支系:

> 白倮猡,散处四乡,性情刚蛮,凛畏法度。刀耕火种。男子耕种为生,女子绩麻为衣。平时赴城买卖,价值不敢多增。其习俗好猎信鬼,病不服药。黑倮猡,赋性横悍,耕种为业。婚姻丧葬亦知称家有无。又一种性最鄙俗,婚姻悉听男女自择,不用媒妁。黑仆喇,一名普腊,婚丧与倮猡无异,而语言更觉难通。蓬头跣足,衣不浣濯。卧以牛皮,覆用羊革毡衫。刀耕火种,常数易其土,以为养地力焉。白仆喇,性最朴,多住山坡。婚多苟合,礼较简。花仆喇,丧亦用棺葬,不忍火,且论山向,自谓不似诸夷,各有古礼,语言微异。②

清代开化府所属地方的彝族有黑倮猡、白倮猡、聂素、黑母鸡、白母鸡、黑仆拉、白仆拉和花仆拉等诸支系,各支系的彝族社会习俗和生活方式有较大差异,如:

> 黑倮猡,性朴。多种旱地。男女服近汉,食唯杂粮,婚亦央媒。丧与汉同,葬以火化。黑母鸡,性如桀兽,居必负险。出入挟弓弩,带左锸,卧以牛皮,四季拥炉以度长夜。小隙,则数世必报,大德若忘。白母鸡,朴直小心,不能受屈。婚不用媒,财礼以牛,多至五六条者,但可陆续办交,贫者世代索取。丧不用棺,无论山坡,俱横葬。黑仆拉,一名普腊,婚丧与倮猡无异,而语言更觉难通。蓬头跣足,衣不浣濯。卧以牛皮,覆用羊革毡衫。刀耕火种,常数易其土以养地力。③

如上所述,清代西南边疆地区多元的民族分布和特殊复杂的社会状况,与清朝中央政府政治上日益稳固的大一统格局并非完全相符合。清朝政治上的大一统,需要通过思想文化上的统一来加以强化,具体而言,清朝政治上中央集权的一元化结构亟须建立起一元化的文化传播格局和服务体系,清朝统治者认识到,"五方风土不一,故习尚各殊,此化民成俗之方所

---

① (明)刘文征撰:天启《滇志》卷三〇,古永继点校本,云南教育出版社,1991年,第994页。
② (清)李熙龄纂,杨磊等点校:《广南府志点校》,兰州大学出版社,2004年,第74—75页。
③ (清)汤大宾、周炳纂,娄自昌、李君明点注:《开化府志点注》,兰州大学出版社,2004年,第245页。

宜亟亟也"①,"人才之兴,唯资教育;风俗之易,端赖诗书。盖师道立则善人多,士习端则民风厚。滇居边末,汉夷杂处。……而乡寒子弟犹苦无力延师,夷倮乡愚或苦不知向学。教泽未广则士习难以变迁,化导未周则民风终于乔野。故边省义学视中土为尤急,而乡村义学视城市为尤急"②。有鉴于此,建立各类学校机构,凭借中原汉族的儒家文化对西南边疆各少数民族进行教化,"以汉化夷",相应地成为清朝中央到地方各级官府的必然选择。

综前所述,清政府比较清醒地认识到西南边疆在统一多民族国家构建与稳定进程中的地位,因此十分重视对西南边疆的治理与经营,采取了很多有效的举措,包括理顺相关各省的行政管辖疆界,以及进行大规模的改土归流和社会改革,使西南边疆少数民族地区经济社会得到了长足的发展和进步,西南边疆少数民族地区与内地的政治、经济联系更加密切,从而为在西南边疆少数民族地区施行卓有成效的教育政策提供了有利的条件。

第三节 在西南地区倡导崇儒重道、文教为先

清朝统治者对教育在治理西南边疆少数民族地区过程中的作用是有深切认识的。这与清前期统治者注意吸取历代封建王朝尤其是明朝治理边疆民族地区的统治经验有很大关系,并吸收了明朝在西南边疆大力兴办学校、推行教化的诸多经验。

一、明朝以文教治理西南边疆的方略

朱元璋执政30年,其治国经邦的策略基本上被后世子孙所承袭。朱元璋具有丰富的政治经验,认识到兴教办学在治理边疆民族地区的进程中发挥着重要作用,因而将推行学校教育视作重要的治边方略。

洪武元年(1368)明朝初建,朱元璋即提出:"治天下当先其重且急者,而后及其轻且缓者,今天下初定,所急者衣食,所重者教化。衣食给而民生

---

① (清)汤大宾、周炳纂,娄自昌、李君明点注:《开化府志点注》,兰州大学出版社,2004年,第240页。

② (清)陈宏谋:《本朝义学规条议》,(清)李熙龄纂,杨磊等点校:《广南府志点校》,兰州大学出版社,2004年,第163页。

遂,教化行而习俗美。足衣食者在于劝农,明教化者在于兴学校。"①他再三强调:"朕唯治国以教化为先,教化以学校为本。京师虽有太学,而天下学校未兴。宜令郡县皆立学校,延师儒,授生徒,讲论圣道,使人日渐月化,以复先王之旧。"②在朱元璋看来,西南边疆少数民族地区就是"荒服之区,蛮夷之地",故主张"化民成俗,其必由学",即通过学校教育,使少数民族子弟能习诗书循礼仪,使其忠君孝亲以便于统治。因此,伴随着明王朝军事步伐的统一及其进程的加快,恢复传统的礼治教化和创建各类官学(府学、州学、县学、卫学)的文教活动便由此揭开序幕。

明朝大军平定云南后,朱元璋即行下令云南各"府、州、县学校,宜加兴举,本处有司,选保民间儒士堪为师范者,举充学官,教养子弟,使知礼仪,以美风俗"③。洪武二十八年(1395)六月,户部知印张永清陈言:"云南、四川诸处边夷之地,民皆啰啰,朝廷与以世袭土官,于三纲五常之道懵焉莫知,易设学校以教其子弟。"朱元璋予以认可,并晓谕礼部曰:"边夷土官皆世袭其职,鲜知礼义,治之则激,纵之则玩,不预教之,何由能化?其云南、四川边夷土官,皆设儒学,选其子孙弟侄之俊秀者以教之,使之知君臣父子之义,而无悖礼争斗之事,亦安边之道也。"④永乐十年(1412),云南布政司左参议吕名善言:"武定、寻甸、广西三府居民繁庶,请设学校。"从之。上谓礼部臣曰:"学校,风化所系,人性之善,蛮夷与中国无异,特在上之人作兴之耳。"⑤成化十七年(1481)二月癸酉,上曰:"云南土官世修职贡,无敢违越,但争袭之弊往往有之,盖虽由于政而未化于教也。其令土官各遣应袭子就学,如巡抚官及尔礼部所言,使蛮貊乖争之风潜消,而华夏礼义之化远暨,顾不美欤。"⑥由于认识到"学校乃育材之地,国家致治之源,古今所重同也"⑦,因此在平定云南后,朱元璋即下令恢复或重建各地儒学,如洪武十五年(1382)夏四月,设置云南大理及蒙化等府州儒学;洪武十七年(1384)秋七月,置云南、楚雄二府儒学。⑧ 以后云南各地相继设立儒学,在一些地方还建有社学和书院。如弘治十一年(1498),浪穹知县蔡宵杰修建的龙华书院,为云南历史上最早的书院;嘉靖三年(1524),云南巡抚王启在云南府五

---

① 《明太祖实录》卷二六,"洪武元年十月癸丑"条,南京国学图书馆影印本,1941年。
② 《明史》卷六九《选举一》,中华书局,1974年,第1686页。
③ 《云南机务抄黄》,见《云南史料丛刊》第四卷,云南大学出版社,1998年,第559页。
④ 《明太祖实录》卷二三九,"洪武二十八年六月壬申"条。
⑤ 《明太宗实录》卷一二六,"永乐十年三月丙申"条。
⑥ 《明宪宗实录》卷二一二,"成化十七年二月癸酉"条。
⑦ 《明英宗实录》卷一九二《景泰附录》十,"景泰元年五月己酉"条。
⑧ 《明太祖实录》卷一四四、卷一六三。

华山麓修建五华书院,为云南第一所全省性的书院。①

明代的贵州少数民族种类复杂,分布地域广阔,同时又是土司势力遍布的地区,明政府亦高度重视对贵州土司子弟的教化工作。洪武二十八年(1395),监察御史裴承祖就曾上疏言:"四川贵播二州,湖广思南州宣慰使司及所属安抚司州县,贵州指挥使司平越、龙里、新添、都匀等卫,平浪等长官司诸种苗蛮,不知王化,宜设儒学使知诗书之教,立山川社稷诸坛场,岁时祭祀,使知报本之道。"②永乐十二年(1414),贵州乌撒军民府经历钟存礼向朝廷进言:"府故蛮夷,久治圣化,语言渐通,请设学校、置教官,教其子弟,变其夷俗。"③弘治十二年(1499),巡抚贵州都御史钱钺奏称:

> 贵州土司渐被圣化百三十余年,污俗已变,但应袭子孙未知向学,请令宣慰、安抚等官应袭子孙年十六以上者,俱送往宣慰司学充增广生员,使之读书习礼,有愿习举业者,比军职子孙补廪充贡出身。至袭职之时,免委官保勘,只取亲管并学官结状,其不由儒学读书习礼者,不听保袭,庶可变夷俗之陋,杜争夺之源。④

后由兵部复奏,土官应袭子孙宜视近例,十岁以上者,俱送附近宣慰司或府州县学读书习礼,至袭授时,则如钱钺所拟其补廪充贡等议办理。

正是在明朝重视边疆少数民族地区教育的政策下,明代西南边疆的教育有了较快发展。据明朝天启年间《滇志》记述,天启时云南省各府州县及卫所所辖地方共有儒学63所,其中府学16所,州学23所,县学22所和卫学2所;另有社学163所,书院48所,文庙4处。至崇祯末年,增加至儒学73所,书院65所。⑤ 明代广西的教育亦较发达。据《广西通志·教育志》(新编)统计,明代广西府州县学合计69所,分布较多的地区有桂林府10所,柳州府13所,庆远府5所,平乐府9所,梧州府5所,南宁府7所。明代广西的书院亦不少,属于明代创建的有64所,主要分布在中东部的南宁、桂林、玉林、梧州、柳州等府。此外还有社学232所,其中壮族地区有95所。⑥ 永乐十一年(1413)置贵州布政使司之后,明代贵州地区学校教育发展较快。十二年(1414),设镇远、石阡、乌罗、同仁、新化和黎平6府儒学;

---

① (明)刘文征撰,古永继点校:天启《滇志》卷八、卷九《学校志》,云南教育出版社,1991年。
② 《明太祖实录》卷二四一,"洪武二十八年九月壬辰"条。
③ 《明太宗实录》卷一四七,"永乐十二年春正月丙子"条。
④ 《明孝宗实录》卷一五一,"弘治十二年六月壬子"条。
⑤ 据民国《新纂云南通志》卷一三一至卷一三六《学制考》统计。
⑥ 参见张声震主编的《壮族通史》中册,民族出版社,1997年,第801页。

十三年(1415),设镇远府偏桥等4处长官司儒学。正统九年(1444),令各处土官衙门将应袭职子弟送官学读书,以二卫或三卫设学一所。至明末,贵州共设府、州、县、卫儒学47所,设在卫所驻地的学校约占一半。① 嘉靖中期,贵州始建社学,设置较多的地方有思南府5所、平坝卫5所、普安州10所和普定卫5所;至万历后期,全省共有社学50多所。② 由此可窥探明代西南边疆地区教育事业发展之一斑。

二、清朝对文教治理西南边疆方略的继承

清统治者继承了明朝重视教育的治理思想及做法。康熙帝谕曰:"朕唯至治之世,不专以法令为事,而以教化为先。……盖法令禁于一时,而教化维于可久。若徒事法令而教化不先,是舍本而务末也。"③康熙二十一年(1682),《御制学校论》中指出:"治天下者莫亟于正人心厚风俗,其道尚在教化。以先学校者,教化所从出,将以纳民于轨物者也。……教化者为治之本,学校者教化之原。欲敦教化,而兴起学校者,其道安在? 在各其本,而不求其末,尚其实,而不务其华。"④认为"国家建立学校,原以兴行教化,作育人才"⑤,"国家化民成俗之本,不可一日废者,学校是也"⑥,故"天子重道,崇师儒,尊先圣"⑦。因此,从最高统治者到地方官吏,都把兴办学校、端正士习、教化民风,在西南边疆少数民族地区传播儒家道德礼教和价值观念作为治理地方的重要方略,"从来地方之治,在风俗;风俗之厚,在教化;教化之兴,在诗书;其所以鼓舞而作新之者,是又在上之人加之意耳"⑧。"学校之设,择秀民众处其中,而以《六经》之道训而迪之。盖欲其明大伦、崇正学、悖治体,探化原以成君子之行,以备公卿百执事之选,以收正朝廷

---

① 参见周春元等的《贵州古代史》,贵州人民出版社,1982年,第262—265页。
② 参见欧多恒的《论明代贵州民族教育》,《贵州民族研究》1988年第3期。
③ (清)素尔讷等纂修,霍有明、郭海文校注:《钦定学政全书校注》卷七四《讲约事例》,武汉大学出版社,2009年,第291页。
④ 《钦定国子监志》"卷首",引自蒙荫昭、梁全进编的《广西教育史》,广西人民出版社,1999年,第196—198页。
⑤ 康熙御制《训饬士子文》,参见《钦定学政全书》卷二。
⑥ (清)蔡潮撰:《建思州府学碑记》,贵州省文史研究院点校:《贵州通志·学校·选举志》,贵州人民出版社,2008年,第41页。
⑦ 贵州省文史研究馆点校:《贵州通志·学校·选举志》,贵州人民出版社,2008年,第20页。
⑧ (清)蔡毓荣撰:《新建昆明书院碑记》,参见民国《新纂云南通志》卷一三四《学制考四》。

治天下之功。……实系治道之最先且急者。"①

清军消灭南明王朝残余势力,即平定云南全境后,便颁行针对教化土司子弟的命令,顺治十八年(1661)三月,礼部议复:"云南巡抚袁懋功疏言:'滇省土酋既准袭封,土官子弟,应令各学立课教诲,俾知礼仪。地方官择文理稍通者开送入泮应试。'应如所请。"②在荡平三藩之乱后,蔡毓荣上奏《筹滇十疏》,以为与"滇人计长久",其中有关"制土人"一疏,即明确提出"土官以世袭承袭,不由选举,其祖父势利相传,其子弟恣睢相尚,不知诗书礼仪为何物,罔上虐下,有由然矣",并指出"嗣后土官应袭者,年十三以上,令赴儒学习礼,即由儒学起送承袭,其族属子弟有志上进者,准就郡邑一体应试,俾得观光上国,以鼓舞于功名之途"。③康熙二十五年(1686),清政府指令"各土司子弟,愿读书者,准送府、州、县学,令教官训课,学业有成者,该府查明,具题奖励"④,以此敦促土司子弟认真学习中原内地的汉文化。可见,清初朝廷对西南边疆土司子弟入学接受教育的政策是很重视的。

清初,经过几十年的努力,全国局势逐步稳定下来。同时,随着时代的发展,西南边疆与内地的联系在前代的基础上进一步密切。在此背景下,清朝统治集团治理边疆的思想出现了新的变化,如放弃了传统的华夷观,强调中外一体;从"以夷治夷"到"以汉化夷";对"羁縻而治"的传统思想加以否定;从只求"夷汉粗安"到追求"长治久安"。⑤到雍正时期,上述边疆治理思想基本定型。雍正时期进行的改土归流,西南边疆少数民族地区部分大的土司势力遭到沉重打击。同时,对一些此前尚属化外的少数民族聚居地区,如贵州南部、云南南部等地,清朝亦进行了武力开辟。雍正时期,清政府在西南边疆少数民族地区采取的这些大动作,就是在转型后的边疆治理指导思想下进行的。如此,清政府对西南边疆少数民族地区的控制力大为增强,西南边疆的形势和社会发展亦随之出现了新的情况。最重要的是,清朝中央政府在西南边疆少数民族地区教育和文化政策的重心发生重大变化,即不仅重视对土司子弟进行教育,还注重将土司子弟培养为顺从和忠实于朝廷的、对封建礼教有着广泛认同感的群体,同时教育范围、教育对象亦逐渐转向广大的汉夷子弟,教化更多的边疆少数民族群体。在这一

---

① 贵州省文史研究馆点校:《贵州通志·学校·选举志》,贵州人民出版社,2008年,第19页。
② 《清圣祖实录》卷二,"顺治十八年三月甲戌"条。
③ (清)蔡毓荣:《筹滇十疏》,参见康熙《云南通志·艺文志》,方国瑜主编的《云南史料丛刊》第八卷。
④ 《清圣祖实录》卷一二五。
⑤ 李世愉:《清前期治边思想的新变化》,《中国边疆史地研究》2002年第1期。

问题上,当时任职于云南、贵州的地方官吏有着较为深刻的认识。兹举数例。

陈宏谋(1696—1771),广西临桂(今桂林)人,在云南任职时间较长,曾担任云南布政使等职。他对当时云南的经济社会及边疆各地教育情形有着很深的了解,对发展教育、教化夷人子弟非常重视,先后撰写了《查设义学檄》《查设义学第二檄》《义学规条议》等文,阐述在云南多民族地区兴办义学,使少数民族子弟入学接受教育的重要性、紧迫性:

> 滇南越在遐荒,夷多汉少。……夷俗不事诗书,罔知礼法,急当诱掖奖劝,俾其向学亲师,熏陶渐染,以化其鄙野强悍之习。是义学之设,文化风俗所系,在滇省尤为紧要。……但查各属从前义学,或止为成材而设,而蒙童小子未能广为教读,或止设在城中,便于附近汉人子弟,而乡村夷倮未能多设义学。……夫蒙养为圣功之始,则教小子尤急于教成人;兴学为变俗之方,则教夷人尤切于教汉户。今欲使成人、小子、汉人、夷人不以家贫而废学,不以地僻而无师,非多设义学不可。①
>
> 为查设义学,以兴文教,以变夷风事。人性皆善,无不可化诲之人;汉夷一体,无不可转移之俗。……滇省夷多汉少,鲜事诗书,义学之设,视他省为尤急,在乡义学又视在城为尤急。②
>
> 人才之兴,唯资教育;风俗之易,端赖诗书。盖师道立则善人多,士习端则民风厚,实积渐之使然,而非旦夕可致也。滇居边末,汉夷杂处。仰沐圣化之涵儒,无远弗届,固已声教日隆,文明渐启矣。而乡寒子弟犹苦无力延师,夷倮乡愚或苦不知向学。教泽未广则士习难以变迁,化导未周则民风终于乔野。故边省义学视中土为尤急,而乡村义学视城市为尤急。③

从上述史料中,可以很清晰地感触到陈宏谋举办义学的急迫心情。在他看来,云南夷多汉少,社会风俗多元,而夷俗不事诗书,罔知礼法,要在云南多民族地区建立稳固的统治,让少数民族认同清朝统治,根本的是要使他们建立起文化认同,而要建立文化认同,关键是举办学校,尤其是举办面

---

① (清)陈宏谋:《查设义学檄》,见民国《新纂云南通志》卷一三四《学制考四》。
② (清)陈宏谋:《查设义学第二檄》,见民国《新纂云南通志》卷一三四《学制考四》。
③ 陈宏谋:《本朝义学规条议》,(清)李熙龄纂,杨磊等点校:《广南府志点校》,兰州大学出版社,2004年,第163页。

向少数民族子弟的义学。为此,陈宏谋呼吁,云南义学之设,视他省为尤急,在乡义学又视在城为尤急。明确指出教夷人急于教汉人,要使成人、小子、汉人、夷人不以家贫而废学,不以地僻而无师,非多设义学不可。由此,在他任职期间,云南掀起了创设义学的高潮。

从清初到中期,先后到贵州任职的满汉官员,如巡抚于准、张广泗,云贵总督鄂尔泰,贵州学政晏斯盛等人,通过对贵州现状的了解,认识到贵州经济社会较为落后,少数民族频繁起事反抗官府统治,主要原因在于文教不兴,因此必须采取相应措施教化民众,尤其是占人口比例最多的少数民族子弟,为此他们极力上疏朝廷,请求在贵州民族地区大力兴办学校。早在康熙二十七年(1688)十月,贵州巡抚田雯即上呈《请建学疏》,认为"抚黔以敦崇学校为先",学校"乃风俗人心之根本"。① 康熙四十四年(1705),于准上呈《苗民久入版图请开上进之途疏》,做了详细的阐述:

> 苗民久入版图,苗族宜沾圣化,请开上进之途,以宏文教,以变苗俗。事窃惟:贵州地方古号"罗施",遍处皆苗,种类颇繁,要皆好斗嗜杀。越先王礼义之教,尚强凌众暴之风。粤稽往古,沿置不一,分隶各省,不过羁縻而已。迨至明代,始设布、按二司,定为贵州省,然亦郡县少而卫所多,武弁不能宣化,唯在示威。以故迄数百年,习俗仍未变化。
>
> 自我圣朝平水西,改卫所设立郡县,建置学校,圣教覃敷,遐荒天末,莫不仰沾德化,唯独苗民未沐钧陶。伏念六合苍生,尽属赤子,何分苗汉。岂有已入版图之苗民,而忍令弃之化外乎?官斯土者,视苗如草芥;居斯地者,摈苗为异类。既不鼓舞,又无教习。即间有一、二苗民志切上进,又以土人无用流官之例,不准考试科举,遂使若辈沉沦黑海,罔见天日。
>
> 然教化无不可施之地,风俗无不可移之乡。今贵州苗民输粮贡赋,与汉民连井而居,彼此交易,原非不通声教之野苗可比。臣愚以为,应将土司族属人等,并选苗民之俊秀者,使之入学肄业,一体科举,一体廪贡,以观上国威仪。俾其渐摩礼教,熏陶性情,变化其丑类,彰我朝一统车书之盛。则此进取之法,必须酌定规制。令各府、州、县置立宽厂公所一处,以为义学。将土司承袭子弟,送学肄业,习晓礼义以俟袭替。其余族属人等,并苗民之俊秀子弟愿入学者,令入义学肄业。

---

① 参见贵州通史编委会编的《贵州通史》第三卷《清代的贵州》,当代中国出版社,2002 页,第 707 页。

其教习、塾师，不必另设。即令各府、州、县复设训导，躬亲教谕。俟有文理明通者，照依湖广学臣潘宗洛所题，不论土司族属苗民，即由该训导造册，呈送该学臣考试。汉民生童不许阻抑，卷面不许分别苗、汉。取进之额，亦不必加增，唯以衡文为去取。一体科举，一例廪贡，将见汉民因有苗民之进取，益加奋励；苗民以有一体科举之优渥，莫不鼓舞。行之既久，苗民渐可变而为汉，苗俗渐可化而为淳。边末遐荒之地，尽变为中原文物之邦矣。①

于准在奏疏中建议，一是各府州县选择宽敞公所设立义学，将土司承袭子弟及苗民中愿意入学者送入义学，如有文理明通者，由训导呈送学臣考试。二是将科举考试向苗民等少数民族开放，将土司族属人等及苗民之俊秀者，使之入学，与汉民一体科举，一体廪贡，可以起到相互影响的作用，随着时间推移，"苗民渐可变而为汉，苗俗渐可化而为淳"，如此长期坚持下去，即便是贵州这样的边疆地区，也可以变为"中原文物之邦"。

在武力开辟苗疆后，着眼于苗疆地区的长期稳定，张广泗等地方大吏认为，必须尽快创设义学等学校，通过兴办教育、传播儒家主流价值观念，以此逐渐改变苗疆社会风俗、民众社会心理，方能达到长治久安的目的。为此，张广泗与鄂尔泰、晏斯盛合上呈《题请设立苗疆义学疏》，对如何在新辟苗疆地区举办义学教育提出了非常具体的意见：

> 黔省虽属遐边，叨蒙圣朝休养德泽于兹百年，民物归醇，人文日盛。所以内地熟苗，观感兴起，皆知从师受学，出而应试。仰荷圣恩，特设苗籍进取之例。现在每届岁科，于各府、州、县有苗童者，进取生员一、二名不等，以示奖拔因之。此外生苗率皆闻风向化，稽首归诚，共附版图，咸叨乐利是诚。我皇上仁威远播，治化攸隆，默化潜移不期然而然也。今升任学臣徐本条奏：新附苗生，既为良民，其子弟亦思上进。请照东川、湖南之例，于苗人就近乡村，设立义学，课读经书。数年之后果能赴考，附入内地苗籍一体，酌量录取等因。臣查苗人亦属血气心知之伦，兹幸霑沐圣慈，概予招徕共为赤子。总计上、下两游，新附苗疆延袤二、三千里，人户不下数十万。并经题请安设营制，以资防维；酌立尚官，以司教养。于抚导绥戢之余，必当诱植彼之秀异者，教以服习礼义。庶几循次陶淑，而后可渐臻一道同风之效。是所请设

---

① （清）于准撰：《苗民久入版图请开上进之途疏》，贵州省文史研究馆点校：《贵州通志·学校·选举志》，贵州人民出版社，2008年，第117—118页。

立义学,课诲新附苗人子弟,实为振励苗疆要务。

兹据布政使司布政使鄂弥达议详前来,臣等复查上、下两游,新辟各处苗人种类不一。如上游附近安顺、镇宁等府、州地方者,则为仲苗;其下游附近都匀、镇远等府地方者,则为黑苗。附近黎平一边之古州,则为洞苗,俱属生性犷悍,习俗野顽,从来未经声教。所及至于永丰州,向系广西泗城土府之地,所辖土民,原非生苗可比。因土府陋习,恐土民向学有所知识,即不便于彼之苛政。不许读书以致蠢顽,竟与生苗无二。是此等苗民,既已顶戴皇仁,一旦出诸水火而登之衽席,则教养训迪之方,必不可少。惟是苗民向化伊始,其子弟就学者,为数无多,兼之苗寨凡有汉奸往来,正当严禁。若因课读而遂使生儒等居停于此设,或一时选择不得其人,该文武稽查有所不同,即致生事,以及永丰州地面尚有烟瘴之处,人亦惮于前往。是以臣等酌拟,似应先就已安营汛之处,分别苗户多寡,各为设立义学,使之课读。俟其逐渐观感,依向愈殷,然后随地分设,庶资实效也。

查下游附近黎平府之古州,已安重镇,周围苗户繁多,应设立义学二所。附近清平县之大、小丹江,附近都匀府之八寨,附近镇远之清江、旧施秉,又上游附近安顺、镇宁等府、州之摆顶、威远汛等处,均有安驻将备等官,各应设义学一所,责成新设之同知、通判统为稽查董率。其永丰州治系在珉球,而册亨、罗斛乃州同、州判分驻之地,俱安营汛。在此三处各设立义学一所。责成该知州、州同、州判就近稽查。又永丰州已设学正一员,既尚无应试生童可以管束,即将此三处所设义学,交与该学正董率劝导。至课读之人,应在各附近选择老成生儒前去,所需设立义学馆舍,及每年修脯等费,俱系臣等酌捐应用,毋许借端派累苗人。除俟各处营制安驻已竣即为奉行外,但训课此等苗人,非同内地俊秀,要在开其知识,使渐晓礼法。应于每处义学,俱先将《圣谕广训》逐条讲解,俾令熟读,然后课以经书。如苗民弟子中能勉力趋学,日就领悟,则令各该管官,不时稽查,随予嘉赏,并将其父兄一体奖赉,以示鼓劝。

俟数年之间,有稍识文艺者,即送该管官申送学政衙门考试。仍仰恳天恩,准令学臣不必入在向定苗籍之内,只就此新附苗人子弟中酌取一二名,以风苗众,庶陶以文教,消其悍顽,于苗疆治理不无裨益。①

----

① (清)张广泗撰:《题请设立苗疆义学疏》,贵州省文史研究馆点校:《贵州通志·学校·选举志》,贵州人民出版社,2008年,第118—119页。

张广泗认为,贵州新辟苗疆地域广阔,人口众多,虽然已设立地方官,且营汛布置井然,但是从长远来看,还须开办学校,"庶几循次陶淑,而后可渐臻一道同风之效"。对于新开辟的苗疆而言,主要是传其知识,使苗民子弟渐晓礼法,所以设立义学,"课诲新附苗人子弟,实为振励苗疆要务"①,对清政府在苗疆的长远统治具有重要意义。张广泗根据苗疆的实际情况,对义学的布局提出了建议,即:第一步,应先就已安设营汛之处,分别苗户多寡,各为设立义学,招附近苗童入学课读;第二步,等数年后,苗疆社会逐渐观感,依向愈殷,然后就可以随地分设。对于学习刻苦,能勉力趋学、日就领悟的苗童子弟,除随时奖赏,还对其父兄一体奖赉,以示鼓劝。

康熙三十四年(1695),在任广西布政使的崔维雅对在广西推行教育、创建义学亦十分重视,撰有《立义学以广文教议》,对创设义学的重要性作了阐述:

> 窃维人才之生,原不择地,教化可行,无间遐荒。同此聪明知识之性,岂独远裔之人有殊中土？皆缘上无督率之长吏,下无训育之师儒,斯民少长蓬茅,无所观瞻向慕,便成愚顽。粤民贫俗薄,秀良鲜少,既无执简横经之地,又乏从师取友之资。列在胶序,人数寥寥,弦诵之声,里无一二。兴言及此,是州邑各有司之责也。盖如他省文物之邦,有力者延师家塾,而城镇村落之间,乡学蒙馆,聚徒教授,相望不绝,故士农工贾子弟咸得就近从师。今粤民不能束脩负笈,又少就近乡塾可从,无怪其目不识载籍,耳不闻讲读。以致声教不通,人才不振,风俗不厚。某几为筹度,应令各府州县设立义学,择宽闲公所,选取儒学中老成有学,行谊端方之士,立为社师。官给馆谷,以资膳养,约岁费二十余金,正佐捐俸共举,不得派民。其穷荒残邑力有不足者,同各司道府等官,各随力量捐以助不给。远近寒素子弟愿受业者,咸使教授。或课诵经书,或肆习制义,预须日计功程,勤加讲解。有司时时亲赴查察考验。如社师怠忽失教,却去另选。州县官视生徒应如亲子弟,教之唯恐不至,生徒视社师应如严父兄,率之唯恐不谨,从此日渐月摩,鼓舞劝激。不但士之子恒为士,可使佣贩之子亦事诗书,瑶蛮桀骜之徒驯归礼义。人才于此出,风俗于此成,变乱于此弭,是一举而诸善备焉。自来立德立功、文章名世之士,岂必通都贵胄、世学渊源哉！多由

---

① (清)张广泗撰:《题请设立苗疆义学疏》,贵州省文史研究馆点校:《贵州通志·学校·选举志》,贵州人民出版社,2008年,第118页。

委巷穷檐,迁乔出谷,以成大器。便无教育转移之方,则湮灭无闻者不知凡几矣。①

在崔维雅看来,广西声教不通,人才不振,风俗不厚,是因为经济不发达,学校数量少,尤其是乡民子弟没有就近乡塾可从。因此令各府、州、县设立义学,就可以解决这一问题。同时官府帮助解决场所及师资费用等,并经常加以督查,则时间长了,就会产生日渐月摩、潜移默化的作用,"不但士之子恒为士,可使佣贩之子亦事诗书,瑶蛮桀骜之徒驯归礼义。人才于此出,风俗于此成,变乱于此弭"②,亦可以收到"一举而诸善备焉"的效果。

综上所述,随着清政府在西南边疆少数民族地区实施改土归流或武力开辟,其对西南边疆的政治和军事控制力度超越了元明时期。如何实现在西南边疆的长治久安?清政府中央到地方众多大员均认为,军事行动之后必须采取化解矛盾缓和动荡局势的一系列善后举措。教化夷民子弟,开启边地民智,成为促进西南边疆内地化更重要的任务。"夫蒙养为圣功之始,则教小子尤急于教成人;兴学为变俗之方,则教夷人尤切于教汉户"③的民族教育思想的提出,使清朝民族教育政策由此发生重大变化。正是在上述思想认识的指导下,清政府在西南边疆少数民族地区采取了一系列发展教育事业的政策措施。

本章小结

从清政府在西南边疆的治理思想及措施来看,其统治的深度和广度是要远超元明王朝的。

首先,清朝的治理思想有了很大进步,其民族观和边疆观在治边实践中有所进步,同时其前后阶段性特征亦很明显。具体到西南边疆,清朝的治理思想变化过程可以明显分为顺康时期、雍正到道光时期、1840年以后三个阶段。顺康时期,由于在西南的战事时间较长,尤其是吴三桂叛乱,云

---

① (清)崔维雅撰:《立义学以广文教议》,(清)谢启昆纂:《广西通志·建置略八·学校一》卷一三九。

② (清)崔维雅撰:《立义学以广文教议》,(清)谢启昆纂:《广西通志·建置略八·学校一》卷一三九。

③ (清)陈宏谋:《查设义学檄》,李春龙,王珏点校:《新纂云南通志》(第六册),云南人民出版社,2007年,第530页。

贵地区是主战场,为了集中力量击败南明政权和吴三桂势力,清政府对西南地区的土司势力秉持优容态度,基本上原封不动地保留下来。可以认为,这一时期统治者在西南边疆少数民族地区仍然坚持"以夷治夷",达到利用当地土司势力来实现尽快稳定统治的目的。雍正时期,以大规模集中改土归流为标志,表明清政府在西南边疆的治理思想发生重大变化,从"以夷治夷"发展到"以汉治夷",希望将西南边疆少数民族地区纳入清王朝直接统治的范围。根据学者研究,经过明清两朝,尤其是雍正时期集中改流,至少西南边疆在政治内地化层面已经取得了相当之进展。① 如:元代西南共有大小土司机构296处,明代缩减为224个,清代于雍正改流之后仅存177家。② 又如云南,明、清时期大小土司近600家,主要集中分布于滇东北、滇南、滇西沿边弧形地带,其中永昌府最多,有近140家,丽江府近百家,临安府40余家,然经过雍正朝最大的一次及之后的零星改流,到民国初期就只剩下滇西澜沧江以西的江外土司地和滇南的红河之外纳楼、瓦渣、恩陀等各土司了。③ 1840年后,西方列强不断入侵,中国周边形势骤然严峻,帝国内部亦因矛盾长期积累,农民起义和边疆少数民族反抗此起彼伏、绵延不绝,清朝陷入前所未有的变局。为了应对主要威胁,加之自身实力下滑,晚清政府在治边问题上明显保守、内敛,这些都使得西南边疆危机不断加剧。

其次,清政府对西南边疆的治理和经营举措较为完善,并取得了明显的效果,为西南边疆学校教育的兴办与发展提供了制度与物质保障。

政治方面。在明代的基础上,清朝在西南边疆建立起一套完整的行政管理体制,经过改土归流,部分消除了不利于在西南边疆统治的制度障碍,进一步将内地化的行政管理体制推进到山区和边疆少数民族地区。清初设云贵总督,云南、贵州两省互驻。康熙元年(1662),改设云南总督,驻云南曲靖;三年(1664),裁贵州总督并云南,驻贵阳;二十二年(1683)云贵总督移驻云南。雍正五年(1727),命云贵总督兼辖广西;十二年(1734)停兼辖广西。乾隆元年(1736)设云南总督,十二年(1747)改为云贵总督。至清末,云南省辖有14府、6直隶厅、3直隶州、12厅、26州和41县,以及1土府、3土州和18处土司;贵州省共领12府、3直隶厅、1直隶州、11厅、13州和34县,以及53处土司;广西省下统11府、2直隶厅、2直隶州、8厅、15州

---

① 参见陈征平的《近代西南边疆少数民族地区内地化进程研究》,人民出版社,2016年,第14页。
② 参见胡绍华的《中国南方民族史研究》,民族出版社,2004年,第273、282、292页。
③ 参见林荃的《云南土司制度的历史特点和分期》,《云南民族学院学报》1993年第1期。

和49县,以及24土州、4土县和13处土司;川西南设有宁远府,领2厅、1州、4县和11处土司。清朝在山区和边疆的统治较明代更为深入,较明显的例子是清朝在西南山区和边疆修建了不少城镇,如康熙六年(1667),设开化府,筑开化府城;雍正八年(1730),置文山县,修筑普洱府城、攸乐城、思茅城,又筑维西、中甸、阿墩子、浪沧江、本子兰格等城;九年,建东川府、镇雄州、大关、鲁甸等城;十年(1732),建昭通府城。

经济方面。清朝对人口增长过快带来的内地人口向西南边疆流动采取务实态度,把移民与西南边疆的经济开发联系起来,允许流民到西南地区垦荒种地。同时,对西南地区资源的重要性有了切实的认识,把西南地区看作是国家收取赋税和金属产品的重要来源,从而增加了对开发西南人力物力的投入,使西南边疆也更多地参与到全国的经济中来,成为全国经济发展不可缺少的重要环节。

军事方面。根据西南改土归流和边疆形势的需要,对云南、贵州、川西南等地的绿营兵驻防进行调整,积极筹划一些重点地区,如滇南、滇西北、滇东北、贵州苗疆等地的军事防控。经过一系列的军事设置和调整,清政府最终在西南边疆地区形成了前所未有的军事防控局面,对改土归流后这一地区的政治、经济、文化统治提供了强有力的支持,对稳定和巩固清王朝在西南边疆地区的国防发挥了重要作用。

最后,清政府继承了明代的做法和经验,将学校教育视为重要的治边方略和治理手段。如康熙帝认为,至治之世不专以法令为事,而以教化为先,"教化者为治之本,学校者教化之原"。随着形势发展,西南边疆与内地一体化进程逐渐加快,到雍正时期,清政府的治理边疆指导思想从"以夷治夷"发展到"以汉化夷",对"羁縻而治"的传统思想加以否定;从只求"夷汉粗安"进步到追求"长治久安",并认为"夷人慕学,则夷可以进而为汉;汉人失学,则汉亦将变而为夷"[①],把是否接受教化看作华夷互变的重要条件,这实际是摒弃了历史上曾有过的"血统论""地域论"考量标准,是一种明显的进步。由此,清朝中央政府在西南边疆少数民族地区教育和文化政策的重心发生重大变化,即不仅重视对土司子弟进行教育,将土司子弟培养为顺从和忠实于朝廷的、对封建礼教有着广泛认同感的群体,而且还将学校教育范围、教育对象逐渐转向广大的汉夷子弟,教化更多的边疆民族群体,西南边疆学校教育随之得到迅速的发展。

---

① (清)王旭、德甫辑:《湖海文传》卷二九《义学汇记·序》,道光丁酉(1837)经训堂刻本第十六册。

第二章　在西南地区恢复和重建官学

随着清朝在西南边疆军事行动宣告结束,尤其是平定"三藩之乱"后,西南边疆进入经济社会发展较快的时期,清政府基于"文教为先"的指导思想,在明代府、州、县、卫学设置的基础上,着手在西南边疆普遍恢复官学设置,并在空间分布上进一步扩大,新建了一批官学,使西南边疆少数民族地区儒学教育学校的数量显著增加。

第一节　在西南地区大力发展官学教育

明末清初,西南边疆长时间政局动荡,明代建立的府、州、县学大都毁于兵火,官学教育全面萎缩。清朝统一西南地区后,对各族人民的统治政策总体上仍是剿抚并用、恩威并施,一方面加强军事控制,政治上国家权力渗透;另一方面继续发展明代以来推行的官学教育和科举考试制度,试图通过学校教化软化各族人民的反抗,笼络人心。康熙帝曾明确指出:"至治之世,不专以法令为事,而以教化为先。……盖法令禁于一时,而教化维于可久。"[1]康熙二十一年(1682),在《御制学校论》中又指出:"治天下者莫亟于正人心厚风俗,其道尚在教化。……教化者为治之本,学校者教化之原。"[2]平定"三藩之乱"、消灭了吴三桂割据势力以后,西南边疆的官学教育开始步入正常发展的轨道。

---

[1] （清）素尔讷等纂修,霍有明、郭海文校注:《钦定学政全书校注》卷七四《讲约事例》,武汉大学出版社,2009年,第291页。
[2] 《钦定国子监志》"卷首",蒙荫昭、梁全进编:《广西教育史》,广西人民出版社,1999年,第196—198页。

一、贵州官学的恢复和重建

康熙三年(1664),水西改土归流后,新设黔西、平远、乌撒三府府学。康熙六年(1667),改设大定府学。康熙八年(1669),建遵义、桐梓、绥阳县学,此时三县学尚属四川。康熙二十七年(1688),贵州巡抚田雯上呈《请建学疏》,建议增设永宁、独山、麻哈三州,贵筑、普定、平越、都匀、镇远、安化、龙泉、铜仁、永从九县学校,得到允准并逐步建设;同年,又建兴隆卫学和瓮安县学。康熙三十八年(1699)二月,贵州巡抚臣王燕再次上呈《请添设学校以弘教化疏》,指出"黔虽僻处边陲,甄陶既久,亦已斐然可观……唯因开辟初年,人文寥落,学校之制尚缺而未全。各州、县、卫有未设学官者,有学无官而附试它庠者","黔地民苗杂处,加以鼓舞作兴则士气既奋,而蛮夷亦得观感于弦诵诗书,以柔其犷悍之心,诚渐被遐荒之要道也"。因此,请将附学之清浪卫设教授一员;附学之开州、广顺州,未设学之永宁、麻哈、独山三州,以及附学之普安、余庆、麻哈三州,均各设学正一员;附学之普安、余庆、安化三县,未设学之普安、平越、都匀、镇远、铜仁、龙泉、永从七县,各设训导一员。① 王燕此疏上奏后,清政府即"从所请",于是上述原来附学及明代从未设学的州、县、卫,至此都普遍设立了独立的官学,并设置了教官,从而加强了对各地官学的管理。可以说,这是一次较大规模的办学活动。此后又于康熙四十三年(1704)建怀仁县学,康熙五十三年(1714)建南笼厅学。此后,雍正年间增设永丰州学(今贞丰)和荔波、锦屏二县学,乾隆年间增设仁怀厅(今赤水)学,嘉庆年间增设松桃厅学和兴义县学,道光年间新设郎岱(今六枝特区)、古州(今榕江)和八寨(今丹寨)三厅学。到清末新政改革、改设新式学堂之前,贵州全省共有官学69所,其中府学12所,直隶厅学3所,直隶州学1所,厅学6所,州学13所,县学34所。② 新设立的学校主要分布在三类地区:一是原先仅建府学而未建州县学的地方,如遵义府、都匀府所属各州县;二是新开的大定府和兴义府;三是诸如普安、仁怀、松桃三直隶厅及郎岱、古州、八寨等地设立直隶厅或厅的少数民族地区。当时贵州省未建立官学的地方仅有罗斛(今罗甸)、水城、丹江(今雷山)、都江(今三都)、台拱(今台江)、清江(今剑河)、归化(今紫云)七厅,但亦均分

---

① (清)王燕撰:《请添设学校以弘教化疏》,贵州省文史研究馆点校:《贵州通志·学校·选举志》,贵州人民出版社,2008年,第48页。

② 贵州省文史研究馆点校:《贵州通志·学校·志选举》,贵州人民出版社,2008年,第19—43页。

配有学额,文武童生附于所在府学。①

贵州地区整体开发较晚,加之自然环境恶劣,故经济发展更为困难,这也使得各地的办学条件更为艰窘,譬如作为府、州、县学授课、地方官员定期督学的场所学宫,就比较简陋,至雍正初年,很多已经毁坏。雍正二年(1724),王弈仁视学黔中,见安平县学宫"雨堕潦毁,倾圮殆尽"。晏斯盛就任贵州学政期间,也记述安化县学"庙故圮颓,虑无以光盛典",平越州学"庙庑倾圮,上漏下湿,有不可终日之势",就连省会的贵阳府学,其"四配十庑,两庑先贤、先儒名位,多参差失次"。② 因此,各地方官始终把重建、扩建和完善各级原有学宫作为其发展官学的重要措施。如:安顺府学,康熙七年(1668)重建,五十五年(1716)重加修葺,规制始备;至道光间,又多次增修。永宁州学,康熙三十八年(1699),巡抚王燕题设,捐俸三百四十两,倡建学宫;雍正十年(1732)毁,知州陈嘉会等重修;乾隆二十六年(1761)再毁,知州郎昌岭复建;嘉庆二年(1797)苗变又毁;道光十五年(1835),知州黄培杰、绅士修武谟等劝捐重修。③ 兴义府学,嘉庆二年(1797)南笼起义后,"墙垣倾圮,门庑折坏",嘉庆十二年(1807),知府周蔼联倡修,"阖郡绅士、同学生童,并阖城之乐善者,踊跃争先"④,复建后的府学"规制一新"。此后,嘉庆二十二年(1817)及道光十三年(1833)、十八年(1838)、二十二年(1842),时任知府均有拓修。⑤ 各级地方官吏把学宫建设作为自己任内的重要政绩,他们或捐出俸禄,或劝地方士绅捐资,完备规制,改善条件,使学宫成为当地儒学和文化教育发展的标志。

二、广西官学的发展

与贵州大体一致,由于清政府及地方政府的政策推动,清代广西的教育在明代的基础上有较大的发展。与此同时,由于广西较为特殊的地缘区位,明清广西的官学教育发展有着自身的特点。

据统计,明代后期广西共有府、州、县学69所。

---

① 参见《贵州通史》第三卷《清代的贵州》,当代中国出版社,2002年,第708页。
② 贵州省文史研究馆点校:《贵州通志·学校·选举志》,第22页。
③ 贵州省文史研究馆点校:《贵州通志·学校·选举志》,贵州人民出版社,2008年,第22—23页。
④ 贵州省文史研究馆点校:《贵州通志·学校·选举志》,贵州人民出版社,2008年,第25页。
⑤ 贵州省文史研究馆点校:《贵州通志·学校·选举志》,贵州人民出版社,2008年,第25页。

表 2-1 明代广西各府官学数量统计表

府名	辖州县数量	官学数量	府名	辖州县数量	官学数量
桂林府	2州7县	10所	梧州府	1州8县	10所
平乐府	1州7县	9所	柳州府	2州10县	13所
南宁府	7州3县	7所	庆远府	4州4县	5所
浔州府	3县	4所	廉州府	1州2县	4所
太平府	17州3县	4所	思恩府	2州1县	2所
思明土府	3州	1所			

资料来源：参见蒙荫昭、梁全进主编的《广西教育史》，广西人民出版社，1999年，第164—165页。

据研究，明代广西除陆续恢复以前各朝设立的官学外，还新设马平县学、罗城县学、迁江县学、河池州学、平乐县学、恭城县学、富川县学、永安州学、桂平县学、平南县学、宣化县学、隆安县学、上思州学、新宁州学、太平府学、左州学、养利州学、思明土府学、永康州学、思恩府学、合浦县学、怀远县学、昭平县学、思恩县学。可见，明代新设的官学有相当一部分分布在桂西北、桂西、桂西南地区。当然，尽管明代官学的分布已经向南宁一线以西地区推进了不少，但在广大的桂西少数民族聚居区，官学的设置仍然有很多空白，如镇安府、田州、归顺州、泗城府、向武州、都康州、龙州、江州、思陵州、凭祥州等府州均未设立官学。从空间上看，明代广西官学的数量呈现出从桂东向桂中、桂西逐渐递减的态势。

到清代，广西各地共设置府州县学84所，其中69所是在前代的基础上恢复重建的，新办的15所主要分布于少数民族地区，如镇安府学、泗城府学、太平土州学、奉议州学、土田州学、崇善县学、西林县学、东兰州学、归顺州学、西隆州学、天保县学、恩阳州学、镇边县学、百色厅学、防城县学等。自此，广西汉族地区和已经改土归流的地方，官学基本上普及到县一级行政区划单位。[①] 与明代相比，清代官学在桂西地区的设置进一步深入，空间上有较大拓展，但是直到清末，广西还有13个土州没有州学，有4个土县没有县学[②]，而这些土州、土县均位于桂西少数民族聚居地区。

明、清时期广西进士、举人的地域分布亦呈现出由桂东向桂西、由密集向稀疏递减之态势，从这个方面也可以看出广西官学空间分布的大体情

---

① 参见滕兰花的《明、清时期广西区域开发不平衡研究》，民族出版社，2011年，第241页。
② 参见蒙荫昭、梁全进主编的《广西教育史》，广西人民出版社，1999年，第198页。

形。据《广西通志·教育志》记载,明代广西历科考中文科举人的共计5098人,其中桂林府2442人,柳州府556人,庆远府99人,梧州府713人,太平府74人,南宁府455人,浔州府249人,平乐府249人,思恩府163人,廉州府98人。镇安府、泗城府、思明府无。明代广西少数民族聚居比较集中的庆远、太平、泗城、镇安、思明、思恩等府州,其面积占全省面积将近一半,然这些府州所出举人仅336人,仅占明代广西举人总数的6.6%。①

明代广西共出进士239人,其中桂林府108人,柳州府34人,庆远府12人,梧州府32名,太平府1人,南宁府11人,浔州府7名,平乐府16名,思恩府3名,廉州府15名。未设学的镇安府、泗城府、思明府均无进士。②

清代广西进士共有585名,数量比明代有较多增加,其分布大致是:桂林府298名,柳州府27名,庆远府5名,梧州府50名,太平府7名,南宁府38名,浔州府42名,平乐府38名,郁林直隶州62名,镇安府4名,思恩府7名,泗城府3名,廉州府4名。③

表2-2 明代广西各府进士统计简表

府	辖县(厅、州、土司、土县、土长官司)	进士人数	县均进士人数	排序
桂林府	9	108	12	1
廉州府	3	15	5	2
梧州府	10	32	3.2	3
柳州府	12	34	2.83	4
浔州府	3	7	2.33	5
平乐府	8	16	2	6
南宁府	10	11	1.1	7
庆远府	12	12	1	8
思恩府	4	3	0.75	9
太平府	20	1	0.05	10

资料来源:①蒙荫昭、梁全进主编:《广西教育史》,广西人民出版社,1999年,第249页。②滕兰花:《明、清时期广西区域开发不平衡研究》,民族出版社,2011年,第243页。

---

① 参见滕兰花的《明、清时期广西区域开发不平衡研究》,民族出版社,2011年,第242页。
② 参见广西壮族自治区地方志编委会的《广西通志·教育志》,广西人民出版社,1995年,第79页。
③ 参见蒙荫昭、梁全进主编的《广西教育史》,广西人民出版社,1999年,第249页。

由表 2-2 再次可知,明代广西进士人数排名前五位的府均位于柳州—南宁一线以东,桂林府所中的进士人数最多,大体上沿着桂江自北向南各府递减。清代广西所中的进士在地理空间分布上亦呈现出鲜明的特点,如表 2-3 所示。

表 2-3 清代广西进士空间分布情况表

府	辖县(厅、州、土司、土县、土长官司)	进士人数	县均进士人数
桂林府	10	298	29.8
郁林直隶州	4	62	15.5
浔州府	4	42	10.5
梧州府	5	50	10
南宁府	9	38	4.22
平乐府	9	38	4.22
柳州府	8	27	3.42
廉州府	2	4	2
镇安府	5	4	0.8
思恩府	12	7	0.58
泗城府	3	3	1.0
庆远府	12	5	0.4
太平府	26	7	0.27
百色直隶厅	4	0	0
归顺直隶州	2	0	0
上思直隶厅	1	0	0

资料来源:参见滕兰花的《清代广西进士分布的差异及其形成原因》,载《广西民族研究》2007 年第 2 期。

从表 2-3 可见,清代广西进士空间地理分布的特点是比较鲜明的,一是密集区主要是桂林府、郁林直隶州、浔州府和梧州府,不仅数量排在前列,且每县进士均为 10 人以上。二是桂林府在明、清时期龙头老大的地位始终难以撼动,其所出进士数量不论是在明代还是清代,都占到了广西全省的一半左右。三是桂西地区属于进士分布稀疏区,庆远府、思恩府、泗城府、镇安府、太平府进士数量仅为个位数,县均进士不足一人,而百色、归顺、上思地处桂西边远地区,无考中进士者。四是位于广西中部的南宁府、柳州府、平乐府、廉州府,属于进士分布的一般区域,是桂东密集区向桂西稀疏区的过渡地带。

造成上述情形的原因是多样的,如各地经济开发和文化底蕴深浅,受内地汉文化影响程度等都会产生影响。此外,各地区官学岁贡名额及频率差异带来的影响也不可忽视。因此,广西各地区教育发展的不平衡并非地方官员没有领会朝廷发展边疆教育、教化边疆民众之苦心,相反,即便是在相对落后的桂西地区,地方官员对教育的态度也是积极的。

三、云南官学的恢复与发展

清代继承了明代重视云南边疆少数民族教育的良好传统,在兴办教育和传播儒学的力度又大幅超越了明代,其中一个重要的体现是大力推广官学体系,大规模恢复和新设府、州、县儒学。清政府取得对云南的统治地位,特别是平定吴三桂叛乱之后,除在条件允许的地区恢复明代遗留下来的学校外,积极新建了一批官学。如康熙三十三年(1694)八月,"设云南曲靖、澂江、广西、元江、开化、顺宁、武定、景东八府学,寻甸、建水、新兴、赵州、剑川、昆明、宜良、楚雄、定远、保山、和曲、禄劝、云州、姚州、河阳、南宁、新平十七州、县学训导各一员"①。康熙四十二年(1693),设东川府学。雍正六年(1728),云贵总督鄂尔泰建昭通府学、镇雄州学和永善县学。

据《新纂云南通志》统计,到清末新式学堂建立以前,云南的官学在明代73所的基础上增加到了101所,其中有府学14所、州学29所、县学34所、厅学11所和提举司学3所,以及光绪八年(1882)添设定有学额而未建孔庙的厅学、县学9所。②

从学宫的建设情形可以反映出清代云南官学建设的基本情况。现列举清代云南各地学宫建设情况如下表2-4。

---

① 《清圣祖实录》卷一六四,"康熙三十三年八月丁未"条。
② 田景春:《明、清时期云南边疆民族教育政策之比较》,《云南民族大学学报(哲学社会科学版)》2015年第6期。

表 2-4 清代云南府、州、厅、县及提举司学宫建设情况统计表

名称	初建时间	修建情况
云南府学宫	元至元年间	明代有过多次拓修。清雍正十二年,总督尹继善、巡抚张允随、督学吴应枚、布政使陈宏谋重修。其后,乾隆十四年,嘉庆十年、十七年,光绪五年均有重修、拓建
昆明县学宫	明弘治十六年	清顺治时修葺,康熙二十九年题请改建于五华山,与府学合于一庙
富民县学宫	明崇祯年间	清雍正十二年、嘉庆十八年重修。咸丰九年毁于兵燹
宜良县学宫	明正德年间	明代有过多次拓修。康熙二十八年、五十五年,雍正十一年,乾隆五十一年拓建
罗次县学宫	明万历二十一年	清康熙年间改建,乾隆时拓建,光绪七年重建大成殿
晋宁州学宫	明洪武十六年	明代多次重修。清康熙、雍正时期几番重修、拓建。咸丰兵燹被损,后重修
呈贡县学宫	明洪武十六年	明弘治五年、万历七年两次迁建。清康熙、雍正、乾隆三朝多次重修、拓建。咸丰七年毁于兵燹,同治十一年岑毓英倡捐重修
安宁州学宫	元大德六年初建,明永乐元年重建	明代有过几次重修、拓建。清康熙、乾隆时数次拓建、修葺。咸丰七年毁,同治九年重修
禄丰县学宫	明隆庆年间	清雍正、乾隆至道光多次重修、拓建。同治年间又一次大修
昆阳州学宫	明永乐年间建	明代多次修葺。清康熙、雍正时期多次拓修,咸丰七年毁,光绪三年重修
易门县学宫	明万历二十五年	明代多次修缮。清康熙、乾隆时期进一步拓建
嵩明州学宫	元至正八年建	明代多次迁建。清康熙后多次拓建
大理府学宫	元至元二十二年	明代多次修葺、拓建,清初多次重修。咸丰六年,杜文秀之变毁于兵。同治十二年,巡抚岑毓英移建古报国寺遗址

续表

名称	初建时间	修建情况
太和县学宫	明洪武二十七年	明清之际多次重修。清咸丰六年,庙宇坍塌。同治十二年,巡抚岑毓英筹款与府学合建一庙
赵州学宫	明洪武十八年	清康熙、雍正时期多次拓建。同治八年,城陷焚毁,后又重建
云南县学宫	明洪武十八年	清康熙、雍正、乾隆时期多次重修、拓建。咸丰七年焚毁,光绪二年重修
邓川州学宫	明洪武十七年迁	明清之际多次拓建,道光三年捐修
浪穹县学宫	明洪武十八年	清康熙、雍正、乾隆时期多次拓建。咸丰六年杜文秀之变,折毁殆尽,光绪年间重修
宾川州学宫	明弘治七年	清康熙、雍正、乾隆时期多次拓建。光绪四年大修
云龙州学宫	明天启四年	清康熙四十二年重建,雍正十年、乾隆四十三年、嘉庆九年先后重修。同治三年,阖邑士民捐资修补
临安府学宫	元至元二十二年	明洪武十六年设儒学,庙因之。明代曾多次拓建,清康、雍、乾三朝又多次重修、增建,规制宏敞,金碧壮丽,甲于全滇
建水县学宫	明万历四十三年	原为州学。清乾隆三十五年改州为县学,附府庙
石屏州学宫	元至正年间	明洪武二十二年重建。明至清多次拓建,直到光绪三年,仍有诸生王寿庆倡修
阿迷州学宫	明洪武间	明代几次修葺。清顺治九年重建。咸丰七年军兴,多被拆毁。光绪八年、九年,阖邑士民重修
宁州学宫	明洪武二十六年	明万历六年,同知杨浚主持大规模重修。清康、雍、乾时期多次修葺
通海县学宫	明洪武二十五年	清康、雍、乾时期多次拓建

续表

名称	初建时间	修建情况
河西县学宫	元泰定年间	明洪武二十九年重建。厥后多次重修、拓建。清光绪七年,邑绅杨汝澜、杨钟斗又重修
嶍峨县学宫	明洪武十五年	明代有重修、迁建之举。清光绪七年,阖邑士民捐资重修
蒙自县学宫	明洪武二十七年	明代多次修葺。清康熙二十二年重修,厥后又有几次拓建、重修
楚雄府学宫	明洪武十九年	明代多次拓建、修葺。清康雍乾时期几次大修,直至光绪七年仍有重修之举
楚雄县学宫	明永乐年间	明末毁于沙普之乱,后附于府学
镇南州学宫	明永乐七年	明代几次改建、重修。清康熙十九年,地震倾圮,重修。雍正、乾隆年间两次迁建。光绪四年,知州易为霖重修
南安州学宫	明洪武二十七年	万历间数次拓建。清康、雍、乾时期多次增修。咸丰间毁于兵。光绪五年重修
姚州学宫	明永乐元年	明末毁于兵。清康熙五年重修,后多次拓建。乾隆三十五年,姚按府裁,即以府学为州学。咸丰六年,杜文秀之变,焚毁。同治十一年,光绪五年、九年几次修建
大姚县学宫	明嘉靖二十五年	清康熙三十年,知县孔贞瑄重修。其后两次改建。咸丰七年,杜文秀之变,折毁殆尽。同治十年重修,未经落成
广通县学宫	明嘉靖二十五年	明万历年间焚毁。清康熙、雍正年间重修,厥后多次拓建。咸丰十年毁于兵。同治四年重修
定远县学宫	明嘉靖二十六年	清康熙十年重修,其后多次增修。咸丰七年毁于兵,光绪三年、四年重修
澂江县学宫	元大德年间	明代数次迁建、修葺。清康雍乾时期多次重修、拓建。同治八年,城陷,折毁无存;十三年,巡抚岑毓英拨公款银两千余两。光绪元年重建

续表

名称	初建时间	修建情况
河阳县学宫	明隆庆四年	清康熙年间多次拓建;四十一年,附于府庙
江川县学宫	明嘉靖四十五年	明末数次增修。清康熙、乾隆时迁建,其后多次拓建
新兴州学宫	明隆庆元年	明万历年间几次迁建。雍正十二年、乾隆四十年、嘉庆六年三次重修。咸同年间,迭遭兵燹,大半毁坏。光绪三年,阖邑士庶重修
路南州学宫	明嘉靖三十五年	明代多次拓建。清顺治、康熙、雍正、乾隆各朝均有增修。咸丰八年毁于兵
广南府学宫	清康熙四十八年	康熙四十八年,建正殿。雍正四年、五年增修,十一年重修。乾隆六年增修
宝宁县	不祥	清光绪八年,巡抚杜瑞联奏准设学,迄今尚未建庙
顺宁府学宫	明万历三十四年	清康熙八年迁建。雍正十二年、乾隆十九年、嘉庆十八年几次重修。咸丰七年,城陷焚毁。同治十二年改建
顺宁县	不祥	清光绪八年,巡抚杜瑞联奏准设学,迄今尚未建庙
云州学宫	明万历三十四年	明末毁于兵。清康熙三年改建,其后又有两次迁建。咸丰七年,杜文秀之变,毁于兵。光绪八年,移建于城西象鼻岭
缅宁厅学宫	清嘉庆十九年	清嘉庆十九年建,规模悉具。光绪八年,巡抚杜瑞联奏准设学
曲靖府学宫	明洪武十七年	明永乐后多次重修。清康熙后又数次拓建、重修,直到光绪八年仍有捐资复修之举
沾益州学宫	明嘉靖二十八年	清康熙六年,知州王作楫修复,其后多次增修,或重建。咸丰七年,城陷焚毁。同治三年,阖邑士庶捐资重修

续表

名称	初建时间	修建情况
陆凉州学宫	明嘉靖二十一年	明万历十九年，改建于南门，岁就倾圮。清康熙八年迁建，其后多次拓建
马龙州学宫	明嘉靖二十一年	万历间迁建，岁久倾圮。清康熙六年重修，雍正年间改建
罗平州学宫	明万历十五年	清康熙七年在原址重建，三十二年迁建。咸丰年间兵燹，损毁殆尽。光绪四年，阖邑绅士重建
寻甸州学宫	明正德九年	明嘉靖六年曾毁于兵，其后多次迁建。清康熙八年改府为州，其后多次重修、拓建。咸丰六年，匪乱折毁。光绪元年，阖邑士庶筹款重修
平彝县学宫	明正德九年	即明平彝卫学。明末数次修葺。清康熙二十七年裁卫归府，改为书院；三十四年，设平彝县，改为县学。同治十三年，阖邑士庶捐资重修
宣威州学宫	明嘉靖二十八年	清康、雍、乾时期多次增修。道光十七年重修。同治八年，改建于州治南门内
丽江府学宫	清康熙四十五年	雍正三年迁建于府治北，其后多次拓建。乾隆四十八年、同治九年、光绪九年重修
丽江县	不祥	至光绪时尚未立庙
鹤庆州学宫	元代建于城东南	明洪武十五年毁于兵，后数次修葺。清乾隆三十五年降府为州，庙仍旧制；四十九年重修。咸丰七年，杜文秀之变，大半焚毁。光绪九年捐修
剑川州学宫	明洪武二十三年	明弘治十四年，嘉靖元年、二十七年重建、重修。清康熙二十七年，震后重修。乾隆十六年，地震倾圮；十八年复修。咸丰七年毁于兵。同治九年，阖邑士庶重修
中甸厅学宫	清乾隆二十四年	道光八年、二十九年拓建。同治二年毁于兵燹。光绪八年，巡抚杜瑞联奏准设学

续表

名称	初建时间	修建情况
维西厅	不祥	光绪八年,巡抚杜瑞联奏准添设学,迄今尚未建庙
普洱府学宫	清雍正九年	雍正七年设普洱府学,九年巡抚张允随题建,十年建大成殿等建筑。乾隆三十二年移置重建,其后多次修葺。同治元年,杜文秀之变,城陷焚毁。同治十一年、光绪五年两次拓建
宁洱县	不祥	光绪八年,巡抚杜瑞联奏准设学,迄今尚未建庙
思茅厅学宫	清嘉庆十九年	同治十年,杜文秀之变,焚毁殆尽。光绪七年,捐资重修,八年,巡抚杜瑞联奏准设学
他郎厅学宫	清道光元年	原系文昌宫旧址。清道光七年建成。同治二年,因兵燹,损毁大半,游击孙世恒同阖邑士民捐资修补
威远厅学宫	清道光七年	咸丰九年,毁于兵
永昌府学宫	元代建于都元帅府西	明洪武十五年建学,因之;十六年,兵燹;二十三年,省府遂废学。正统九年建金齿司学,其后地方官吏多次修建。清康雍乾时期,数次增修。咸丰七年,兵燹焚毁。光绪九年,知府郭怀礼重修
保山县学宫	明嘉靖十二年	清康熙九年重修,以后又多次拓建。咸丰七年,杜文秀之变,焚毁。光绪元年,知府朱百梅重修;三年,知县刘云章续修
腾越厅学宫	明成化十六年	正德六年,参将沐崧重修。清康熙二十六年,知州杨瑞宪重修,其后数次修葺。同治元年,杜文秀之变,城陷焚毁。同治十三年,光绪三年、五年,三次修建
永平县学宫	明洪武二十六年	明代多次修建。清康熙八年、三十一年两次迁建。雍正八年重修。乾隆元年又一次迁建。嘉庆十九年重修。咸丰六年,杜文秀之变,焚毁。光绪元年,知县陈绍基率士民重修

续表

名称	初建时间	修建情况
龙陵厅学宫	清道光十二年	咸丰七年,杜文秀之变,折毁殆尽。光绪二年,同知陈方选率士民重修。光绪八年,巡抚杜瑞联奏准设学
开化府学宫	清康熙六年	康熙、雍正、乾隆年间不断重修、拓建。嘉庆三年,知县史兆登重建,其后十七年、二十一年续修
文山县	不祥	清光绪八年,巡抚杜瑞联奏准添设学,迄今尚未建庙
安平厅	不祥	清光绪八年,巡抚杜瑞联奏准添设学,迄今尚未建庙
东川府学宫	清康熙四十二年	雍正四年,改隶云南;十一年,迁建;十三年地震,知府崔乃镛等重修。其后,乾隆十九年、咸丰十一年两次重修
会泽县	不祥	清光绪八年,巡抚杜瑞联奏准设学,迄今尚未建庙
巧家厅	道光二十八年	光绪八年、九年,同知胡秀山、王治普相继重修。光绪八年,巡抚杜瑞联奏准设学
昭通府学宫	清雍正六年	嘉庆五年重修。嘉庆十八年、道光四年分别重建明伦堂、棂星门
恩安县	不祥	清光绪八年,巡抚杜瑞联奏准设学,迄今尚未建庙
镇雄州学宫	明嘉靖年间	清雍正六年,改为州,设学正,庙制增修;十年,增建棂星门、照壁、明伦堂等建筑。乾隆五十五年迁建
永善县学宫	清雍正六年	乾隆三十五年补修,四十年重修。同治元年,因乱焚毁。光绪六年,知县安保宸率邑绅重修
大关厅学宫	道光十八年	系文昌宫遗址。道光十九年,改建大成殿、崇圣祠等。光绪八年,巡抚杜瑞联奏准设学,同知谢光焘拨款培修

续表

名称	初建时间	修建情况
鲁甸厅	不祥	清光绪八年,巡抚杜瑞联奏准设学,迄今尚未建庙
景东直隶厅学官	明正统七年	原为卫学。明万历十五年改为府学。清康熙二十一年、三十九年两次迁建。雍正十一年重修。乾隆三十五年,改府为直隶厅,庙仍为其旧。同治元年,兵燹,多所毁坏;十三年,同知凌应梧率邑绅捐资修补,焕然一新
蒙化直隶厅学官	明洪武年间	旧为州学,明景泰年间改为府,后多次增建。清康熙年间续修。乾隆三十五年,改府为直隶厅,庙学仍旧。咸丰年间,杜文秀之变,折毁太甚。同治十一年,光绪四年、十一年,多次修葺
永北直隶厅学官	明洪武十七年	明弘治、正德年间两次修葺。万历年间迁建。清康熙三十七年,裁永宁并北胜州为府,改北胜州学为永北府学,其后数次修建。乾隆三十五年,改府为直隶厅,庙仍其旧。乾隆四十五年、道光二年两次重修。咸丰年间,杜文秀之变,多次受损。同治十三年,阖邑士庶重修
镇沅直隶厅学官	雍正十年	乾隆三十五年,改府为学,庙学仍之。咸同年间,兵燹焚毁。光绪初年,阖邑士民改建
恩乐县学官	雍正十年	乾隆三十四年重修,其后又多次捐修。道光二十一年,裁县为经历,庙学仍之。军兴以来,折毁殆尽。光绪八年,阖邑士庶捐资修建
广西直隶州学官	明成化间	清康熙五年迁建,雍正十一年重修。乾隆三十五年,该府为州,庙学仍旧。咸丰七年兵燹,坍塌过半。同治十一年,知州松昌率邑绅重修
师宗县学官	明万历年间	初未设学官。崇祯三年设学官。清顺治十六年,裁附府学。康熙十年移建。雍正十年重修。乾隆三十五年,改州为县,庙学仍旧;四十五年移建。咸丰七年毁于兵
弥勒县学官	明嘉靖间	初,有庙无学。天启三年,始建学设官。清康熙四年迁建,其后多次修建。乾隆三十五年,改州为县,庙仍其旧

续表

名称	初建时间	修建情况
丘北县学宫	清雍正年间	乾隆四十四年重修。咸丰七年,军兴焚毁
武定直隶州学宫	明隆庆三年	隆庆二年,设武定府儒学。清康雍间几次增修。乾隆二十五年,该府为州,裁同城之和曲州,学仍旧制。咸丰年间毁于兵。同治十年,光绪二年、五年几次修建
元谋县学宫	明天启三年	崇祯三年建学置官。康雍间多次增修。同治十年,杜文秀之变,焚毁殆尽;十三年,阖邑士庶重修
禄劝县学宫	明崇祯三年	清康熙五十一年拓建。乾隆三十五年,改州为县,学仍旧制。道光四年重修。咸丰年间因乱焚毁。同治九年,知县沈基源率邑绅筹款重修
元江直隶州学宫	明洪武二十六年	明洪武二十六年置元江府儒学。夷中向学者鲜,诸生多以临安府属人充之。清顺治十六年改土设流。康熙年间多次修建。乾隆十一年重修;三十五年改府为州,庙学仍旧。光绪九年,官绅请款重修
新平县学宫	清康熙三十一年	明万历二十一年,曾议社学,不果,诸生仍寄元江府学。雍正八年、九年重修。道光二年,知县谭人瑞率绅士重修
黑盐井直隶提举司学宫	明万历四十五年	天启二年,建学设官。崇祯十三年重修,清康熙三十八年重修。其后又多次修葺。咸丰九年,杜文秀之变,毁于兵。同治十年,提举郭时郁筹款修葺
琅盐井直隶提举司学宫	明天启年间	清康熙四年移建,十二年、四十九年修葺。雍正十一年重修。咸丰九年,为杜党拆毁。光绪元年,改移石膏井,庙学仍旧
白盐井直隶提举司学宫	明代	明万历三十七年迁建。原设社学,灶籍诸生俱寄入府、州学。崇祯间建学设官。清顺治十六年,裁学归府。康熙、雍正年间多次修葺。道光后,军兴焚毁。光绪五年,署提举黄增益就清真寺基址改建

资料来源:上表依据《新纂云南通志》卷一三二《学制考二》所载整理而成。

上表统计的学宫数量为 101 所(含迄至光绪八年仍没有建立学宫的官学),与前面提及的清代云南 101 所官学是一致的,因此可以反映出明、清时期云南儒学建设的一个比较完整的概貌。由其中可得出以下几点基本的认识:

第一,根据表 2-4 统计,建于元代、明代续修并继续发挥作用的学宫有 10 所,约占总数的 9.9%;迄至光绪八年(1882)仍没有建立学宫的官学共 10 所,占总数的 9.9%。建于明代的共有 63 所,约占总数的 62.4%;清代新建的学宫有 18 所,约占总数的 17.8%。表明云南的大多数官学及学宫在明代就已建设,部分官学甚至在元代就已经设立了。这些官学覆盖了清代云南所有的经制府、州、厅、县,以及作为特殊行政机构的提举司辖区,也就是说举凡设立行政机构的地区,均设立了官学。

第二,表中所载学宫的空间分布,由明至清有很大的扩展。明代建设(包括元代建设并在明代继续发挥作用)的官学共有 73 所,主要分布在经济社会较为发达的府、州,而从滇西北、滇南到滇东南的沿边弧形地带没有设立官学,这些地区基本上是众多民族聚居之地。到了清代,随着朝廷在边疆民族地区改土设流,以及政治、军事控制的进一步加强,此种情况得到了很大的改观,前代未设府学的滇西北、滇南普洱及滇东南广南、开化等偏远少数民族聚居地区第一次设立了官学,表明清代云南官学的地域分布较明代有很大扩展。

第三,在一些特殊的行政辖区,如黑盐井、琅盐井、白盐井三个盐井提举司辖区,依然建学设官,修建学宫,且建学的时间均在明代,反映出明清政府在教育制度的推行方面,并没有因为此类地区非经制府、州、县而被遗漏。明清中央政府对在西南边疆推行教育是十分重视的,而地方政府亦不遗余力地执行朝廷既定的教育政策。

第四,比较突出的一点是,自明至清,云南地方政府十分重视学宫的建设,各地历任官员可以说是前后相继、修建不绝。试举数例:

> 临安府学宫。元至元二十二年,宣抚使张立道建。泰定二年,佥事杨祚增建。至正十年,平章汪唯勤继修。明洪武十六年设儒学,庙因之。二十年,通判许莘重修,规制始宏敞。宣德间,知府赖瑛建尊经阁。天顺六年,知府王佐筑杏坛、射圃。成化四年,知府周瑛凿泮池。十五年,副使何纯、知府薛昌重修。弘治九年,副使李孟旺、知府陈盛置乐器。十二年,副使王一言、知府王资良凿泮池。嘉靖十年,副使戴书建启圣祠。二十年,副使蒋宗鲁建名宦、乡贤祠。万历三年,知府昌

应时建云路坊。三十年,教授胡金耀造祭器。三十四年,地震倾圮,巡按周懋相会巡抚陈用宾、分巡参议康梦相重修。崇祯十六年,知府丁序琨、知州刘僖重修,悉毁于兵。清康熙十二年,知府程应熊修建尊经阁、明伦堂。二十二年,知府黄明重修于东庑瓦砾中,见石摹圣像,恭移于尊经阁。二十九年,升川东道知府黄明、同署府事丁炜、知州朱翰春始铸祭器。五十一年,知州祝宏移建斋宿亭。五十三年,知州陈肇奎修泮池。雍正四年,知府栗尔璋建太和元气坊。十年,知府石去浮、知州夏治源、教授夏冕同郡绅萧大成捐置乐、舞器。乾隆十六年,学正杨元亨同绅士修泮池。二十九年,教授董聪同绅士建礼门、义路、石坊。三十七年,知府永慧、知县周鑑同绅士重修大成门。四十三年,知府盛林基同绅士重修洙泗渊源坊。五十年,知府何敏、知县周恭先同绅士重建棂星门。五十七年,总镇定柱复杏坛旧址,知府张玉树同绅士重建德配天地、道冠古今坊,圣域由兹坊,贤关近仰坊,清泮池,侵占复旧规。六十年,知府江濬源同绅士于泮池周围绕以垣墙,竖圣域、贤关二坊。匾额内外,焕然一新。嘉庆九年,江濬源复建大成殿。十五年,知府王善垲率绅耆重建崇圣祠。十八年,知府何南钰建大成门,金声、玉振门。道光二年,绅士等复建斋房。规制宏敞,金碧壮丽,甲于全滇。光绪六年,邑绅刘鸿阳、刘家祥倡建思乐亭于泮池之中央,并修补碑亭、棂星门、围墙。①

元江直隶州学官。明洪武二十六年建。嘉靖四十年,迁于府治北。万历二十五年,土舍那天祐重修。夷中向学者鲜,诸生多以临安府属人充之,教官亦侨寓临城。天启三年,始建元江学署于建水州左,以为师生讲习之所。清顺治十六年,改土设流,学署迁于府城内。岁久多毁。康熙九年,知府潘士秀建大成门。二十六年,副将毛来凤、知府纪振乾、通判陈大受、教授丁炽南相继重修。二十九年,知府单世、教授施发甲凿泮池。四十二年,知府李赞元建尊经阁。五十年,知府章履成修建大殿及两庑。五十二年,教授张凤鸣、陈冈伯建志道、据德、依仁、游艺四斋及居仁、由义二坊。雍正六年,知府迟维玺、教授杨薰增筑月台,置祭器、乐器、演习乐舞。九年,知府祝宏、教授杨薰改建棂星门、石牌坊,增建月台石栏杆。乾隆十一年,知府董廷扬、教授陶以敬倡捐重修。十九年,提学沈慰祖、布政使阿兰泰、知府张钧率各官捐俸,及绅士董修。二十二年,教授张维灿重修崇圣祠、大成门、龙阶。

---

① 《新纂云南通志》卷一三二《学制考二·古代学制二·学官二》。

三十五年，改府为州，庙学仍旧。嘉庆九年，署州欧阳道瀛、学正汤国侯率绅士重修两庑。二十一年，署州刘继柱、学正张含英率绅士新建木坊。同治三年，游击舒世泰拆毁尊经阁、大成殿及两庑。光绪九年，官绅请款捐资重修。①

黑盐井直隶提举司学宫。明万历四十五年，永宁府署井事韦宪文卜建。天启二年，署提举马良德详照各省盐司事例，建学设官。六年，署同知吴思温重建。崇祯十三年，署通判曾曰琥重修。清康熙三十八年，提举沈懋价重修。乾隆十二年，署提举孙嵩拓地建崇圣祠，设乐舞，置乐器。十九年，提举邱兆熊重修大成殿及两庑。三十年，提举黄辅重修大成门、钟鼓亭，建礼门、义路坊。咸丰元年，大成殿灾，提举刘廷谔同井绅武康臣重修。九年，杜文秀之变，复毁于兵。同治十年，提举郭时郁筹款修葺。七月，龙沟河蛟泛，淹没大成殿一角及东西庑。光绪七年，提举萧培基筹款重建大成殿、东西庑及照壁。②

事实上，除云南外，贵州、广西的地方官员亦很重视对学宫的维护，各地官员对学宫的修建予以高度重视，原因在于清代把发展教育作为考核当地官员的重要指标。当然，各地方官员基本上都出身于科甲正途，对教育在促进当地社会发展、教化地方民风方面有着深刻的认识。因此，地方官员对落实教育政策可谓不遗余力，每到一地任职，都把举办学校教育、建设学宫作为自己任内的重要政绩，学宫也就成为当地儒学发展的重要标志。

第五，从表2-4中还可以看出，迤西地区如大理府、永昌府、普洱府等地的很多学宫，包括黑盐井直隶提举司学宫、琅盐井提举司学宫在晚清咸（丰）同（治）年间的战乱中遭受兵燹损毁严重，但在当地官府的重视下，大部分均在战后得以修复，并继续发挥着播化育民的作用。由此可见，明、清时期的国家教育制度、教育政策在西南边疆少数民族地区均得到了很好的贯彻和执行。

第二节　通过官学加强对土司子弟的教育

明清之际，西南边疆是土司分布最为集中的地区。为了加强对这些土

---

① 《新纂云南通志》卷一三二《学制考二·古代学制二·学宫二》。
② 《新纂云南通志》卷一三二《学制考二·古代学制二·学宫二》。

司的管理和控制,把土司子弟培养成为忠于朝廷的群体,明王朝把加强土司子弟的儒学教育作为治理西南边疆的重大战略举措,视为治理西南边疆少数民族地区的重要战略手段,即安边之道。① 基于此,明朝中央奖劝土司子弟到京师国子监学习,并陆续在西南边疆土司地区设立学校,招收土司子弟及土民俊秀子弟入学读书,明确规定土司子弟必须进入各级儒学读书习礼,否则不准承袭土司。

清初在平定西南边疆的过程中,为了集中力量对付李定国等大西军余部及其拥护南明永历皇帝的残余势力,清政府十分重视对土司的招徕,将明末西南各地土司势力几乎是原封不动地保留下来。此后,虽然经历几次较大的改土归流,尤其是雍正年间大规模的改流,大大削弱了西南边疆的土司势力,却并没有从根本上消除土司制度在西南边疆的存在,直到清末,在广大的边远地带,仍然有很多大小不等的土司土目。与明朝一样,清政府同样面临着用教育教化的手段来改造土司群体,把他们培养成为忠顺于朝廷的任务,因此,清初在西南边疆仍继续重视对承袭土司子弟群体的教育。

顺治十五年(1658),在清军向西南进军之际,清政府发出兴办文教的指令,在土司地区设立学校,"土司子弟,有向化愿学者,令立学一所。行地方官,取文理明通者一人充为教读"②。次年,清军基本占领了云贵地区,而如何实现在西南边疆的有效统治便成为清政府考虑的首要问题。这其中的关键之一是加强对各地土司的控制。为达此目的,清政府一方面在西南边疆布防重兵,加强军事控制;一方面重视儒学教育的恢复重建。在统治者看来,要让西南边疆的土司群体接受清政府的统治,必须首先让他们熟悉并接受封建正统文化,"兴教化以变其俗",在思想和文化上,使土司能够早日成为清朝中央政府对少数民族进行有效统治的工具,而要真正达到这一效果和目的,除重视对土司群体的教育教化外,似乎没有更好的途径。

顺治十八年(1661)三月,云南巡抚臣袁懋功疏言:"滇省土酋既准袭封,土官子弟,应令各学立课教诲,俾知礼仪。地方官择文理稍通者开送入泮应试。"③得到清政府批准,"云南省土司应袭子弟,令各该学立课教训,俾知礼义。俟父兄谢事之日,回籍袭职。其余子弟,并令课读。该地方官,

---

① 《明太祖实录》卷二三九,见方国瑜主编的《云南史料丛刊》卷四,云南大学出版社,1998年,第493页。
② (清)索尔讷等纂修,霍有明、郭海文校注:《钦定学政全书校注》卷六九《土苗事例》,武汉大学出版社,2009年,第267页。
③ 《清圣祖实录》卷二,见《〈清实录〉有关云南史料汇编》卷四,云南人民出版社,1986年,第640页。

择文理通者,开送提学考取"①。

平定三藩之乱后,云贵总督蔡毓荣在《筹滇十疏》中提出加强对土司子弟的教育教化。②康熙二十二年(1683),蔡毓荣就允许土司子弟参加科举应试一事专门上奏朝廷称:"土司世相承袭,不由选举罔知礼义。嗣后土官族属子弟内有通晓经义,志图上进者,请进郡邑一体应试。"③同年,康熙帝下旨题准:"贵州、云南各土官族属子弟及土人应试,贵州附于贵阳等府,云南附于云南等府。各三年一次,定额取进。俱另行开列,附于各府学册后。照例解部察核。其土司无用流官之例,考取土生不准科举及补廪、出贡。如不愿考试,亦不必勒令应试。"④

康熙二十五年(1686),清政府为鼓励土司子弟学习中原儒家文化,再次命令:"各土司官子弟,有愿读书者,准送附近府、州、县学,令教官训课。学业有成者,该府查明,具题奖励。"⑤康熙四十年(1701),针对广西土司、土目子弟参加科举考试的问题,清政府议准:"广西土官、土目子弟,有愿考试者,先送附近儒学读书,确验乡音,方准报名应试。若土官滥送读书,教官不行详察收送,试官竟行收考;及实系土目子弟,情愿考试,土官禁遏与试者,该抚题参,交部严加议处。"⑥康熙四十四年(1705),清政府批准在贵阳等府所属地方设立义学教授土司子弟,"贵州各府、州、县设立义学,将土司承袭子弟送学肄业,以俟袭替。其族属人等,并苗民子弟愿入学者,亦令入学。该府、州、县复设训导,躬亲教谕"⑦。康熙五十九年(1720),议准在广西开办面向土司子弟及土民的义学:"广西土属共五十处,各设义学一所,教读土属子弟。如有文理精通者,先令就近流官州、县附考取进。其名数,俟该抚酌量人文多寡,具题定议。"⑧

---

① (清)索尔讷等纂修,霍有明、郭海文校注:《钦定学政全书校注》卷六九《土苗事例》,武汉大学出版社,2009年,第267页。
② (清)蔡毓荣撰:《筹滇十疏》,见方国瑜主编的《云南史料丛刊》卷八,云南大学出版社,2001年,第427页。
③ 《清圣祖实录》卷一一三。
④ (清)索尔讷等纂修,霍有明、郭海文校注:《钦定学政全书校注》卷六九《土苗事例》,武汉大学出版社,2009年,第267页。
⑤ (清)索尔讷等纂修,霍有明、郭海文校注:《钦定学政全书校注》卷六九《土苗事例》,武汉大学出版社,2009年,第267页。
⑥ (清)索尔讷等纂修,霍有明、郭海文校注:《钦定学政全书校注》卷六九《土苗事例》,武汉大学出版社,2009年,第267页。
⑦ (清)索尔讷等纂修,霍有明、郭海文校注:《钦定学政全书校注》卷七三《义学事例》,武汉大学出版社,2009年,第287页。
⑧ (清)索尔讷等纂修,霍有明、郭海文校注:《钦定学政全书校注》卷六九《土苗事例》,武汉大学出版社,2009年,第268页。

为了让承袭土司的子弟能够谙熟封建伦理和道德传统,掌握儒家文化及封建礼仪等规范,清政府特别强调,"应袭之子弟之属苗子弟,更有不同,年及十六岁,必录名该土司儒学,课其诗书,习其礼义,更使讲读法律","使彼自敬惧,不敢误公玩法,且娴礼义,不复强横逆行之事"。①

清初,中央政府非常重视西南边疆地区土司承袭子弟的教育,其目的仍然是希望通过儒学教化,将土司子弟培养为忠顺于清政府的地方统治者,从而加强清政府对西南边疆少数民族地区的统治;或认为雍正年间随着改土归流的推行,土司制度被扫进历史的垃圾堆,清代的土司教育政策也随之结束了自己的历史使命。②但这一结论有失偏颇。例如在尚未完全改流的云南傣族等广大地区,仍然继续执行对土司子弟及土民的教育政策。雍正六年(1728)下诏:今云南等省土民向化,"新增土司入学额数,为学臣者尤宜加意禁饬,毋使不孝子弟冒其籍贯,阻土民读书上进之路"③。乾隆朝亦强调指出,普洱府学向系夷疆,人文未盛,"其文风高下只宜因地取材,量为培养。若必求全责备,去取从严,且欲经解诗赋,事事淹通,此于大省则然,边方士子,见闻浅陋,未必尽能领会。绳之太过,大率欲从未由,转有能使心皆服"④。这些政策的实施,使得傣族等沿边少数民族地区的土司、土民子弟接受教育的人数大为增加,汉化加快,以致有的土司已具有相当高的文化素质。至清末,有的土司子弟甚至出国留学,学习吸收资本主义文化,如盈江的傣族土司刀安仁就曾留学日本。⑤

随着改土归流的推行,清政府对西南边疆少数民族地区的统治进一步深入,西南边疆与内地的联系比以往更加紧密,一体化发展的历史趋势愈加明显。在此大背景下,清政府在西南边疆少数民族地区的教育思想和教育政策逐渐发生了重大变化,从重视土司子弟群体教育向针对广大的夷人子弟的启蒙教育转变,这是清代西南边疆少数民族教育政策与明代显著区别之所在。

---

① 张羽琼:《贵州古代教育史》,贵州教育出版社,2003年,第227页。
② 张羽琼:《贵州古代教育史》,贵州教育出版社,2003年,第228页。
③ 《〈清实录〉有关云南史料汇编》卷四,云南人民出版社,1986年,第653—654页。
④ 《清高宗实录》卷一〇〇九,引自方铁、方慧《中国西南边疆开发史》,云南人民出版社,1997年,第430页。
⑤ 程印学:《清朝经营傣族研究》,中央民族大学博士学位论文,2005年,第96页。

第三节　加强对西南地区官学教育的管理

清朝在西南地区大力推进官学教育，发展地方文化教育的同时，尤其重视对官学教育的管理，强化对西南边疆各族人民的思想统治。

一、制定严厉学规，控制士子言行

清统治者制定了各种严厉的学规，加强对官学的管理和控制，其中最著名、影响最大的有以下三个：

其一是顺治九年（1652）颁布的《卧碑文》，亦称《训士卧碑文》，要求各地儒学刊立卧碑，置于明伦堂之左，以晓示生员。其具体内容为八条：

> 一、生员之家，父母贤智者，子当受教；父母愚鲁者，子读书明礼，当再三昭告，使父母不陷于危亡；一、生员立志，当学为忠臣。清书、官史所载忠清事迹，务当时习，相讲究。凡利国爱民之事，更宜留心；一、生员居心，忠厚正直，读书方有实用，出仕必作良吏。若心地惨刻，读书必无成就，为官必取祸患。存害人之心，适以自杀其身。当宜思省；一、生员不可干求官长，交结势要，希图进身。若果修身养德，上天知之，必加以福；一、生员当洁身忍性，凡有司衙门，不可轻入。即有切己之事，止许家人代为，不许干与他人词讼，亦不许牵连生员作证；一、为学当尊教先生。若讲说皆谘，诚心听受。如有不明，从容再问，毋妄行辩。虽为师长者，亦当尽心以教训，勿致怠惰；一、军、民二者利病，不许生员上书陈言。如有一言建曰，以违制论，黜革议罪。一、生员不许纠党多人，立盟结社，把持官府，武断乡曲。所作文字，不许妄行刊刻。违者，听提调官治罪。①

其二是康熙三十九年（1700）颁布于直省学校的《圣谕十六条》。其内容为：

---

① 戴芳、马洲编纂：民国《恩安县志稿》卷六《艺文》。

一、敦孝弟以重人伦；一、笃宗族以昭雍睦；一、和乡党以息争讼；一、重农桑以足衣食；一、尚节俭以惜财用；一、隆学校以端士习；一、黜异端以崇正学；一、讲法律以儆愚顽；一、明礼让以厚风俗；一、务本业以定民志；一、训子弟以禁非为；一、息诬告以全良善；一、戒窝逃以免株连；一、完钱粮以省催科；一、联保甲以弭盗贼；一、解仇忿以重身命。①

其三是雍正二年（1724）颁布的《圣谕广训》。其序文称："谨将上谕十六条，寻绎其文，共得万言，名曰圣谕广训。"因此其基本内容与《圣谕十六条》相同，只不过是对《圣谕十六条》的具体条文旁证远引，往复周详，做进一步的解释和发挥。每月初五、十五两日，由教官向学生宣读"圣谕"，令其遵守。历朝沿袭，成为定制。

这些学规对地方官学中学生的为人、求学，以及教师的教学等提出了一些具体要求，其实质是禁止知识分子过问社会现实问题，束缚其言论自由，钳制他们的思想，要求学校培养忠顺于政府的人才。

二、对官学实行严格管理

在地方官学的组织体系上，政府实行严格的管理，以保证教育工作的开展。

地方省一级教育管理事务的行政长官初称督学道，掌握着一省教育选举大权，一般由中央高级官吏如各部郎中进士出身者充任，其职"掌学校政令，岁、科两试。巡历所至，察师儒优劣，生员勤惰，升其贤能者，斥其不师教者。凡有兴革，会督抚行之"②。雍正四年（1726）改称学院，亦称学政。在三年任期内，巡视省内各府、州、县学，对每所学校的生员进行岁、科两试，以检查教学质量，选拔人才，并送国子监学习和参加科举考试。

各府、州学和县学均设有教官，"有清学校，向沿明制，各学教官，府设教授，州设学正，县设教谕，各一。皆设训导佐之"。教官的职责是"训迪学校生徒，课艺业勤惰，评品行优劣，以听于学政"。③

对府、州县学的生员管理参照明制。顺治元年（1644），"诏各省府、州、县儒学，食廪生员仍准廪给，增、附生员仍准在学肄业，俱照例优免"，并规

---

① 《清朝文献通考·学校考七》。
② 《清史稿·职官志三》。
③ 《清史稿·选举志·学校二》。

定各学校的支给廪饩法"在京者户部支给,在外者州、县官支给"。① 各府、州县学的学生人数有明确的规定,清制,府州县学依照人数的多少分为大学、中学、小学,其配置的依据是当地文风高下和人口多少,关于这一点,第三章第二节将进一步介绍。

清代对学生的管理实行严格的"六等黜陟法",具体内容为:"考列一等,增、附、青、社俱升廪。无廪缺,附、青、社补增。无增缺,青、社复附、各候廪。原廪,增停降者收复。二等,增升廪,附、青、社补增。无增缺,青、社复附。停廪降增者复廪。增降附者复增,不许补廪。三等,停廪者收复候廪。丁忧起复,病痊考复,缘事办复,增降附者许收复,青衣发社者复附,廪降增者不许复。四等,廪名责停饩,不作缺,限读书六月送考。停降者不许限考。增、附、青、社俱升责。五等,廪停作缺。原停廪者降增,增降附,附降青衣,青衣发社,原社者黜为民。六等,廪膳十年以上发社,六年以上与增十年以上者,发本处充吏,余黜为民。入学未及六年者发社。"②这一模式的基本特点是对生员进行动态管理,生员的等级并非固定不变,而是根据学业成绩或升或降。将学生的等级与学业成绩密切挂钩,对调动学生的学习积极性、提高学校教育质量有很大促进,这一做法是地方官学教育管理上的一个重要创新。

清代地方儒学完全成为科举考试的准备机关,其主要任务是举行各种各样的考试,主要有月考、岁考和科考。这在西南边疆亦不例外。月考主要由学校教官主持,主要课试"八课文",生员除丁忧、患病、游学等原因外,月考三次不应试者诫斥,无故终年不应者除名。试卷必须送学政审核。岁考和科考由学政巡回各校主持,即在其三年任期内两试诸生。岁考在于检验学术学业,依成绩区别生员为六等,奖优罚劣。科考是对岁考列为一、二等的学生进行复试,它既是地方儒学的毕业考试,又是学生准备参加科举的预备考试。科考优秀者获得乡试资格,可以参加由国家举行的科举考试,进而步入仕途。

从府州县学的管理及教学内容可以看到,清政府发展地方教育的首要目的是为了培养和选拔精通儒术的统治人才,为封建统治服务。

---

① 《清朝文献通考·学校考七》。
② 《清史稿·选举志一》。

本章小结

由前所述可知,在清政府的重视下,西南边疆的儒学即官学教育得到了很大发展,并具有一些自身的特点。

一是与内地相比发展较为迟缓,与自身纵向相比则发展较快。由于地处偏远、交通落后、信息闭塞,西南边疆与内地之间在文化教育发展上呈现明显的不平衡性。如云南的儒学教育自汉代以来即有记载,但系统的官学教育则始于元代,贵州地区则要到建省之后。元代云南行省37路,后来明代在其基础上修复、重建的学校仅见10所;明代增加很快,崇祯时期为73所;到清代,增加到101所。清代贵州全省共有官学69所,其中府学12所,直隶厅学3所,直隶州学1所,厅学6所,州学13所,县学34所。值得注意的是,咸丰、同治年间,西南边疆战火不断,云贵地区很多儒学遭到毁坏。战后,各地官府大力予以重建,据《新纂云南通志》统计,咸丰至光绪年间,云南各地移建、改建、重修儒学57所,新建儒学15所。这在内地洋务学堂、维新学堂,乃至新政学堂建设渐起、近代教育逐渐拉开序幕的时代背景下颇为显眼,这正反映出西南边疆在与内地文化教育交流过程中体现出来的相对滞后性。

二是清代在西南边疆的官学设置已经深入前代未曾涉及的山区、边地,这些地方基本是少数民族聚居之区。就此而言,此乃清代西南边疆儒学教育大大超越元明时期的显著表现。如康熙六年(1667),朝廷在接壤交趾的云南教化、王弄、安南三长官司地区改土归流,置开化府,建学校,其为清代云南新设儒学最早的少数民族地区。到清代,广西各地共设置府州县学84所,其中新设立的15所主要分布于桂西少数民族地区。同时,清代继续重视对土司子弟的教育,强调云南省土司应袭子弟,令各该学立课教训,俾知礼义。俟父兄谢事之日,回籍袭职。其余子弟,并令课读。该地方官,择文理通者,开送提学考取。① 这对于提高民族地区人口素质、改变社会风气、培养少数民族人才起到了积极作用。

三是清代西南边疆少数民族地区的学宫建设充分体现了清政府运用文化软实力,以学校教育为具体治理手段,在西南边疆少数民族地区加强

---

① (清)索尔讷等纂修,霍有明、郭海文校注:《钦定学政全书校注》卷六九《土苗事例》,武汉大学出版社,2009年,第267页。

权力渗透和思想控制,从而建立起长久统治的意图。关于这一点,从西南边疆各地的学宫建筑规制及其内涵看得比较清晰。

具体来看,学宫其内部建筑主要由两大建筑群组成。一是以大成殿(或称为先师殿、先师庙、圣殿、至圣殿等)为核心的建筑群,包括大成殿、东西两庑与崇圣祠,合称文庙,其功能主要在于祭祀先师、春秋释奠、朔望行礼,其中大成殿的地位最为突出,位于中心,建筑规模亦最大。一是以明伦堂为核心的建筑群,主要有明伦堂、尊经阁、斋舍号房、教官廨署等建筑,其功能主要是教授、管理生徒学习,也承担部分礼仪职能,如乡饮酒礼就是在明伦堂举行的。此外,还有一系列处于附属地位的建筑,如下马碑、照壁、泮池、棂星门、大成门、乡贤祠、名宦祠、忠义孝悌祠、节孝祠、文昌阁、魁星阁、敬一亭、土地祠、德配天地、道冠古今坊等。学宫中的各种建筑在长期的发展过程中逐渐形成,并被统治者赋予不同的功能和象征意味。

学宫内部陈设也有着较为严格的要求。比如殿庑供奉的先贤排位及顺序。乾隆六年(1741)礼部议准:"学宫从祀先贤、先儒神位次序,以京师太学成式通行直省府、州、县。遵照书题,按东西先后次序安设。"①

学宫承担着教化地方的重大职责,因此当举行春、秋大祭时,定要举行歌舞活动,乐器则必不可少。据记载,这些乐器种类很多,"金之属有编钟、有镛;石之属有编磬;丝之属有琴、瑟;竹之属有排箫、有笛、有篪、有管;匏之属有笙;土之属有埙;革之属有鼗鼓、有楹鼓、有足鼓、有搏拊、有相鼓、有鼖鼓、有提鼓;木之属有柷、有敔、有拍板;舞之器有籥、有翟。引乐之器曰麾,引舞之器曰节"②。同时,清政府为了显示祭祀活动的庄严宏大,专门制作有祝祷之词和乐章、伴舞。顺治十三年(1656),颁国子监文庙大成乐章。康熙八年(1669)改章名"和"为"平",称中和韶乐;五十五年(1716)奏定平字乐章,通行赞唱。雍正二年(1724),令阙里司乐选工付太常演习、订正,转相传授,以达于直省各学。乾隆八年(1743),照康熙年间用"平"字撰乐谱十二章,颁于各学。③ 每次大祭,整个仪式分为迎神、初献、亚献、终献、彻馔、送神六个环节,哪个环节伴舞哪个环节不伴舞,都有明确的规定,形成了一套固定的程式。

清代官方十分重视学宫建设及修缮,将学宫视为儒学教育、文化流布之象征,其时儒学已经成为统治阶级主流文化之依归。通过学宫这一物化

---

① (清)索尔讷等纂修,霍有明、郭海文校注:《钦定学政全书校注》卷一《学宫事宜》,武汉大学出版社,2009年,第6页。
② 《新纂云南通志》卷一三一《学制考一》。
③ 《新纂云南通志》卷一三一《学制考一》。

的建筑群,体现出这样一些文化意味:(1)严格的封建等级观念。"文庙的建筑形制是以礼制为核心的封建社会'礼制建筑'的一部分,因此学宫建筑受到礼制的规范,具备严格的等级形制。"①大成殿是整个学宫建筑群的核心,也是规模最大、修饰最为华丽的建筑。学宫建筑群整体呈现出中轴连线,左右对称,主次分明,布局严谨的特点。(2)浓厚的儒学气息。学宫作为儒学的物化载体,是地方崇儒重道的标志,又是当地儒学文化传承的辐射源。它将地方文官集团、当地文化精英和平民阶层以一种强有力的、可以感触得到的规范化、制度化方式整合在一起,为官府向民众传达国家意志和主流话语(如朔望齐集宣讲活动)提供了极佳的场所。(3)主流文化价值的彰显。在这里,孔子作为统治者倡导的文化权威被置于中心地位,历代先贤、先儒也有属于自己的位次,当地有名望的乡贤、有功德的官员,甚而地方忠孝节义、贞节烈妇都能"刊刻姓名于其上",被后人所观瞻。这样的传播形式,无疑对当地乡民形成视觉上和心理上的强烈冲击,在当地成为一种显著的价值导向。

在清代地方层面,学宫与社稷坛、先农坛、风云雷雨坛等共同构成了国家祭祀体系中的重要组成部分,是国家礼仪体系传承的物化象征。从诸多地方志书及《新纂云南通志》的相关记载来看,云南正式的县一级行政治所均修筑有社稷坛、先农坛等建筑,这体现了国家权力在边疆少数民族地区渗透的力度。清政府如此重视学宫的建设与维护,目的在于通过对孔子的尊崇和对文庙的维护而实力推行教化,体现"怀柔远人"的基本思想,在多民族的西南边疆达到"建学校以化夷"的终极目的。学宫建筑庄重、朴实、肃穆,具有深厚的文化意味,可以使得当地民众面对它们时肃然起敬,更重要的是,位列其中的这些人物及他们的德行与事迹可以让人产生敬仰和向往,从而产生强大的激励与引领的作用,这样的影响是潜移默化的。通过文庙中的各类建筑及其象征,清统治者倡导、鼓励的品德与行为得到了集中表扬和彰显,在多民族地区明白无误地确立了一种文化价值导向。这就是历代皇朝中央一直倡导的儒家"教化",也是清代在西南边疆少数民族地区不遗余力地建设并反复修缮学宫的根本原因。

---

① 崔俊:《揭阳学宫的建筑规制与特点》,《2008建筑设计与城市文化建设高峰论坛论文集》。

第三章　清代在西南地区的学额和科举中额配置政策①

自唐宋时期,中国的文化教育就有学额的规定,但由于与选官制度没有完全统一和衔接,所以不具有普遍的社会意义;到明代,学额的社会意义方凸显出来。②

第一节　明清时期学额的基本情形

伴随着中央集权制度高度发展,明代的选官制度亦进一步完善。其"选举之法,大略有四:曰学校,曰科目,曰荐举,曰铨选",但前后期选官途径又经历较大变化,"荐举盛于国初,后因专用科目",科举盛行时"卿相皆由此出"。③

明代科举与唐宋时期相比较,除了科考层级增加,科目减少,其最大的变化在于"科举必由学校"④。在此背景下,地方府、州、县学普遍设立起来。"明代学校之盛,唐、宋以来所不及也",出现了"无地而不设之学,无人而不纳之教"的状况,虽然过于夸张,但一定程度也反映了明代学校教育的发展,以至于"庠声序音,重规叠矩,无间于下邑荒僻,山陬海涯"。⑤ 由于科举选官制度与学校教育密切衔接,学额开始具有前所未有的重要意义,明政府对学额自然也有了明确的规定。

据《明史·选举志》,洪武二年(1369)规定"府学四十人,州、县以次减

---

① 参见杨永福的《试论清代西南边疆少数民族地区的学额配置政策》,《文山学院学报》2019年第1期。
② 梁志平、张伟然著:《定额制度与区域文化的发展:基于清代长江三角洲地区学额的研究》,漓江出版社,2013年,第9—13页。
③ 《明史》卷六九《选举志·选举一》。
④ 《明史》卷六九《选举志·选举一》。
⑤ 《明史》卷六九《选举志·选举一》。

十",然而"未几即命增广,不拘额数"。可是完全放任自由也不是办法,且违背实施定额的初衷,到宣德年间(1426—1434)又"定增广之额",其数与初定之"廪膳生员"数相同,不过仍不得要领,"及其既久,人才愈多",于是又不得不"于额外增取,附于诸生之末,谓之附学生员"。① 而附生是无定数的,因此生员的数量彻底失控。有的学者认为,"明初生员只三万有奇,而明末突破60万"②。生员数量的失控,带来了一系列问题,以致顾炎武称:"天下之病民者三:曰乡宦,曰生员,曰吏胥。"③为缓解生员无限增长带来的问题,万历三年(1575),明政府开始定地方儒学进学人数,至崇祯年间,"命礼臣较天下州县分为大、中、小三等入学,以定为差,著为令,大州县五十,中三十,小十五"④,但是,因为积习已久,加之明朝最后的时光,政治黑暗,时局动荡,定额成为一纸空文。⑤

"有清学校,向沿明制。京师曰国学,并设八旗、宗室等官学。直省曰府、州、县学。"⑥清代科举制度基本沿袭明制,比较明显的是认真吸取明代的教训,并对学额制度进行改革。最主要的一点,就是对各级学校每一科录取的新生实施限额。这样,生员的总数得以进入一个有效控制的发展轨道。其名目仿照明代,分廪膳、增广和附学生员;初入学为附生,廪、增以岁、科两考第高者补充。而不同类别的考生根据其户籍如民籍、商籍、灶籍、客籍、沙籍、苗童、瑶童、畲民,以及满、蒙、汉军旗籍等分别定额,即所谓的分籍定额制度。⑦ 在清代,进入官学(又称儒学)成为晋身士子的第一级台阶。得以入学的称为"生员"(俗称"秀才"),入学考试称为"童子试",这一考试也就成为科举考试体系中最基础的一环。而成为生员意味着获得"功名"成为四民之首,享有若干政治、经济特权。顺治九年(1652),命各地学官立卧碑文:"朝廷建立学校,选取生员,免其丁粮,厚以廪膳,设学院、学道、学官以教之,各衙门官以礼相待。"⑧康熙九年(1670),礼部题准给予生员若干优恤政治待遇:"生员如果犯事情重,地方官先报学政,俟黜革后,治

---

① 《明史》卷六九《选举志·选举一》。
② 陈宝良:《明代儒学生员与地方社会》,中国社会科学出版社,2005年,第196—216页。
③ (清)顾炎武撰,华忱之点校:《顾亭林诗文集》之《亭林文集》卷二《生员论中》,中华书局,2008年。
④ (明)崇祯《兴宁县志》卷二《学校》。
⑤ 陈宝良:《明代儒学生员与地方社会》,中国社会科学出版社,2005年,第202—204页。
⑥ 《清史稿》卷一〇六《选举一·学校一》。
⑦ 参见商衍鎏:《清代科举考试述录》,生活·读书·新知三联书店,1958年,第13—14页。
⑧ 光绪《钦定大清会典事例》卷三八九《礼部·学校·训士规条》,中华书局,1991年影印本。

以应得之罪。若事讼小事,发学责惩,不得视同齐民,一律扑责。"①"秀才对长官,别于平民者三事:一、但须长揖,不必下跪。二、自称生员,不称小底。见知县称父台,见知府称公祖,不称老爷、大老爷。三、非先咨请斥革,即犯法亦不能用刑。"②尽管生员遇见知县、知府可以不称老爷,但平民百姓却必须称生员为"老爷",所谓"举贡生监,无不老爷"③。成了生员就意味着步入绅士阶层。正因如此,众多士人耗尽毕生精力也要入学。据统计,19世纪平均一个县的童生数要略高于1000人,而学额却只有区区几十名。④ 故学额堪称当时社会上头等重要的社会文化资源。⑤ 清政府对学额的控制与配置非常严格,各省府州县学额实行统一配置的政策,但在不同地区具体的实施过程中,则又有一些差异化做法。

第二节　学额配置的基本政策及在西南边疆的实施

　　清代在学额配置上总体实行的是分区定额、分省取士政策。具体表现为,不仅府、州、县学之学额按照区域进行配置,乡试中额也是参照各省文风、人口与赋税情况,分为科举大、中、小省三个等级来录取,即便是会试中额,也从初期的凭文录取到分卷制度,再发展到分省定额取录政策。在此全国性政策背景下,西南边疆有一些变通的或者说优惠的政策和措施。

　　一般而言,学额是按照各地区行政级别参照文风、人口与赋税情况来设置的,因此,各地的学额存在着差异,首先表现在府、县学额数上。即使同为府学或县学,也会因为文风、人口与赋税造成学额数上的差异。大体而言,此种政策规定在全国范围内是一致的。从记载来看,清代各省官学的学额在顺治四年(1647)就开始明确,此后有过几次调整。

---

① 梁志平、张伟然著:《定额制度与区域文化的发展:基于清代长江三角洲地区学额的研究》,漓江出版社,2013年,第2页。
② 钟毓龙:《科场回忆录》,浙江古籍出版社,1987年,第38页。
③ (清)陈康祺著,晋石点校:《郎潜纪闻初笔二笔三笔》之《郎潜纪闻初笔》卷一〇《今昔称谓之殊》,中华书局,1984年。
④ 张仲礼:《中国绅士——关于其在19世纪中国社会中作用的研究》,上海社会科学院出版社,1991年,第89—90页。
⑤ 梁志平、张伟然:《定额制度与区域文化的发展——基于清代长三角洲地区学额的研究》,漓江出版社,2013年,第2页。

> 顺治四年定：直隶、各省儒学，视人文多寡，分大、中、小学取进童生。大学四十名，中学三十名，小学二十名。
> 又定：直省各学廪膳生员，府学四十名，州学三十名，县学二十名，卫学十名。增广生员名数同。
> 顺治十五年题准：直省取进童生，大府二十名，大州、县十五名，小学四五名。
> 康熙九年题准：各直省取进童生，大府、州、县仍旧，州学十二名，小学或八名，或七名。①

此次调整虽然只是针对小学，但其额度增幅较大，因而对于提升各地文化的水准是有益处的。康熙时期的这次调整看起来颇有成效，直到半个世纪之后，雍正帝又对此做出新的调整：

> 雍正二年奉上谕：我圣祖仁皇帝寿考作人，六十年来山陬海澨，莫不家弦户诵。直省应试童子，人多额少，有垂老不获一衿者。其令督、抚、学政，会核人文最盛之州、县，题请小学改为中学，中学改为大学，大学照府学额取录。督、抚务宜秉公详查，不得徇私冒滥。②

雍正二年（1724）的这次学额调整，成为清代大部分时间里学额的额定规制。尽管此后乾隆年间有过多达 20 次的增广学额之举，但那皆是因为皇帝登极、巡幸，以及平定大小金川等喜事降临而临时采取的一次性措施，且大多针对特定地区，不能与 1724 年的定额调整相提并论。③

---

① （清）索尔讷等纂修，霍有明、郭海文校注：《钦定学政全书校注》卷四二《学额总例》，武汉大学出版社，2009 年，第 154 页。
② （清）索尔讷等纂修，霍有明、郭海文校注：《钦定学政全书校注》卷四二《学额总例》，武汉大学出版社，2009 年，第 154 页。
③ 张伟然、梁志平：《定额制度与区域文化的发展——基于清代长江三角洲地区的研究》，载《中国历史地理论丛》2008 年第 3 期，第 8 页。

表 3-1　清代府州县学学额(文)总例

时间	府学	大学	中学	小学	备注
1647	40	40	30	20	全国
1658	20	15	12	4~5	全国,府为大府
1670	20	15	12	7~8	全国
1724	25	25	20	16	人文最盛之州县

资料来源:(清)索尔讷等纂修,霍有明、郭海文校注:《钦定学政全书校注》卷四二《学额总例》,武汉大学出版社,2009年;光绪《大清会典事例》卷三七〇《礼部·学校·学额通例》,中华书局,1991年影印本。

表 3-1 反映的是全国总体的情形。西南边疆与全国其他地区一样,在学额制度层面执行的是全国性的政策,即是根据府、州、县经济社会发展及人口情况,对各级学校严格分配学额。但在实际的操作过程中,由于各地区经济社会发展水平存在差距,因此西南各地府、州、县学学额其实是有较大差异的。西南边疆少数民族众多,清政府为了加强统治,更好地进行教化,采取了一些特殊的政策,比如对学额进行一些必要的调整,对苗、瑶等民族子弟实行专门学额制度等。试以贵州各府、州、县学学额配置情形为例加以说明。

表 3-2　清代贵州各府州县学学额(文)统计表

府(州)	儒学	学额	廪生名额	增生名额	贡期	儒学设立/恢复时间
贵阳府	贵阳府学	20	40	40	一年一贡	康熙三十一年
	贵筑县学	20	20	20	二年一贡	康熙三十八年
	定番州学	12	30	30	三年两贡	康熙三十一年
	贵定县学	12	20	20	二年一贡	康熙二十六年
	修文县学	12	20	20	二年一贡	康熙二十六年
	广顺州学	8	30	30	三年两贡	康熙三十八年
	开州学	8	30	30	三年两贡	康熙三十八年
	龙里县学	8	20	20	三年一贡	康熙十年
安顺府	安顺府学	20	40	40	一年一贡	康熙七年
	普定县学	12	20	20	二年一贡	康熙三十八年
	清镇县学	12	20	20	二年一贡	康熙二十六年
	安平县学	12	20	20	二年一贡	康熙二十六年

续表

府(州)	儒学	学额	廪生名额	增生名额	贡期	儒学设立/恢复时间
安顺府	镇宁州学	12	30	30	三年两贡	康熙六年
	永宁州学	8	30	30	三年两贡	不祥
	郎岱厅学	10	15	15	三年一贡	道光七年
南笼府（后改为兴义府）	南笼府学	12	30	30	一年一贡	康熙三十九年
	永丰州学	4	2	2	四年一贡	雍正十二年
	普安州学	12	30	30	三年两贡	康熙七年
	普安县学	8	20	20	二年一贡	康熙三十八年
	安南县学	8	20	20	二年一贡	康熙八年
	松桃厅学	4	2	2	四年一贡	嘉庆四年
	普安厅学	10	24	24	三年两贡	嘉庆六年
平越府	平越府学	20	40	40	一年一贡	后改为州学。顺治十七年
	平越县学	8	20	20	二年一贡	不祥
	余庆县学	8	20	20	二年一贡	康熙三十八年
	黄平州学	15	30	30	三年两贡	康熙二十六年
	瓮安县学	12	20	20	二年一贡	康熙三十三年
	湄潭县学	12	20	20	二年一贡	康熙三十八年
都匀府	都匀府学	18	40	40	一年一贡	康熙六年
	都匀县学	8	20	20	二年一贡	康熙三十八年
	清平县学	8	20	20	二年一贡	康熙十一年
	独山州学	8	30	30	三年两贡	康熙三十八年
	麻哈州学	8	30	30	三年两贡	康熙五十八年
	荔波县学	4	2	2	四年一贡	康熙二十一年
	八寨厅学	6	8	8	四年一贡	道光二十年
镇远府	镇远府学	20	40	40	一年一贡	康熙三十一年
	镇远县学	8	20	20	二年一贡	康熙三十八年
	施秉县学	12	20	20	二年一贡	康熙二十六年
	天柱县学	12	20	20	二年一贡	康熙十年

续表

府(州)	儒学	学额	廪生名额	增生名额	贡期	儒学设立/恢复时间
思南府	思南府学	20	40	40	一年一贡	康熙十年
	安化县学	12	20	20	二年一贡	康熙三十八年
	印江县学	8	20	20	二年一贡	顺治十七年
	婺川县学	8	20	20	二年一贡	康熙五十五年
思州府	思州府学	16	40	40	一年一贡	康熙六年
	玉屏县学	8	20	20	二年一贡	顺治十八年
	青溪县学	8	20	20	二年一贡	雍正五年
石阡府	石阡府学	17	40	40	一年一贡	康熙三年
	龙泉县学	8	20	20	二年一贡	康熙三十八年
铜仁府	铜仁府学	12	40	40	一年一贡	康熙二年
	铜仁县学	8	20	20	二年一贡	康熙三十八年
黎平府	黎平府学	20	40	40	一年一贡	顺治十八年
	开泰县学	12	20	20	二年一贡	雍正五年
	锦屏县学	8	20	20	二年一贡	雍正五年
	永从县学	8	20	20	二年一贡	康熙五十七年
	古州厅学	6	8	8	四年一贡	雍正十二年
大定府	大定府学	23（内水城厅5名）	46（内水城厅6名）	46（内水城厅6名）	一年一贡	康熙六年
	威宁州学	20	30	30	三年两贡	雍正七年
	黔西州学	15	30	30	三年两贡	康熙四年
	平远州学	12	24	24	三年两贡	康熙四年
	毕节县学	15	20	20	二年一贡	康熙二十六年
	水城厅学	5	6	6	四年一贡	乾隆四十一年
遵义府	遵义府学	18	36	36	一年一贡	康熙元年
	遵义县学	15	20	20	二年一贡	康熙八年
	正安州学	12	30	30	三年两贡	乾隆十年
	绥阳县学	12	20	20	二年一贡	康熙二十八年

续表

府(州)	儒学	学额	廪生名额	增生名额	贡期	儒学设立/恢复时间
	桐梓县学	8	20	20	二年一贡	康熙六十年
	仁怀县学	6	16	16	二年一贡	雍正十一年
	仁怀厅学	4	8	8	四年一贡	乾隆四十一年

注：上表主要依据《钦定学政全书》卷六一《贵州学额》和《嘉庆重修一统志》卷四六〇有关贵州地区儒学设立时间等资料整理而成。

从表3-2可以看出，贵州各府、州、县学学额配置首先是执行了全国性的统一政策，也说明清政府对各地、各级官学学额的控制是非常严格的；其次，由于贵州的经济社会发展比起内地要落后，而清代与明代一样，学额的确定就是两条原则：一是钱粮丁口多寡，即经济发展状况；二是文风高下。正如商衍鎏所言："每县学额，按文风高下与钱粮丁口多寡以为差，分为大、中、小学。"①与内地发达地区相比，西南边疆，尤其是贵州，经济社会发展水平要落后很多，因此，贵州大多数的官学基本是按照中学、小学级别的学额来配置。

随着经济社会的发展，名额取进有所增加。如雍正二年(1724)遵旨题准："贵州之贵阳、威宁二府学，向各止取十五名。镇远府学，向止取十六名。今均准如各府学额，各取进童生二十名。贵筑县，照府学额，取二十名。毕节县，改照大学，十五名。贵定、清镇、普定、瓮安、安化五县，改为中学，各十二名。"雍正九年(1731)议准："贵州大定府，原系州学，额取童生十五名。威宁州，原系府学，额取童生二十名。今大定改州为府，照府学例，取进二十名。威宁虽改府为州，然读书向学者多，仍旧考取，免其减额。"②需要说明的是，雍正二年(1724)的学额调整是在全国范围内进行的，且做出上调的主要是"人文最盛之州县，题请小学改为中学，中学改为大学，大学照府学额录取"③。贵州并非人文最盛之州县，雍正二年(1724)各府、县学学额的调整应该是该地经济社会进入一定发展阶段的结果。

与贵州相似，云南亦有增加学额的例子。由于云南在清统治者眼中是一个蛮夷族群众多、经济文化较为落后、各地发展不平衡的省份，因此与内

---

① 商衍鎏：《清代科举考试述录》，生活·读书·新知三联书店，1958年，第13页。
② (清)索尔讷等纂，霍有明、郭海明校注：《钦定学政全书校注》卷六一《贵州学额》，武汉大学出版社，2009年，第233—234页。
③ (清)索尔讷等纂，霍有明、郭海明校注：《钦定学政全书校注》卷四二《学额总例》，武汉大学出版社，2009年，第154页。

地发达省份相比,不仅学校层级较低,在学生员名额亦较少。正是基于云南鲜明的边疆少数民族省份的特点和地位,清政府亦能适时增加云南各级官学的生员名额。雍正三年(1725),"增云南省各学取进文童额数。安宁、晋宁、寻甸、建水、石屏、新兴、邓川、赵州、剑川、腾越等十州,昆明、宜良、南宁、通海、河西、河阳、太和、浪穹、保山、楚雄等十县,向系大学,准照府学例,各取进二十名。陆良、霑益、宁州、阿迷、宾川五州,呈贡、蒙自、云南三县,向系中学,升为大学,各取进十五名。和曲州向系小学,升为中学,取进十二名。添置黑井、白井、琅井三学为小学,各取进八名"①。

广西也有同样的情形。雍正二年(1724)遵旨题准:"广西之全、横、宾、郁林四州,临桂、苍梧、怀集、宣化、新宁、上林六县,照府学额,各取进童生二十名。灵川、兴安、灌阳、桂平、贵港、隆安、永淳、武缘八县,改为大学,各十五名。平南县,改为中学,取十二名。"②

在贵州、云南、广西多次学额上调,是雍正二年(1724)在国内人文最盛之州县调整学额政策之举动,但显然贵州、云南等地并不属于人文繁盛之区的。事实上,雍正即位之初在云南、贵州、广西等西南边疆调整学额,更多的是清朝向西南边疆少数民族宣示皇恩浩荡,以此鼓舞士气。③ 无论如何,西南边疆各地学额的上调毕竟是有其积极意义。

由于各种原因,西南边疆有的州县一度未设立学额,这种情形在边远地区比较常见。例如,一些土司原属地区在改土归流之前及之初的一段时间内未设立学校,甚至也未设置学额。康熙五十年(1711)议准:"广西西隆州,自改流以来从未建学。今已建学宫。嗣后,岁科两考,取进文生各六名,岁考取进武生六名。拨武缘县儒学训导移驻西隆州,以专督课。"雍正十三年(1735)议准:"广西崇善县为太平府首邑,未经设学以前,崇邑文、武童生取附府学,其生员考居优等者,即于府学帮补廪、增……"④

广西省有因为某地应试生童人数较少,而有在一省范围内调剂学额的情形。如乾隆三十年(1759)议准:"广西桂林府属永宁州,庆远府属河池州,太平府属左州、养利州,人文较少,应各减进额三名,添入思恩府属武缘县五名,太平府属崇善县四名,梧州府三名。又怀远、迁江二学,廪缺稍多,

---

① 《清世宗实录》卷三三,雍正三年六月壬午条。
② (清)索尔讷等纂,霍有明、郭海明校注:《钦定学政全书校注》卷五九《广西学额》,武汉大学出版社,2009年,第224页。
③ 梁志平、张伟然:《定额制度与区域文化的发展——基于清代长三角洲地区学额的研究》,漓江出版社,2013年,第20页。
④ (清)索尔讷等纂,霍有明、郭海明校注:《钦定学政全书校注》卷五九《广西学额》,武汉大学出版社,2009年,第224—225页。

应各减去四缺,增入思恩府属上林县、郁林州属北流县二学,各为额廪十六缺。增生额数,亦照此增减。"①

从清政府在西南边疆实施的学额政策可知,大多数官学的学额都是按照中学、小学的级别配置的,而且出贡的频次较低,间隔较长,很多官学为三年一贡或四年一贡。如云南省的昭通府学、镇雄州学、永善县学、东川府学、黑盐井学、琅盐井学、白盐井学、顺宁县学、丽江县学、镇沅州学、恩乐县学,均为四年一贡。贵州省的永丰州学、荔波县学、仁怀厅学、水城厅学、古州厅学、八寨厅学、松桃厅学是四年一贡,龙里县学、郎岱厅学则是三年一贡。广西省的崇善县学、左州学、养利州学、永康州学、宁明州学、太平土州学、西隆州学、西林县学、归顺州学、思恩县学、东兰州学为四年一贡。泗城、镇安二府学及上思、河池、永安、修仁、来宾、罗城、天河、迁江八县学,以及永宁州学则是三年一贡。而在科举大省江西,所有的县学都是二年一贡,没有三年一贡或四年一贡的情况。

上述情形反映出,一是西南边疆总体上社会、经济、文化教育均比较落后,且此种情形从各省中心腹地向边远民族聚居区呈现逐渐增强之态势;二是清政府的分区定额取录制度虽然对西南边疆各省是一种优惠政策,但亦是控制在一定的度量之内,这说明清朝在全国范围内的政策总体上体现了公平性原则。

第三节　乡试中额的配置政策及在西南边疆的实施

从全国范围来说,清代乡试中额主要是根据各省文风高下、赋税轻重,以及人口多寡来确定,且分为科举大、中、小省三个等级。有研究者认为,"举额是根据各省的贡赋和人文情况来决定,并随着各省实际情况的变化进行"②。依据清代科举考试的有关规定来划分,直隶、江南(含江苏、安徽)、江西、福建、浙江、湖广(含今湖南、湖北)为科举大省,山东、山西、河南、陕西、四川为中省,广西、云南、贵州为科举小省。所谓大、中、小省,即

---

① (清)索尔讷等纂,霍有明、郭海明校注:《钦定学政全书校注》卷五九《广西学额》,武汉大学出版社,2009年,第226页。

② 刘海峰、李兵:《中国科举史》,东方出版中心,2004年,第370—371页。

是每次乡试中举名额有较明显的差距。①

根据《钦定科场条例》记载,各省乡试中额数如下:

一、顺天乡试,分编满、合、夹、承、贝、南皿、北皿、中皿字号。满字号(满洲、蒙古)取中二十七名;合字号(汉军)取中十二名,共加五经遗额二名;夹字号(奉天)取中四名;承字号(承德)取中三名;贝字号(直隶生员)取中一百一名,加五经遗额五名,共一百六名;南皿(江南、浙江、江西、福建、湖广、湖南贡监生)取中三十六名,北皿(奉天、直隶、山东、山西、河南、陕西、甘肃贡监生)取中三十六名,共加五经遗额四名;中皿(四川、广东、广西、云南、贵州贡监生)无定额,每二十名取中一名,如零数过半,准其加中一名。

一、奉天左右翼教习归皿字号。

一、山东乡试,取中六十九名,内耳字号三名(四氏学)。

一、山西乡试,取中六十名。

一、河南乡试,取中七十一名。

一、江南乡试,取中一百十四名,内江苏六十九名,安徽四十五名。

一、浙江乡试,取中九十四名。

一、江西乡试,取中九十四名。

一、福建乡试,取中八十九名,内台湾至字号三名(闽籍),田字号一名(粤籍)。

一、湖北乡试,取中四十七名。外一名,与湖南轮科取中。

一、湖南乡试,取中四十五名。外一名,与湖北轮科取中。内边字号一名(凤凰、乾州、永绥三厅,保靖一县苗疆士子,数至三十名以上,另编边字号于本省额内取中;如不足三十名,仍赴通省取中)。外田字号一名(凤凰、乾州、永绥三厅,保靖一县苗疆士子,数至十五名以上,另编田字号于本省额外取中;如不足十五名,仍赴通省取中)。

一、陕西乡试,取中六十二名。内丁字号二名(宁夏),木字号一名(榆林);聿左号一名(甘州、西宁),一科与通省士子合试,一科另编取中;聿右号一名(肃州、安西、乌鲁木齐等处),聿中号一名(镇西府迪化州),每科另编取中。

一、四川乡试,取中六十名,内丁字号一名(宁远府,入试满三十

---

① (清)昆冈、刘启端等:《钦定大清会典事例》卷三三七《礼部·贡举·录送乡试》,续修四库全书本,上海古籍出版社,1995年,第348页。

人,始行另号取中)。

一、广东乡试,取中七十一名(外卤字号一名,系于民籍外另设解额,详见商籍中额)。

一、广西乡试,取中四十五名。

一、云南乡试,取中五十四名。

一、贵州乡试,取中四十名。①

从文献记载可知,清政府分区定额或者说分省定额是在全国范围内实行的基本政策,在此前提下,根据实际情况会进行一些局部调整。在西南边疆,由于行政区划的变更也会对乡试中额进行调整。如雍正七年(1729),"礼部议复:云贵广西总督鄂尔泰疏言:'贵州一省,原辖十一府、四十州县,每科乡试,额取文举人三十六名、五经二名、武举二十名。近于四川、湖广两省内将十三州县,改隶贵州,赴试人数较多,请增贵州乡试解额,加中文举人六名,共四十二名;武举三名,共二十三名。庶不致人多额少。黔省既经议加,则四川、湖南应行议减。请将四川解额,文举人减四名,武举减二名。湖南解额,文举人减二名,武举减一名。'应如所请。从之"②。

就西南边疆情形而言,广西、云南、贵州均被划为科举小省,但与文风较盛的发达地区相比,其乡试定额数量还是较为突出的。如广西、贵州与江南的安徽就比较接近,云南则还要多出安徽9名,如果单纯比较文风高下,西南边疆三省显然是不如安徽的。而据《钦定学政全书》记载,关于清代录送乡试科举额数比例,乾隆九年(1744),经议准规定其标准如下:直隶、江南(安徽、江苏)、浙江、江西、湖广(湖北、湖南)、福建为大省,每举人1名,录送科举80名;山东、河南、广东、陕西、四川为中省,每举人1名,录送科举60名;广西、云南、贵州为小省,每举人1名,录送科举50名。③ 举例来说,湖广属于大省,取中45名,应取录送科举3600名;四川属于中省,取中60名,应取录送科举为3600名;广西、贵州、云南为小省,取中45名、40名、54名,应取录送科举分别为2250名、2000名及2700名。④ 从这里又

---

① (清)杜受田、英汇等:《钦定科场条例》卷一九《乡会试中额》,文清阁编:《历代科举文献集成》,燕山出版社,2006年,第2516—2517页。

② 《清世宗实录》卷八四,"雍正七年闰七月癸酉"条,王戎笙:《中国考试史文献集成》(清代卷),高等教育出版社,2003年,第333页。

③ (清)素尔纳等纂修,霍有明、郭海文校注:《钦定学政全书校注》卷三十六《录送科举》,武汉大学出版社,2009年,第129页。

④ (清)素尔纳等纂修,霍有明、郭海文校注:《钦定学政全书校注》卷三十六《录送科举》,武汉大学出版社,2009年,第129页。

可看出,乡试录取实行分区(分省)定额政策对西南边疆意味着明显的优待。

第四节 会试中额的配置政策及在西南边疆的实施

清代关于会试中额的政策,总体上经历了一个从凭文取录向分卷制转变,再到分省定额录取的演变过程。实行凭文取录政策的时间比较短,主要是在顺治时期。顺治三年(1646)丙戌、四年(1647)丁亥、六年(1649)己丑三科会试完全实行凭文取录。顺治十二年(1655),兵部给事中魏裔介称:"我朝丙戌、丁亥、己丑三科奉旨凭文选取,不必分南北中卷。"①

顺治九年(1652),虽然改为南北中卷取中,中额比例相差悬殊,边远省份中试者仍属不易。②顺治十八年(1661),礼部具题,会试取士,原分南、北、中卷,后因云贵等省未经平定,将中卷分入南北卷内。今各处省份俱全,应仍将浙江、江西、福建、湖广、广东五省,江宁、苏、松、常、镇、徽、宁、池、太、淮、扬十一府,广德一州分为南卷。直隶及山东、山西、河南、陕西四省及奉天等处为北卷。四川、广西、云南、贵州四省,庐、凤、安庆三府,徐、滁和三州为中卷。其南北中卷,中试额数照赴试举人之数均派,获准。③康熙三十年(1691),礼部等衙门遵旨会议:

> 御史江蘩条奏科场事宜。查会试之分南、北、中卷,原为因地取才起见,行之既久,其势不能均平。若不稍加变通,恐退方士子,不能仰承皇上广兴文教,乐育人才至意。嗣后应于南、北、中卷内,再分江南、浙江为南左,江西、湖广、福建、广东为南右,直隶、山东为北左,河南、山西、陕西为北右,四川、云南为中左,广西、贵州为中右。仍照定例,各计卷数之多寡,凭文取中。既于科场条例并无更改,又于各省中额

---

① (清)魏裔介:《兵部给事中臣魏裔介为科考南北分卷宜公事题本》,《历史档案》1987年第3期,第16—17页。
② 顺治九年(1652),礼部议复壬辰科会试恩诏广额,取进进士四百名。照会典开载南、北、中卷之例,南卷应取二百三十三名,北卷应取一百五十三名,中卷应取一十四名。南、北、中卷中额相差极为悬殊。《清世祖实录》卷六二,"顺治九年壬寅"条,《清朝文献通考》卷四七《选举一》,第5303页。
③ 《清朝文献通考》,卷四十七《选举一》,第5306页。

不致偏枯。至安、庐、凤三府,滁、和、徐三州,改归南卷,并仍行分经之处,俱照礼部原议。①

然而,这样的做法使情况变得更加复杂。不久即因南北中卷内各分左右,致使阅卷者不尽衡文,左副都御史梅锅上疏建议仍分南北中卷,唯概去左右名色,并将云南、贵州、四川、广西四省去其中卷名色,每科云南定为"云"字号,额中二名;四川定为"川"字号,额中二名;广西定为"广"字号,额中一名;贵州定为"贵"字号,额中一名。康熙三十九年(1700)会试,恩诏加额,应将云南、四川各加中二名,广西、贵州各加中一名。获九卿议复从之。② 在这样的优惠措施下,边远省份中试者仍然很少。其后复规定,会试若有"脱科之省",则在未中试卷中"拣选进呈,取中一二名"③。

康熙五十一年(1712),会试取录又从分卷制发展到分省定额录取。这一年,"礼部题:嗣后会试不必预定额数,亦不必编南北字号,并分官字号名色。请按省编字号,印于卷面,以便分别取中。其满洲、蒙古、汉军卷面,亦如各省例,另列编字号。俱令知贡举核算进场举人实数,临期具题,恭请皇上酌量,分省大小,人数多寡,定额取中。从之"④。同年,奉谕旨:

> 近见直隶各省考取进士额数,或一省偏多,一省偏少,皆因南北卷中未经分别省分,故取中人数甚属不均。……自今以后,考取进士额数,不必预定,俟天下会试之人齐集京师,着该部将各省应试到部举人实数,及八旗满洲蒙古汉军应考人数,一并查明,预行奏闻。朕计省之大小,人之多寡,按省酌定取中进士额数。考取之时,就本省卷内择其佳者照所定之数取中。⑤

康熙帝认为,分南北卷来录取会造成有的省偏多,而有的省份则偏少,这又会形成新的不平衡。为照顾到帝国幅员辽阔,各省份文风存在高下差异的实际,决定根据省份大小、人口多寡,按省酌定进士取中额数。应该说,比起完全凭文取录,分省定额,更能照顾到不同省份地域,尤其是边远地区,形成相对平衡。后来个别官员曾表示反对分省定额制度,认为应当

---

① 《清圣祖实录》卷一五一,"康熙三十年五月辛亥"条。
② 《清圣祖实录》卷一九六,"康熙三十八年十二月乙酉"条。
③ 《清圣祖实录》卷二一二,"康熙四十二年五月壬戌"条。
④ (清)蒋良骐:《东华录》卷三,康熙五十一年(1712)四月,王戎笙:《中国考试史文献集成》(清代卷),高等教育出版社,2003年,第329页。
⑤ (清)张廷玉:《清朝文献通考》卷四八《选举考》。

完全凭文取录,"会试亦毋庸分别省分,概凭文艺取中",但乾隆帝认为,"国家取士,博采旁求,于甄录文艺之中原寓广收人才之意。且各省文风高下,互有不齐。(如概凭文艺取中)势必至江浙大省取中人数居其大半,而边远小省或竟至一名不中,殊非就地取才之意"①。这阐明了清政府在会试取录方面确立了地域平衡的设想。

从这一思路出发,清政府同样会增加西南边疆会试中额。如康熙五十一年(1712),因左副都御史赵申乔奏请量增云南、贵州、广西三省会试中额,礼部等议复其奏称:"此三省路远人少,每至脱科,念边陲穷士,跋涉山川,曾谕该部酌量增额,以示劝兴。"②其后复获议准,将其三省备卷举人一并带去参加复试,并改变会试分南北中卷的录取办法,规定各省的会试中额对于边远省份是较有利的,基本上边省中试者亦逐年增加。③雍正十一年(1733),"诏于云、贵、广东西、四川、福建会试落卷,择文理可观、人材可用者,拔取时余等十人,一体殿试,赵绳其等四十人,拣选录用。乾隆初,拣选如例,则边省士子犹沐殊恩也"④。其后实行的"明通榜"应该也是在照顾西南边疆地区云贵等六省士子的情况下制定的优惠措施。

第五节 在西南地区实行的学额变通措施

在正常学额之外,清代又有一些特殊名目的学额。文献记载:"各省学额为普遍计,尚有客童、寄籍、畲民、沙学、公额、苗童、瑶童、土生等。"⑤这些学额主要是为寄籍士子、少数民族士子或者某些特殊考生群体专门设立的。比如在贵州,由于民族种类众多,尤其是苗民群体(包含苗、侗、布依等族)分布广、人数多,因此,清政府还实行苗籍学额的专门性政策,以示笼络之意。

顺治十六年题准:贵州省属大学,取进苗生五名。中学三名,小学二名。均附各学肄业。廪额大学二名,中、小学一名。至出贡,原照州

---

① (清)王先谦:乾隆《东华续录》,《乾隆一百七》。转引自刘希伟的《清代科举冒籍研究》,华中师范大学出版社,2012年,第68页。
② 《清圣祖实录》卷二四九,"康熙五十一年三月癸卯"条,第471页。
③ 《清朝文献通考》卷四十八《选举二》,第5311页。
④ 《清史稿》卷一〇八《志八十三·选举三》,第3168页。
⑤ 商衍鎏:《清代科举考试述录》,生活·读书·新知三联书店,1958年,第14页。

学,三年贡二人。但现在苗生新进尚少,暂令附大学者三年一贡,附中、小学者五年一贡。俟入学人多,另照州学例。①

顺治十六年议准:贵州苗民,向化归顺,广示教训。令该地方官,查苗民中有稍通文理者,开送学道考试。择其优者,量取送附近府、州、县、卫学肄业。不许各处士民冒考。仍令该学道酌量所取名数。准其补廪、出贡,随将定额报部存查。②

顺治十七年题准:贵州省属苗生,分大、中、小学定入学、补廪额数,俱附各学肄业。另立一册,勿与府、州、县卫学额数相混。③

为了鼓励少数民族子弟求学上进,雍正时期,又恢复了康熙年间一度被废除的各级儒学的"加额"政策。④ 如雍正三年(1725)议准,贵州苗童应试,准于各府、州、县定额外,加取一名。⑤ 雍正十年(1732),清政府又同意贵州学政晏斯盛的奏请,"苗童应试加取一名,请用汉廪生同苗生联名保结,苗童五名互保,以杜汉童冒占。其苗童名目为新童,苗卷改为新卷"⑥,从而确保少数民族学生参加科举考试的权利。

雍正十二年(1734),官方再一次对黔西南、黔东南地区的少数民族学生实行加额优待政策,议准:

> 贵州南笼府属永丰一州,虽属苗疆,归化已久。其子弟从师义学者,亦多俊颖。顶冈、长坝、泽亨、罗斛等处,学习《诗》《书》者均出应考。应将永丰州照荔波县设学之例,取进童生四名。如文理未顺,宁缺毋滥。又黎平府所属之古州,虽未设学,然地方辽阔,田土殷饶,苗民繁庶,子弟皆喜向学。亦应照天柱、开泰两县从前增设苗童考取之例,择文理通顺者,酌取一二名,附入府学苗童之后,以示鼓励。⑦

---

① (清)素尔讷等纂修,霍有明、郭海文校注:《钦定学政全书校注》卷六一《贵州学额》,武汉大学出版社,2009年,第233页。
② (清)素尔讷等纂修,霍有明、郭海文校注:《钦定学政全书校注》卷六一《贵州学额》,武汉大学出版社,2009年,第233页。
③ (清)素尔讷等纂修,霍有明、郭海文校注:《钦定学政全书校注》卷六一《贵州学额》,武汉大学出版社,2009年,第233页。
④ 张羽琼:《贵州古代教育史》,贵州教育出版社,2003年,第228页。
⑤ (清)素尔讷等纂修,霍有明、郭海文校注:《钦定学政全书校注》卷六一《贵州学额》,武汉大学出版社,2009年,第234页。
⑥ 转引自张羽琼的《贵州古代教育史》,贵州教育出版社,2003年,第228页。
⑦ (清)素尔讷等纂修,霍有明、郭海文校注:《钦定学政全书校注》卷六一《贵州学额》,武汉大学出版社,2009年,第234页。

乾隆初期，仍然对少数民族子弟参加科考实行"加额"优惠政策。乾隆四年（1739）议准："凡贵州归化未久之苗，有能读书赴考者，准照加额取进。其归化虽经百年，近始知读书者，亦准与归化未久之苗童报名应试，于加额内取进。其余归化年久，在未经题请加增苗额之先，已同汉童考试者，仍与汉童同照原额取进。"①清政府将文化发达地区与不发达地区考生区别对待，体现了这一时期清政府对贵州民族教育的扶持。

在云南，也有类似区别对待的情形。如雍正三年（1725）议准，云南威远地方，夷人子弟，令就元江府附考，于府学定额外，加取二名。雍正五年（1727）议准，云南东川府土童，有能作文艺者，该抚具题到日，照湖广考取苗、瑶例，另编字号考试，于东川府学额数内，酌量分拨一二名。雍正十年（1732）议准，云南镇沅府及恩乐县，新经改土归流，均照小学例，取进童生八名，分定土著、寄籍各四名。②

在贵州，乾隆十六年（1751）以后宣布停止了专门为苗籍学员制定的学额政策，故而未能长期执行下去。这一年朝廷议准："贵州各属苗民，岁、科两试，仍与汉童一体合考，不必分立新童，加额取进。学臣考试，不得以粗浅之苗卷滥行录取。"③主要原因是清政府担心苗疆地区广大"苗蛮"子弟"识字以后，以之习小说邪书则甚易。徒启奸匪之心，难取化导之效"。为此，清朝政府不仅取消专门设置的"苗额"，还对苗疆社学教育进行阻抑，"应将新疆各社学所设社师，已满三年者，均以无成淘汰。未满三年者，届期亦以无成收回"④。这一政策的重大转变，对新辟苗疆地区的苗童无疑是不利的，苗疆义学教育受这一政策的波及很快陷入低谷。

事实上，早在雍正晚年，四川部分民族地区就已经收缩政策，如雍正十三年议准："川省各属土司苗童，与汉民文、武童生一并凭文去取。卷面不必分别汉、苗，取额不必加增。通行各省，俱照此例。"⑤据此条史料，在此之前，应该是川省各属土司苗童，并非与汉民文武童生一条线上凭文取录，卷面是分汉、苗的，且单独设置"苗额"。

---

① （清）素尔讷等纂修，霍有明、郭海文校注：《钦定学政全书校注》卷六一《贵州学额》，武汉大学出版社，2009年，第234页。
② （清）素尔讷等纂修，霍有明、郭海文校注：《钦定学政全书校注》卷六〇《云南学额》，武汉大学出版社，2009年，第229页。
③ （清）素尔讷等纂修，霍有明、郭海文校注：《钦定学政全书校注》卷六一《贵州学额》，武汉大学出版社，2009年，第234页。
④ （清）素尔讷等纂修，霍有明、郭海文校注：《钦定学政全书校注》卷七三《义学事例》，武汉大学出版社，2009年，第289页。
⑤ （清）素尔讷等纂修，霍有明、郭海文校注：《钦定学政全书校注》卷六九《土苗事例》，武汉大学出版社，2009年，第268页。

本章小结

纵观清朝在西南边疆的学额配置政策,明显看出其在保持全国范围政策公平性的前提下,又尽量照顾到内地与边疆不同地区经济、社会、文化发展程度的差异,从而体现出政策的地域性特征。

首先,保持政策的公平性。清代学额的确定主要是两条原则,一是钱粮丁口多寡,即经济发展状况;二是文风高下。正如商衍鎏所言:"每县学额,按文风高下与钱粮丁口多寡以为差,分为大、中、小学。"①因此,各省地方的学额便存在着差异,首先表现在府、县学额数上;其次,即使同为府学或县学,也会因为文风、人口与赋税而造成学额数上的差异。大体而言,此种政策规定在全国范围内是一致的。

与内地省份相比,西南边疆社会、经济、文化教育均比较落后,且此种情形从各省中心腹地向边远民族聚居区呈现逐渐增强之态势,故而西南边疆大多数官学的学额都是按照中学、小学的级别配置的,而且出贡的频次较低,间隔较长,很多官学为三年一贡或四年一贡。如云南省的昭通府学、镇雄州学、永善县学、东川府学、黑盐井学、琅盐井学、白盐井学、顺宁县学、丽江县学、镇沅州学、恩乐县学均为四年一贡。贵州省的永丰州学、荔波县学、仁怀厅学、水城厅学、古州厅学、八寨厅学、松桃厅学是四年一贡,龙里县学、郎岱厅学则是三年一贡。广西省的崇善县学、左州学、养利州学、永康州学、宁明州学、太平土州学、西隆州学、西林县学、归顺州学、思恩县学、东兰州学为四年一贡。泗城、镇安二府学及上思、河池、永安、修仁、来宾、罗城、天河、迁江八县学,以及永宁州学则是三年一贡。而在科举大省江西,所有的县学都是二年一贡,没有三年一贡或四年一贡的情况。

其次,是兼顾政策的地域性平衡。这一点在乡试中试名额的分配上体现得较为明显。

依据清代科举考试有关规定,直隶、江南(含江苏、安徽)、江西、福建、浙江、湖广(含今湖南、湖北)为科举大省,山东、山西、河南、广东、陕西、四川为科举中省,广西、云南、贵州为科举小省。所谓大、中、小省,即是每次乡试中举名额有较明显的差距。

---

① 商衍鎏:《清代科举考试述录》,生活·读书·新知三联书店,1958年,第13页。

广西、云南、贵州虽然都被划为科举小省,但与文风较盛的发达地区相比,其乡试定额数量还是较为突出的。根据《钦定科场条例》,每科乡试,广西取中45名,云南54名,贵州40名,江南取中114名中江苏69名、安徽45名。也就是说,贵州与江南的安徽就比较接近,云南则还要多出安徽9名;而如果单纯比较文风高下,西南边疆三省显然是不如安徽的。关于清代录送乡试科举额数比例,根据《钦定学政全书》记载,乾隆九年(1744),经议准规定其标准如下:直隶、江南(安徽、江苏)、浙江、江西、湖广(湖北、湖南)、福建为大省,每举人1名,录送科举80名;山东、河南、广东、陕西、四川为中省,每举人1名,录送科举60名;广西、云南、贵州为小省,每举人1名,录送科举50名。① 举例来说,湖广属于大省,取中45名,应取录送科举3600名;四川属于中省,取中60名,应取录送科举为3600名;广西、贵州、云南为小省,取中45名、40名、54名,应取录送科举分别为2250名、2000名及2700名。② 从这里即可看出,清代乡试中试定额政策的地域性特征是比较突出的。

同时,清代会试中额的政策总体上经历了一个从凭文取录向分卷制,再到分省定额录取的转变,照顾到不同地域尤其是边远地区的实际,从而形成相对平衡,也是这一政策地域性原则的表现。清政府经过初期的探索,其学额政策的顶层设计与构想至康熙后期基本稳定下来,其间包含着透过学额配置具体政策的实施来调整中央与西南地方关系,达到在西南边疆长久稳定统治的深意,即:"国家取士,博采旁求,于甄录文艺之中原寓广收人才之意。且各省文风高下,互有不齐。(如概凭文艺取中)势必至江浙大省取中人数居其大半,而边远小省或竟至一名不中,殊非就地取才之意。"③这阐明了清政府在会试取录方面确立了地域平衡的设想。

再次,清代西南边疆的学额政策具有一定的灵活性。在正常学额之外,清代又有一些特殊名目的学额。文献记载:"各省学额为普遍计,尚有客童、寄籍、畲民、沙学、公额、苗童、瑶童、土生等。"④这些学额主要是为寄籍士子、少数民族士子或者某些特殊考生群体专门设立的。比如在贵州,由于民族种类众多,尤其是苗民群体(包含苗、侗、布依等族)分布广、人数

---

① (清)素尔纳等纂修,霍有明、郭海文校注:《钦定学政全书校注》卷三六《录送科举》,武汉大学出版社,2009年,第129页。
② (清)素尔纳等纂修,霍有明、郭海文校注:《钦定学政全书校注》卷三六《录送科举》,武汉大学出版社,2009年,第129页。
③ (清)王先谦:《东华续录·乾隆一百七》,转引自刘希伟的《清代科举冒籍研究》,华中师范大学出版社,2012年,第68页。
④ 商衍鎏:《清代科举考试述录》,生活·读书·新知三联书店,1958年,第14页。

多,因此,清政府还实行苗籍学额的专门性政策,以及加额取进,以示笼络之意。然而,由于统治者始终没有放弃"愚民"政策,在西南专门实行苗籍学额的措施,乾隆十六年(1751)以后宣布停止,未能长期执行下去,这对边远地区少数民族子弟的出路无疑是不利的。

第四章 清代西南地区的书院及其发展

清代西南边疆的书院总体上实现了较大发展,这是与清政府对书院的支持分不开的。清政府对在西南边疆对建置书院的政策和态度有一个变化的过程,初期对书院的举办持消极抑制态度,中后期则转向积极兴办,并加强了对书院的控制。

第一节 清前期的书院政策

一、清初书院政策的变化

书院作为聚徒讲学的教育机构暨学术发散中心,在中原内地建设较早,宋代便达到一个很高的水准。西南边疆的书院创设较迟,到明代始得较大的发展,本土著名士人如云南的李元阳、杨慎等人先后应聘到书院讲学,一些著名的儒学大家或为官,或被贬到西南边疆,进入书院传授治学经验,造就了一批追随者。如著名思想家王阳明,被贬到贵州龙场,他在当地创建书院,收徒讲学,对明代贵州学术文化发展起到重要作用。明代书院多属于私人教学之地,学术思想氛围较为自由,一些书院成为批评时政的中心,故而曾先后四次引发大规模的毁书院行动。①

明清易代,一度遍布南北的书院已经寥若晨星,但在清初一段时间内,为防止各地士人利用书院宣传反清思想,官府仍旧对兴办书院实施抑制政

---

① 第一次在嘉靖十六年(1537),御史游居敬上疏指斥当时学者湛若水"倡其邪学,广收无赖,私倡书院,乞戒谕以正人心";第二次在嘉靖十八年(1539),吏部尚书许赞建议"地方多建书院,聚生徒……极宜撤毁";第三次在万历五年(1577),宰相张居正认为书院是"别标门户,聚党空谈……不许别创书院,群聚党徒,及号召地方游食无行之徒,空谈废业",并于万历七年(1579)将各地书院改为公廨;第四次在明末天启五年(1625),宦官魏忠贤大肆杀害东林党人,掀起大规模捣毁书院的行动。参见《续文献通考》卷五〇《学校考四》。

策。顺治九年(1652),明令"各提学官督率教官,务令诸生将平时所习经书义理,著意讲求,躬行实践,不许别创书院,群聚徒党,及号召地方游食之徒空谈废业"①。

其后,伴随清政府在西南边疆地区军事行动的顺利推进,西南各省的政局和社会形势趋于稳定,清政府在西南的统治逐步稳固,对书院的态度开始转变。乾隆《贵州通志》卷九《营建·书院》记载,建于省城巡抚公署左侧的阳明书院"明末复圮,国朝康熙十二年巡抚曹申吉捐资重建。二十一年巡抚杨雍建增修易山斗堂为后觉堂,并建前后两庑十二楹以课士。二十八年巡抚田雯重修,别建合一亭、传习轩五楹,集孝廉诸生读书其中。三十一年巡抚卫既齐增修学舍,躬行训课。四十五年巡抚陈诜亲课士于中"。康熙年间,随着国内政局日趋稳定及清初统治者儒学素养的提升,对程朱理学的遵奉亦渐趋明朗,对书院的态度也就渐趋开放,但仍未有兴办书院的明确政策。雍正初年,清政府对于书院仍持怀疑的态度。雍正四年(1726),江西巡抚臣裴率度上奏,请拣选一人为白鹿洞书院掌教,礼部议复"应不准行",并批示:"至于设立书院择一人为师,如肄业者少,则教泽所及不广;如肄业者多,其中贤否混淆,智愚杂处,而流弊将至于藏垢纳污。"②可见当时仍认定书院聚徒讲学,藏污纳垢,将衍生结党滋事等弊端。

随着清政权日益巩固,为了进一步发挥文治的作用,适应于政治大一统的需要,清政府开始改变此前对书院的政策和举措,由消极抑制转变为积极兴办,并加强对书院的控制,雍正十一年(1733)颁布的上谕便是显著的标志。雍正帝上谕:

> 朕临御以来,时时以教育人材为念。但稔闻书院之设,实有裨益者少,浮慕虚名者多,是以未尝敕令各省通行,盖欲徐徐有待而后颁降谕旨也。近见各省大吏渐知崇尚实政,不事沽名邀誉之为;而读书应举之人,亦颇能屏去浮嚣之习。则建立书院,择一省文行兼优之士,读书其中,使之朝夕讲诵,整躬饬行,有所成就,俾远近士子观感奋发,亦兴贤育人才之道也。督抚驻扎之所,为省会之地,着该督抚商酌举行,各赐帑金一千两。将来士子群聚读书,须预为筹画,资其膏火,以垂永久。其不足者,在于存公银内支用。封疆大吏等并有化导之职,各宜殚心奉行,黜浮崇实,以储国家菁莪棫朴之选。如此,则书院之设,有

---

① 《古今图书集成·选举典》,转引自《贵州通史》第三卷《清代的贵州》,当代中国出版社,2002年,第712页。
② 《清世宗实录》卷四三,"雍正四年四月乙亥"条。

裨益于士习文风而无流弊,乃朕之所厚望也。①

上述史料中,雍正帝说得很明白,此前不允许别创书院,主要是因为明末以来的书院"浮慕虚名者多",现在各省官员渐知崇尚实政,不事沽名邀誉,而天下的读书人,亦颇能"屏去浮嚣之习",如此一来,各省设立书院也就有裨益于士习文风了。原来的不许别创书院的政策也就没有必要再持续下去。这是清政府从初期防范书院、禁止新设书院向放开书院建设的重大政策转变。其原因是清政府逐渐认识到书院创设对于官学教育是一个重要的补充,"书院之制,所以导进人材,广学校所不及"。而更深层次的原因,则是这一时期统治者的边疆治理思想发生了重大的转变。经过雍正年间在西南地区推行大规模的改土归流,清政府对西南边疆少数民族地区的政治控制和文治教化进一步增强,清朝国家政治权力逐渐渗透到原来土司控制的广大地区。同时,"改土归流使上述地区的社会动荡,矛盾尖锐,文化冲突又加剧了社会矛盾。为了稳定在改流地区的政治统治,需要使这些地区的社会矛盾尽快缓和下来。为此,清政府采取了一系列的善后措施。其中兴办教育、特别是针对一般夷民子弟的教育,从而用中原儒家思想文化来教化、统一,最终同化这些地区的少数民族,就成为清政府的重要选择。"②何为改土归流?"盖去其椎髻,易以衣冠;去其巢窟,易以室庐;去其戈矛,易以辑让;去其剽掠,易以讴吟";"夫欲民永保厥生,循规蹈矩,又非教无由。况在昭通初辟,夷疆风俗甫整而向化者哉,则治状孰有急于设学乎"。③ 因此,清政府在政治上推行改流后,紧接着实施文教措施,以便建立起与中央集权相配套的一元政治结构及相适应的一元文化传播格局和秩序。

在此情形下,清政府更加重视对西南边疆各民族子弟的文化认同、心理认同,甚至是国家认同意识的培养。因为土司制度是以夷治夷,其结果可能是使诸蛮"终不知有王土王民之乐,实则可悲也",而"要使彝汉相安,令得相生相养而教化行也,教化行则治安之效睹矣"。④ 此后,西南边疆的书院教育得到了快速发展。

---

① (清)素尔讷等纂修,霍有明、郭海文校注:《钦定学政全书校注》卷七二《书院事例》,武汉大学出版社,2009年,第285页。
② 田景春、印义炯:《清代云南边疆民族地区教育发展的社会历史背景》,《云南行政学院学报》2016年第5期,第47页。
③ 戴芳、马洲编纂:《恩安县志稿》卷六《艺文》,见张宽寿主编的《昭通旧志汇编》第一册,云南人民出版社,2006年,第80—82页。
④ 李世愉:《清前期治边思想的变化》,《中国边疆史地研究》2002年第3期。

二、清对西南边疆书院教育加强控制

雍正以后西南边疆各地官府开始重视和新建书院,即以书院作为各级官学(府、州、县学)的有效补充,使书院具有明显的官办特征。结合雍正十一年(1733)的上谕可以发现,官府主要是通过一些具体措施来加强对书院的控制。

一是在书院设置的地点上,要求各省在封疆大吏或督抚驻扎之地创办书院,"督抚驻扎之所,为省会之地,着该督抚商酌举行"。在各省之下兴办的书院,很多也是在府、州、县治所,这样就便于官府对书院直接管控。

二是在书院办学经费上,官府拨给成为主要来源,尤其对于各直省书院。《清会典》记载:"各省书院公费,各有恩赏银,委员经理。或置产收租,或筹备赏借,以充膏火。不敷,在存公项下拨补,每年造册报销。"①清政府从经费上实现对书院教育加以控管。至于各府、州、县书院,也有明确规定:"其余各府州县书院,或绅士捐资倡立,或地方官拨公款经理,俱申报该管官查核。"②乾隆五十年(1785),在复四川学政钱樾条奏学政事宜中亦指出:

> 查定例,省会书院恩赐帑金赡给师生膏火,该督抚汇报奏销。其府州县书院,或绅士出资创立,或地方官拨公款经理,俱报该管官查核。是各省府州县书院,唯在地方官妥为经理,自不致有名无实。③

这说明,书院的经费不论是来源于民间捐助,抑或是地方官府酌拨公款,都需要经由地方官府严格管理,以避免发生各种弊端,为此要求地方官府更深地介入书院经费的来源、管理运作等方面。

三是规定书院师长由官府聘请。雍正帝认为,封疆大吏有化导士子之职,即强调各省督、抚、学臣拥有对书院的直接管理权,书院的主持人(乾隆以前称为山长,以后亦称院长)和讲学者之任命亦由地方官员掌控。乾隆元年(1735)上谕明确指出,"该部即行文各直省督、抚、学政,凡书院山长,必选经明行修、足为多士模范者,以礼聘请",并规定"学臣三年任满,咨访考核。如果教术可观,人材兴起,各加奖励。六年之后,著有成效,奏请酌

---

① 《清会典》卷一九《户部》。
② 《清会典》卷三三《礼部》。
③ (清)素尔讷:《钦定学政全书》卷六三《书院事例》,武汉大学出版社,2009年。

量议叙"。① 关于书院的讲学者,亦由督抚或学臣聘请。在议复广韶学政王丕烈条奏书院教长宜保举分发一折时强调,"应行令督、抚、学臣悉心采访,不拘本省邻省,亦不论已仕未仕,但择品行方正,学问博通,素为士林所推重者,以礼相延,厚给廪饩,俾得安心训导"②。从文献记载可知,官府非常重视对书院山长及讲学者的选聘,同时对其考核、奖励、议叙提升等措施基本与官学的教职等同。

四是书院学生由官方选择取录与考核。"负笈生徒,必择乡里秀异沉潜学问者,肄业其中。其恃才放诞、佻达不羁之士,不得滥入书院中。酌仿朱子白鹿洞规条立之仪节,以检束其身心。仿分年读书之法,予之程课,使贯通乎经史。有不率教者,则摈斥勿留。……诸生中材器尤异者,准令荐举一二,以示鼓舞。"③文献中详细规定书院学生的选录标准、学生的管理及奖惩的原则,看上去与各府、州、县官学几无二致。同时,为了使书院学生维持一定的水准,还多次颁文要求各督抚学臣对书院学生入学资格细加甄别,严格把关。

五是书院的教学内容和科目设置向官学看齐,从教学管理上加强对书院的控制。乾隆十年(1745),清政府明确规定了书院诸生的课程内容:

> 书院肄业士子,应令院长择其资禀优异者,将经学、史学、治术诸书留心讲贯,而以其余功,兼及对偶、声律之学。其资质难强者,当先攻八股,穷究专经,然后徐及余经,以及史学、治术、对偶声律。至每月之课,仍以八股为主,或论、或策、或表、或判,听酌量兼试能兼长者,酌赏以示鼓励。再各省学官陆续颁到圣祖仁皇帝钦定《易》《书》《诗》《春秋传说汇纂》,及《性理精义》《通鉴纲目》《御纂三礼》诸书,各书院院长自可恭请讲解。④

由此可见,书院教学目标与官学并无太大差异,各地书院逐渐成为科

---

① 素尔讷等纂修,霍有明、郭海文校注:《钦定学政全书校注》卷七二《书院事例》,武汉大学出版社,2009年,第285页。
② 素尔讷等纂修,霍有明、郭海文校注:《钦定学政全书校注》卷七二《书院事例》,武汉大学出版社,2009年,第285页。
③ 素尔讷等纂修,霍有明、郭海文校注:《钦定学政全书校注》卷七二《书院事例》,武汉大学出版社,2009年,第285页。
④ 素尔讷等纂修,霍有明、郭海文校注:《钦定学政全书校注》卷七三《义学事例》,武汉大学出版社,2009年,第286页。亦见(清)郑珍、莫友芝纂的《遵义府志》卷二四《学校三》,道光二十一年本。

举应试的预备场所。

与明代相比,清政府在政策上对书院的控制日趋严密,且丝毫不逊色于对府、州、县学等各级官学的控制,这正是清代书院的一大特点,同时由于得到官府的支持,亦是这一时期书院能得以较快发展的原因之一。

第二节 清代西南地区书院教育的发展

一、贵州书院教育的发展

清初,统治者为防止汉族士人利用书院宣传反清思想,曾对书院采取抑制政策。当时,贵州仅保留有思南府的大中书院、为仁书院,平越府的溥仁书院,贵阳府的阳明书院等寥寥几所明代书院。直到80年后的雍正十一年(1733),清政府才改变此前压制书院发展的政策,明确肯定书院在整个教育体系中的作用。自此,书院在贵州逐渐兴起并发展起来。据统计,清代贵州共建(包括新建、重建)书院135所,为明代所建书院的5倍多。清代贵州各地拥有的书院情况见表4-1。

表4-1 清代贵州各府(厅、州)县书院统计表

各府	辖下	书院名称	小计
贵阳府	府属	贵山书院、正习书院、正本书院	14
	罗斛	仰山书院	
	定番	中峰书院、凤山书院	
	长寨	东麓书院	
	广顺	广阳书院	
	开州	东皋书院	
	龙里	莲峰书院、龙山书院	
	贵定	兰皋书院、魁山书院	
	修文	龙冈书院	

续表

各府	辖下	书院名称	小计
安顺府	府属	双桥书院、凤仪书院、源泉书院	11
	郎岱	岱山书院、爱莲书院、悬鱼书院	
	归化	梅花书院	
	镇宁	双明书院	
	永宁	维风书院	
	清镇	凤梧书院	
	安平	治平书院	
兴义府	府属	九峰书院、桅峰书院、珠泉书院、文峰书院	10
	贞丰	笔山书院、册亨书院	
	兴义	笔山书院	
	普安	盘水书院、培凤书院	
	安南	莲城书院	
普安直隶厅		凤山书院	1
大定府	府属	文龙书院、万松书院	12
	水城	凤池书院	
	平远	平阳书院	
	黔西	文峰书院、狮山书院	
	威宁	凤山书院	
	毕节	青螺书院、鹤山书院、松山书院、曹伍书院、文峰书院	
遵义府	府属	湘川书院、启秀书院、培英书院、味经书院	15
	正安	古凤书院、鸣凤书院、安溪书院	
	桐梓	鼎山书院、松江书院	
	绥阳	洋川书院、新添书院、小书院、三台书院	
	仁怀	怀阳书院、培基书院	
仁怀直隶厅		双城书院、养正书院	2
黎平府	府属	黎阳书院、龙标书院、西岩精舍、太平书舍、双江书院、小段书岩、小蓬莱馆、南屏大舍、龙溪书院、印台书院、双樟书院、上林书院、清泉书院、秦山书院	

续表

各府	辖下	书院名称	小计
黎平府	古州	榕城书院、龙冈书院、文峰书院	20
	永从	福江书院	
	锦屏乡	兴文书院、养正书院	
都匀府	府属	南皋书院	10
	八寨	龙泉书院	
	丹江	鸡窗书院、丹阳书院	
	麻哈	三台书院	
	独山	紫泉书院	
	都匀	星川书院	
	清平	炉峰书院、龙江书院	
	荔波	荔泉书院	
石阡府	府属	明德书院	2
	龙泉	龙泉书院	
镇远府	府属	秀山书院、文明书院	11
	台拱	三台书院、拱辰书院、莲花书院	
	黄平	龙渊书院	
	镇远	崇德书院	
	天柱	蔚文书院	
	施秉	岑麓书院、凤山书院	
平越直隶州	州属	溥仁书院、墨香书院	7
	余庆	他山书院、柳湖书院	
	湄潭	湄水书院	
	瓮安	旗山书院、花竹书院	
思南府	府属	斗坤书院、为仁书院、中和书院、凤冈书院、培宗书院、鹤鸣书院	12
	安化	文思书院、凤鸣书院	
	印江	龙津书院	
	婺川	罗峰书院、培元书院、修文书院	

续表

各府	辖下	书院名称	小计
思州府	府属	思旸书院	3
	玉屏	屏山书院	
	清溪	瑞云书院	
铜仁府	府属	铜江书院	2
	铜仁	卓山书院	
松桃直隶厅		崧高书院、松茂书院、松阳书院	3

资料来源:贵州省文史研究馆点校:《贵州通志·学校·选举志》卷三《学校三·书院附表》,贵州人民出版社,2008年,第93—113页;张羽琼:《贵州古代教育史》,贵州教育出版社,2003年。

据上表,可以从空间和时间两个维度对清代贵州书院教育发展之情形进行分析。

首先,从纵向时序的角度看,清代贵州书院比起明代确实有着很大的发展。明代贵州书院兴起较晚,自弘治年间始兴,嘉靖、万历两朝最盛,前后建立书院20余所,主要有贵阳的文明书院,铜仁的铜江书院,定番的中峰书院,修文的龙岗书院,黎平府的天香书院,平越卫的石壁书院、中峰书院,省城东的阳明书院,偏桥卫的南山书院,省会的正学书院,都匀的鹤楼书院,镇远的紫阳书院,石阡府的明德书院,思南府的斗坤书院、为仁书院、大中书院,施秉的兴文书院、南皋书院,毕节的青螺书院等。①

而清代的贵州自康熙朝始,几乎历朝均有设立书院,且数量日渐增多。据统计,清代贵州省共建设书院135所②,是明代的5倍多。而需要注意的是,贵州相当一批书院是晚清时期新建(改建)的。有学者认为,这在一定程度上反映出清代贵州社会发展的滞后性。认为光绪年间,中国在"西学"的影响下,改革传统教育的思潮已经兴起,然贵州由于历史的原因,传统教育仍有发展市场,加之交通落后,信息闭塞,人们思想观念仍保守陈旧,传统书院教育不仅没有受到冷落,反而在咸同年间各族起义后又一次得到发展,甚至少数地方在戊戌变法以后还在兴办书院。③ 1841—1902年,贵州省

---

① 参见《贵州通史》第二卷《明代的贵州》,当代中国出版社,2002年,第357—358页。
② 有的学者认为清代贵州一共创办书院175所。参见张羽琼的《贵州古代教育史》,贵州教育出版社,2003年,第242页。
③ 参见张羽琼的《贵州古代教育史》,贵州教育出版社,2003年,第242—243页。

新建、改建书院79所，占清代贵州书院总数的58.5%。贵州最后一所书院是创办于1907年的三都县合江书院。①

其次，清代贵州书院的地域空间分布比明代有更大的拓展。明代的书院主要集中在贵阳、铜仁、思南等汉族聚居的大中城镇，清代则深入到广大少数民族地区。明代，播州、平越属于四川管辖，而黔东南、黔西北等广大地区，或者是化外的"生苗"聚居地区，或者是强大的彝族土司势力控制区域，官府势力尚难以直接深入，因此明代创设的书院主要分布于黔东北六府及黔中一线。到清代，随着改土设流、武力开辟苗疆的完成，以及贵州辖区行政建置的进一步调整完善，官府的统治深入此前不曾触及的地区，包括书院教育在内的儒学教育亦随之开设到这些地区。从表4-1可以看出，清代贵州的每个府、直隶厅都开设书院，其地域分布之广泛是明代所不能相比的。

再次，就清代来说，贵州各府、直隶厅的书院数量分布在空间地域上极不均衡。数量最多的是黎平府，该府共兴建书院20所，最少的是普安直隶厅，仅有1所。按照数量多寡排序情况为：黎平府、遵义府、贵阳府、大定府、思南府、镇远府、安顺府、都匀府、兴义府、平越直隶州、思州府、松桃直隶厅、铜仁府、石阡府、仁怀直隶厅、普安直隶厅。值得注意的是，地处苗疆的黎平、镇远、都匀三府，以及彝族聚居地的大定府，分别有书院20所、11所、10所、12所，四府加起来为53所，超过全省书院总数的⅓，这是一个很大的进步。同时亦表明，地方官府将书院教育与义学教育一同视为教化少数民族子弟、传播儒学主流文化及其价值观念的重要手段。下表列举清代苗疆地区书院创设的大致情形，以期说明这一情况。

表4-2　清代苗疆（黎平府、都匀府、镇远府）书院情况统计表

府治	朝代	名称	设置情况	地点
黎平府	康熙朝	南屏大舍	康熙二十八年（1689），知府李大章建	今黎平县内
	雍正朝	龙标书院	雍正二年（1725），里人张应诏捐资重建	黎平府隆里所，今属锦屏县

---

① 参见张羽琼的《贵州古代教育史》，贵州教育出版社，2003年，第242—243页。

续表

府治	朝代	名称	设置情况	地点
黎平府	乾隆朝	泰山书院	乾隆三十年(1765)设,道光十二年(1832)重修,咸丰八年(1858)毁,同治七年(1868)重设	黎平府泰溪,今属黎平县
		黎阳书院	乾隆二十八年(1773),知府吴光廷倡建,四十六年(1781)建成	黎平府城南门外,今黎平县
	嘉庆朝	福江书院	嘉庆年间知县陈熙建,旧名格州书院。十九年(1804),知县申启镳倡捐置产。光绪十年(1884),知县白建鋆倡重建	今黎平县西南
		龙溪书院	嘉庆二十五年(1820),黎平府陈熙建	黎平府龙里司,今属锦屏县
		双江书院	嘉庆二十五年(1820),黎平府陈熙建	黎平府潘老寨,今属锦屏县
		双樟书院	嘉庆二十五年(1820),黎平府陈熙建	黎平府亮司,今属锦屏县
		清泉书院	嘉庆二十五年(1820),黎平府陈熙建	黎平府湖耳司,今属锦屏县
		兴文书院	嘉庆十四年(1809),绅士建书院,曰培龙;二十四年(1819),知县张应燮易今名。光绪二十六年(1900),县丞周锡珧迁建于城东街	锦屏县旧治城西门外,今属锦屏县
	道光朝	榕城书院	道光十一年(1831),巡道于克襄、同治徐鉽倡捐重建	古州厅城,今榕江县
	光绪朝	龙岗书院	光绪三年(1877),古州兵备道易佩绅、同知余泽春择地营建	古州厅城西门外卧龙岗上,今榕江县
	清代所建,年代不详	西岩精舍	郡人何东风建	黎平府城西,今黎平县
		太平书院	郡人胡一中等重建	黎平府太平山中,今黎平县内

续表

府治	朝代	名称	设置情况	地点
黎平府	清代所建,年代不详	小段书岩	邑人倪天和建	黎平府平茶所,今黎平县内
		小蓬莱馆	平茶所人高继恺建	今黎平县内
		上林书院	里人杨绍泗建,有碑记	黎平府钟林司,今属锦屏县
		印台书院	不详	黎平府官舟地,今属锦屏县
		养正书院	司人吴师贤建	锦屏乡中林司,今锦屏县内
		文峰书院	久废	古州厅城内田陇街,今榕江县
都匀府	康熙朝	三台书院	康熙时州牧吴秉政创修。光绪三十四年(1908)改设学堂	麻哈州城东文庙中,今麻江县
	乾隆朝	南皋书院	乾隆初,知府鲁南皋建;乾隆庚子年(1780),知府宋文型重建,其额曰匀阳书院。光绪三十年(1904),知府汪若梁改设高等小学堂;三十四年(1908),知府王玉麟改设教育讲习所	都匀府城,今都匀市
		紫泉书院	州人祀州牧赵完璧于孔庙内,添学舍,易名赵公书院。乾隆时州牧肖梅扩建,易名紫泉书院。光绪时改设劝学所	独山州城内,今独山县
	嘉庆朝	荔泉书院	嘉庆九年(1804),知县蔡元陵于文庙左侧创建。同治十年(1871),知县钱壎复就城东县衙废址改设,后改设初等小学堂	荔波县城东,今荔波县
	同治朝	星川书院	同治十年(1871),知府罗星潭等创建。宣统元年(1909)改设学堂。	都匀县城龙脑山麓,今都匀市
		龙泉书院	同治十二年(1873),同知刘垂拱重建。光绪三十一年(1905)改为小学堂	八寨厅城,今丹寨县

续表

府治	朝代	名称	设置情况	地点
都匀府	光绪朝	鸡窗书院	光绪二年（1876）建，九年（1883）废，改设义学	丹江厅鸡讲汛，今属雷山县
		丹阳书院	光绪二年（1876）建，三十四年（1908）将书院改设学校	丹江厅城，今雷山县
		炉峰书院	光绪元年（1875）修建，三十年（1904）改设第一高等小学堂	清平县城南，今凯里市炉山区
镇远府	乾隆朝	龙渊书院	乾隆中里人山东巡抚朱定元命名，后祀。州牧袁治捐资重建，后改设县立高等小学堂	黄平州城西门，今黄平县
	嘉庆朝	蔚文书院	嘉庆间地方绅士倡捐创建	今天柱县境内
	光绪朝	三台书院	光绪三年（1877）同知李道本重修，更名为台阳书院；三十一年（1905）改设初等小学堂	台拱厅城内西街，今台江县
		文明书院	光绪五年（1879），镇远知县林品南等人倡捐修建	镇远府城东东山麓，今镇远县
		崇德书院	光绪丁亥年（1887），知府刘湉清督促建成。清末改设学堂	镇远四十八溪
		莲花书院	光绪十七年（1891），同知周庆芝创建；三十四年（1908），同知何大昕改设初等小学堂	台拱厅城南隅，今台江县
		凤山书院	光绪十七年（1891），知县徐七诚募捐重修，易名凤翔；三十二年（1906）改设育才学堂；三十三年（1907）改设两等小学堂	施秉治城内，今施秉县
	清代所建，年代不详	拱辰书院	咸丰六年（1856）毁于火，遂废	台拱厅城内，今台江县
		南山书院	咸丰年间书院被毁	偏桥卫治南，今施秉县东南
		岑麓书院	清中叶已废	施秉旧县
		秀山书院	又名沅水书院	今镇远县

资料来源：贵州省文史研究馆点校：《贵州通志·学校·选举志》卷三《学校三·书

院附表》,贵州人民出版社,2008年,第93—113页。张中奎:《改土归流与苗疆再造——清代"新疆"的王化进程及其社会文化变迁》,中国社会科学出版社,2012年,第254—257页。

据不完全统计,上表3个府中,以黎平府及其所属的厅、州、县设立的书院最多,总计有20所,平均每个厅、州、县4所,而镇远府和都匀府分别有11所、10所。从各所书院建立的时间看,康熙朝2所,雍正朝1所,乾隆朝5所,嘉庆朝8所,道光朝1所,咸丰朝无,同治朝2所,光绪朝9所。此外,建置年代不详、确定为清代修建的有12所。从这个时间序列分析,黎平府、都匀府、镇远府等苗疆书院的建设与苗疆历史大背景有密切之关系。有学者指出,由于乾隆十六年(1751)清政府出笼"愚苗"政策,乾隆朝仅仅兴建5所书院,这与当时全国的经济、文化发展大势是不协调的;经过湘西乾嘉"苗乱"和嘉庆南笼"苗乱"后,清政府重新加大苗疆教育建设的力度,因而嘉庆朝建有8所书院;咸同"苗乱"期间,书院建设乃至书院教育几乎停止,大量书院遭到破坏。同治末和光绪朝建有11所,并且修复了若干被毁的书院,显示出清政府重新重视教化苗民的政策趋向。[1] 从书院经费来源看,在40所书院中,流官出面倡导捐修或者重建书院7所,民间私人捐资修建12所,仅黎平府陈熙就捐资兴建4所。在经济长期较为落后的西南边疆少数民族地区,学校教育理所应当属于国家财政投资建设的公共基础项目,而黎平府、都匀府、镇远府所属地方有近一半的书院皆系私人捐资或地方流官募捐修建[2],这在一定程度上体现出清政府对苗疆地区教育的重视和投资远远不够。

书院的发展使得中原文化广泛进入"千里苗疆",进一步促进了苗疆地区学校教育与科举制度的发展。自雍正五年(1727)张广泗请设黎平考棚后,科举考试制度在黔东南少数民族地区推行,科甲之士遂联袂而起,从康熙初年到光绪二十九年(1903),黎平府中进士33人。光绪二十四年(1898),麻哈州夏同和考中状元,一时间外界对贵州士人刮目相看。[3]

---

[1] 张中奎:《改土归流与苗疆再造:清代"新疆六厅"的王化进程及其社会文化变迁》,中国社会科学出版社,2012年,第257页。

[2] 张中奎:《改土归流与苗疆再造:清代"新疆六厅"的王化进程及其社会文化变迁》,中国社会科学出版社,2012年,第258页。

[3] 张羽琼:《贵州古代教育史》,贵州教育出版社,2003年,第244页。

二、云南书院教育的发展①

清代云南的书院教育亦得到很大的发展,主要表现在以下几个方面:

第一,从时间纵向的角度看,从明代至清代云南书院教育呈现出快速发展的态势。

元代云南行省在部分地区兴办学校,并设立云南儒学提举司作为全省教育管理机构,但文献中尚无设置书院的记录。到明代,云南儒学教育得到较大发展,其中一个重要的表现就是书院的设立。作为为科举考试输送后备人才的机构,云南书院教育在明代得到重视。从弘治年间第一所书院凝川书院在浪穹设立,到崇祯末年,云南全省书院发展到 65 所。

清代,随着统治者对边疆与内地关系的认识进一步深入,为加强对西南边疆少数民族地区的治理,朝廷对边疆少数民族地区的教育予以高度重视,云南的教育发展较明代更为迅速,各类学校数量大幅度增加,如官学增加到 100 余所,包括府学 14 所、州学 29 所、县学 34 所、厅学 12 所和提举司学 3 所,全省各地兴建的义学将近 900 所;书院数量同样有很大增长,有记载的书院达到 249 所,除明末清初已经废弃和损毁者,清代所建书院在 200 所左右。从明朝到清朝云南书院数量增长的情形来看,云南儒学教育是有很大发展的。

表 4-3 明代云南各府、州书院统计表

各府	数目
云南府	7
大理府	13
临安府	3
楚雄府	5
澂江府	4
鹤庆府	2
姚安府	3
曲靖府	1
永昌府	4

---

① 此部分内容参考田景春的《试论明、清时期云南的书院教育》,《昆明学院学报》2015 年第 3 期。

续表

各府	数目
景东府	1
蒙化府	1
寻甸府	1
广南府	0
顺宁府	0
北胜州	0
广西府	0
武定府	1
元江府	1
合计	47

资料来源：刘文征的天启《滇志》卷八《学校志一》、卷九《学校志二》。

第二，从空间分布维度看，明代云南书院的分布很不平衡，主要集中在腹里发达地区，而边远地区极少或者没有分布。明代昭通、镇雄、东川等今滇东北地区划归四川省管辖，所建书院不在云南之列。因此，从表4-3可以看出，书院保有数量在4所及以上的仅有云南、大理、楚雄、澂江、永昌5府，这5府的书院数量占全省47所的近70%，云南、大理属于传统发达地区，楚雄、澂江靠近省会，永昌有着悠久的开发历史；作为滇南的代表，临安府不过3所，而曲靖、武定、元江、蒙化、景东等府仅各有1所，广南、广西、顺宁3府及北胜州，以及清代始设府的普洱、开化等广大地区则是书院教育的空白。

清代云南书院的分布则有很大的扩展。从表4-4可知，作为全省经济、文化较为发达的云南、大理、临安、曲靖等府，书院数量均在20所以上，大理府则达到46所，几乎相当于明天启时期云南全省的书院数量。其他府、厅亦有较大增长，如明代楚雄府有5所书院，清代增加到17所；澂江府在明代仅有4所，清代增加到12所；蒙化清代改为直隶厅，书院增加到7所。值得注意的是，明代没有书院设置的广大边疆少数民族地区，如滇东南壮族、苗族等聚居的广南、开化，滇南新设的普洱等府州也建有书院，顺宁府甚至达到12所。从全省分布看，几乎每个县都有书院的设置。与明代相比，清代云南书院教育发展确实较为迅速，空间上的分布也有非常大的拓展。

表 4-4　清代云南各府(厅、州、司)书院统计表

各府	辖下	书院	小计
云南府	省会	五华书院、经正书院	28
	昆明县	文昌书院、育材书院	
	富民县	九峰书院	
	宜良县	雉山书院、雪堂书院、鹅塘书院	
	罗次县	碧城书院、罗阳书院	
	晋宁州	梅谷书院、象山书院	
	呈贡县	三台书院	
	安宁州	云峰书院、泊阳书院、升庵学院、太极书院	
	禄丰县	文明书院、桂香书院	
	昆阳州	海春书院、信天书院、桂香书院	
	易门县	文昌书院、聚奎书院、桂香书院	
	嵩明州	鹿元书院、龙泉书院、巢经书院	
大理府	太和县	桂林书院、玉龙书院、中和书院、苍麓书院、崇敬书院、迤西道书院、桂香书院、波罗书院、中和书院、敷文书院、西云书院	46
	赵州	玉泉书院、凤仪书院、凤鸣书院、龙翔书院	
	云南县	青华书院、五云书院、九峰书院、龙翔书院、鹏飞书院、万青书院、宾兴馆	
	邓川州	象山书院、新州书院、桂香书院、宏文书院、联云书院、毓英书院、龙登书院、罗俊书院、玉泉书院、养正书院、登云书院	
	浪穹县	凝川书院、龙华书院、桂亭书院、新建书院、万奎书院、凤翔书院、洱源书院	
	宾川州	秀峰书院、育英书院	
	云龙州	修翎书院、云龙书院、龙门书院、彩云书院	
临安府	建水县	景贤书院、崇文书院、焕文书院、崇正书院、曲江书院	32
	石屏州	州前书院、五亩书院、张本寨书院、崇正书院、宝山书院、秀山书院、龙泉书院、登龙书院、玉屏书院	

续表

各府	辖下	书院	小计
临安府	阿迷州	灵泉书院	
	宁州	凝阳书院、龙门书院、星湖书院、学源书院 案：据华宁县采访，尚有婆西乡玉溪书院、易富乡海镜书院、虚于乡龙潭书院	
	通海县	秀麓书院	
	河西县	螺峰书院、乐育书院	
	嶍峨县	登云书院、萃秀书院	
	蒙自县	见湖书院、观澜书院、载道书院、养正书院、道成书院	
楚雄府	楚雄县	龙岗书院、南峰书院、龙泉书院、卢公书院、凤山书院、鹿城书院	17
	镇南州	龙川书院	
	南安州	景贤书院、汲泉书院、山天书院	
	姚州	南中书院、三台书院、大成书院、栋川书院	
	大姚县	日新书院	
	广通县	树人书院	
	定远县	文龙书院	
澂江府	河阳县	澄心书院、点苍书院、玉筍学院、河阳书院、凤山书院、养正书屋	12
	江川县	钟秀书院、起凤书院	
	新兴州	玉溪书院、敬一书院	
	路南州	敬一书院、鹿阜书院	
广南府	宝宁县	青莲书院、莲峰书院、培风书院	3
顺宁府	顺宁县	龙泉书院、育贤书院、养正书院、凤山书院、右仁书院	12
	云州	瞻云书院、云州书院	
	缅宁厅	文昌书院、班凤书院、同仁书院、凤翔书院、龙门书院(采访)	

续表

各府	辖下	书院	小计
曲靖府	南宁县	靖阳书院、兴古书院、南城书院、胜峰书院、越州书院	21
	沾益州	西平书院、龙华书院	
	陆凉州	凤山书院、新修书院、蓉峰书院、钟灵书院	
	马龙州	通泉书院	
	罗平州	罗峰书院、龙源书院、镶峰书院	
	寻甸州	养正书院、萃华书院、凤梧书院	
	平彝县	平彝书院	
	宣威州	龙山书院、榕城书院	
丽江府	丽江县	玉河书院、雪山书院	7
	鹤庆州	复性书院、龙溪书院、鹤阳书院、玉屏书院	
	剑川州	金华书院	
	中甸厅	无	
	维西厅	无	
普洱府	宁洱县	凤鸣书院	5
	思茅厅	思诚书院	
	他郎厅	道南书院、联珠书院	
	威远厅	钟山书院	
永昌府	保山县	正学书院、见罗书院、永保书院、九隆书院、摩苍书院	11
	腾越厅	春秋书院、秀峰书院、凤山书院	
	永平县	博南书院、华平书院	
	龙陵厅	龙山书院	
开化府	文山县	开阳书院(开文书院)、文山书院、萃文书院、凤鸣书院、江那书院	5
	安平厅	无	
东川府	会泽县	西林书院	2
	巧家厅	月潭书院	

续表

各府	辖下	书院	小计
昭通府	恩安县	凤池书院	7
	镇雄州	凤山书院、奎垣书院	
	永善县	五莲书院	
	大关厅	景文书院、关阳书院	
	鲁甸厅	文屏书院	
景东直隶厅		开南书院、保和书院、凌凤书院	3
蒙化直隶厅		明志书院、育德书院、文华书院、文昌书院、兴文书院、罗公书院、学古书院	7
永北直隶厅		晴川书院、凤鸣书院	2
镇沅直隶厅		碧松书院	2
	恩乐县	文明书院	
广西直隶州		凝秀书院、鹤麓书院、文昌书院、鹤山书院、鹤峰书院、钟秀书院	11
	师宗县	丹凤书院	
	丘北县	明新书院	
	弥勒县	桂香书院、甸溪书院、养正书院	
武定直隶州		文峰书院、武阳书院、狮山书院	6
	元谋县	桂香书院、马街书院	
	禄劝县	秀屏书院	
元江直隶州		澧江书院、敬业书院	4
	新平县	桂香书院、五桂书院	
黑盐井直隶提举司		龙江书院、万春书院、鹫峰书院	3
琅盐井直隶提举司		鳌峰书院	1
白盐井直隶提举司		绿萝书院、张公书院、龙吟书院	3
合计		250 所	

资料来源：民国《新纂云南通志》卷一三四至一三六《学制考》。

第三，明清两代云南书院分布的不平衡性特征同样突出，具体到府州及县一级行政区表现得更为明显。

从表4-3、表4-4还可看出，无论明代抑或清代，书院在各府、州、厅的分布是非常不平衡的。明代云南书院数量最多的是大理府，为13所，接下来分别是云南府7所、楚雄府5所，加上澂江府、永昌府各4所，这5府拥有的书院占全省的一半多，而许多边远地区，特别是滇东南、滇南广大地区则没有一所书院。由此观之，明代云南各地的书院分布是极不平衡的。

随着清朝国家权力对山区和边远少数民族地区控制的渗透进一步增强，政治设治加密，内地汉族不断向边疆少数民族地区涌入，文化治理边疆战略更加得到清政府的重视，清代云南书院教育版图随之出现非常大的改观。如表4-4所示，前代属于书院教育空白的滇东南、滇南大片少数民族聚居地区已经设立不少书院。可以说，清代云南全省每个县都设有书院。但需要说明是，清代云南各地区书院分布格局仍是很不平衡的。大理府、临安府、云南府设置的书院分别为46所、32所和28所，位列全省前三名，这三个府是明、清时期云南经济、文化较为发达的地区，在明代的基础上，其文化教育在清代依然得到较大发展。曲靖府在明代仅有1所书院，清代增加到21所，超过永昌、楚雄等地区。凭借着其重要的地缘位置——滇黔国家驿道上的重要站口、云南进出内地的东大门，清代内地移民沿着滇黔大道不断进入云南，曲靖就是他们进入云南后的第一个重要聚散地，由此或北上昭通，或南下滇东南，或继续西进昆明、楚雄。因此，曲靖在清代得到更快的发展，至清末，基本上奠定了其作为云南第二大城市的基础。除上述4府外，其他府(直隶州、直隶厅)设立的书院均未超过12所，永北、镇沅两直隶厅仅有2所，广南、开化、普洱等府拥有的书院亦只分别为3所、5所、5所。而大理府的太和县、邓川州地处洱海发达地区的腹心，文教素称发达，分别拥有的书院有11所之多。

明、清时期，云南书院空间分布的不平衡性特征十分突出，这在一定程度上折射出地方经济社会基础与文化教育发展的内在联系。

三、广西书院教育的发展

书院在广西创设的时间比贵州、云南两省都要早很多。宋代以来，广西桂林作为岭南地区的文化中心之一长期存在，其书院教育的历史在西南边疆可称悠久。如宣成书院，在桂林府治北。南宋景定年间(1260—1264)，经略朱祀孙因张栻、吕祖谦曾游此，乃合二公谥为名，请建书院，理宗书额以赐。南宋末毁于兵火,元初重修。至正三年(1343),廉访使也先不花等一众官员倡修。明初改为临桂县学。正统五年(1440),御史刘隽复建于县学西。弘治十七年(1504),提学姚镆移建府、县二学之间。正德中,右布政使翁茂南、按察使宗玺、参政黄衷、副使傅习、张祐等修。康熙二十一年(1682),教授高熊徵请于巡抚郝浴,以谯楼右将军线国安园址建书院,祀宣成二公,督学王如辰改名华掌。雍正二年(1724),巡抚李绂复题曰"宣成书院"①。可见,以桂林地区为代表的广西东部书院教育的历史比较早。

从顺治元年(1644)至雍正十一年(1733)的 90 年间,广西的书院建设受制于清政府消极的书院教育政策,基本上处于停滞状态。雍正十一年(1733)颁布的上谕,意味着清政府书院政策的重大变化,从消极抑制转向积极兴办。广西地区的书院教育也进入了一个新的阶段。至清末,广西各地共建有 221 所书院,其中新建 205 所,修复前代书院 16 所。这些书院集中分布在桂东的桂林、郁林、钦州、梧州、柳州等地。在少数民族较为聚集的桂西地区,书院建设也较有成效,新建的书院总计 75 所,占全省新建书院总数的 36%。② 但一般创建时间均较晚,如百色厅在光绪七年(1881)始由同知陈如金倡设经正书院,后又建鹅城书院。龙州在明代以前没有书院,清乾隆三年(1738)以后才设有暨南、三楚、龙泉等。书院在广西的空间分布与官学、义学大体相似,可归结为东部密集,中部过渡,西部稀疏,逐次递减的三级阶梯式结构,呈现出东中西部数量差异较大的不平衡格局。根据清代广西书院设置情形的简要统计(见表 4-5),可见广西各地书院分布不均之情形。

表 4-5 清代广西书院统计简表

府别	州县	书院	备注
桂林府	兴安县	漓江书院	
	临桂县	秀峰书院、宣成书院、桂林书院、漓江书院、义江书院	
	灵川县	文笔书院。光绪二十六年建博约书院	文笔书院系从义学发展而来

---

① (清)谢启昆修,胡虔纂,广西师范大学历史系中国历史文献研究室点校:嘉庆《广西通志》卷一三三《建置略八·学校一》,广西人民出版社,1988 年,第 3820—3826 页。

② 广西壮族自治区地方志编委会:《广西通志·教育志》,广西人民出版社,1995 年,第 501 页。

续表

府别	州县	书院	备注
桂林府	阳朔县	曹公书院。久废	
	永宁州	云峰书院,乾隆五十三年建	
	永福县	七贤书院。嘉庆十三年建凤台书院	
	义宁县	义江书院、连成书院、南宫书院、觐日书院	
	全州	清湘书院、梅潭书院、璜溪书院、凤坡书院、湘山书院、明经书院。乾隆和道光间,分别建中峰书院、西延书院	
	灌阳县	龙川书院。光绪以后,建经古书院、湘门书院、湘西书院	
柳州府	马平县	柳江书院、同仁书院	宋明时建有驾鹤书院、龙城书院,废于何时不详
	雒容县	洛江书院。嘉庆初建怀英书院	
	柳城县	龙江书院、凤山书院	
	怀远县	丹州书院,道光三年建	
	融县	玉融书院、正心书院。道光五年建仙山书院	宋时有兴文书院,后废
	象州	象江书院,乾隆二十五年由城内义学改	
	来宾县	嘉庆间改县城义学为萃英书院。光绪二年重建,改名"雷江书院"	
庆远府	宜山县	龙江书院、李公书院、庆阳书院、屏峰书院、庆江书院。道光二十年,在屏峰书院基础上扩建为"德胜书院"	宋明时曾建有龙溪书院、四贤书院、储元文馆、储元书院,后废
	天河县	凤冈书院,乾隆四十年建	
	河池州	凤仪书院,道光年间建	
	东兰州	兰阳书院	

续表

府别	州县	书院	备注
思恩府			明代建有阳明书院
	武缘县	阳明书院。嘉庆、道光间,建西邕书院、岭山书院、葛阳书院	明代建有修文书院
	宾州	宾阳书院,乾隆三十六年建	明代建有敷文书院
	上林县	澄江书院,嘉庆九年建。汇溪书院,道光五年建	
	土田州	化城书院,乾隆二十年由义学改今名。经正书院,光绪三年建	
泗城府	凌云县	云峰书院	
	西隆州	安隆书院。三台书院,乾隆间建	
	西林县	毓秀书院,乾隆四十一年建。南阳书院,光绪二年建	
平乐府	平乐县	道乡书院、访贤书院、三渠书院、敬业书院、明贤书院	
	恭城县	凤岩书院,嘉庆十年建。龙溪书院,光绪十八年建	
	富川县	富川书院,乾隆十六年建。道光十二年,建五源书院	宋代建有江东书院,后废
	贺县	临江书院、临溪书院	明代建有鸣阳书院、昂霄书院
	荔浦县	康熙四十七年建,名"荔川书院"。嘉庆五年改名"正谊书院"	
	修仁县	乾隆、嘉庆间,分建修江书院、敬修书院	
	昭平县	南池书院	
	永安州	众春书院、眉江书院	

续表

府别	州县	书院	备注
梧州府	苍梧县	回澜书院（先后改为茶山书院、传经书院）、观澜书院、东湖书院、龙泉书院、鼓岩书院、修明书院	明代曾建有梧山书院、岭表书院、梧阳书院、菉漪书院，后俱废
	藤县	三元书院、峤清学舍	清以前建有凤山书院、解元书院、南麓书院、友仁书院
	容县	勾漏书院、绣江书院、南山书院。光绪十九年，建峤南书院	
	岑溪县	文昌书院、藤经书院、文公书舍。皇华书院，同治年间建。永业书院，光绪十七年建	明时建有橘园书院
	怀集县	南溪书院	明天启年间建有文昌书院。
浔州府	桂平县	浔江书院（后改浔阳书院）、思灵书院、桂邑书院	
	平南县	武城书院	
	贵县	怀城书院。贵邑书院，同治十三年重建。紫泉书院，光绪年间以怀城书院旧址重建	
	武宣县	仙城书院，乾隆三十四年建	
南宁府	宣化县	敷文书院、正谊书院、式南书院、修和书院、蔚南书院、广学书院、右文书院。光绪年间，建斑峰书院、毓秀书院、含文书院、蒲津书院、南斌书院、甲峰书院、三官书院	东泉书院、东郭书院、西郭书院、中郭书院俱为明代所建，后废
	新宁州	乾隆二十一年，由义学改曰吉阳书院	
	隆安县	榜山书院，乾隆五十七年建	
	横州	淮海书院，康熙四十年建	明代建有淮南书院、豫庵书院、悟斋书院，今废。

续表

府别	州县	书院	备注
南宁府	永淳县	大观书院	明代曾建腾蛟书院、大同书院
	上思州	三台书院,嘉庆九年建。迁善书院,光绪二十一年建成	
	下雷等土州		下雷、归德、果化、忠州等土州、迁隆峒未建学校。
太平府	崇善县	丽江书院、桂香书院、静庵书院	
	左州	无	明嘉靖中,建左阳书院,后废
	养利州	养正书院日久倾颓,嘉庆间建瀛洲书院	明万历间立社学,后改养正书院
	永康州	康山书院。同治十二年建丽泽书院	
	宁明州	太子泉书院、南坡书院、宁江书院。嘉庆间建明江书院,光绪十六年建思齐书院、思诚书院	安平等土州,罗阳、罗白等土县未建学校
	太平土州	光绪十三年,设瓠萌书院,光绪二十二年,改为"瓠阳书院"	
	龙州(江)厅	暨南书院,乾隆四年建。乾隆二十九年建三楚书院,光绪年间建龙泉书院、同风书院	
镇安府	天保县	秀阳书院,乾隆十年建	
	奉议州	日新书院、化成书院。崇正书院,光绪十四年建	
	归顺州	道南书院,乾隆二十七年建	
	下雷土州	羊城书院	咸丰三年重修后,改为粤东会馆。

续表

府别	州县	书院	备注
郁林直隶州	郁林州	瑞泉书院、得一书院、紫泉书院。同治、光绪间,建寮阳书院、经古书院、富文书院	明万历中,建有兴文书院
	博白县	养正书院。环玉书院,乾隆十年建。文龙书院,道光二十六年建。紫林书院,光绪十一年建	
	北流县	天一书院,康熙元年建。铜阳书院、抱朴书院、起潜书院。光绪年间,建有六里书院、扶阳书院、陆阳书院	明代建有养正书院
	陆川县	三峰书院,乾隆二十一年建。陆阳书院,光绪二十年建	
	兴业县	石南书院,乾隆四十三年建	

资料来源:本表系根据(清)谢启昆修,胡虔纂的嘉庆《广西通志·建置略·学校》卷一三三至一四〇及相关地方志所记整理而成。

上表有关清代广西书院建设的统计情况并不完全,存在一些遗漏,但其大致反映了设置的基本情形。从表中可知,清代广西东部与西部的书院分布确实很不平衡。少数民族聚居的桂西地区数量很少,部分州县,尤其是很多土司地区,如南宁府的下雷、归德、果化、忠州等土州,均未开办书院教育。自然环境、人文环境、经济社会水平等诸多因素都会对文化教育发展产生影响,这在清代桂西土司地区似乎体现得更为明显。

第三节　西南地区书院的管理与运作

一、山长选聘与学员遴选

就书院的师资而言,清朝官府非常重视,并提出一些明确的任职条件。在乾隆朝以前,书院主持人被称作山长,此后亦称院长。其学问及品行对书院诸生影响很大,故地方官府对山长的选聘非常重视。乾隆元年

(1736),清政府为此提出明确要求:"凡书院之长,必选经明行修,足为多士模范者,以礼聘请","应行令督抚、学臣悉心采访,不拘本省与邻省,亦不论已仕与未仕,但择品行方正、学问渊博,素为士林所推重者,以礼相延,厚给廪饩,俾得安心训导"。① 如地处滇桂交界的广南府城建有莲峰等书院,为了规范书院山长的聘请、经费收支等事项,在当地官府的主导下,合郡绅士共同协商制定了书院条规。其主要内容就是关于书院山长的人选必须品学兼优,而且要出身科甲,如举人、进士,所谓"必择素悉品学兼优、勤于教诲,且非科甲出身者不得延请"。以往从外地聘请山长主要是因为本地无人,数年来,广南府科目迭兴,在籍孝廉、贡生逐年增多,故应从本地科甲出身的士人中聘请,如此既可以常年驻馆,亦便于师生交流。"从前广南无人,是以聘请外府绅士。兹数年来,科目迭兴,在籍孝廉不少。嗣后采访公论,即延本地科甲主讲,庶可长年驻馆,不至半途而废","既议定延请本地科甲出身之人,若有品望不孚众论者,不得延请",若有品望不孚众论的,即便是本地士人,也不能勉强延聘。②

同时,官府还加强对书院院长的考核。规定学臣三年任满,咨访考核,如院长"教术可观,人材兴起,各加奖励,六年之后,著有成效,奏请酌量议叙"③。乾隆三十年(1765),云贵总督刘藻奏报,"滇省五华书院山长张甄陶自主讲席以来,迄今五载,实能尽心训迪,著有成效,请令为黔省贵山书院山长,俟届满六年,抚臣就近考核,或照例奏请议叙,或送部引见示奖",得到乾隆皇帝赞同。④ 其后,五华书院院长孙见龙、贵山书院院长张甄陶因教学卓有成效,议叙八品职衔。⑤

清政府对进入书院肄业的学员有严格的遴选机制。民国《新纂云南通志》载:"负笈生徒,必择乡里秀异、沉潜学问者,肄业其中。其恃才放诞、佻达不羁之士,不得滥入书院中……有不率教者,则摈斥勿留。"⑥史料明确指出,只有那些品行端正、专心学问者,才允许进入书院学习,而"恃才放诞、佻达不羁之士"是不能进入的,即便进入了,如果不听山长教诲,不安心学习者,"则摈斥勿留"。

---

① (清)素尔讷等纂修,霍有明、郭海文校注:《钦定学政全书校注》卷七二《书院事例》,武汉大学出版社,2009年,第285页。
② (清)李熙龄等纂修,杨磊等点校:《广南府志点校》,兰州大学出版社,2004年,第62—63页。
③ 《清高宗实录》卷二〇,乾隆元年六月甲子。
④ 《清高宗实录》卷七四六,乾隆三十年十月戊申。
⑤ 《清高宗实录》卷九〇二,乾隆三十七年二月庚辰。
⑥ 民国《新纂云南通志》卷一三四《学制考四》第六册,云南人民出版社,2007年,第62—63页。

二、教育目的与教学内容

明、清时期,书院大体是作为官学的补充存在发展的,其主要任务就是为科举考试输送后备人才,因此,其培养对象、教学内容与官学应无区别,但也有一些具体的差异。

明代,西南各地虽为边疆少数民族地区,但亦必须遵循全国一致的教学内容和要求,这也是科举考试制度的要求。明初规定官学以礼、乐、射、御、书、数设科分教。洪武二十五年(1392),又定礼、射、书、数之法,颁行经、史、律、诰、礼、仪等书,生员需要熟读背诵,以备科考。各级官学还配发规范的教材和经书,万历《云南通志》载,云南官方为各官学颁发的书籍有《大明律》《教民榜》《洪武礼制》《礼仪定式》《性理大全》《礼记大全》《资治通鉴》等,天启《滇志·学校志》载,明云南府学所藏经籍有《四书大全》《五经大全》《五经白文》《五经集注》《周礼》《春秋左传》《国语》《大学衍义》等。诚然,由于"书院之建,非制也",其不属于国家正规的教育机关,因此,明代官府对书院的控制并不严格,故书院在体制上比较独立,学术氛围比较浓厚。

清代书院作为官学的补充得以迅速发展。书院能够为科考输送后备人才,此为清代地方官府之认同,"学校而外建设书院,此育才者之盛意也","学校为育才之地,书院则以济学校之不及也","书院之设,所以造士也"。① 乾隆帝也明确指出,"书院之制,所以导进人材,广学校所不及"②。所以,书院教学内容自然与官学一致。这从西南边疆各地书院的藏书目录可见一斑,如云南省开化府学藏书有《圣谕广训》《御制训饬士子文》《斯文精萃》《四礼初稿》《孝经注解》《小学纂注》《四书大全》《钦定诗经传说汇纂》《钦定春秋传说汇纂》《朱子全书》《御纂性理精义》等,开阳书院藏书有《圣谕广训》《性理精义》《斯文精萃》《孝经注解》《小学纂注》《四礼初稿》《朱子治家格言》等。③ 省会五华书院藏书较为丰富,有《古今图书集成》《御纂经书》《周易折中》《诗经传说类纂》《孝经衍义》《朱子全书》《性理精

---

① 分见(清)简朝贵的《万松书院义田记》,(清)刘诏升的《建修湘川书院记》,(清)赫连泰新的《新建文峰书院记》。贵州省文史研究馆点校:《贵州通志·学校·选举志》,贵州人民出版社,2008年,第75、76、79页。

② (清)素尔讷等纂修,霍有明、郭海文校注:《钦定学政全书校注》卷七二《书院事例》,武汉大学出版社,2009年,第285页。

③ (清)汤大宾、周炳修纂,娄自昌、李君明点注:《开化府志点注》卷六《学校》,兰州大学出版社,2004年,第149、154页。

义》《御选古文渊鉴》《斯文精粹》《四礼翼》《孝经注解》《小学纂注》《近思录集解》《十三经注疏》《圣谕广训》《钦定全唐文》《皇朝经世文续编》等。①

在贵州,光绪十九年(1893),八寨厅同知锡明等将捐银买书立案碑建于城内。据碑文载,八寨厅原有龙泉书院,每年延请山长主讲,"唯因修谷太俭,不能聘请高明,历年均系学师兼理"②。又因书籍太少,不能满足诸生的求知欲望,于是锡明等人又共同捐资购买书籍,购得图书有《四书佩文韵府》《十三经注疏》《经世文编》《十子全书》《通鉴辑览》《宋元学案》《历代名臣言行录》《先正事略》《二程全书》《胡文忠公全集》《海国图志》《王阳明全书》《秘书二十八种》《增广事类统编》《唐宋诗文》《醇孙子十家注》《圣武记》《楚辞注》《古诗源》《五子近思录》《十七家赋》《汉学师承记》《幼学求源》《昭明文选》《段氏说文》《东莱博议》《贵州通志》《文心雕龙》《姓氏族谱》《广治平略》《困学纪闻》等。③ 从开列的书单可以看出,苗疆的书院教育,已经跟内地一样,推行传统的儒家教育,将程朱理学、阳明心学的思想灌输给汉、苗士子。当然,其中也有一些实用性的图书,如《经世文编》《胡文忠公全集》《海国图志》《秘书二十八种》《圣武记》等,由此反映出晚清时期书院教育内容的些许时代特征。

清代官府对西南边疆地区书院的具体教学、学习方法亦要过问。例如,乾隆十年(1745)规定:"书院肄业士子,应令院长择其资禀优异者,将经学、史学、治术诸书留心讲贯,而以其余功兼及对偶、声律之学。其资质难强者,当先工八股,穷究专经,然后徐及余经,以及史学、治术、对偶、声律。至每月之课,仍以八股为主,或论、或策、或表、或判。"④由此可见,清政府在书院教育与人才培养方面的控制是十分严格的。

三、经费来源

从各种文献记载来看,西南边疆书院经费的来源颇为多元化。

一是官府拨款。雍正十一年(1733),清政府要求各省督抚在省会举办

---

① 民国《新纂云南通志》卷一三四《学制考四》第六册,云南人民出版社,2007 年,第 526 页。
② 王世鑫纂:《八寨金石附志稿》,见新文丰出版公司编辑部编的《石刻史料新编》(第三辑)第 23 册,台北:台湾新文丰出版公司印行,1979 年,第 213—214 页。
③ 王世鑫纂:《八寨金石附志稿》"捐银买书立案碑"。参见张中奎著的《改土归流与苗疆再造:清代"新疆六厅"的王化进程及其社会文化变迁》,中国社会科学出版社,2012 年,第 254 页。
④ (清)素尔讷等纂修,霍有明、郭海文校注:《钦定学政全书校注》卷七二《书院事例》,武汉大学出版社,2009 年,第 286 页。

书院,"各赐帑金一千两。……其不足者,在于存公银内支用"①。但除各省会的书院状况较好之外,各府、州、县的书院拨款就较少。因此,府、州、县书院的经费更多来自官员、绅商和士民的捐助。

二是地方官员捐助或倡捐银钱,此种情形较为普遍。例如,贵州婺川县知县冯绍彭对旧有书院倡率进行大规模重修,并带头"倡捐养廉银四百五十两,劝谕士民捐输银一万一千八百三十一两",将书院建造完竣,"并置田产,岁收租息作为掌教束脩、生童膏火,助寒士考试等费"②。安平县知县刘祖宪对治下的书院、义学经费亦是多方设法筹措,他自己"先后捐养廉银二百五十三两三钱八分,以为之倡,一面劝令绅民量力捐输……前后共劝捐银七百九十三两四钱二分",连同他"前后捐养廉银二百五十三两三钱八分,共得银一千零四十八两八钱",共买得田四百五十坵,每年可收租谷五百五十七石,加上其他收入,可以每年为安平县书院、义学提供租谷八百五十六石久斗六升,其中"拨为治平书院山长束脩薪水谷一百二十石,内外肄业二十名,膏火谷一百二十石,赏给饭食、纸笔谷四十石"。③ 遵义府正安鸣凤书院,"知州罗锦城或捐劝,或罚款,或没收绝产,常年约数百金,以为士子膏火"④。

在云南开化府,不仅地方官员捐银修建开阳书院房舍,还捐置书院田,增置膏火,乾隆四十七年(1782),"知府常德、知县谭抡、教授李廷昌拍捐置田,次资膏火。道光元年(1821),知府李文祀、同知周炳积金五百,以岁息添脩脯,增膏火";文山书院学田亦得到增加,"新增学田三分:一坐落母都黑寨,每年收谷六市石,一坐落六主寨,每年收谷六市斗,一坐落落水洞,每年收谷一市石五斗。俱乾隆二十年(1755)知县谢千子捐置"⑤。

三是地方士民捐银钱及田产。在云南广南府,"唐友信充入者马寨粮田五里,大小六十二丘,四至立有碑石。里月寨媸蕊充入田亩共五十七丘"⑥。在嵩明州,鹿元书院、龙泉书院、巢经书院均于咸丰年间毁于兵火,

---

① (清)素尔讷等纂修,霍有明、郭海文校注:《钦定学政全书校注》卷七二《书院事例》,武汉大学出版社,2009年,第285页。
② 贺长龄:《士民捐建书院疏》,贵州省文史研究馆点校:《贵州通志·学校·选举志》"书院附表",贵州人民出版社,2008年。
③ 安平县《捐设书院膏火并城乡义学田租详文》,贵州省文史研究馆点校:《贵州通志·学校·选举志》"书院附表",贵州人民出版社,2008年,第74页。
④ 贵州省文史研究馆点校:《贵州通志·学校·选举志》"书院附表",贵州人民出版社,2008年,第103页。
⑤ (清)汤大宾、周炳修纂,娄自昌、李君明点注:《开化府志点注》卷六《学校》,兰州大学出版社,2004年,第154页。
⑥ (清)何愚纂修:嘉庆《广南府志》卷二《学校·书院》,清道光五年(1825)刻本。

然后又都是光绪元年(1875)阖邑士庶重修。①

在贵州郎岱,道光八年(1828),"张绅与十三绅者,捐资以建书院。张绅固不甚裕,至是家产几尽,而十三人中,亦有力难再举者,然皆勉为撑持,期竟其事。阖邑人民大为感动,输将者遂益踊跃。有捐材木者,捐砖石灰瓦者,捐屋产田地以供膏火者。不及一年落成,名曰:'岱山书院'"②。雍正三年(1725),黎平府里人张应诏捐资重建龙标书院;此外,郡人胡一中等人重建太平书舍;平茶所人高继恺重建小蓬莱馆。③

清朝官府没收叛产充入书院经费的事例亦属不少。光绪十七年(1891),贵州台拱同知周庆芝创建莲花书院,"膏火则取资于台阳书院旧产,并捐集叛逆绝产以益之"④。在云南,杜文秀起义被镇压后,滇西地区官府常常将"叛产"拨入书院充作经费。如大理府云龙州龙门书院文献载:"杜文秀之变,焚毁。经知州陈光藻、萧永馨相继重建,并置书舍。光藻任内,详拨叛田租一百一十石,又详拨叛田租五十石,永作束修、膏火之费";彩云书院文献载:"光绪元年,知州陈光藻复拨叛田租九十五石。三年,知州董良弼又拨叛产田租一百石。永作束修、膏火之费"⑤。

西南边疆大部分地区经济均较内地落后,加之在书院经费管理过程中往往有侵渔之举,或是经营不善,许多书院常感经费不支,难以为继。在贵州,诸如铜江书院"其地租谷有名无实,加以经理非人,徒滋冗费,近年来竟致脩脯、膏火之不济"。道光年间,大定府知府王绪昆描述万松书院经费之窘态,"自嘉庆元年以来,其本年束修、膏火之费,必俟下年租如始给。或不及待,则称贷以应之,是以费无赢余",书院"堂室斋舍俱颓败而不可支","其或一年所入不敷所费,又将取给于下年,而下年束修膏火之费者,又不能不出息称贷以给之,是终无赢余以为岁修也"。⑥嘉庆十七年(1812),兴义府有商人捐银复设书院,至道光初年,积银七百两,但后为知府仇效忠

---

① 贵州省文史研究馆点校:《新纂云南通志》卷一三四《学制考四》第六册,云南人民出版社,2007年,第541页。
② 贵州省文史研究馆点校:《贵州通志·学校·选举志》"书院附表",贵州人民出版社,2008年,第96页。
③ 贵州省文史研究馆点校:《贵州通志·学校·选举志》"书院附表",贵州人民出版社,2008年,第105页。
④ 贵州省文史研究馆点校:《贵州通志·学校·选举志》"书院附表",贵州人民出版社,2008年,第109页。
⑤ 民国《新纂云南通志》卷一三四《学制考四》第六册,云南人民出版社,2007年,第549页。
⑥ 王绪昆:《重修万松书院记》,贵州省文史研究馆点校:《贵州通志·学校·选举志》,贵州人民出版社,2008年,第76页。

"将本银干没二百两",使"士颇有怨言"。① 此种情形在云南、广西经济社会较为落后的地区亦为多见。

四、书院条规的个案考察

清代,西南边疆各地方官员均十分重视书院的建设和发展,从书院山长、教师的延聘,到为书院购置田地房产而生息,地方官府都要过问,以保证书院经费的正常运转。由于所在地域不同及时代演变,各地的书院在办学指导思想、教学内容、培养目标、经费管理等整体框架大体一致的前提下,尚存在着一些细微差异。云南广南府城书院、云南府城经正书院、贵州省城学古书院的条规就是典型代表。

(一)云南省广南府书院

清代广南府城建有莲峰等书院,为规范书院山长聘请、经费收支等事项,在地方官府的主导下,合郡绅士共同协商制定书院条规,其主要内容如下:

　　一、书院山长,向由府县、两土司公捐银两,以作束脩,绅士自不应预议。在历任公祖,延请不过情面荐托,山长到馆亦不过因循了事。故百余年来,科目寥寥。自嘉庆壬申岁不园公祖莅任,必择素悉品学兼优、勤于教诲,且非科甲出身者不得延请。在公祖,虽拂宪意而不惜;在学校,实受栽培于无量。应请嗣后仍照何公祖章程办理。

　　一、培风书院每年收房屋、铺面租银,奉何公祖议定,只准租给人民,不准租给绅士。以书院皆绅士管事,与通城绅士非亲即友,拖欠租银,彼此瞻徇情面,难以收取,则将来书院事体必为此等不肖败坏。公祖守此十余年,深悉地方情形,嗣后自应遵照办理。如有借词混议变更者,皆怀不肖之心,无赖之想,吾郡小人也。

　　一、培风书院实蒙不园公祖一片心血,置田地房屋,价值五千余金,每年收息五百余两。定山长束脩,岁二百四十两;生童膏火三十分,每分月钱六百文,皆前此所未有。每届乡试之年,给生员膏火二十分,鼓励赴科;如闲岁,则生童各十五分。

---

① 道光《兴义府志》卷一九,参见《贵州通史》第三卷《清代的贵州》,当代中国出版社,2002年,第716页。

一、书院山长,固应延请举人、进士。从前广南无人,是以聘请外府绅士。兹数年来,科目迭兴,在籍孝廉不少。嗣后采访公论,即延本地科甲主讲,庶可长年驻馆,不至半途而废。即本地孝廉,亦借资馆谷,不无小补。

一、书院山长,既议定延请本地科甲出身之人,若有品望不孚众论者,不得延请,亦不得将束脩分请两人,徒为牟利起见,贻笑士林。①

从广南莲峰书院的条规可以看出,首先,官府非常重视山长的选聘。广南府知府强调书院山长必须品学兼优,而且要出身科甲如举人、进士。以往从外地聘请山长,主要是因为本地无人,而嘉庆庚申岁(1812)以来,广南府科目迭兴,在籍孝廉、贡生逐年增多,如从本地科甲出身的士人中聘请,其可以常年驻馆,亦便于师生交流。但是,若有品望不孚众论的,即便是本地士人,也不能勉强延聘。其次,重视书院经费的规范管理。规定书院的田产、房屋每年收取的租金不能借贷给本城绅士,因为书院的管事皆由本城绅士充任,难免有瞻徇情面,难以收取,从而出现破坏规矩的情形。第三,明确规定书院山长的束脩每年为240两,生童的膏火(生活津贴)每份月钱600文。遇到乡试的年份,给予参加应试的生员膏火20文,以资鼓励。

可以看出,广南府城书院条规主要强调书院山长的资格条件、年薪和书院经费来源、开支事项、如何经营等,使书院正常运转的两个核心要素为山长、经费的确定。②

(二)云南省会经正书院

作为云南省会的书院,经正书院的条规与广南府城的书院则有很大不同,文献记载如下:

经正书院盖以储经经纬史之才,与他书院异者有二。他书院兼课制艺,仅按月课试,经正书院则以古学为主,逐日立课以督其所学,一也;他书院除月课外,诸生不常进见山长,经正书院则堂课加详,使一堂晤对,既收讨论之功,复有熏陶之益,二也。其条规有下六者:

一、课分内外。内课二十四分,以高才生充之,住院寝食,每年十

---

① (清)李熙龄等纂修,杨磊等校注:《广南府志点校》卷二《学校·书院》,兰州大学出版社,2004年,第62—63页。
② 参见田景春的《试论明、清时期云南的书院教育》,《昆明学院学报》2015年第3期。

二月,月各领膏火银六两。外课八十分,每年十月,由两院暨司、道、府、县轮试策论、经文、疏考、诗赋。外课之中以前二十名为正额,每名给膏火银二两;后六十名为副额,每名给膏火银一两。此项外课高才生亦得与考,但不能再领膏火。

二、考兼举贡。每督学院按临,则合举贡生、监肄试,取文行兼备、学有根柢者为高才生,再合三迤试卷,会同两院复核,选补如额。其实愿到院肄业者,调入为内课生,住院宿食。至外课八十分,则听其随时报考。若有自备伙食愿住院肄业者,须迭次考入内课二十四名内,由山长查明批准,方得入院参见受学。其应受条规同高才生。

三、别其升降。内课高才生之月课合堂课、官课,每三课考核一次。若三课均考列外课等内,则是毫无进益,罚半月膏火银三两,待下次考入内课等内,方准补复。若再连三次考列外课等内,则全分扣除。有非高才生应考外课而三次考列内课二十四名者,则存记之,遇有高才生额出序补。三次考列内课前五名者,存记超补。凡前列课卷,抄悬讲堂,三年并选刻一次,以备观摩。

四、严其纠察。住院高才生,每季各给课程日记一本,逐日登记所点、诵、考究之书,每十日由山长考核一次,分别奖罚惩戒。又由监院置号簿于门旁,记载诸生出入日期、事由,每月除准出院省亲访友三次外,概不准擅自出院。

五、勤听受以重师承。每山长登堂讲论,则诸生环待,监院亦侧席以待。山长入座后,即屏息静气,悉心听受,必另有见解或怀疑义,始准离席问难山长。堂课每月一次,高才生及非高才生均一体应试,先取内课二十四名,余均外课。内课首名奖银三两,以下递减至四钱。外课首名至二十名,各奖银三钱。命题或经文、论策、疏解、记序,或诗赋,或考说,以及法戒录,由山长临时酌定。诸生之无书籍者,由监院将购置院中经史各部,酌量人数分发,点、诵、考证,详登簿籍,计日轮转。如有遗失残毁,责令本生赔偿。

六、设员役以资经理。仿照五华书院设监院一员,每月给薪水银八两、米折银二两,三节礼各给银四两,每年共银一百三十二两。添设书识二名,每名每月各给工食银一两九钱。门斗二名,看伺、扫夫、更夫各一名,共五名,每名每月各给工食银一两八钱。连书识二名共七名,每名每月各给米折银六钱,每年共支银二百四两。又每月给予灯油、纸张等银三两,每年共支银三十六两。聘请山长,每年束脩银五百两、米折银三十六两、关聘银十二两、每节节仪银八两,每年共支银五百七十二两。内课膏火二十四分,每分给银六两,月共给银一百四十四两。以十二月计算,每年共支银一千七百二十八两。外课膏火银八十分,以前二十名为正课,每分给银二两,后六十名为副课,每分给银一两,共给银一百两。以十月计算,每年共支银一千两。官堂课卷价每年约需银一百余两。每次堂课奖赏银二十两三钱,每年十课,共需银二百三两。每年共支银三千九百七十五两,由监院按月领支。①

由以上材料可知,经正书院条规重点在于对诸生的日常管理和学习要求,较有特色之处是将受业诸生划分为内外课,即快慢班,内课即是高才生,每月给予膏火银6两;外课又分为正额20名、副额60名,每名分别给予膏火银2两、1两。同时,又有竞争机制,即"别其升降",以营造浓厚的竞争氛围,促使诸生专心学业。

上述两份条规,第一份出自地处偏远的广南府城,其反复强调山长的选聘要得当,经费收支要有效监管;经正书院则在省会,是全省的经济、文化中心,经费来源较为充足,所以更强调书院山长教学、诸生受业的示范性,注重受业诸生在未来科考中的命中率,因此创制出内外课、快慢班,并采取"别其升降"、相互竞争的教学模式。莲峰书院和经正书院的条规又有共同之处,即教学内容主要围绕科考安排,培养的士子就是为应对科考;官府在书院的办学中起着主导作用,对山长的延聘、经费来源及使用等事项具有决定权。②

(三)贵州省会学古书院

贵州学古书院前身为建于嘉庆五年(1800)的正习书院,俗称"南书院",与贵山书院、正本书院(俗称"北书院")共称"贵阳三书院",在全省颇为有名。严修,天津人,1897年任贵州提学使。其间,他专门为学古书院拟定《肄业条约》,对书院诸生的读书、学习、思考,乃至日常行为举止都做出细致的规定:

> 一、每月朔日昧爽,院长率诸生具衣冠,诣至圣先师神位前,行三跪九叩礼。诸生十人为一班,班序以齿。院长行礼毕,初班继之,礼毕,向院长一揖,退俟于左。次班序进如礼仪,退俟于右。次复左,次

---

① 民国《新纂云南通志》卷一三四《学制考四》第六册,云南人民出版社,2007年,第527—528页。
② 田景春:《试论明、清时期云南的书院教育》,《昆明学院学报》2015年第3期。

复右,四班既毕,左右相向各一揖,退就舍。

昔《程董学则》首严朔望之仪。《汉书》称,唐生、褚生应博士弟子选,枢衣登堂,颂礼甚严,非直以为容也,礼在则然也。平日会讲,虽仍深衣而鲡履欹冠,在所必禁。

一、诸生宜谨守《学规》,笃信师法,不得面从背毁,教辟不共。

昔顾千里于段懋堂,始尝倾心从而问业,卒以议礼聚讼,遂至衅终。彼犹非受业弟子也,而识者已重訾之矣,乃著籍及门,安得颛己自恣。且朋友交绝,尤禁恶声。若果趣舍悬殊,则托故请辞,其谁能禁?往者三书院生童,或有因考居下等结怨院长者,揭书腾谤,大累士风。今尔诸生,固无虑此。然履霜集霰,杜渐必严。其机一萌,虽小不宥。

一、诸生宜恪守礼法。凡冠服诡异,举止轻佻,恣诟喧呶,狎侮谑浪,以至饮博浮荡之举,市井鄙俚之谈,种种恶习,并宜痛戒。

主敬两言,程朱心法,语其条目,使者自反。慨乎未能顾义,取相规弊,先去泰若。夫静存动察、躬行力践之实,顾与诸生共勉之。

一、朋友讲习,虚心讨论,互相切磋,不得恃己骄人,致生嫌隙。

质有钝敏,学有早暮。吾生有涯而知无涯,已知不足矍,未知不足惭也。我质于人,虚以受之;人质于我,诚以语之。过相箴,善相告,如是则有居稽之乐,而无凶隙之忧。德进业修,两收其效。

一、院中各办人役,或言语不逊,或呼应不灵,诸生则白诸监院戒之、惩之,甚者遣之。毋得肆行诟詈,予人口实。

以院规论断,不容若辈逞骄。为诸生谋,无轻与小人结怨。不唯远怨,抑亦检身之一事也。

一、凡外人有事来访,须由门者入告主人。肃客相见于讲堂,概不许延入本斋,以致纷挠。

知友惠顾,远客临存,人事之常理,难谢绝然。或漫无限制,则往斋四十人,谁无三、五故旧。日来数十辈,将户穿径塞,自挠亦以挠人。不特此也,同舍诸生,各有常业,虽比屋相接,亦不宜往还太数,两误日程。

一、每月逢十则停课一日,月小则用晦,遇清明、中元、中秋诸节,则视日之远近相抵算,临时由院长酌定。

一、除常假应课外,余日不得闲旷。

或有要事则以纸写姓名,注明事故,约定时刻,诣监院告假。监院注之考勤簿,曰:某生甘刻某事告假,几许时还而销假,亦注之。逾时不还暨托故者,罚饩半月。综计一月之中,除官堂诸课暨常假期,得二十日外,通年而论则十损其三。荀子曰:"其为人也,多暇日,其出人不远矣。"诸生志之。

一、每夜二鼓扃门,先由监院按斋巡视,院中不宿外人,院生亦不准宿外。

宵行有禁,宴息有时,夜不出门,曾文正公日课之一也。有违斯约,非效暮夜之请,即耽狎邪之游,罚必随之。

一、专门切用之书,按照院长开示诸目,随时自购。

翻检点勘,所需不时。院中虽有官书,案头亦宜置读本。《輶轩语》云:"买书勿吝,节衣缩食,犹当为之。"今院长亦寒士也,而蓄书之多,乃为使者所不及。通人志趣,固自不同。凡我诸生,所当效慕。

一、月中由院长调日记、札记及考勤簿,核勤惰,定优劣,揭榜以示鼓励。使者复核之,勤者酌奖,惰者初次批饬,再则罚半月饩,三则开除另补。

读书甘苦,使者亲尝。书院改章,事同创始,群居日久,习染易滋。设一无约束,则未睹其利,先见其害。且通省士子何止数千,就中仅取四十。予以高材之目此,固局外所艳羡,亦即有识所吹求。律以春秋责备大义,有不容轻为假借者矣。抑使者为诸生计之:既廪虽未为丰,而有准应月课之例;起居虽未为适,而无销算屋食之烦。绳督虽严,而体恤亦至;课程虽密,而休憩有期。所求于诸生者,唯此讲贯服习之劳,而又皆切己之事。此而不勉,时不再来。

晚清时期,贵州省会学古书院的发展与其他书院一样,已经不能适应时代发展的需要。严修于1894年任贵州学政。到任后,他对学古书院的教学进行改革,《肄业条约》就是严修倡导书院改革的一部分。从内容来看,《肄业条约》的主要目的是强化书院学生的行为规范,尤其是强调学生个人内心的自省和修炼,极少涉及教学内容方面的近代化改革。从此可窥探出,晚清贵州书院教育未能及时改革,跟不上时代的节奏,已不能反映时代发展对人才需求的变化趋势,从而具有较明显的滞后性。事实上,就全国的形势而言,书院教育的转型也是滞后的。戊戌变法期间,朝廷一度下令各省、府、厅、州、县大小书院一律改为兼习中学、西学之学校;不久政变发生,一切咸复其旧。光绪二十七年(1901)八月初二,上谕称:"着各省所有书院于省城均改设大学堂,各府及直隶州均改设中学堂,各州、县均改设小学堂。"书院遂为历史上之名词矣。

本章小结

　　清代书院大兴,主要是雍正十一年(1733)书院政策发生重大改变,官府积极倡导,或颁匾额,或颁书籍,故其发展较之前代有过之而无不及。雍正以后,复兴的书院连同改造重建、新建的书院,全国共1900多所。西南地区的书院教育与内地发达地区相比有着自己的特点,即兴起较晚,发展迅速,转型缓慢。

　　一是兴起较晚。书院作为聚徒讲学的教育机构暨某一地区的学术散发中心在中原内地建设较早,宋代便达到一个很高的水准。在西南地区,广西桂林的宣成书院创办最早,南宋景定年间(1260—1264),经略朱祀孙因张栻、吕祖谦曾游此,乃合二公谥为名,请建书院,理宗书额以赐。除此之外,西南边疆绝大部分地区的书院创设均比较晚,如弘治年间,云南第一所书院在浪穹设立。在贵州,最早的一批书院是明朝前期创办的魁山书院、草庭书院和中峰书院。建于明弘治年间的文明书院在当时最为著名,"文明书院,在治城内忠烈桥西,即顺元路儒学故址。本朝弘治间,提学副使毛科建。嘉靖间,提学副使蒋信重建"[①]。

　　二是发展迅速。西南边疆大部分地区的书院创设虽然较晚,但总体发展却较为迅速。如贵州的书院明朝中叶以后开始发展,到嘉靖、万历年间即达到一个小高峰,这一时期创建书院29所,占明代贵州书院总数的76.3%。云南第一所书院于弘治年间在浪穹设立,到明朝末年,全省创办书院65所。进入清代,西南边疆的书院教育得到迅猛发展,仅从书院数量来看,清代云南见于记载的书院有250所,贵州所见书院有135所,广西有221处书院,比明代有很大的增加。这是清政府重视书院教育,尤其是雍正年间改变书院政策,由消极抑制变为积极提倡和加强控制的结果。清代西南边疆的书院数量之多,范围之广,非明代所能比。

　　三是转型缓慢。1840年以后,中国社会在内忧外扰之下,客观上提出了转型发展、适应世界大势的历史任务,作为培养人才的书院当然更应发挥促动社会转型的作用,然而,由于诸多原因,书院积习深固,转型显得非常缓慢。在西南边疆更是如此,体现在有相当一批书院是晚清时期新建

---

　　① 贵州省文史研究馆点校:《贵州通志·学校·选举志》,贵州人民出版社,2008年,第65页。

(改建)的。如云南省会经正书院,光绪十七年(1891)才由总督王文韶、巡抚谭钧培创建。1841—1902 年,贵州省新建、改建书院 79 所,占清代贵州书院总数的 58.5%。广西西部少数民族地区的书院创建时间亦较晚,如在百色厅,光绪七年(1881),由同知陈如金倡设经正书院,后又建鹅城书院。这些都在一定程度上反映出清代西南边疆社会发展的滞后性。到光绪年间,中国在"西学"的影响下,改革传统教育的思潮已经兴起,然西南边疆由于历史的原因,传统教育仍有发展市场,加之交通落后、信息闭塞,人们思想观念仍保守陈旧,传统书院教育不仅没有受到冷落,反而在咸同各族起义后又一次得到发展。在戊戌维新思想席卷全国,旧式书院教育已遭到维新人士口诛笔伐之际,贵州的一些地方官吏和士绅仍抱残守缺,还在兴办书院。如 1900 年,锦屏县周锡悦创办兴文书院,镇远重安(今黄平)举人黄品倡修凤山书院,在天柱县创办白云书院。贵州最后一所书院是三都县创办于 1907 年的合江书院。而此时,科举制度已经废除,全国正普遍推行新式教育。

此外,清代从中央到地方各级政府对书院采取更加严格的监督控制措施,因此西南边疆地区的书院愈发趋向于官学化。举凡书院山长的聘请、书院的办学经费、教学内容、生徒的招收等环节,都必须经过地方官府的批准。与明代相比,清代的书院已经失去学术思想与学问相对独立的地位,成为科举制度的附庸、八股取士的教习所、封建官僚的养成所。

第五章　清朝在西南地区广泛举办义学教育

在西南边疆少数民族地区普遍创建义学,成为清朝政府在西南边疆少数民族地区推行教育的重要一环,也是西南边疆少数民族教育史上颇具特色的内容之一。

第一节　西南地区义学教育的开办

社学与义学,原本属于蒙养教育的范畴,在清朝官修的《钦定学政全书》中同归类于"义学事例",说明其性质相近。蒙养教育起源很早,传统蒙学教育机构在汉代称书馆,唐代称村校,宋代称村校、家塾、冬学等,元代称社学,明代称家塾、义学、社学等,清代称教馆、私塾、义学、义塾等。① 由于它不属于官学系统,亦非规范的教育机构,故名称、种类颇为繁杂。

一、清代义学教育的发端

清初,朝廷非常注意对汉族子弟的启蒙教育。顺治九年(1652)题准:"每乡设置社学一区,择其文义通晓、行谊谨厚者,补充社师。"②

有的史料则云:"书院之外有社学、义学,凡汉人在乡之学总曰社学,所以别于府州县在城之学也,各乡离城远近不一,岂能尽人负笈来城,故于巨乡大堡另立社学,如今之龙标、上林、双樟等书院非书院也,乃社学也。"③但后来此政策多有反复,"顺治九年命设,旋康熙二十五年命查革,而雍正元年又命设立,乾隆元年又命黔中设立,五年又命永丰州册亨设立,乃十六年

---

① 李桂林主编:《中国教育史》,上海教育出版社,1989年,第205页。
② 素尔讷等纂修,霍有明、郭海文校注:《钦定学政全书校注》卷七三《义学事例》,武汉大学出版社,2009年,第287页。
③ (清)俞渭修,陈瑜纂:光绪《黎平府志》卷四上。

又命汰。今各属社学,大都皆废"①。因此,在西南边疆地区,社学的设置远不如义学普遍。显示出在各地官府的心目中,义学教育远较社学重要。

义学,作为一种低层级学校,主要起到启蒙教化的作用,是从京师开始设立的。"康熙四十一年议准,京师崇文门外,设立义学,颁赐御书'广育群才'匾额。五城各设一小学,延塾师教育,有成材者,选入义学。"根据贵州巡抚于准的请求,准许在贵州各地设立义学。康熙四十四年(1705),清政府议准:"贵州各府、州、县设立义学,将土司承袭子弟送学肄业,以俟袭替。其族属人等,并苗民子弟愿入学者,亦令送学。"应该说,这是清政府在西南边疆一项重要的民族教育政策的开始,具有深远的影响。第二年又再次谕令"黔省府、州、县、卫,俱设义学。准土司生童肄业,颁发御书'文教遐宣'匾额奉悬各学"。随后,向全国各地推广义学教育,"康熙五十二年议准,令各省府、州、县多立义学,延请名师,聚集孤寒生童,励志读书"。②"朝廷为彝洞设立之学及府州县为彝洞捐立之学则曰义学,盖取革旧之意,引于一道同风耳,如古州新辟即设车寨义学、月寨义学是也。"③

清政府在西南边疆大力推行义学教育,主要是针对广大的少数民族子弟。雍正年间,清朝政府在贵州施行改土归流、开辟苗疆的政策,其根本目的是希望在文化上加强对贵州各民族人民的教化,从思想上巩固大一统的政治成果。雍正八年(1730),张广泗等封疆大吏于"苗疆新辟"之时上疏雍正皇帝,称"于抚绥之余,必当诱植彼之秀异者,教以服习礼义,庶可渐臻一道同风之效",提出在苗疆地方兴办义学的主张,并认定这一举措"实为振励苗疆之要务"。④ 清政府此时如此重视义学教育,主要是凭借一批接受过儒家文化教育,并严格遵守封建大一统国家伦理纲常和道德规范的生员在改土归流地区执教,希冀培养一批同样谨遵清朝国家道德规范的顺民,以最终达到其维护西南边疆社会稳定和巩固封建正统统治地位的终极目的,而社学、义学教育恰好就是实践和达到这一目的行之有效的重要路径,正如贵州巡抚于准在《苗民久入版图请开上进之途疏》中所言:

  令各府、州、县置立宽厂公所一处,以为义学。将土司承袭子弟,

---

① (清)张锳修,邹汉勋、朱逢甲纂:咸丰《兴义府志》卷二二《学校志》。
② 素尔讷等纂修,霍有明、郭海文校注:《钦定学政全书校注》卷七三《义学事例》,武汉大学出版社,2009年,第287页。
③ 贵州省文史研究馆点校:《贵州通志·学校·选举志》,贵州人民出版社,2008年,第117页。
④ (清)黄家服、段志洪:乾隆《贵州通志》卷九《学校志》,《中国地方志集成·贵府县志辑》,巴蜀书社,2006年。

送学肄业,习晓礼义以俟袭替。其余族属人等,并苗民之俊秀子弟愿入学者,令入义学肄业。……俟有文理明通者,照依湖广学臣潘宗洛所题,不论土司族属苗民,即由该训导造册,呈送该学臣考试。……一体科举,一例廪贡,将见汉民因有苗民之进取,益加奋励;苗民以有一体科举之优渥,莫不鼓舞。行之既久,苗民渐可变而为汉,苗俗渐可化而为淳。边末遐荒之地,尽变为中原文物之邦矣。①

于准对在贵州苗疆地区开展文化教育的深刻认识,有学者给予了很高的评价,认为"于准首次把义学视为清朝在边疆民族地区进行一体化方略进程的必要手段,把义学的作用提升到了一个新的高度,并且要求官府对义学的运行进行有效监督和管理,这一系列主张和措施基本上已经初步确定了清代南方民族地区义学的性质,同时也为后来清朝在南方民族地区兴办义学的具体举措打下了坚实的基础。我们可以毫不犹豫地认为,于准的这一奏疏,是清朝在南方民族地区大规模兴办义学的一个宣言书,也是贵州民族教育发展的一个重大的转折点"②。

正是在清政府明确的政策指导及一批地方官员的积极推动下,义学教育政策在西南边疆各地得到了积极有效的实施,西南边疆的义学教育得到了迅速发展,成为西南边疆少数民族教育体系中最有特色的内容。

二、陈宏谋对义学政策的解读

清代西南边疆义学教育得以快速发展与当时一批地方官员,如于准、鄂尔泰、张广泗、蔡毓荣、张允随等人认真贯彻清政府的政策,并实力推进分不开的。其中,曾任云南布政使的陈宏谋表现最为突出。

在陈宏谋之前,蔡毓荣曾在平定"三藩之乱"后,上《筹滇十疏》提出设立义学,"滇人陷溺数年,所习闻者皆灭理乱常之事,几不知孝悌忠信为何物矣!今既如长夜之复旦,反经定志,全在此时。臣已饬行有司各设义学,教其子弟,各以朔望讲约,阐扬圣谕,以感动其天良。各选年高有德之人,给以月廪,风示乡里。但人情率始勤而终怠,或作辍不常,安能久道化成而

---

① (清)鄂尔泰、张广泗修,靖道谟纂:乾隆《贵州通志》卷九《学校志》,贵州省文史研究馆点校:《贵州通志·学校·选举志》,贵州人民出版社,2008年,第117—118页。
② 于晓燕:《清代南方民族地区的义学研究》,云南民族出版社,2011年,第102—103页。

保民无邪慝耶？则所以革民心，兴民行者之力行宜亟也"①。由此，云南义学的设置开始起步。雍正三年（1725），朝廷议准："云南威远地方设立义学。令彝人子弟有志读书者，入塾诵习"；五年（1727）再谕准："云南东川府土人，设立义学。择本省贡生、生员熟习风土、品学兼优之士，令其实心教诲。"②然而，云南义学的迅猛发展则是到了陈宏谋任职时期。

陈宏谋（1696—1771），出生于边疆广西省临桂县，于雍正十一年至乾隆三年（1733—1738）就任云南布政使。在任期间，他忠实执行中央在边疆民族地区关于举办启蒙教育的政策和举措，一直秉承"人性皆善，无不可化诲之人；汉夷一体，无不可转移之俗"③的原则，以期推动云南所属地方义学的发展。陈宏谋经过初步调查，认为"滇南越在遐荒，夷多汉少，土地硗瘠，居民穷苦，多有俊秀子弟，苦于无力延师。又夷俗不事诗书，罔知礼法"④，对云南边疆民族地区教育相对落后的状况感到忧虑，并迫切希望改变这种现状，于是相继向各府州县官员下达《查设义学檄》《查设义学第二檄》《查设义学第三檄》，进一步阐明清政府在边疆少数民族地区实施义学教育政策的重要性，并在《义学规条议》中对如何办好义学作了明确的指导。因之，对此进行分析，大致可以看出陈宏谋对清政府义学政策的解读及在云南执行政策时出现的诸多情形。

在《查设义学檄》中，陈宏谋认为：

> 为查设义学以兴文教，以变夷风事。滇南越在遐荒，夷多汉少，土田硗瘠，居民穷苦，多有俊秀子弟，苦于无力延师。又夷俗不事诗书，罔知礼法，急当诱掖奖劝，俾其向学亲师，熏陶渐染，以化其鄙野强悍之习。是义学之设，文化风俗所系，在滇省尤为紧要也。我国家械朴作人，声教四讫。历任各大宪留心文教，加意风俗，各属仰承德意，建学延师，所在多有。但查各属从前义学，或止为成材而设，而蒙童小子未能广行教读，或止设在城中，便于附近汉人子弟，而乡村夷倮未能多设义学。
>
> 夫蒙养为圣功之始，则教小子尤急于教成人；兴学为变俗之方，则教夷人尤切于教汉户。今欲使成人、小子、汉人、夷人不以家贫而废

---

① （清）蔡毓荣：《筹滇十疏》第九疏《敦实政》，方国瑜主编：《云南史料丛刊》第八卷，云南大学出版社，2001年，第437页。
② 均见（清）素尔讷等纂修，霍有明、郭海文校注的《钦定学政全书校注》卷七三《义学事例》，武汉大学出版社，2009年，第287—288页。
③ （清）陈宏谋：《查设义学檄》，雍正《云南通志》卷二九《艺文七》。
④ （清）陈宏谋：《查设义学第二檄》，雍正《云南通志》卷二九《艺文七》。

学,不以地僻而无师,非多设义学不可。除会城书院本司议将奉发帑金,置产垂久,业蒙两宪准行外,所有各属义学,合行通查,为此牌仰,该府同知、提举官吏,遵照牌内事理,即便转行所属州县。各将本地方有无义学,或训成材生童,或训夷倮幼童,或几处,或在城乡,系何时何官建设,其中有无藏书,有无公田租息,讲堂、书舍若干间,现在聘何人为师,年需束脩若干,来学生童若干,文课每月几次,夷童若干,有无饩廪膏火,并将各该地方四乡应设义学几处,其教习夷童若干,年需束脩若干,一并妥议详报。至尚未设立之州县及止于设立在城一处而四乡适中之地尚须增设者,该地方官悉心筹画,设法妥议,详请举行。或倡义捐设,或将地方何项陋规作为义学之用。如无项可动,亦将应设之处,所需若干,具详请示。即从前已有义学而日久颓废,或田租被人侵隐,或因近日地方有事废弛未开者,亦即确查,据实具报,以凭核夺。本司猥以迂拙,谬任旬宣,时承两宪以教养二事谆谆提命,欲勤宣德意,以尽职守,而耳目有限,心力未周。该属职在亲民,文教风俗责任更专,愿各实心筹画,以期有成,幸勿视为迂泛也。①

在檄文发出后,并没有引起云南省各府、州、县地方官员的重视,他们或敷衍塞责,或答非所问,均未按照陈宏谋的指令认真调查落实。于是,陈宏谋乃发出《查设义学第二檄》:

为查设义学,以兴文教,以变夷风事。人性皆善,无不可化诲之人;汉夷一体,无不可转移之俗。有地方之责者,果能因土制宜,随方设学,而又区画长策,垂诸久远,加意振兴,不致徇名鲜实,有始无终,则化导既久,观感必多,文教渐兴,风俗渐易,裨益地方非浅鲜也。滇省夷多汉少,鲜事诗书,义学之设,视他省为尤急,在乡义学又视在城为尤急。本司莅任以来,访知各属原有义学未尽举行,义学原有公田多被侵隐,是以通查各属旧设义学之处、旧有义学之田。如原无义学,即将应设地方、应需费用,通盘筹画。或拨公项,或查隐垦,或由捐给。如无公项隐垦,又力不能捐,亦即将需费确数详候核夺。

今据各属陆续复到,其通盘筹画、议定成规者,寥寥无几,而潦草率覆、掩饰一时者,则指不胜屈。有复称夷多汉少,无庸设学者;有复称公项不敷,举行不继,并不将公项如何不敷之处议及者;有复称旧无

---

① (清)陈宏谋:《查设义学檄》,雍正《云南通志》卷二九《艺文七》。

公项,现在量捐,并不将应设几处、捐给若干、作何经久之处议及者;有复称旧无公项,统俟核夺,并不将何处应设、需费若干声明请示者;有复称各处建盖义学需费甚巨,因而全不议及设学、束脩者;有复称膏火不继,不能设立,而反将束脩、设学之处全不议及者。并不细绎原行,不过奉行故事。如以此事为迂阔不近人情,不妨据实回复。或以为烦琐有累地方,尤不妨立请停止。如止为无力捐设起见,原行令无项可动,即将应设之处、所需之费详俟核夺,并非令该属人人捐设也,何乃支吾躲闪,答非所问,令人不可解说。除饬驳外,合再明白通饬。

  为此仰该官吏遵照来牌内事理,即将该属在城义学几处、每处需费若干,原有公费若干,田亩若干,田亩坐落何处,何人经收,除条粮外年收若干,或市石或京石,曾否敷用,或城乡可以通融敷用。如原无义学,何处应设,需费若干,何项可以拨充。如无项可充,作何捐置公产。如不能捐,即将置产需费若干报夺。至于学舍,或附近空屋,或公所、庵院,皆可开设,何庸另建。乡间蒙师即本地生员皆可教读,何事远访。在城者固宜实力举行,在乡者更宜广为设立;成材之学固宜勤为会课,蒙童之馆亦宜设法振兴。已经赴学者,作何振作奖励;未知向学者,作何引诱招徕。务须筹画善后,不徒粉饰一时。仍将设学地名、馆师姓名注明。汉童、夷童若干,书舍间数,开馆日期,田亩租数,造册申报备案。其从前已经议复批定者,无庸复详。其未经议复及已复未协、饬驳另议者,再绎节次批檄,逐一议复,不必仍以无力捐建,便尔草率回复。立等汇核,请院示夺,毋再率忽。至于知府,耳目近切,何处应设、何项可充、如何振兴、如何善后,就近稽查,设法更便,逐处经理,筹画不难。乃奉到止一转行,详到止一据转,徒烦案牍,于事何益?总之,夷方化导,非旦夕之可期,边俗振兴,舍司牧其何赖。不听其夷终于夷,惟使之人自为教,起化于近日而收效于将来,斯边地之急图而抚夷之务本也,思之勉之。①

从前后下达的两条檄文可以看出,陈宏谋贯彻清政府在云南边疆少数民族地区举办义学教育政策是不遗余力的,认识亦非常到位,对如何开办义学教育给出了具体的指导。

第一,对在云南举办义学的必要性予以充分肯定,"滇南越在遐荒,夷多汉少,土田硗瘠,居民穷苦,多有俊秀子弟,苦于无力延师。又夷俗不事

---

① (清)陈宏谋:《查设义学第二檄》,雍正《云南通志》卷二九《艺文七》。

诗书,罔知礼法,急当诱掖奖劝,俾其向学亲师,熏陶渐染,以化其鄙野强悍之习。是义学之设,文化风俗所系,在滇省尤为紧要也"。其中思路逻辑,确实体现了从顺(治)康(熙)到雍正年间清统治集团治理西南边疆少数民族地区指导思想的转变。

第二,充分认识到云南地区民族众多,针对此前的教育(官学、书院、社学等)未能覆盖基层子弟的状况,从而指出实施民族教育政策的重要性,"滇省夷多汉少,鲜事诗书,义学之设,视他省为尤急,在乡义学又视在城为尤急","夫蒙养为圣功之始,则教小子尤急于教成人;兴学为变俗之方,则教夷人尤切于教汉户"。

第三,针对一些云南地方官员提出的由于财政经济窘困、难以支持开设义学的托词,陈宏谋提出了解决这一问题的具体措施,即尽量充分利用地方剩余资源和自身现有条件和优势,把乡间空闲房屋、村庄庙宇或乡村集市调整作为兴办义学的校舍,并延请本地的生员担任塾师,从而做到节约办学成本,"至于学舍,或附近空屋,或公所、庵院,皆可开设,何庸另建。乡间蒙师即本地生员皆可教读,何事远访"。

第四,要求地方官员切实负起主导责任,"夷方化导,非旦夕之可期,边俗振兴,舍司牧其何赖",要求各地知府要清楚地掌握和了解辖区内义学情况,"至于知府,耳目近切,何处应设、何项可充、如何振兴、如何善后,就近稽查,设法更便,逐处经理"。

在陈宏谋的督率下,云南各地相继出现开办义学的高潮,不仅数量上有了突飞猛进,在他任职期间,云南各地新建起来的义学接近400所,而且地域分布上突破了原来城乡大堡的局限,深入到边缘地带、广大山区和民族地区。后世评论道,陈宏谋在云南,"立义学七百余所,令苗民得就学,教之书,刻《孝经》《小学》及所辑《纲鉴》《大学衍义》,分布各属。其后边人及苗民多能读书取科第,宏谋之教也";"乾隆间论疆吏之贤者,尹继善与陈宏谋其最也。尹继善宽和敏达,临事恒若有余;宏谋劳心焦思,不遑夙夜,而民感之则同。宏谋学由醇,所至惓惓民生风俗,古所谓大儒之效也"。① 虽有溢美之词,但也基本道出了陈宏谋对云南义学教育发展的推动之功。

三、乾隆时期苗疆社学和义学政策的波动

乾隆皇帝即位之初,听从鄂尔泰、张广泗等人的建议,继续大兴苗疆社

---

① 赵尔巽等撰:《清史稿》卷三〇七《陈宏谋传》,中华书局,1977年。

学和义学,坚持在苗疆推行积极的教化政策。在雍正朝已经设置相当数量社学、义学的基础上,乾隆五年(1740)议准,"除古州、八寨、威宁、永丰、册亨、罗斛等六处当设立社学师,其大小丹江、清江、旧施秉、摆顶等处,均应速饬设立外,所有长寨、大塘、水城、都江、三脚屯、荔波县、凯里、松桃、丙妹、朗洞、台拱、邛水、柳霁等处,应各设社学一所,永从县在城、在乡设立义学两所"①。苗疆基层启蒙教育得到进一步发展。

随着鄂尔泰、张广泗先后离世,清政府在苗疆推行社学的态度逐渐从积极转向消极,出现了从"化苗"向"愚苗"的政策性转变。②

乾隆十四年(1749)的一道上谕中指出:

> 各省苗民番蛮均属化外,当因其俗,以不治治之。……所称建学延师,设法奖励,虽向有定例,朕意不以为然。苗蛮正宜使其不知书文,惟地方官防御不严,致"汉奸"窜入其地,教之生非,于是有戕其同类、侵及边境之举。今若更令诵习诗书,凿其智巧,是非教之,使为"汉奸"乎!若谓读书明理,即可向化迁善,不知内地家弦户诵,千百户中尚不得一二安分守已之人,而将以斯之番苗乎?③

从这条史料可以看出,乾隆帝对在苗疆发展启蒙教育的认识已经发生明显的偏转。首先是认为苗民番蛮均属化外,当因其俗而以不治治之。所谓建设学校,延聘教师开其蒙、启其智,清高宗是不以为然的。在他看来,"苗蛮正宜使其不知书文",茫然无知,似此更有利于统治。假若让"苗蛮"等少数民族诵习诗书,接受学校教育,凿其智巧,反而在造就"汉奸",这对于地方是不稳定的因素,不利于清政府在苗疆的统治。乾隆帝的逻辑是,"若谓读书明理,即可向化迁善,不知内地家弦户诵,千百户中尚不得一二安分守已之人,而将以斯之番苗乎"?很清楚,一旦苗疆等民族地区出现反抗、起事等不稳迹象,乾隆帝内心深处传统的愚民易治思想就会体现出来。

云贵总督张允随亦认为,苗民愚昧无知,较易统治。他奏称:"概令鸟言侏漓读书识字,将来未收移风易俗之效,而适启舞文仇法之奸,甚非绥辑

---

① 贵州省文史研究馆点校:《贵州通志·学校·选举志》,贵州人民出版社,2008年,第116页。
② 张中奎:《改土归流与苗疆再造:清代"新疆六厅"的王化进程及其社会文化变迁》,中国社会科学出版社,2012年,第250页。
③ 中国第一历史档案馆编:《清代档案史料丛编》第14辑,乾隆十四年六月二十六日,"云贵总督张允随奏遵因俗而治谕旨办理缘由折",中华书局,1990年,第178—180页。

边疆之要道也。"①因为担心苗民会变得奸猾狡诈,清政府逐渐改变此前积极教化苗民的政策。

乾隆十六年(1751)七月,贵州布政使温福上奏《黔省应行更复各事宜》,他在奏折中建议:

> 苗地遍立社学,并择内地社师训教,将必奸诈百出。请密饬地方官,将新疆各社学之社师已满三年者徐行裁汰,未满三年者,届期亦以训迪无成发回,渐次裁撤。则从学苗童,自不禁而止。并请岁、科两试,仍准苗童一体应试,但不必另设额数,则苗卷自难入彀,亦可不禁而退。②

温福从"愚民"政策出发,坚持狭隘的民族隔离政策,认为内地社学教师到苗疆去任教必定会打开缺口,从而给苗疆社会带来不稳定的因素,尤其会出现"奸诈百出"的情形,从而带来难以预料的后果。对于这样一个缺乏长远眼光和战略高度的政策性建议,乾隆帝竟然予以全盘接受。朝廷在随后下达的指令中称:

> 查贵州苗疆设立社学,原期化其犷野,渐知礼义,以昭圣朝声教之盛。但在士子稍知自爱者,必不肯身入苗地设教。而侥幸尝试之徒,既不能导人以善,转恐其相诱为非。且苗性愚蠢,欲其通晓《四书》义理甚难,而识字以后以之习小说邪书则甚易。徒启奸匪之心,难取化导之效。应将苗疆各社学所设社师已满三年者,均以无成淘汰;未满三年者,届期亦以无成发回,渐次裁撤。岁科两试仍与汉童一体合考,不必分立新童加额取进。学臣考试,不得以粗浅之苗,滥行录取。③

乾隆皇帝裁撤苗疆社学的理由是"士子稍知自爱者,必不肯身入苗地设教。而侥幸尝试之徒,既不能导人以善,转恐其相诱为非",认为没有好的社学教师,效果是不好的。而其根本的原因,是担心苗疆民众在接受启蒙教育与外界加强交流之后,可能给朝廷对苗疆的统治带来不利影响,即

---

① 中国第一历史档案馆编:《清代档案史料丛编》第14辑,乾隆十四年六月二十六日,"云贵总督张允随奏遵因俗而治谕旨办理缘由折",中华书局,1990年,第178—180页。
② 中国科学院民族研究所贵州少数民族社会历史调查组、中国科学院贵州分院民族研究所编:《〈清实录〉贵州资料辑要》,贵州人民出版社,1964年,第1201页。
③ 索尔讷等纂修,霍有明、郭海文校注:《钦定学政全书校注》卷七三《义学事例》,武汉大学出版社,2009年,第289页。

"徒启奸匪之心,难取化导之效",这当然是统治者不愿看到的。说到底,历代封建统治经验中"愚民易治"的观念和做法对乾隆君臣具有很深的影响。这一政策性的重大转变,导致苗疆社学从此一蹶不振,也使得此后很长一段时期苗疆义学受到严重打击,科举考试中专设的"苗额"亦被取消,这就造成"新疆六厅"及周边苗疆厅县的苗民长期缺乏向社会上层合法上升的通道。苗疆地区除政治上由流官统治外,文化教育长期处于停滞不前的状态。①

从文献记载来看,同一时期清政府除了在贵州苗疆改变原先鼓励的政策外,在其他部分民族地区也有类似的做法,如在四川部分偏远地方取消了对当地民族子弟加额取进的优惠政策:

> 雍正九年议准:四川茂州地方,编户载粮,原系汉羌各半,杂处城乡。向时,羌民习陋人顽,未娴声教,是以汉民不许其子弟与试。今值遐方向化,户遍弦歌,茂州羌民久列版图,载粮入册,与齐民无异。应准其与汉民一体应试,卷面不必分别汉、羌,取额不必加增,凭文去取,一体科举、补廪、出贡。俟人文蔚起,岁、科两试再请增额。其所属汶、保二县羌民,果能观感兴起,亦照此例。②
> 雍正十三年议准:川省各属土司苗童,与汉民文、武童生一并凭文去取。卷面不必分别汉、苗,取额不必加增。通行各省,俱照此例。③

四、晚清时期苗疆义学政策的恢复

乾隆后期至嘉庆年间,受乾隆十六年(1751)苗疆社学和义学政策转变的影响,贵州义学教育陷入低谷。道光时期,部分有见地的官员又积极呼吁重振义学教育。道光元年(1821),张经田在《广兴义学文》中提道"黔省地处边隅,民苗杂处,地瘠民贫,多有俊秀子弟,苦于无力延师。又夷俗不事诗书,罔知礼义,亟当诱掖奖劝,俾其向学亲师,以化其鄙野强悍之习。

---

① 张中奎:《改土归流与苗疆再造:清代"新疆六厅"的王化进程及其社会文化变迁》,中国社会科学出版社,2012年,第251页。
② 素尔讷等纂修,霍有明、郭海文校注:《钦定学政全书校注》卷六九《土苗事例》,武汉大学出版社,2009年,第268页。
③ 素尔讷等纂修,霍有明、郭海文校注:《钦定学政全书校注》卷六九《土苗事例》,武汉大学出版社,2009年,第268页。

是义学之设,文教所关,风化所系。实力举行,在黔省为尤急"①,再次指出义学对改变黔地社会文化风俗的重要性。贺长龄任贵州巡抚期间,认为贵州教育薄弱,"苦文教未兴,或连数厅县无一义塾"②,因而积极"兴书院、立义学"。据不完全统计,在贺长龄任职期间,仅贵阳府就有由他倡建的义学15所。在他们的带动和影响下,贵州义学重新得到较大的发展。

咸同年间,贵州爆发大规模苗民起义,封建社会秩序遭到很大冲击。苗民的起事迫使清政府重新审视学校教化手段的运用,进而考虑加大在苗疆施行教育政策的力度。通过镇压各地少数民族起事,很多地方官员亦意识到义学重要的教化育民作用,于是积极重建义学。古州同知余泽春在善后条陈中提出四条建议,其中一条就是大力发展义学:

> 义学不可不设,二十年来兵燹,其人尽生于荆棘矛铤之间,罔识礼教……推原其故,由于不解汉语,不识汉字,无人开导之也。为今之计,不若多设义学,使其幼小即入学,教之读书识字,使通汉语,数年之间苗解文字、语言,则知识渐开,莠民不得而诱之,汉人不得而欺之,渐摩既久变乱之衅自消。③

林肇元在《下游苗疆应办苗弁、义学各议疏》中称,"查贵州军兴多年,苗疆粗定,应办善后各事。如苗弁、义学、屯卫三项,为风俗、学校、防御攸关,均属当时急务",因而需举办义学,"至义学一项,除台拱、丹江、都江、八寨、下江五厅,原设六十九馆,铜仁府、县新设四馆",此外"如古州、松桃、清江三厅,新旧共设六十六馆……通计府、厅、县十处,共一百三十九馆"。④光绪六年(1880),贵州巡抚岑毓英奏请在台拱、清江等厅增加苗童的入学名额。这样,苗疆义学教育渐趋复兴。

---

① (清)敬文等修,徐如澍纂:道光《铜仁府志》卷一〇《艺文》,贵州省文史研究馆点校:《贵州通志·学校·选举志》,贵州人民出版社,2008年,第121页。
② 转引自张羽琼的《贵州古代教育史》,贵州教育出版社,2003年,第237页。
③ (清)余泽春修,余嵩庆等纂:光绪《古州厅志》卷一〇《艺文志》。
④ 贵州省文史研究馆点校:《贵州通志·学校·选举志》,贵州人民出版社,2008年,第120页。

第二节 西南地区义学教育的发展

一、贵州义学教育的发展

(一) 贵州义学教育发展的基本情况

清代贵州的义学教育起步较早,且一开始就得到最高统治者的重视。康熙四十四年(1705)议准:"贵州各府、州、县设立义学,将土司承袭子弟送学肄业,以俟袭替。其族属人等,并苗民子弟愿入学者,亦令送学";康熙四十五年(1706),清政府再次谕令:"黔省府、州、县、卫,俱设义学。准土司生童肄业,颁发御书'文教遐宣'匾额奉悬各学。"① 随后,贵州地方官府在各地积极兴办义学。雍正年间武力开辟苗疆后,清政府对在苗疆兴办义学予以大力支持,义学教育成为朝廷化解苗疆阶级冲突、缓解民族矛盾、巩固苗疆统治的一项重要政策和手段。其间,张广泗上呈《设立苗疆义学疏》,就兴办苗疆义学的目的、计划、经费保障、教育内容,以及管理办法等提出具体的建议和措施。在鄂尔泰、张广泗等人的主持下,义学在广大苗疆地区很快兴建起来。到清末,贵州全省各府、厅、州所属地方先后兴办的义学超过680所。为使读者对清代贵州各地义学创设的具体情况有一个直观的感受,笔者不厌其烦,将贵州义学设置情况制成如下一览表。

表5-1 清代贵州各府厅州义学设置一览表

府	属别	义学名称	创办或重修时间	资料来源
贵阳府	府属	蒙养义学	康熙三十年,巡抚卫既齐、布政司董安国建	道光《贵阳府志》乾隆《贵州通志》
贵阳府	府属	敏来义学	康熙三十年,巡抚卫既齐、布政司董安国建	道光《贵阳府志》
贵阳府	定番	中峰义学	康熙三十四年始设义学	道光《贵阳府志》

---

① (清)素尔讷等纂修,霍有明、郭海文校注:《钦定学政全书校注》卷七三《义学事例》,武汉大学出版社,2009年,第287页。

续表

府	属别	义学名称	创办或重修时间	资料来源
贵阳府	定番	州义学	康熙五十年,知州李朝柱建	康熙《定番州志》
贵阳府	广顺	州义学	康熙四十二年,巡抚于准请建	道光《广顺州志》
安顺府	安平	北门义学	康熙四十二年,知县谢梦弼设	道光《安平县志》
贵阳府	修文	县城义学	康熙四十三年,知县林攀桂建	道光《贵阳府志》
贵阳府	龙里	学西义学	康熙四十四年,知县许之昇建	道光《贵阳府志》
贵阳府	广顺	文教义学	雍正四年,优贡周肇岐建	道光《贵阳府志》
贵阳府	开州	大觉寺义学	雍正五年,知州冯詠建	道光《贵阳府志》 乾隆《贵州通志》
贵阳府	龙里	端蒙义塾	乾隆年间	道光《贵阳府志》
贵阳府	贵筑	县署附设义学	无考。不晚于乾隆年间	乾隆《贵州通志》
贵阳府	长寨	长寨义学	无考。不晚于乾隆年间	乾隆《贵州通志》
贵阳府	府属	近悦义学	嘉庆二十三年建	道光《贵阳府志》
贵阳府	贵筑	朱昌堡义学	朱昌堡,嘉庆元年,堡人同建	道光《贵阳府志》
贵阳府	贵筑	端蒙义学	李官堡,嘉庆元年,堡人同建	道光《贵阳府志》
贵阳府	府属	抚院附设义学	道光十七年,巡抚贺长龄倡建	道光《贵阳府志》
贵阳府	府属	学院附设锡类义学	道光十七年,巡抚贺长龄倡建	道光《贵阳府志》
贵阳府	府属	布政司署附设义学	道光十七年,巡抚贺长龄倡建	道光《贵阳府志》
贵阳府	府属	按察司署义学	道光十七年,巡抚贺长龄倡建	道光《贵阳府志》
贵阳府	府属	粮储道附设义学	道光十七年,巡抚贺长龄倡建	道光《贵阳府志》
贵阳府	府属	贵阳府署附设义学	道光十七年,巡抚贺长龄倡建	道光《贵阳府志》 民国《贵州通志》

续表

府	属别	义学名称	创办或重修时间	资料来源
贵阳府	府属	知县署义学	道光十七年,巡抚贺长龄倡建	道光《贵阳府志》
贵阳府	府属	化成义学	道光七年建	道光《贵阳府志》
贵阳府	府属	精勤义学	道光七年建	道光《贵阳府志》
贵阳府	府属	成童义学	道光十八年,巡抚贺长龄建	道光《贵阳府志》
贵阳府	府属	河侧义学	道光十九年,巡抚贺长龄建	道光《贵阳府志》
贵阳府	府属	柏舟义学	道光十九年,巡抚贺长龄建	道光《贵阳府志》
贵阳府	府属	中河义学	道光十九年,巡抚贺长龄建	道光《贵阳府志》
贵阳府	府属	甘节义学	道光十九年,巡抚贺长龄建	道光《贵阳府志》
贵阳府	府属	青岩义学	道光十八年建	道光《贵阳府志》
贵阳府	贵筑	育德义学	道光十二年建	道光《贵阳府志》
贵阳府	贵筑	李氏义学	十五里屯,道光十七年捐建	道光《贵阳府志》
贵阳府	贵筑	高氏义学	北衙寨,道光年间	道光《贵阳府志》
贵阳府	贵筑	育英义学	平堡文昌阁,道光年间	道光《贵阳府志》
贵阳府	贵筑	养正义学	江家堡观音堂,道光年间	道光《贵阳府志》
贵阳府	贵筑	云天寺义学	旧有三。道光二十二年,巡抚贺长龄令分建于五堡	道光《贵阳府志》
贵阳府	贵筑	蒙泉义学	高堡祖师殿,道光年间	道光《贵阳府志》
贵阳府	贵筑	正蒙义学	谷上里干沟场,道光二十二年建	道光《贵阳府志》
贵阳府	贵筑	龙场义学	无考	
贵阳府	定番	义正义学	道光二十四年,巡抚贺长龄檄知州李士钧建	道光《贵阳府志》
贵阳府	定番	定广营义学	道光二十四年建	道光《贵阳府志》
贵阳府	定番	习正义学	道光十五年,署州判邵鸿儒建	道光《贵阳府志》
贵阳府	罗斛	城厢义学	城内龙王庙,道光二十一年,署州判赵学熜建	道光《贵阳府志》
贵阳府	罗斛	城厢义学	城内关帝庙,道光二十五年,署州判吴德容建	道光《贵阳府志》

续表

府	属别	义学名称	创办或重修时间	资料来源
贵阳府	广顺	摆酌场义学	道光二十一年,知州章贻燕劝建	道光《贵阳府志》
贵阳府	广顺	州义学	道光十一年设塾	道光《贵阳府志》
贵阳府	贵定	养正义学	雍正十一年建,道光初按察使李文耕捐银重修	道光《贵阳府志》
贵阳府	贵定	秀山义学	道光二年,武举李茂宫捐产倡建	道光《贵阳府志》
贵阳府	贵定	仰羲义学	沿山龙场,道光十八年建	道光《贵阳府志》
贵阳府	贵定	云山义学	平伐营北,道光年间	道光《贵阳府志》
贵阳府	贵定	谷新义学	平伐司谷新里,道光十四年,里人共建	道光《贵阳府志》
贵阳府	贵定	文教义学	文教乡,雍正四年建	
贵阳府	龙里	平阳义学	城东二十里,道光十四年里中饶氏一族捐建	道光《贵阳府志》
贵阳府	修文	县城义学	有三,佚其名。一在文昌宫,一在南门外忠义寺,一在新旧场忠烈庙。康熙四十三年建,后因苗乱废弛。光绪二年、三年复设两义学	道光《贵阳府志》
贵阳府	修文	养正义塾	息烽城北门外。年代无考	民国《贵州通志》
贵阳府	开州	陶淑义学	光绪十三年,胡牧莹设置	民国《开阳县志稿》
贵阳府	开州	养正义学	第二区羊场,光绪十三年,胡公璧设置	民国《开阳县志稿》
贵阳府	开州	务本义学	第六区羊场,光绪十三年,胡公璧设置	民国《开阳县志稿》
贵阳府	开州	崇正义学	第九区龙坑,光绪十三年,胡公璧设置	民国《开阳县志稿》
贵阳府	开州	育英义学	城南六七里,光绪十三年,胡公璧设置	民国《开阳县志稿》

续表

府	属别	义学名称	创办或重修时间	资料来源
贵阳府	开州	飞凤义学	第七区思毛坪,光绪十三年,胡公璧设置	民国《开阳县志稿》
贵阳府	开州	佘家营义学	光绪初年设	民国《开阳县志稿》
贵阳府	开州	开化义学	城内北极观,光绪二十二年,刘公炳蔚设	民国《开阳县志稿》
贵阳府	开州	玉清义学	第十区玉皇庙,光绪二十二年,刘公炳蔚设	民国《开阳县志稿》
贵阳府	开州	义和义学	光绪年间,乡人创立	民国《开阳县志稿》
遵义府	桐梓	城乡义学三所	康熙二十一年奉行建义学,知县贾国榸建学三处,一在城内。按:乾隆《贵州通志》桐梓义学在城内,康熙二十三年建	道光《遵义府志》乾隆《贵州通志》
遵义府	遵义	县义学	康熙五十四年建	乾隆《贵州通志》
遵义府	府属	府义学	康熙五十六年建	乾隆《贵州通志》
遵义府	桐梓	城义学	雍正八年,知县邱仲胆建	道光《遵义府志》
遵义府	绥阳	绥阳义学	雍正八年,知县唐椿建	道光《遵义府志》
遵义府	正安	正安州义学	雍正十一年知州张元钰建	乾隆《贵州通志》道光《遵义府志》
遵义府	遵义	王公祠义学	道光年间	道光《遵义府志》
遵义府	遵义	下踏水义学	道光年间	道光《遵义府志》
遵义府	遵义	大三甲义学	道光年间	道光《遵义府志》
遵义府	桐梓	城乡义学	康熙二十一年,知县贾国榸建学三处;一在城内,一在东芝里,一在芦溪里。后俱废	道光《遵义府志》

续表

府	属别	义学名称	创办或重修时间	资料来源
遵义府	桐梓	养正义学	道光二十一年,知县甘雨施创建	民国《续遵义府志》
遵义府	桐梓	敷文义学	道光二十一年,知县甘雨施创建	民国《续遵义府志》
遵义府	桐梓	崇正义学	道光二十一年,知县甘雨施创建	民国《续遵义府志》
遵义府	绥阳	城厢义学	道光年间,知县张梦骥重修	道光《遵义府志》
遵义府	仁怀	云台阁乡学	道光六年,知县张梦骥重建,改为乡学,同治十年改设牛王庙	道光《遵义府志》
遵义府	正安	城中义学	同治年间设	民国《续遵义府志》
遵义府	正安	德溪里义学九所	同治十二年,州牧黎怀始设	民国《续遵义府志》
遵义府	绥阳	城乡义学	共二十二处。旧设,同治十一年复设	民国《续遵义府志》,民国《绥阳县志》
遵义府	正安	三江里义学	共五所,光绪年间建	光绪《续修正安州志》
遵义府	正安	思宁里义塾	共七所,光绪年间建	光绪《续修正安州志》
遵义府	桐梓	端蒙义学	光绪八年,知县彭億清增设	民国《桐梓县志》
遵义府	桐梓	松坎义学二所	光绪年间	民国《续遵义府志》
遵义府	遵义	小十字义学	无考	民国《续遵义府志》
遵义府	遵义	凤朝关义学	无考	民国《续遵义府志》
遵义府	遵义	龙王庙义学	无考	民国《续遵义府志》

续表

府	属别	义学名称	创办或重修时间	资料来源
遵义府	遵义	苟江水场义学	无考	民国《续遵义府志》
遵义府	遵义	龙坪场义学	无考	民国《续遵义府志》
遵义府	遵义	武营义学两所	无考	民国《续遵义府志》
遵义府	绥阳	华封义学	无考	民国《续遵义府志》
大定府	平远	州义学	康熙二十一年,知州冷宗昱捐建	道光《大定府志》乾隆《贵州通志》
大定府	毕节	县义学	康熙三十五年奉旨新建,雍正九年,知县李曜重修	乾隆《毕节县志》
大定府	府属	府义学	康熙四十六年,知州雷有成建	道光《大定府志》
大定府	府属	大定协义学	康熙四十六年建,由营经理	道光《大定府志》
大定府	黔西	州义学	雍正年间,知州鲍尚忠建	乾隆《贵州通志》道光《大定府志》
大定府	威宁	州义学	雍正年间建,墙壁崩塌,废业久矣。乾隆二十七年,知州刘标捐金修整,延师授徒,讲贯无间,题名凤山书院。后废	乾隆《贵州通志》民国《威宁县志》
大定府	威宁	州义学	嘉庆四年,知州程正坤同学官公捐俸廉,购买东北郭姓屋基建	民国《威宁县志》
大定府	府属	东昇义学	道光十年,监生陈志道捐建	道光《大定府志》
大定府	府属	西城义学	道光八年,前知府陈熙捐建	道光《大定府志》
大定府	府属	修来义学	道光六年建	道光《大定府志》
大定府	府属	南关义学	道光年间	道光《大定府志》
大定府	府属	六龙义学	道光八年,郡人建	道光《大定府志》

续表

府	属别	义学名称	创办或重修时间	资料来源
大定府	府属	虎场义学	道光二十三年,知府姚柬之设	道光《大定府志》
大定府	府属	猴场义学	道光二十三年,知府姚柬之设	道光《大定府志》
大定府	府属	羊场坝义学	道光二十三年,知府姚柬之设	道光《大定府志》
大定府	府属	马场义学	道光二十三年,知府姚柬之设	道光《大定府志》
大定府	府属	瓢儿井义学	道光二十三年,知府姚柬之设	道光《大定府志》
大定府	府属	以列义学	道光二十七年,知府黄宅中设	道光《大定府志》
大定府	黔西	义馆六所	道光六年,知州李安中创建,一在城东,一在城西,皆名正心。道光十九年,知州童翚添设中义学一。道光二十二年,知州洪大镛添设东义学一;二十六年改定章程,以四馆改作六馆	道光《大定府志》
大定府	黔西	三重堰义学	道光二十三年,知州鹿丕宗捐廉设	道光《大定府志》
大定府	黔西	南明寺义学	道光年间建	道光《大定府志》
大定府	黔西	角羊寺义学	道光年间兴建	民国《贵州通志》
大定府	水城	城义学	光绪年间建	光绪《水城厅采访册》
大定府	水城	归集义学	光绪年间设	光绪《水城厅采访册》
大定府	水城	文昌宫义学	光绪三年设	民国《水城县志草稿》
大定府	水城	武圣宫义学	光绪三年设	民国《水城县志草稿》
大定府	水城	城外忠烈宫义学	光绪三年设	民国《水城县志草稿》

续表

府	属别	义学名称	创办或重修时间	资料来源
大定府	平远	兴贤义学	光绪年间捐建	光绪《平远州续志》
大定府	平远	修文义学	城东,光绪庚寅年建	光绪《平远州续志》
大定府	平远	敦行义学	城南,光绪庚寅年建	光绪《平远州续志》
大定府	平远	崇忠义学	城西,光绪庚寅年建	光绪《平远州续志》
大定府	平远	笃信义学	城北,光绪庚寅年建	光绪《平远州续志》
大定府	黔西	东、西二馆	光绪九年,知州许如山捐廉新建	光绪《黔西州续志》
大定府	黔西	州义馆	光绪十年,知州白公捐廉设	光绪《黔西州续志》
安顺府	镇宁	厅城义学	康熙三十年建	咸丰《安顺府志》
安顺府	永宁	州城义学	康熙四十四年,巡抚于准题请设立	咸丰《安顺府志》
安顺府	安平	县城义学	康熙四十五年建	道光《安平县志》
安顺府	普定	县义学	康熙四十五年建	乾隆《贵州通志》
安顺府	安平	县义学	两所,雍正三年,知县颜仪凤复设	道光《安平县志》
安顺府	归化	摆顶义学	雍正八年建	乾隆《贵州通志》咸丰《安顺府志》
安顺府	归化	威远汛义学	雍正八年建	乾隆《贵州通志》咸丰《安顺府志》

续表

府	属别	义学名称	创办或重修时间	资料来源
安顺府	府属	圆通寺义学	乾隆年间,知县王尔溥设	咸丰《安顺府志》
安顺府	府属	东义学	道光五年,知府于克襄捐廉新建	咸丰《安顺府志》
安顺府	府属	西义学	道光七年捐建	咸丰《安顺府志》
安顺府	府属	营义学	共有三所,道光五年,提督刘荣庆建	咸丰《安顺府志》
安顺府	府属	关帝庙营义学	道光二十六年,署提督刘玉材建	咸丰《安顺府志》
安顺府	府属	马王庙营义学	道光二十六年,署提督刘玉材建	咸丰《安顺府志》民国《续修安顺府志》
安顺府	府属	城守营义学	道光年间	咸丰《安顺府志》
安顺府	府属	青山寨义学	道光二十七年建	咸丰《安顺府志》
安顺府	府属	刘闻屯义学	道光二十八年刘姓合族捐建	咸丰《安顺府志》
安顺府	府属	旧州城义学	两所,一在寿佛寺,一在清源宫。道光二十八年建,光绪间废止	咸丰《安顺府志》民国《贵州通志》
安顺府	府属	蚂蝗箐义学	道光二十八年建	咸丰《安顺府志》
安顺府	郎岱	永安协义学	道光三年,永安协副将富森泰设	咸丰《安顺府志》
安顺府	郎岱	厅城义学	道光二十八年捐修	咸丰《安顺府志》
安顺府	归化	厅城义学	道光十八年,通判谭炜创建	咸丰《安顺府志》

续表

府	属别	义学名称	创办或重修时间	资料来源
安顺府	镇宁	厅城义学二所	道光二十六年设	咸丰《安顺府志》；光绪《镇宁州志》
安顺府	镇宁	丁旗义学	道光十一年十月立	民国《镇宁县志》
安顺府	永宁	关岭义学	道光十五年捐设	咸丰《安顺府志》
安顺府	永宁	坡贡义学	道光十五年捐设	咸丰《安顺府志》
安顺府	永宁	募役司义学	道光十五年捐设	咸丰《安顺府志》
安顺府	安平	城南义学	道光四年,知县刘祖宪设	道光《安平县志》
安顺府	安平	城北义学	道光四年,知县刘祖宪设	道光《安平县志》
安顺府	安平	各乡义学	道光四年,知县刘祖宪又添设义学十七处：一在西保,一在马场,一在波堕枝,一在龙场,一在大弄场外夏卧寨,一在左八猪槽堡,一在左七堡陇场,一在柔西齐伯房,一在前四羊昌河,一在后五上洛阳,一在柔东旧场,一在中八车头堡,一在后六六甲堡,一在城外东关厢,一在左一五里屯,一在左三八下洛阳,一在饭笼铺后九甲堡。均置有田租以为各义学束脩之用	道光《安平县志》
安顺府	清镇	县义学三所	道光十八年,知县周潞于城东设立义学二,城外设立义学一	咸丰《安顺府志》民国《清镇县志稿》
安顺府	清镇	蒙泉义学	道光壬寅年设	民国《清镇县志稿》

续表

府	属别	义学名称	创办或重修时间	资料来源
安顺府	清镇	养正义学	道光壬寅年设	民国《清镇县志稿》
安顺府	清镇	毓英义学	道光壬寅年设	民国《清镇县志稿》
安顺府	归化	城乡义学	共有十三堂,光绪年间通判宋泽春创设	民国《贵州通志》
安顺府	镇宁	义学馆	光绪十二年,唐州牧昭敬设	民国《镇宁县志》
安顺府	镇宁	王安寨义学	光绪年间	民国《镇宁县志》
安顺府	安平	新寨坡义学	光绪年间	民国《平坝县志》
安顺府	安平	石头庄义学	光绪年间	民国《平坝县志》
安顺府	安平	长硐山义学	光绪年间	民国《平坝县志》
安顺府	安平	石头湾义学	光绪年间	民国《平坝县志》
安顺府	安平	陶官堡义学	光绪年间	民国《平坝县志》
安顺府	安平	狮子山义学	光绪年间	民国《平坝县志》
安顺府	安平	水塘寨义学	光绪年间	民国《平坝县志》
安顺府	安平	山脚寨义学	光绪年间	民国《平坝县志》
安顺府	安平	马洛场义学	光绪年间	民国《平坝县志》

续表

府	属别	义学名称	创办或重修时间	资料来源
安顺府	安平	二湾河义学	光绪年间	民国《平坝县志》
安顺府	安平	毛昌堡义学	光绪年间	民国《平坝县志》
安顺府	安平	大石坡义学	光绪年间	民国《平坝县志》
安顺府	安平	薛下义学	光绪年间	民国《平坝县志》
安顺府	安平	鸡场堡义学	光绪年间	民国《平坝县志》
安顺府	安平	八亩田义学	光绪年间	民国《平坝县志》
安顺府	安平	黄土桥义学	光绪年间	民国《平坝县志》
安顺府	安平	龙堡寨义学	光绪年间	民国《平坝县志》
安顺府	安平	上马鞍义学	光绪年间	民国《平坝县志》
安顺府	安平	十甲堡义学	光绪年间	民国《平坝县志》
安顺府	安平	硐口义学	光绪年间	民国《平坝县志》
安顺府	安平	安脚寨义学	光绪年间	民国《平坝县志》
安顺府	安平	平坝义学	光绪年间	民国《平坝县志》
安顺府	安平	羊昌义学	光绪年间	民国《平坝县志》

续表

府	属别	义学名称	创办或重修时间	资料来源
安顺府	郎岱	大岩脚乡塾	无考	民国《郎岱县访稿》
安顺府	郎岱	六枝乡塾	无考	民国《郎岱县访稿》
安顺府	郎岱	化处乡塾	无考	民国《郎岱县访稿》
安顺府	郎岱	落别乡塾	无考	民国《郎岱县访稿》
安顺府	永宁	养正书馆	设立时间无考	民国《关岭县访册》
兴义府	安南	同仁义学	康熙二十九年,知县张文旂建义学于泮池上	咸丰《兴义府志》
兴义府	安南	县义学	康熙四十四年,知县王珍捐建	乾隆《贵州通志》
兴义府	安南	城南义学	康熙四十四年	咸丰《兴义府志》
兴义府	府属	康熙旧义学	康熙旧义学。即后来之府学	咸丰《兴义府志》
兴义府	普安	县城义学	康熙中建	咸丰《兴义府志》乾隆《贵州通志》
兴义府	府属	雍正旧义学	雍正十一年,知府王元烈捐建	乾隆《贵州通志》
兴义府	贞丰	州义学	雍正八年奉旨设立	乾隆《贵州通志》
兴义府	罗斛	罗斛义学	雍正八年奉旨设立	乾隆《贵州通志》
兴义府	册亨	册亨义学	雍正八年奉旨设立	咸丰《兴义府志》乾隆《贵州通志》

续表

府	属别	义学名称	创办或重修时间	资料来源
兴义府	南笼	府义学	雍正十年知府王元烈捐建	乾隆《贵州通志》
兴义府	安南	城义学三所	嘉庆十五年设	咸丰《兴义府志》
兴义府	府属	养正义学	道光五年,知府陈熙蕃建	咸丰《兴义府志》
兴义府	府属	四门四义学	道光年间	咸丰《兴义府志》
兴义府	府属	西门内义学	道光二十一年,知府朱德燧捐设。同治十三年,知府陈廷棨修复	咸丰《兴义府志》
兴义府	府属	城中央义学	道光二十一年,知府朱德燧捐设。同治十三年,知府陈廷棨修复	咸丰《兴义府志》
兴义府	普安	源泉义学	道光三十三年设	民国《普安县志》
兴义府	安南	南北二义学	道光十八年,知县尹思敬设	咸丰《兴义府志》
兴义府	贞丰	新义学	三所,在城之东、西、南三隅。道光二十年,知州周溶设	咸丰《兴义府志》
兴义府	册亨	振德义学	道光十四年,州同陈毓书设	咸丰《兴义府志》
兴义府	府属	育才义塾	光绪九年,知府余云焕建	光绪《兴义府志续编》
兴义府	府属	乡义学	共三所:一设北乡普平,一设于屯脚,一设于西乡马鞭田。光绪十五年,知府邹元吉增设	民国《南笼续志》
兴义府	普安	青山义学	光绪年间	民国《普安县志》
兴义府	兴义县	城乡义学	四所:马神庙、昭忠祠及城内田坝街厉坛、东门外场坝。具体年代无考	咸丰《兴义府志》

续表

府	属别	义学名称	创办或重修时间	资料来源
都匀府	独山	州城义学	康熙二十八年设	乾隆《独山县志》乾隆《贵州通志》
都匀府	清平	县城义学	康熙四十年建	乾隆《贵州通志》
都匀府	麻哈	州城义学	康熙四十四年建	乾隆《贵州通志》
都匀府	八寨	城乡义学	雍正八年奉旨设立。同治十二年,同知刘垂祺重建龙泉书院,又设城乡义学十一所	乾隆《贵州通志》
都匀府	丹江	大丹江义学	雍正八年奉旨设立	乾隆《贵州通志》
都匀府	丹江	小丹江义学	雍正八年奉旨设立	乾隆《贵州通志》
都匀府	都江	厅义学	雍正八年建	乾隆《贵州通志》
都匀府	府属	府义学	三所:一在府城,一在平浪司,一在凯口。雍正十年,知府王钟珣建	乾隆《贵州通志》
都匀府	都匀	县义学	无考。不晚于乾隆年间	乾隆《贵州通志》
都匀府	独山	三脚屯义学	乾隆五年,三脚屯始立义学,见于《黔南识略》	乾隆《独山州志》民国《三合县志略》
都匀府	荔波	县义学	无考。不晚于乾隆年间	乾隆《贵州通志》
都匀府	独山	州城义学	乾隆二十一年,州牧小格增设	民国《独山县志》
都匀府	荔波	养正义学	嘉庆二十三年,知县陈熙创设。道光五年,知县杨以增始捐赠推广之。同治五年毁于兵燹,遂停	民国《荔波县志资料稿》
都匀府	独山	州城义学	道光二十一年,监生熊兆麟设	民国《独山县志》
都匀府	荔波	旧设养正义学	道光中贡生邓尔亨等十八家捐修	光绪《荔波县志》
都匀府	荔波	荔波营义学	道光八年设,延师教营中兵丁子弟	光绪《荔波县志》

续表

府	属别	义学名称	创办或重修时间	资料来源
都匀府	荔波	大寨义学	道光二十三年募设	民国《荔波县志资料稿》
都匀府	荔波	后村义学	道光二十三年募设	民国《荔波县志资料稿》
都匀府	荔波	结茅义学	道光二十三年募设	民国《荔波县志资料稿》
都匀府	都江	训苗义学	共十二堂,同治年间,通判周启江办理善后而建	民国《贵州通志》
都匀府	府属	城乡义学	光绪初年,知府罗应旒增设义塾四十六所,知府陈廷棨改为十二所	民国《都匀县志稿》
都匀府	丹江	城乡义学	义学三十二所,均光绪元年通判杨兆麟创办;九年,又设义学一所	民国《贵州通志》
都匀府	独山	崇文经馆	光绪四年设	民国《三合县志略》
都匀府	独山	养正蒙馆	光绪四年设	民国《三合县志略》
都匀府	独山	打略义馆	光绪四年设	民国《三合县志略》
都匀府	独山	牛场义馆	光绪四年设	民国《三合县志略》
都匀府	荔波	同仁义塾	光绪元年建	光绪《荔波县志》
都匀府	荔波	新设养正义塾	光绪元年,知县苏忠廷建设	光绪《荔波县志》
都匀府	荔波	移风义塾	光绪元年	光绪《荔波县志》
都匀府	荔波	崇儒义塾	光绪元年	光绪《荔波县志》

续表

府	属别	义学名称	创办或重修时间	资料来源
都匀府	荔波	扶文义塾	光绪元年	光绪《荔波县志》
都匀府	荔波	尊经义塾	光绪元年,知县苏忠廷建设	光绪《荔波县志》
都匀府	荔波	杨清义塾	光绪年间	光绪《荔波县志》
都匀府	荔波	善成义塾	光绪年间	光绪《荔波县志》
都匀府	荔波	方村义学	光绪八年设	民国《贵州通志》
黎平府	古州	车寨义学	雍正年间,总督张广泗题请设	光绪《黎平府志》
黎平府	古州	月寨义学	雍正年间,张广泗题请设	乾隆《贵州通志》光绪《古州厅志》
黎平府	古州	刀寨义学	雍正八年奉旨设立	乾隆《贵州通志》光绪《古州厅志》
黎平府	古州	寨头藏弩义学	雍正八年奉旨设立	乾隆《贵州通志》
黎平府	府属	府义学	无考。不晚于乾隆年间	乾隆《贵州通志》
黎平府	府属	文星义学	乾隆十二年	光绪《黎平府志》
黎平府	锦屏	县义学	无考。不晚于乾隆年间	乾隆《贵州通志》
黎平府	永从	县义学	无考。不晚于乾隆年间	乾隆《贵州通志》
黎平府	开泰	县义学	无考。不晚于乾隆年间	乾隆《贵州通志》

续表

府	属别	义学名称	创办或重修时间	资料来源
黎平府	府属	养正义学	道光二十二年	光绪《黎平府志》
黎平府	府属	培基义学	道光二十二年	光绪《黎平府志》
黎平府	府属	文兴义学	乾隆十二年,知府徐立御、知县李犹龙捐设	光绪《黎平府志》
黎平府	古州	平江义学	道光二十三年	光绪《黎平府志》
黎平府	古州	怀新义学	道光二十三年	光绪《黎平府志》
黎平府	古州	朗山义学	道光二十三年	光绪《黎平府志》
黎平府	下江厅	厅城义学	三处:一在文昌宫内,一在文昌宫右,一在城内东南隅。道光间设	光绪《黎平府志》
黎平府	永从	丙山义学	道光二年,绅耆捐设。光绪十七年,县丞周立昌添设义学三处	光绪《黎平府志》
黎平府	永从	顿硐义学	同治元年设,陆续增,共八处。光绪十七年二月一律开馆	光绪《黎平府志》
	锦屏乡	兴文义学	倡于道光年间,咸丰五年苗乱废	
黎平府	府属	黎平营义学	光绪七年公建	光绪《黎平府志》
黎平府	府属	振文义学	光绪七年公建	光绪《黎平府志》
黎平府	府属	振德义学	光绪九年	光绪《黎平府志》
黎平府	府属	时敏义学	光绪三年	光绪《黎平府志》
黎平府	府属	潭溪义学二所(同文、同兴)	光绪九年创设	光绪《黎平府志》
黎平府	府属	沈团义学	光绪九年	光绪《黎平府志》

续表

府	属别	义学名称	创办或重修时间	资料来源
黎平府	府属	江边寨义学	光绪九年	光绪《黎平府志》
黎平府	古州	鸣凤堡义学	光绪年间	光绪《黎平府志》
黎平府	古州	忠诚堡义学	光绪年间	光绪《黎平府志》
黎平府	古州	兴隆堡义学	光绪年间	光绪《黎平府志》
黎平府	古州	章鲁义学	光绪年间	光绪《古州厅志》
黎平府	古州	城厢义学三处	光绪三年设	光绪《黎平府志》
黎平府	古州	朗洞营义学	光绪年间	光绪《黎平府志》
黎平府	下江厅	仁、义、礼、智四义学	城内一处,城外三处。光绪三年,通判钟昌杰分建	光绪《黎平府志》
铜仁府	铜仁	县义学	康熙四十年建	乾隆《贵州通志》
铜仁府	府属	府义学	无考。不晚于乾隆年间	乾隆《贵州通志》
铜仁府	府属	培成书屋	咸丰六年设;七年,设义学三,旋改为四:一为培成书屋,一为爱莲书馆,一设复仁坳五显宫,一设北门三义宫	光绪《铜仁府志》
铜仁府	府属	爱莲书屋	咸丰六年设	光绪《铜仁府志》
铜仁府	府属	五显宫义学	咸丰六年设	光绪《铜仁府志》
铜仁府	府属	三义宫义学	咸丰六年设	光绪《铜仁府志》

续表

府	属别	义学名称	创办或重修时间	资料来源
铜仁府	府属	新增府义学	两处：一设府学明伦堂，一设县学明伦堂。光绪二年增设	光绪《铜仁府志》
铜仁府	铜仁	新增县义学	光绪二年增设	光绪《铜仁府志》
铜仁府	铜仁	苗义学	共四所，光绪六年增设于苗地	光绪《铜仁府志》
铜仁府	铜仁	江口义学	光绪九年，署铜仁府知府黎怀创设	光绪《铜仁府志》
思南府	安化	县义学	康熙五十一年建	乾隆《贵州通志》
思南府	府属	府城义学	雍正五年，知府冯詠改建于飞来石旁；八年，知府史瑷重修，捐给馆谷	乾隆《贵州通志》
思南府	印江	县义学	无考。不晚于乾隆年间	乾隆《贵州通志》
思南府	婺川	县义学	无考。不晚于乾隆年间	乾隆《贵州通志》
思南府	府属	府城义学三所	道光二十一年，每岁以公款束脩三十六两分作城中蒙馆三处开销。道光末年废	道光《思南府志》
思南府	府属	思南营义学	道光十六年设馆，训营伍子弟	道光《思南府志》
思南府	安化	煎茶溪义学	道光二十年知县陈文衡倡建	道光《思南府志》
思南府	安化	冷溪义学	道光二十年知县陈文衡建	道光《思南府志》
思南府	安化	青龙堡义学	僧松月捐基，道光八年，庠生安于硐建书室三楹以课成童；十九年添置东西厢房各二间以课蒙童	道光《思南府志》
思南府	安化	旋厂义学	道光二十一年建	道光《思南府志》
思南府	安化	东区义学	无考	
思南府	安化	南一区义学	无考	

续表

府	属别	义学名称	创办或重修时间	资料来源
思南府	婺川	宾兴义学	道光年间	道光《思南府志》
思南府	婺川	南关义学	道光十九年,知县陈文衡捐置	道光《思南府志》
思南府	婺川	鹰山义学	道光十九年,知县陈文衡置	道光《思南府志》
思南府	府属	蔚文义学	道光二十六年,邑人捐设	民国《思南县志稿》
思南府	府属	亨泰义学	光绪乙卯年,署知府蒲荫枚设	民国《思南县志稿》
思南府	府属	养正义学	光绪乙卯年,署知府蒲荫枚设	民国《思南县志稿》
思南府	府属	崇正义学	光绪乙卯年,署知府蒲荫枚设	民国《思南县志稿》
思南府	府属	□□义学	光绪乙卯年,署知府蒲荫枚设	民国《思南县志稿》
思南府	府属	□□义学	光绪乙卯年,署知府蒲荫枚设	民国《思南县志稿》
思南府	府属	正兴义学	光绪初年,团绅萧元清建	民国《贵州通志》
思南府	安化	怀德堂义学	光绪二十六年,知县胡大经捐建	民国《贵州通志》
镇远府	施秉	县义学	康熙四十四年,知县李育熊捐俸建	乾隆《贵州通志》
镇远府	黄平	州义学	两所:一在新城东旧学基,一在旧城文庙右。雍正六年建	乾隆《贵州通志》民国《黄平县志》
镇远府	清江	城乡义学	雍正八年奉旨设立各所,以教苗民子弟。乾隆十五年裁革停办	乾隆《贵州通志》乾隆《镇远府志》
镇远府	台拱	厅城义学	雍正八年奉旨设立	乾隆《贵州通志》
镇远府	施秉	苗民义学	雍正八年奉旨设立	乾隆《贵州通志》
镇远府	施秉	三秉义学	无考	
镇远府	施秉	三馆义学	无考	

续表

府	属别	义学名称	创办或重修时间	资料来源
镇远府	施秉	三洞义学	无考	
镇远府	府属	府义学二所	原设经、蒙两馆,至乾隆四十年,拨归书院,义学遂废;四十九年禀请复设	乾隆《贵州通志》乾隆《镇远府志》
镇远府	镇远	县义学	无考。不晚于乾隆年间	乾隆《贵州通志》
镇远府	天柱	县义学	无考。不晚于乾隆年间	乾隆《贵州通志》
镇远府	天柱	柳霁义学	时间无考。附设蔚文书院内	
镇远府	黄平	石头堡义学	乾隆年间设	嘉庆《黄平州志》
镇远府	黄平	重安江义塾	乾隆年间设	嘉庆《黄平州志》
镇远府	台拱	城乡义学二十三馆	光绪十六年,同知周庆芝设城乡义学23馆。拨出租谷900石作经费,设义学23馆	《台江县志》《黔东南苗族侗族自治州志·教育志》
平越直隶州	瓮安	县义学	康熙四十四年建	乾隆《贵州通志》
平越直隶州	余庆	旧义学	康熙四十四年建	光绪《余庆县志》
平越直隶州	余庆	县义学	康熙五十三年设	光绪《余庆县志》
平越直隶州		平越府义学	无考。不晚于乾隆年间	乾隆《贵州通志》光绪《平越直隶州志》
平越直隶州		平越县义学	无考。不晚于乾隆年间	乾隆《贵州通志》光绪《平越直隶州志》
平越直隶州	湄潭	县义学	无考。不晚于乾隆年间	乾隆《贵州通志》
平越直隶州	州属	杨义司义学	同治十三年,善后清查入公田产禀官设立	光绪《平越直隶州志》

续表

府	属别	义学名称	创办或重修时间	资料来源
平越直隶州	州属	芦坪义学	光绪二十六年,东乡团首甘浩义筹资禀官设立	光绪《平越直隶州志》
平越直隶州	州属	保户义学	光绪四年,北乡高坪三牌保户寨团首胡克修建	光绪《平越直隶州志》
平越直隶州	州属	平仓义学	光绪二十八年,北乡平仓寨团首杜运乾等请将吴姓绝产设立	光绪《平越直隶州志》
平越直隶州	州属	文明义学	光绪十八年,廪生贾学煊等禀请修置	光绪《平越直隶州志》
平越直隶州	瓮安	蓝家关义学	光绪年间	光绪《平越直隶州志》
平越直隶州	瓮安	养正义学	光绪三十三年开设	民国《瓮安县志》
平越直隶州	瓮安	兴文义学	光绪三十三年开设	民国《瓮安县志》
平越直隶州	瓮安	荆里义塾	光绪元年设	民国《瓮安县志》
平越直隶州	瓮安	保平场义学	光绪二十五年,县令王教成设	民国《瓮安县志》
平越直隶州	瓮安	养正义塾	光绪年间	民国《瓮安县志》
平越直隶州	瓮安	牛里义学	光绪年间设	民国《瓮安县志》
平越直隶州	湄潭	永兴义学	光绪年间设	光绪《平越直隶州志》
平越直隶州	湄潭	培英义学	光绪年间设	光绪《平越直隶州志》
平越直隶州	湄潭	两路口义学	光绪年间设	光绪《湄潭县志》

续表

府	属别	义学名称	创办或重修时间	资料来源
平越直隶州	瓮安	瓮里岩坑义学	旧设,兵燹后未恢复。宣统元年始借本场之忠烈宫开设	民国《瓮安县志》
平越直隶州	瓮安	瓮里新牌卫义学	旧设,兵燹后未恢复。宣统二年始借本地之龙头寺开设	民国《瓮安县志》
平越直隶州	州属	州义学	无考	光绪《平越直隶州志》
思州府	府属	旧义学	康熙四十四年建,雍正十一年重建	乾隆《贵州通志》
思州府	府属	蔚文义学	民人刘铣等于道光二十六年创修	康熙《思州府志》
思州府	玉屏	县义学	雍正十二年建	乾隆《贵州通志》
思州府	青溪	县义学	无考。不晚于乾隆年间	乾隆《贵州通志》
思州府	青溪	养正义学	东门城内。年代无考	
石阡府	府属	府义学	康熙三年,知府刘启复、推官陈龙岩建,后废。	乾隆《石阡府志》
石阡府	龙泉	县城义学	康熙年间建	康熙《龙泉县志草》
石阡府	府属	城乡义学三所	无考	民国《石阡县志》
仁怀直隶厅		养正书院	嘉庆十九年,同知陈熙建	道光《仁怀直隶厅志》
仁怀直隶厅		端本义学	道光二十二年之前建	光绪《增修仁怀厅志》
仁怀直隶厅		集义寨义学	位于复兴场后山红石岩。光绪十七年建	光绪《增修仁怀厅志》

续表

府	属别	义学名称	创办或重修时间	资料来源
仁怀直隶厅		善成义学	同知敖京友劝募捐建	光绪《增修仁怀厅志》
仁怀直隶厅		培凤义学	位于大洞场。光绪十七年修建	光绪《增修仁怀厅志》
仁怀直隶厅		河西里义学	光绪十七年修建,分上下两馆	光绪《增修仁怀厅志》
仁怀直隶厅		及幼堂义学	同知杨潏川兴建,收养孤贫子弟入馆训读	光绪《增修仁怀厅志》
仁怀直隶厅		豫省义馆	位于复兴场。光绪年间设	光绪《增修仁怀厅志》
普安直隶厅		北门楼义学	道光二年,同知陈熙设	光绪《普安直隶厅志》
普安直隶厅		起凤义学	道光二年,同知陈熙设	光绪《普安直隶厅志》
普安直隶厅		官井街义学	道光六年,绅士高占魁、范连祥设	光绪《普安直隶厅志》
普安直隶厅		老启硐义学	道光六年,绅士高占魁、范连祥设	光绪《普安直隶厅志》
普安直隶厅		大石口义学	同治四年,同知钱壔设	光绪《普安直隶厅志》
普安直隶厅		西冲义学	同治四年,同知钱壔设	光绪《普安直隶厅志》
松桃直隶厅		厅城义学	城内城隍庙。道光年间建	道光《松桃厅志》
松桃直隶厅		义学二处	分城内、城外延师课读。道光十五年,厅主徐鋐建	道光《松桃厅志》

资料来源:贵州省文史研究馆点校:《贵州通志·学校·选举志》"义学表",以及相关各地方志书综合整理而成。

上表是清代贵州各地义学设置的具体情况,或许并不完整,因为部分义学存在的时间较短,有的记载阙如,因此义学总数不一定准确;部分义学的名称亦可能有误,但足以反映清代贵州省各地兴办义学的总体概貌。需要说明的是,作为启蒙教育的一部分,社学也发挥过一定作用。咸丰《兴义府志》载:"义学与书院相表里,有义学以端蒙养,有书院以教成材,而峨峨髦士,自济济兴起矣,社学更所以辅义学也。"①而在后来的办学过程中,社学逐渐衰落,义学则蓬勃兴起。其中缘由或与清政府更为重视义学对少数民族子弟的教化作用有关。"义学,于黔省尤重,考学政全书,康熙四十四年议准黔省设义学,命训导躬教。明年又御书'文教遐宣'额赐各义学,诚重之也。至社学,顺治九年命设,旋康熙二十五年,命查革,而雍正元年又命设立,乾隆元年又命黔中设立,五年又命永丰州册亨设立,乃十六年又命汰。今各属社学,大都皆废。"②有的史料则载:"书院之外有社学、义学,凡汉人在乡之学总曰社学,所以别于府、州、县在城之学也,各乡离城远近不一,岂能尽人负笈来城,故于巨乡大堡另立社学,如今之龙标、上林、双樟等书院非书院也,乃社学也。朝廷为彝洞设立之学及府、州、县为彝洞捐立之学则曰义学,盖取革旧之意,引于一道同风耳,如古州新辟即设车寨义学、月寨义学是也。"③在清政府看来,贵州蛮夷群体众多,且分布广泛,比起社学,创设于民族地区的义学更为重要。

(二)清代贵州义学的时空分布特点

根据表5-1可以看出,清代贵州义学发展在空间和时间分布上的一些特征。依据兴办义学数量的多少,可将贵州各府、州、厅行政区划分为4个层次。拥有100所及以上义学的地区,为都匀府、安顺府,属于第一层次;拥有40所至99所义学的地区,有遵义府、贵阳府、黎平府、大定府、普安直隶厅、镇远府,属于第二层次;义学数量在10所以上40所以下的地区,有兴义府、思南府、平越直隶州、铜仁府,属于第三层次;义学在10所以下的地区有松桃直隶厅、石阡府、仁怀直隶厅、思州府,属于第四层次。

将各府州拥有不同数量的义学之情形投射在贵州全省空间,便能看出清代贵州义学的空间分布大致有如下特点:其一,分布广泛。清代贵州义学已经覆盖了全省所有的府、州、厅,包括偏远的松桃厅、仁怀厅、思南府等地区都创设了义学。其二,苗疆地区创设义学成效显著。贵阳府、遵义府、安顺府等经济较为发达,这为文化教育的发展奠定了物质基础,因此,这三

---

① (清)张锳修,邹汉勋、朱逢甲纂:咸丰《兴义府志》卷二二《学校志》。
② (清)张锳修,邹汉勋、朱逢甲纂:咸丰《兴义府志》卷二二《学校志》。
③ (清)俞渭修,陈瑜纂:光绪《黎平府志》卷四上。

个府是清代贵州义学发展的中心地区,但数量最多的却是黔东南苗疆地区的都匀府。其三,空间分布不均衡。清代贵州义学在府厅一级的地域分布并不均衡,最多的都匀府有136所,安顺府102所,而最少的松桃直隶厅仅3所,石阡府5所,思州府6所,仁怀直隶厅8所,差距悬殊,当然,松桃厅、仁怀厅、石阡府、思州府的管辖区域本就狭小,也是不能忽视的原因。其四,对照清代贵州全省图,贵州义学的分布呈现出较为明显的空间差异,大致呈"一带"加"一块"的"丁"字形分布。"一带"是指横贯全省、自西向东的普安—兴义—安顺—贵阳—都匀—镇远—黎平的带状连接区域,这是清代全省义学最大的分布区域。这7个府厅的义学加起来达490所,占全省总数的70%,平均每府为70所。"一块"是指北侧的遵义府、大定府,两府有义学114所,其中遵义府仅次于都匀、安顺两府,比作为政治中心的贵阳府还要多。

  根据相关文献记载,自西向东的滇黔大道的南侧,也就是广大的苗疆地区,是清代贵州义学分布的重要地区。具体而言,这一带各府直属地区和新设县(厅)辖区为义学分布密集区,比如都匀府直属地区设置的义学达49所。这些地区一般是当地官员推广义学的首选。另外,府属地区作为一府的中心区域,在人力、物力、财力等办学条件方面较为有利,自然成为义学集中的地带。而新设县(厅)地区是苗疆义学分布的又一密集地区,在当时有一些具体原因:一是武力开辟南部苗疆后,新设建制地区是官府推广义学的重点。在镇压苗民多次起事后,统治者意识到,"欲永绝苗患,必先化苗为汉。除令剃发缴械外,欲令其习礼教,知正朔,先自知读书能汉语始"[①]。因此,作为重要的善后措施,官府非常重视在南部苗疆地区开办义学。二是与地方官员的大力推广有关。如丹江厅先后设立义学35所,其中32所均为光绪元年(1875)通判杨兆麟创设。三是咸(丰)同(治)贵州各族起义被镇压后,大量的"逆产""绝产"成为开设义学的重要经费来源。[②]

  清代贵州各地义学设置的时间分布如下表:

[①] (清)罗文彬、王秉恩撰:《平黔纪略》卷一九,林超民等主编:《西南文献丛书·西南稀见方志文献》第67册,兰州大学出版社,2003年。

[②] 如同治十二年(1873),都匀府八寨厅同知刘垂棋设城乡义学11所,拨逆绝租谷160石作常年经费。贵州省文史研究馆点校:《贵州通志·学校·选举志》,贵州人民出版社,2008年,第137页。

表 5-2 清代贵州各地义学设立时段分布简表

时期 府厅	康熙	雍正	乾隆	嘉庆	道光	咸丰	同治	光绪	宣统	无考	合计
贵阳府	7	3	3	3	41	—	—	10	—	1	68
安顺府	6	4	1	—	48	—	—	38	—	5	102
兴义府	5	5	—	3	14	—	—	5	—	4	36
普安直隶厅	—	—	—	—	4	—	2	34	—	—	40
大定府	4	3	—	1	20	—	—	13	—	1	42
遵义府	5	3	—	—	—	—	32	15	—	8	72
仁怀直隶厅	—	—	—	1	1	—	—	6	—	—	8
石阡府	2	—	—	—	—	—	—	—	—	3	5
平越直隶州	3	—	3	—	—	—	1	16	2	3	28
思南府	1	1	2	—	13	—	—	7	—	7	31
思州府	2	1	1	—	1	—	—	—	—	1	6
铜仁府	1	—	1	—	—	4	—	7	—	—	13
松桃直隶厅	—	—	—	—	3	—	—	—	—	—	3
黎平府	—	4	5	—	10	—	8	24	—	4	55
都匀府	3	7	4	—	1	—	23	92	—	6	136
镇远府	1	6	6	—	—	—	—	23	—	4	40
合计	40	37	26	9	170	4	66	290	2	41	685

资料来源：本表根据前揭《清代贵州各府厅州义学设置一览表》整理而成。亦参考许庆如的《清代贵州义学的时空分布研究》，西南大学硕士学位论文，2009年。需要说明的是，表中的数据仅仅是初步统计，只起到参考的作用，并非精确的数字。

清代贵州义学在时间分布上也具有自身的一些特点。由表 5-2 可以看出，清代贵州义学的发展经历了以下几个阶段。①

第一阶段为康熙、雍正时期，是贵州义学的起步阶段。根据记载，清代贵州义学最早是康熙三年（1664）设置的石阡义学。康熙年间共设义学 40 所，分布地域较为广泛，已经覆盖了除黎平府，以及普安、仁怀、松桃三直隶厅以外的其他地区，但分布不平衡，且大多设于府、州、县治所或营汛所在地，极少有乡、里一级义学。雍正年间共设义学 37 所，范围比康熙年间要

---

① 参见许庆如的《清代贵州义学的时空分布研究》，西南大学硕士学位论文，2009年。

小。尽管贵阳、安顺、兴义等府是兴办义学教育的重点地区,但义学建置和发展的重心已逐渐向新开辟的苗疆地区转移,仅黎平府、都匀府、镇远府三属地方就设立义学17所,接近这一时期贵州设学总数的46%。更值得注意的是,苗疆腹地的古州、八寨、丹江、都江、清江、台拱六厅已经有义学设立。这一情形的出现,与雍正年间大规模武力开辟苗疆及清政府屡次下令在"新疆"腹地推广义学有直接关系。雍正八年(1730),据张广泗上奏的《设立苗疆义学疏》载:"总计上下两游新附苗疆,延袤二三千里,人户不下数十万,并经题请安设营制,以资防维,酌立专官,以司教养,于抚导绥戢之余,必当诱植彼之秀异者,教以服习礼义,庶几循次陶淑,而后可渐臻一道同风之效,是所请设立义学,课诲新附苗人子弟,实为振励苗疆之要务。"① 此后,苗疆地区的义学逐渐增多。

第二阶段为乾隆、嘉庆时期,贵州义学发展由高潮转为低潮。乾隆年间,贵州省设学数量为26所,至嘉庆年间,仅有9所义学的设置有文献记载。在乾隆年间设立的26所义学中,苗疆地区依然是义学分布的重点,其中15所分布于黎平、都匀和镇远三府。在当时全国经济社会与文化教育发展大趋势下,贵州义学反而陷入低谷,此种情形是很不正常的。初步分析,此种状况的出现有着具体的社会历史背景,即与乾隆、嘉庆时期贵州苗民多次起事反抗官府直接相关。雍正年间武力开辟苗疆后,因为土地兼并、官兵横行、吏治腐败,导致苗疆社会各种矛盾趋于激化,雍正十二年(1734)爆发包利、红银起义,至乾隆六年(1741)才被镇压下去。乾嘉之际,湘黔交界地区又爆发吴八月、石柳邓等人领导的苗民起义。地方政府的主要任务转向镇压起义。在此背景下,清政府在贵州苗疆的民族教育政策发生很大的转变。乾隆二年(1737),清政府下诏在贵州继续设立义学,以此化导广大苗民子弟;乾隆五年(1740),清政府谕令在广大新辟苗疆地区设立社学。然而到乾隆十六年(1751),清政府却明令裁革贵州苗疆社学,其理由是:"查贵州苗疆设立社学,原期化其犷野,渐知礼义,以昭圣朝声教之盛。但在士子稍知自爱者,必不肯身入苗地设教。而侥幸尝试之徒,既不能导人以善,转恐其相诱为非。且苗性愚蠢,欲其通晓《四书》义理甚难,而识字以后以之习小说邪书则甚易。徒启奸匪之心,难取化导之效。"② 显而易见,裁撤社学之举,其目的在于对贵州少数民族再次采取"愚民"政策。

---

① (清)鄂尔泰等修,靖道谟、杜诠纂:乾隆《贵州通志》卷三五《奏疏》,四库全书本,第572册,台湾商务印书馆,1983年,第255页。
② (清)素尔讷等纂修,霍有明、郭海文校注:《钦定学政全书校注》卷七三《义学事例》,武汉大学出版社,2009年,第289页。

清政府在苗疆的民族教育政策从大力支持到消极压制,使得贵州义学的发展在乾隆、嘉庆时期转入低谷。

第三阶段为道光年间,贵州义学发展出现高潮。道光朝在贵州设置的有文献可考的义学数量170所,其数量比嘉庆朝以前有较大幅度的增加,其更为普遍的现象是在乡村设立义学。"道光二年,屡奉上谕,令各厅州县劝设义学。"①这一时期,贵阳、安顺、都匀、镇远、思南、石阡、思州、铜仁、黎平、大定、兴义、遵义各府,以及各厅、州、县在城在乡均设有义学。如贵阳府,有抚院、学院等机构附设义学5所,化成、精勤等义学,贵筑县之育德义学、端蒙义学等,罗斛之府城义学,广顺之摆酉场义学,贵定之秀山义学、仰峨义学、毂新义学;兴义府有城乡义学6所,贞丰州有新□义学,普安厅有起凤义学、大定府有修来义学、以列义学,黔西州有义学6所,安顺府有青山寨义学、蚂蝗箐义学等,古州之平允场等处设有平江义学等。这一时期大力倡设义学有三个方面的因素:第一,自乾嘉苗民起义后,贵州境内未有大规模起义事件爆发,社会环境趋于相对稳定,为大规模创办义学提供了安定的社会条件。第二,贵州省各级地方官员极力推广义学教育。道光元年(1821),张经田在《广兴义学文》中指出:"黔省地处边隅,民苗杂处,地瘠民贫,多有俊秀子弟,苦于无力延师。又夷俗不事诗书,罔知礼义,亟当诱掖奖劝,俾其向学亲师,以化其鄙野强悍之习。是义学之设,文教所关,风化所系。实力举行,在黔省为尤急。"②贺长龄任贵州巡抚期间,认为贵州基础教育薄弱,"苦文教未兴,或连数厅县无一义塾"③,因而积极"兴书院、立义学"。据不完全统计,贺长龄任职期间,仅贵阳府就有由他倡建的义学15所。道光四年(1824),安平县知县刘祖宪除在城内设南、北义学两所外,还在县治外的西保、马场、波堕枝、龙场、夏卧寨、猪槽堡、陇场、齐伯房、羊场河、上洛阳、下洛阳、车头堡、六甲堡、东关厢、五里屯、九甲堡等地建乡义学17处。④ 在他们的带动和影响下,贵州义学得到较大的发展。第三,随着义学的发展,民间力量成为义学发展的重要动力。道光《安平县志》载:"齐伯房义学一处,三间,在文昌阁下。道光六年,知县刘祖宪偕贡生刘德丕等,民人杨作顺,暨上中下三排民人等鸠建。"⑤安平县东关厢义学由里人倡导

---

① (清)刘祖宪修,何思贵等纂:道光《安平县志》卷六《城乡义学》。
② (清)敬文等修,徐如澍纂:道光《铜仁府志》卷一〇《艺文》,贵州省文史研究馆点校:《贵州通志·学校·选举志》,贵州人民出版社,2008年,第121页。
③ 张羽琼:《贵州古代教育史》,贵州教育出版社,2003年,第237页。
④ 贵州省文史研究馆点校:《贵州通志·学校·选举志》,贵州人民出版社,2008年,第128页。
⑤ (清)刘祖宪修,何思贵等纂:道光《安平县志》卷六《城乡义学》。

捐建:"道光五年民人张永富捐银玖拾两,刘文贵捐银伍拾捌两,杨士成捐银二十陆两建。"①

第四阶段为同治至光绪年间,贵州义学的发展再次出现由低谷到高潮的波动。咸同年间,各地起义不断,社会动荡,义学受到很大影响,发展又陷入低谷。同治末年,社会形势逐步稳定,通过镇压各地少数民族起事,很多地方官员意识到义学重要的教化育民作用,于是积极重建义学。因此,在有设学年代可考的义学中,同治年间开办66所,光绪年间则达290所。这时期苗疆义学设立较多,一个重要原因是,将镇压苗民起义后缴获的所谓"逆产""绝产"调用并作为兴办义学的经费。诸如贵州都江厅,"咸丰苗变,同治肃清。通判周启江办善后局,清获逆绝等产,约谷四万余斤为束脩,置训苗义学十二堂"②。"光绪十六年,台拱同知周庆芝认为'苗民之梗化也,实由智识浅陋,文字隔膜所致',复兴义学,清理咸同起义的农民绝产,充作学田。"③

在西南边疆三省中,贵州和云南是清代在西南少数民族地区推广义学的典型省份,其义学的大量设立体现了清政府注重对西南边疆诸多民族之教化,力图通过启蒙教育宣扬王化来达到政治上的有效管理与控制。④ 由于一些特殊的原因,清代贵州义学的发展在时间序列上与云南大为不同,具有自身特点;在空间分布上,重视苗疆地区义学教育的兴办,同时其苗疆义学教育政策在乾隆时期出现很大反复,一度陷入停滞。这些都表明,清代贵州义学教育具有较为明显的地方性特色。

除上述在空间和时间分布方面的特征外,清代贵州义学教育的另外一些特点亦值得注意。⑤

第一,贵州义学教育的曲折发展与清政府开辟苗疆、经营苗疆的历程密不可分。在雍正朝开辟苗疆之前,贵州省内的行政建置已经存在明显差异,即府、州、县、卫及土司统治地区已经设官建制,而广大苗疆地区仍被朝廷视作为"化外"之地,未曾设官建制。行政建置的差异化存在,是将贵州划分为贵州内地和苗疆地区两大区域的重要因素,这同时也造成两大区域在政治经济、民族构成、教育基础等方面存在较大的差异。清朝统治者清

---

① (清)刘祖宪修,何思贵等纂:道光《安平县志》卷六《城乡义学》。
② 贵州省文史研究馆点校:《贵州通志·学校·选举志》"义学表",贵州人民出版社,2008年,第138页。
③ 台江县地方志编纂委员会编:《台江县志》,贵州人民出版社,1994年,第583页。
④ 杨永福:《近20年清代西南边疆少数民族教育研究的回顾与展望》,《云南民族大学学报(哲学社会科学版)》2015年第6期,第119页。
⑤ 参见许庆如的《清代贵州义学的时空分布研究》,西南大学硕士学位论文,2009年。

楚地认识到贵州不同区域之间的差异,因此在义学设立之初,官府就针对不同地区实际制定适合该地区的义学教育政策。张广泗的《设立苗疆义学疏》就对发展苗疆义学制定了极其优惠的政策。具体而言,在教师延聘、教学方法、科举考试、义学推广等方面都体现了对苗疆义学的政策倾斜。政策内容上的差异使苗疆义学的发展呈现出典型的民族教育特征。雍正年间,清政府治理贵州的重心就是对苗疆的开辟,而作为重要的善后举措,鄂尔泰、张广泗等贵州最高长官力主在苗疆地区推广义学。乾隆前期,部分高级官员对在苗疆地区实施义学教育政策出现认识上的错误,即认为"概令鸟言侏漓读书识字,将来未收移风易俗之效,而适启舞文仇法之奸,甚非绥辑边疆之要道也","今若更令诵习诗书,凿其智巧,是非教之,使为'汉奸'乎"。① 尤其是鄂尔泰、张广泗相继去世后,乾隆皇帝便更大程度受到这种错误认识的影响,于是在乾隆十六年(1751)基本否定了苗疆义学政策,遂使苗疆义学教育转入低谷。咸同时贵州各族大起义后,清政府又重新重视义学教育在苗疆教化育民的作用,于是便有了同治末年到光绪时期苗疆地区义学的大发展。由此观之,苗疆地区的义学随着清王朝在贵州的统治逐步深入而逐渐展开,对于苗疆地区这样的民族聚居地区而言,义学不仅成为传播以儒家文化为代表的中原文化的媒介,更重要的是,义学及其教育作为一种文化控制力量,其在很大程度上于清政府加强对苗疆地区乃至整个贵州的统治都起到关键性作用。

第二,苗疆营制义学教育的出现,即从苗童教育向苗兵教育的拓展。咸同年间,贵州各民族起义给统治者以沉重打击,使统治者意识到需要更加重视和大力推广义学。云贵总督岑毓英认为,"化苗莫善于兴学,尚矣。此次平苗后,即饬苗疆各厅广设义学,使苗民子弟就学读书,使学汉语、识汉字,牖其聪明,熏陶于礼义",然"责成效于髫稚之苗童,不如兼收效于精强之苗壮,庶相成易而相化教神",并进一步提出"苗疆之兵所以控苗民也,既设义学与苗同文,即不妨使充营兵与苗肄武"。② 具体是:"拟于古州、都匀、上江、黎平、朗洞、下江、清江、丹江、台拱、黄平、凯里、天柱苗疆各营,遇有守兵缺出,即就各营所辖之苗民,挑选年力精壮、相貌敦厚者入营候补,以二成为率",被选中的苗兵"入营之后,营书教之识汉字,营兵教之习汉语,耳濡目染,不劳而集,因使之改汉装于无形之中,亦不令而自行战马兵一例推补千把总,一例考拔,如此者,约之于纪律,以变其嚣陵,辨之于等

---

① 中国第一历史档案馆编:《清代档案史料丛编》第14辑,乾隆十四年六月二十六日,"云贵总督张允随奏遵因俗而治谕旨办理缘由折",中华书局,1990年,第178—180页。
② 民国《贵州通志》第45册《前事志四十》,贵州人民出版社,1991年。

威,以动其敬畏,歆之以功名之路,感之以豢养之恩,秉彝之良人"。对苗兵的教育一方面"因其知识之既开,筋力之可用,化导之易,取径之捷,自较义学之童稚事半功倍,且可与义学并行不悖,相与有成也"。由于苗兵比苗童年长,接受知识的能力较强,收到了良好的教学成效,因此可与苗童义学共同发展。另一方面,"苗户有兵既通汉语、识汉字,则土司之权自黜,而通事之害亦除,声教覃敷而大同,普化苗疆,岂有不长治久安者乎"①。这样就可以通过义学向苗兵传授中原地区的文化知识,从而进一步削弱土司的权力和实力,最终稳固对苗疆地区的统治。把教育苗兵与教育苗童结合起来,充分体现了清朝统治者从贵州苗疆的实际出发,把控制贵州的现实目标与边疆稳定的长远目标相结合的治理思想,可谓贵州义学的一大特色。②

清政府在苗疆地区推行义学教育近两百年,取得了一定的成效,但与统治者的预期仍相去较远。有的学者就认为:"其原因主要有:第一,由于汉苗文化之间的隔膜,苗民子弟不喜欢入校读书。第二,苗民子弟对于学习汉语文没有兴趣。第三,苗疆义学设置不普遍,主要集中在厅县、集市、屯堡等处。苗民居住分散偏僻。离学校较远,经济上不宽裕,入学者较少。第四,苗疆的汉族官绅不能理解清政府的'化苗'大计。出于对苗民的民族歧视,对推行苗疆义学采取不合作态度,多加阻挠。第五,清政府的教化政策不能一以贯之、贯彻始终,中间有百余年的'愚苗'政策实施期,苗疆义学一度荒废。第六,汉族士子视苗疆为畏途,苗疆义学教员缺乏,清政府又没有政策上的鼓励措施。第七,苗汉之间的语言文化隔阂,不能互通情感,教学效果不佳。第八,清政府主要着力于灌输清帝国的忠孝仁义价值观念,没有因材施教,为苗民专门编订教材,因此苗民学习兴趣不大。第九,清政府恩准的'苗额'过少,大部分苗民完成学业后仍旧没有生活出路,不能上升到社会的上层,打消了下一代苗民继续求学的兴趣和欲望。"③

二、云南义学教育的发展

清代云南边疆少数民族教育得到很大发展,义学、书院的数量大大超过前代,空间分布亦很广泛,一直拓展到广大山区、半山区和边远地带。清代云南义学教育的发展不仅在西南边疆,在全国范围内也很有特点。

---

① 民国《贵州通志》第 45 册《前事志四十》,贵州人民出版社,1991 年。
② 参见许庆如的《清代贵州义学的时空分布研究》,西南大学硕士学位论文,2009 年。
③ 张中奎:《改土归流与苗疆再造:清代"新疆六厅"的王化进程及其社会文化变迁》,中国社会科学出版社,2012 年,第 252—253 页。

从清代云南义学的发展历程来看，云南义学在雍正年间即达到高潮，乾(隆)嘉(庆)之后放缓，但直到同治、光绪年间仍有发展。据《新纂云南通志》统计，清代云南见于记载的义学超过880所。清代云南各府、厅、州、县义学分布情况详见表5-3。虽然内容较为烦琐，但每所义学的空间位置都做了标注，有助于读者了解云南义学的空间分布特点，故不烦抄录于后。

表5-3 清代云南各府州县义学分布统计表

府（直隶厅、直隶州）	县（州、厅）	属别	空间分布
云南府	—	府属	一在城南门外新城铺崇善巷，一在城东二十里官渡里塔街妙湛寺，一在城东关外桂林街，一在城东门外盐店，一在城内小土主庙，一在城西高峣里普贤寺，一在城南小板桥，一在城南门外顺城街奎阁，一在城北莲花池
	昆明县	县属	一在东门外云津铺毕锅巷，一在城东八里双桥法会寺，一在城东八里南坝水南寺，一在城东三十二里矣苴、铺福国庵，一在城西十里波罗村双龙寺，一在城西十丈村普慈寺，一在城西三十五里鱼街子福会寺，一在城东四十里板桥里城内，一在城西六里刘家营法会寺，一在城西六十五里大河浪村关圣庙，一在城西四十里七甲大村观音寺，一在城东真庆观，一在城西三十里高峣村太史祠，一在城东旧馆，一在官渡土主庙，一在城板桥驿，一在城南旧门里，一在大、小卜里普自村，一在城南小街子，一在大伯庙，一在大东门外井宿祠旁。以上各义学，咸丰丁巳之变，学废田荒，后粮道崔尊彝、盐道钟念祖于城内复设十三馆。光绪八年，总督岑毓英并为四馆，一在东城外真庆观，一在东城外五显宫，一在西城外文昌宫，一在城内永宁宫。又南路小街子一馆，又一在东乡板桥堡，一在南乡普自堡，一在西乡多依堡，一在北乡沙朗堡，又一在学政署
	富民县	县属	一在城内东街，一在城南三里仓前，一在城北三十里者北，一在城西十里永安庄，一在中乡城器登三教殿，一在城南六里黄土坡，一在城东五里奎七村(陈宏谋《义学汇记》)，一在文昌宫(《云南府志》)，一在法华寺真武阁，一在黄土坡，一在廖家营，一在城内。(道光《富民县志》)以上各馆，咸丰年间毁于兵，今唯仓前、永安庄、黄土坡三馆

续表

府(直隶厅、直隶州)	县(州、厅)	属别	空间分布
云南府	宜良县	县属	一在城东门内,一在城门外文祠,一在城南十五里羊街子寺内,一在城南三十里西华寺,一在城南三十五里张堡村寺内,一在城北三里□□村寺内,一在城北六里石佛寺,一在城西三十里汤池街,一在城北九十里五丛丰乐村观音庵,一在城南五里黄堡村朝阳庵,一在城北三里西山营,一在城北五里段官村,一在城北六里长安村下寺,一在城北二十五里金家营,一在城北三十里贾龙
	罗次县	县属	一在城南五十里土甸羊溪冲土主庙,一在城西南一百二十里炼象关文昌庙,一在城西北二十里白沙屯,一在城西南三十里上中甸灵通寺,一在城东北二十五里下甸小营村文昌庙,一在沙龙朱姓祠堂,一在县署东,一在花山
	晋宁州	州属	一在城东门内文昌宫,一在城西十五里河泊所望海阁,一在城南二十五里大堡宝兴土主庙,一在城西北八里大营土主庙,一在城西南八里金砂帝释庙,一在州学旁,一在城西北团山
	呈贡县	县属	一在城北门内,一在城南二十五里归化城,即旧学宫改建,一在城南三十里安江村大佛寺,一在城东三十五里七甸极乐宫,一在城西五里斗南村水月庵,一在城西南五里可乐村福寿庵,一在城南十里太平关(案:旧《志》作大渔村关帝庙),一在城南二十里灵源村祝国寺
	安宁州	州属	一在城内察院堂,一在州署前,一在学宫旁,一在城东一里遥岑楼,一在城西二十里麒麟寺,一在城南二十里三泊白衣庵,一在城南四十里鸣矣河盛柏庵,一在城南八十里中所华严寺,一在城南九十五里槐杉庙,一在城东门外龙宝寺,一在城东二十五里安登村,一在城西八十里凤仪村凤翔寺,一在儒学启圣祠内,一在河尾村,一在盐龙祠
	禄丰县	县属	一在城南一百二十里二街子文昌宫,一在城东七十里老鸦关娘娘庙,一在城北十里科甲村祝国寺,一在城北三十五里法泥川回澜寺,一在三清宫内

续表

府(直隶厅、直隶州)	县(州、厅)	属别	空间分布
云南府	昆阳州	州属	一在城内文昌宫,一在储英舍,一在兴旺村海莲庵,一在老高村三皇宫,一在古城河北甸心村仙鹤寺,一在灰厂旧寨观音寺,一在仁德庄栗庙土主庙,一在内甸夕阳村观音寺,一在六街子社封寺,一在里仁村,一在中庄同缘寺,一在桃树村土主庙,一在云龙上、中、下三村云龙寺,一在云龙村寺内
	易门县	县属	一在城南四十里马头山,一在城北一百二十里积食河佛刹,一在城东八十里木冲即土主庙,一在城西六十里老吾乡土主庙,一在大营土主庙
	嵩明州	州属	一在城西门内崇正庙,一在城东一十五里马旗屯三皇殿,一在城东二十五里小街子文昌宫,一在城南十五里王四坝三元宫,一在城南十里木丛龙,一在城东十里狗街子,一在城南三十里杨林堡,一在城东四十里猴街子,一在城南八十里西边营玉皇阁,一在城西四十里甸头村,一在城西四十三里苏海村,一在城西四十五里前所,一在城西三十里得食村土主庙,一在城南十里,一在邵甸白邑村,一在效古里奎星阁,一在杨林水官桥三元宫
大理府	道义学	道属	道义学,设四馆于城内四门
	府义学	府属	一在城内分巡道署东首,一在府城崇敬书院前,一在城北七十里上关圆通寺,一在府学大门内东西,分为两馆
	太和县	县属	一在城内崇敬书院后,一在城北四十里喜洲,一在城南三十里下关,一在城北四十五里沙村,一在县学明伦堂西南隅。道光四年,知县宫思晋添设六馆。一在上关乡周城
	赵州	州属	一在城内,一在城东北六十里白崖玉皇阁,一在城西南三十里下关,一在城东南一百八十里弥只,一在城东北一百二十里密底
	云南县	县属	一在城内大乘寺,一在城七十里大波那里,一在城东六十里和甸村文昌宫,一在铁锁营,一在城内关圣宫,一在云南驿关圣宫,一在刘家厂,一在城川七百庄(道光《志》),以上两馆久废。清同治十二年,知县黄金衔设立六馆:一在城川,一在云波川,一在禾甸,一在米甸,一在荞甸,一在白川

续表

府(直隶厅、直隶州)	县(州、厅)	属别	空间分布
大理府	邓川州	州属	一在城北十五里凝东石龙寺,一在城西北十里凝北文昌宫,一在县治西南四桂亭,一在凝南
	宾川州	州属	一在城北门内邹公祠,一在城西二十五里宾居旧巡检署,一在城北三十里牛井大乘寺,一在城东一百二十里赤石岩普光寺,一在城北四十里力角关圣庙,一在城西六十里排栅营三元宫,一在城西九十里海东海会寺,一在城西一百二十里康廊崇佛寺,一在城西十五里周官营大乘寺,一在城中文昌宫,一在□邑
	云龙州	州属	一在州署前,一在城西二百里漕涧,一在城北一百八十里顺荡井,一在城北一百三十里师井,一在城北八十里旧州关圣庙,一在城北四十五里诺邓井文昌宫,一在城东北三十五里大井,一在城东北三十里石门井盘龙寺,一在州治左福隆寺
临安府	建水县	县属	一在城北一百余里曲江蛇街晏公庙,一在城南九十里普雄观音寺,一在城东一百二十里乍甸毗卢寺,一在城西二十里西庄双庙,一在城东南八十里攀枝花文昌关圣庙,一在南屯
	石屏州	州属	一在旷野玉皇阁,一在龙朋里关圣庙,一在五郎沟,一在坝心三光庙
	阿迷州	州属	一在城东门内文昌宫,一在城北三十里布沼文昌宫,一在城南四十里大庄寨文昌宫,一在城西八十里漾田关圣庙,一在城西八十里面甸关圣庙,一在城东一百二十里打鱼寨关圣庙,一在城东五十里马者哨关圣庙,一在城东八十里大尧寨,一在城东一百五十里大架衣观音寺,一在城东门内朱子祠
	宁州	州属	一在城西门内文昌宫,一在城西六十里浪广方白塔寺,一在城北五十里路居乡宝华寺,一在城东五十里马街北极寺,一在城东北六十里蛇街文昌宫,一在城南七十里化熙村关圣庙
	通海县	县属	一在城内东街民仓庙,一在城南门外文昌宫,一在城西门外西图村,一在城东八里大新村土主庙,一在城西十二里九街子文昌宫,一在城北八里海屯大福寺,一在曲屯文星阁,一在路南村关帝庙,一在城南五十里汉人屯关圣庙

续表

府(直隶厅、直隶州)	县(州、厅)	属别	空间分布
临安府	河西县	县属	一在城东二十五里北阙村文昌宫,一在城北军屯观音寺,一在城西八十里旧沙,一在城西四十里七寨螺峰甸,一在城南十里王里寨接管哨冲关圣庙,一在城北十里东城村翠微寺,一在小街子碌碑,一在舍郎
	嶍峨县	县属	一在城北门内,一在甸头乡,一在甸尾乡,一在兴衣乡,一在化念乡关帝庙,一在甸中,一在俄说
	蒙自县	县属	一在城西关内,一在城西五十里鸡街玉皇阁,一在城西七十里倘甸通明阁,一在城西三十里大屯文昌阁,一在城东十里新安所文昌宫,一在城西七十里个旧厂,一在城西八十里龙树(龙树一馆,清乾隆五年,知县竹琦复设。嘉庆八年,知县曾礼改设新山),一在县西
楚雄府	府义学	府属	一在永盛厂,一在县署前
	楚雄县	县属	一在阿糯村阿那寺,一在摆喇村大觉寺,一在炒豆村,一在口夸长寿寺,一在法署河,一在吕合村,一在南乡白喇村,一在东乡曲甸寺。(以上义学,自咸丰十年马如龙之变,学废田荒)。光绪十年,知府陈灿设二馆于城内
	镇南州	州属	一在城内,一在城东三十五里白土城普照寺,一在城西三十五里沙桥南山寺,一在城南五十里雨露村龙顶寺,一在阿雄乡阿底沟雪庵寺,一在城北文昌宫,后废。(《镇南州志》,自兵燹后废弛)光绪八年,知州易为霖复设
	安南州	州属	一在城南八十里马龙厂,一在城东一百四十里法腺,一在城东南六十里妥甸观音寺,一在着摩,一在城东门内
	锷嘉县	县属	一在锷嘉城内城隍庙,一在城东六里麻得村,一在城东三十里昔塔村,一在城南三十里篦架村关圣庙,一在城南六十里丙坡村
	姚州	州属	一在城内文昌宫,一在城南十里仁和屯三元宫,一在城西六十里马油坪,一在城北二十里旧城村白老庵土丞公祠,一在城北二百四十里铁锁乡土丞旧署,一在城西六十里代苴村玉龙寺妙峰山庄房,一在城东八里莲花池法乐庵古刹,一在城东十五里武都卫,一在城西一百二十里普溯,一在明伦堂左,州治右

续表

府(直隶厅、直隶州)	县(州、厅)	属别	空间分布
楚雄府	大姚县	县属	一在城内,一在城内启圣观,一在城北二百五十里输诚里观音寺,一在城北二百八十里教正里回龙寺,一在城东五十里张保村土主庙,一在城西三十里摩诃庵,一在城北二百五十里普旧村,一在城北二百八十里涤新里,一在城南二十里赤草溯乡觉照寺,一在城北二百五十里永定乡萧公祠,一在城东七十里□甸屯寺内,一在城东五十里大坝湾,一在城南十里泗溪屯,一在城西十二里梅厂屯三元宫,一在本城尚友堂,一在西关屯,一在东界阮屯,一在南界上花村,一在西界波溯屯,一在北界中心寺
楚雄府	广通县	县属	一在城内,一在城东六十里福泉村,一在城西六里大甸尾土主庙,一在城南七十里罗川大庄龙真宫,一在城北七十里牛街千海子,一在城东四十五里舍资香国寺,一在城东五十里蛇黑苴龙泉庵,一在城西三十里石涧铺晚照庵,一在城西二十五里大河口,一在城南六十里观音街三官庙,一在城南三十五里钱家冲,一在城北六十里柳冲观音寺,一在城北四十里龙树箐清真寺
楚雄府	定远县	县属	一在城内训导旧署,一在城西七十五里腊湾村,一在城北六十里朵基村观音寺,一在城西北四十里清水河,一在城东南四十里大江坡报恩寺,一在儒学右,一在天台寺。后因东界地方辽阔,添设一馆
澂江府	府义学	府属	一在城内司狱旧署,一在城北门内庆善寺
澂江府	河阳县	县属	一在城南十里矣旧村关圣庙,一在城西南四十里化勒村土主庙,一在城北五十里阳宗旧县旧学宫,一在城西北门玉皇阁左,一在东街,一在西街,一在团树营街首文昌宫
澂江府	江川县	县属	一在城南门内关圣庙,一在城南三十里下双龙乡金甲阁,一在城西北四十里九寨乡关圣庙,一在城西南四十里普妙乡玉皇阁
澂江府	新兴州	州属	一在城南二十五里研和关圣宫,一在城南三十里东山寨潘家祠堂,一在城西五十里黑龙潭龙王庙,一在城南十五里大密罗,一在城南四十里龙马槽土谷庙,一在城东十三里东夷寨白衣庵,一在城西十四里西夷寨落水硐,一在北古城

续表

府(直隶厅、直隶州)	县(州、厅)	属别	空间分布
澂江府	路南州	州属	一在城南关外关圣庙,一在城东十里北山屯东岳庙,一在城南二十里板桥观音寺,一在城西五十里普羨村三教殿,一在城北六十里沙竜灵应寺,一在城北六十里宜政村,一在城北九十里和合村,一在城南六十里者衣村,一在城北四十五里水塘铺,一在城北八十里木竜大佛寺,一在城西七十里禄丰村关圣庙。至阿慈一馆,在城南五十里。一在宝山乡大麦地,一在城内
广南府	宝宁县	县属	一在城内府署右,一在城西二百八十里弥勒湾,一在城东南二百三十里普厅,一在城南三百二十里皈朝,一在城西南暮雨竜,一在城西南五十里里波,一在城东南一百五十里八播,一在城北八十里阿科,一在城东北四百六十里剥隘
顺宁府	顺宁县	县属	一在城东北一百八十里牛街里,一在城东北一百三十里阿鲁司,一在城西北一百六十里锡腊石硐寺,一在城西北一百八十里达丙里龙潭寺,一在旧城。又新设四馆:一名聚文,在东城外;一名育英,在南城外;一名松岭,距城二站许;一名聚奎,在北城外
	云州	州属	一在城内奎星阁,一在城南十里旧城乡塘子口文昌宫,一在城北五十里猛郎乡观音阁,一在城南三十里顺化里田心村,一在城西南一百八十里威信里大猛麻,一在新城,一在猛底
	缅宁厅	厅属	在城内
曲靖府	府义学	府属	一在城内旧通判署,一在越州,一在城南二十里南城太子阁
	南宁县	县属	一在城东三十里石喇村唐家庵,一在南关秦家寺,一在城西十五里三岔堡,一在本城,一在城东七十里白水
	沾益州	州属	一在城讲约所后层,一在城讲约所前层,今移设城内真武观。(光绪《志》)一在城东五十里坐棚,今改设新桥。(道光《志》)一在城东六十里西堡,一在城东南一百二十里羊场,今改设石羊。(道光《志》)一在城北一百里卡郎,今改设松林。一在城西一百二十里歹址

续表

府(直隶厅、直隶州)	县(州、厅)	属别	空间分布
曲靖府	陆凉州	州属	一在城内四圣宫,一在南关厢关帝宫,一在城东三十里旧州署,一在城南二十里大王庄宝马寺,一在城西六十里天生关关圣庙,一在城北三十里芳华堡青革寺,一在城东四十里河东堡观音寺,一在城南一百二十里归化耿家村文昌宫,一在城西四十五里炒铁王观音寺,一在城北八十里双官堡土主庙。以上十馆,今改为二十馆(光绪《志》)
	马龙州	州属	一在城南门内,一在城东南七十里大庄云岩寺,一在城东二十五里红叶寨祖师殿,一在城南七十里白塔铺团山寺,一在城西二十里王家庄土主庙,一在城北二十五里响水铺龙泉庵,一在城内
	罗平州	州属	一在城内三忠寺,一在大竜甸,一在城东南五十里板桥玉皇阁,一在城南九十里八达,一在北乡斗普
	寻甸州	州属	一在城东南三十五里王冈屯三官寺,今移于高峰庵。(道光《志》)一在城西北一百三十里洗卡哩,一在城北九十里沧溪,一在城东南三十五里塘子屯来凤寺,一在城南门内(《义学汇记》),今移于泰山寺。(道光《志》)一在城西南一百六十里猴街子,一在城西一百四十里乃鲁村响应庵,一在城南三十里余家屯三官寺,一在城西一百八十里虎街子,一在城西北一百四十里倘甸里关圣庙,一在城东南八十五里隆丰里板桥弼峰寺(《义学汇记》),后移于易隆街。一在城内十字街,一在城内大巷西廊,一在东岳庙外
	平彝县	县属	一在城民安里,一在补禄冈村,一在城东一百三十里亦佐奎星楼,一在城东二百二十里黄泥河文昌宫
	宣威州	州属	一在城内水月庵,一在城北一百六十里可渡,一在城北八十里倘塘,一在城南三十五里板桥关圣宫,一在城西北一百二十里翁岁,一在城东南一百三十里海特,一在城东北六十里平川,一在城东八里河东营,一在木东河

续表

府(直隶厅、直隶州)	县(州、厅)	属别	空间分布
丽江府	丽江县	县属	一在城东门内忠孝祠,一在城西门外节女祠,一在城北二十里白沙里,一在城北十五里束河县,一在城西南六里白马里,一在城西十里剌沙县,一在城东五里吴烈里,一在城南四十里七河里,一在城西南八十里九河里,一在城西北二百四十里巨甸,一在城西二百八十里通甸,一在城西四百九十里江西,一在城西北六百三十里江东树苗,一在城西南四百六十里江东小川,一在兰州白石江村关圣庙,一在丽江井下井村关圣庙,一在城西八里剌缥,一在城北三十里剌是,一在城西三百四十里山后,一在城西三百六十里温井,一在乐天场。以上各馆义学,今惟乐天场、白石江、小川、树苗、黄登五馆废弛。同治十三年,大使汇海新设二馆于喇井。光绪七年,大使徐有书新设一馆,又于四井内筹款添设三馆
	鹤庆州	州属	一在城南门外,一在城西南一百三十里观音山上牛街寺,一在甸南金登街紫云庵,一在甸北大板桥圣妃庙,一在城东南一百四十里姜营关圣庙,一在启圣祠,一在城北,一在城东,一在城西,一在龙华寺,一在孝廉村,一在三台山,一在松贵
	剑川州	州属	一在城南门内忠义祠,一在城东南四十里沙溪,一在城东北八十里甸尾玉皇阁,一在城西一百五十里兰州云鹤寺,一在城南一百六十里弥沙井昭应寺,一在崇仁寺,一在学宫右,一在北门武侯祠,一在乔后大村,一在乔后井
	中甸厅	厅属	一在大中甸,一在城南六十里小中甸,一在江边,一在城东北六十里格杂,一在城西北一百二十里泥西
	维西厅	厅属	一在城东门外五里永安村,一在其宗村,一在康普叶枝,一在阿墩子,一在奔子栏
普洱府	宁洱县	县属	一在城内关圣庙,一在城内文昌宫,一在明伦堂,一在猛先,一在那行里,一在磨黑。以上学馆,咸同军兴后废弛。清同治十一年,邑绅朱宣春、张鹏霄等人清理田亩,复设两馆于城内,一在火神庙,清道光三年设;一在石膏井财神庙,清光绪元年设

续表

府(直隶厅、直隶州)	县(州、厅)	属别	空间分布
普洱府	思茅厅	厅属	一在城内关圣庙(陈宏谋《义学汇记》),今移于文昌宫。(光绪《志》)一在城南五里新庙文昌宫,一在城东十二里漫兰村五显庙,一在城东南四百八十里倚邦山,一在城南五百里九龙江,一在城南六百八十里猛遮,一在游击署小关庙
	他郎厅	厅属	一在观音阁,一在德化里卜左村
	威远厅	厅属	一在同知署前,一在猛班,一在抱母,一在猛戛缅寺,一在海凯乡,一在圈卡,一在茂蔑乡,一在蛮洒,一在石版村,一在大街萧祠,一在抱母寿佛寺,一在高平乡。以上学馆,兵燹后,学废田荒。清光绪二年,同知林滂龄复于城内及扛哄大寨、抱母井、香盐井、茂蔑乡、猛堆乡、蛮洒乡、猛烈乡、宣化乡、整阁乡、翁哄上甲乡、翁哄下甲乡、课里乡、西萨乡、猛乃乡、高平乡、海凯乡、蛮缅乡、习环乡各设义学一馆,又于猛班、猛戛乡各设义学四馆
永昌府	府义学	府属	在府署右,道光十二年,改建于永保书院内
	保山县	县属	一在城北一百二十里沙木和,一在城东南一百二十里施甸文昌宫,一在城南八十里牛旺元帝观,一在城东南一百六十里姚关文昌宫,一在城西南六十里蒲缥太平寺
	腾越厅	厅属	一在城南门内,一在城东矣北村观音寺,一在城南矣罗村大寺,一在城西和顺乡中天寺,一在城北界尾,一在城内忠孝祠,一在明朗三教寺,一在界头回龙庵,一在满金邑,一在龙江,一在蒲窝,一在黄坡,一在顺江,一在练洞村,一在缅箐,一在瓦甸囊,一在观音塘,一在清水,一在盏西,一在河西,一在箐口,一在古永,一在四庄,一在蛮东。清光绪元年,同知吴启亮详准拨叛产田租,增置二十馆;五年,同知陈宗海新设四夷庄、三夷庄、萝卜丝庄、宋关、河东村、猛蚌村、茂福汛、南甸、司马鹿塘汛、杉木笼汛、明光隘、大塘隘、滇滩隘、止那隘十四馆。又设瓦甸春华馆、固东道源馆
	永平县	县属	一在城东一百七十里漾濞,一在城西四十里花桥,一在城北一百五十里岩前,一在小邑,一在永定,一在从仁,一在龙泉
	龙陵厅	厅属	在仓房内建有龙山书院,光绪九年改书院为义学(光绪《志》)

续表

府(直隶厅、直隶州)	县(州、厅)	属别	空间分布
开化府	文山县	县属	一在城南半里南桥寨。旧馆久废。道光元年,同知周炳复设于开阳书院右。一在城西北九十里乐农里本街关圣庙,一在城西南一百五十里老寨,一在城西九十里黄龙山寨文殊寺,一在城北七十里香腊街,一在城东一百二十里牛羊寨,一在城西南一百二十里八寨,一在城南三十五里枯木寨,一在城西北三百四十里新现,一在城南一百五十里马白寨,一在城西一百八十里鸣旧文昌宫
东川府	会泽县	县属	一在府署右,一在城东门内,一在城南九十里待补,一在城西二百一十里隐五,一在城东南一百九十里施家坝,一在城西一百三十里碧谷坝,一在城东九十里者海,一在城西北六十里则补,一在城北一百里可柯,一在郭仁乡卡狼箐,一在郡城西门外天官庙,一在宁靖里鹧鸡观音寺,一在北城内三元宫,一在东城外福德祠
	巧家厅	厅属	一在鲁木得,一在巧家营南城内,一在拔沙,一在新街,一在老街
昭通府	府义学	府属	一在城南门内大街,一在天底炉,一在八仙营,一在龙硐山
	恩安县	县属	一在城内县署前,一在城南凤凰山
	镇雄州	州属	一在城汉义学一馆,一在城夷义学一馆
	彝良县	县属	一在奎乡城内,一在却左
	威信县	县属	在威信
	永善县	县属	一在城内,一在副官村,一在大井坝,一在米贴村,一在桧溪,一在吞都,一在井底,一在鸡爪山,一在那乡
	大关厅	厅属	一在黄水寨,一在永安乡,一在盐井渡,一在洛岸村,一在滩头汛,一在豆沙关,一在庙口乡,一在本城庙内,一在城南关,一在安乐乡,一在吉利乡,一在城北关,一在大关乡,一在吉照乡,一在大坝乡,一在仁里、图乐两乡
	鲁甸厅	厅属	一在城内通判署前,一在城东北隅,一在拖姑寨,一在城西罗章阁,一在城南特鲁寨龙神庙

续表

府(直隶厅、直隶州)	县(州、厅)	属别	空间分布
景东直隶厅	—	厅属	一在城外龙泉寺,一在城南七十里者吉里文昌宫,一在城南八十五里都喇里文昌宫,一在城西南二百二十里猛统里多宝寺,一在城西北一百七十里保甸里关圣庙,一在城东南九十里福都圈,一在城东六十里猛整圈普雅村,一在城西南二百里者牙圈关圣宫,一在城西南一百九十里仰里圈舍房,一在城西南二百三十里乌木圈,一在城西南二百四十里兴隆寺,一在城西三百五十里戛里圈那亢村,一在城西南三百二十里猛猛圈关圣庙,一在城北一百六十里安定关,一在城西南二百里大井,一在城西二百三十里磨外井
蒙化直隶厅	—	厅属	一在城北二百里漾濞关圣庙,一在城南一百五十里南涧定边典史旧署,一在城西南一百四十里公郎文昌宫,一在城东七十里白川报恩寺,一在城东一百二十里云川佑圣宫,一在城西北七十里落马庄观音寺,一在城北五十里大仓,一在城西一百里西窑文昌宫,一在文昌书院奎星阁后。旧社学五馆:一在东正街,一在南正街,一在西正街,一在北正街,一在后所街,久废。今存者:一在南城内,一在北门外,一在云川,一在北川,一在公郎,一在子午街,一在安远乡二馆,一在城内。同治间复设:一在东城内大街,一在西城内正街,一在北城内,一在北城隆城邑,一在北桥罗公书院,一在盟石约,一在甸中约,一在大仓约,一在巡检约,一在三胜约,一在添泽约二馆,一在蒙城约二馆,一在新兴乡二馆,一在公郎街,一在白川大街,一在落马庄
永北直隶厅	—	厅属	一在城西二十里中洲三官寺,一在城南七十里清水驿双龙寺,一在城西永宁土府,一在城北蓢蕖,一在城南片角兴隆寺,一在城南五十里北胜土州莨蕖,一在城东七十里他留,一在本城,分为东、西、南、北四馆,一在近屯下川,一在顺州,一在沙河,一在城内养正馆
镇沅直隶厅	—	厅属	一在城内,一在新抚,一在按板井,一在恩耕井,一在恩耕里,一在新村,一在蛮糯,一在慢达赛,一在边猛,一在嵩恩里东山丙布。一在恩耕井,一在按板井,俱灶户捐设,每年束脩银各二十两
	恩乐县	县属	一在城内梓潼阁,一在城北二十里蛮赖村,一在城东北六十里蛮邦村,一在城东六十八里蛮奴村,一在城南一百二十里者法寨,一在城南八里托写村

续表

府(直隶厅、直隶州)	县(州、厅)	属别	空间分布
广西直隶州	州义学	州属	一在城内,一在学宫旁,一在城东南十里东华寺,一在城西北四十里龙泉寺
	五嶅厅	厅属	一在五嶅官寨,一在城西革勒嶅大寨,一在城东白马嶅,一在城西西北夕马嶅,一在城北蚌郎嶅,一在城南舍得寨
	师宗县	县属	一在城内,一在城东阿保寨,一在城南槟榔洞,一在城西马场,一在城北洒马桥
	丘北县	县属	一在城西门内文昌宫,一在旧城盘龙寺,一在路堵关圣庙,一在马者龙,一在曰者乡关圣庙,一在八达哨元天阁,一在树皮,一在十四寨倮太邑
	弥勒县	县属	一在城西门太平寺,一在城北八里火神庙,一在城南八十里十八寨奎星阁,一在朋普文昌宫,一在城东门外斗母阁
武定直隶州	州义学	州属	一在城东门内大街,一在城东门外右街忠惠祠,一在城北五十里插甸汉人村文昌宫,一在城东南六十里鸡街冷村大觉庵,一在城东门外北街,一在城东四里永保寨燃灯寺,一在城西南七十里大麦地洪恩寺,一在城西北八十里中所村三元庙,一在城西北二百四十里金沙江巡检署旁,一在城西北二百四十里万木革村,一在城南门外右街土主庙,一在城西南十五里九厂永丰庵,一在城西南二百四十里勒品甸广缘寺,一在城西一百八十里土城外客舍,一在城西北一百二十里官庄寿佛寺。以上各馆,自咸同军兴后,俱废。今复设南、北城两馆,鸡街、九厂、中所、大麦地、插甸五馆,金江一馆
	元谋县	县属	一在城内,一在城西六十里苴临村,一在城北三十里广福村准提寺,一在城南四十里热水塘观音庵。以上各馆,经兵燹废弛。苴临一馆,同治十二年,邑绅罗三才修复
	禄劝县	县属	一在城内明伦堂,一在城南门内,一在城西北二百里撒甸,一在城北十五里鲁虚清凝庵,一在城北三十里沙松境土主庙,一在城东南二十里大缉麻,一在城东北四十里撒马邑三元宫,一在城东十五里陆块马土主庙,一在城东北三十五里跨兴马官庄土主庙,一在城北四十五里哈希村,一在城东北三十里甸尾文昌宫,一在尊经阁

续表

府（直隶厅、直隶州）	县（州、厅）	属别	空间分布
元江直隶州	州义学	州属	一在城内奎星阁，一在因远莲花寺，一在老乌山元天阁，一在城内
	新平县	县属	一在东岳庙，一在罗旵乡寺内，一在新化乡寺内，一在斗门乡寺内，一在杨武坝，一在纳溪村
黑盐井直隶提举司	—	—	一在龙泉坊，一在土主庙，一在井北五里复隆村，一在井东七十里草溪井龙祠，一在井东南一百一十五里按板井龙祠，一在井东北一百四十里只旧井龙祠，一在阿陋井龙词，一在元永井。清同治九年，官绅设立两馆。光绪八年，增设一馆
琅盐井直隶提举司	—	—	一在社仓旁
白盐井直隶提举司	—	—	一在文昌宫内。一在南关，一在西北关，一在旧井锁水阁桂香楼

资料来源：民国《新纂云南通志》卷一三四至一三六《学制考》。

从上表和各种文献记载，以及根据部分学者的研究，基本上能够总览清代云南义学教育发展的概貌。如将清代云南义学教育的发展与明代云南社学进行纵向比较，与清代贵州、广西的义学教育进行横向比较，其在数量、时间和空间分布上的差异性特点更为突出。

一是清代云南创设的义学数量众多。在此不妨与明代云南社学的概况做一番简单的对比。明代官府在云南开展初等启蒙教育主要依托各地的社学进行，据天启《滇志》统计，云南各地设有社学168所（见表5-4）：

表 5-4　明代云南各府、厅、州、县社学统计表

各府、厅、州、县		社学分布
云南府	昆明县	社学,三十一。曰清和,在广南卫前。曰龙坡,在贡院左。曰东冈,在东接官厅左。俱旧建。曰滇阳,在城南馆驿街,有大堂、后堂各三楹,东西宿房、号舍共二千余楹,嘉靖八年巡抚顾公应祥建。曰城南,在致恩一里。曰北庄,在致恩二里。曰西津,在利城一里。曰南坝,曰蒙养,曰大笔,俱在止善五里。曰桂城,曰安国,俱在春登里。曰清溪,在旧门溪里。曰法圣,在官渡里。曰清塘,在大卜自里。曰普安,在小卜自里。曰棠阴,在耳琮河里。曰蒙泉,在曰苴里。曰白沙,在沙浪里。曰龙源,在班庄里。曰石峰,在石鼻里。曰问源,在大小河浪里。曰新泉,在黑林里。曰清平,在普坪里。曰西桥,在高峣里。曰东桥,曰东源,俱在板桥里。曰仰高,曰松华,俱在羊乌场里。俱嘉靖二十六年知县邝民举建
	归化县	归化县社学,在县治右。旧制卑狭,嘉靖十四年,知县丘温重建正堂三间
	罗次县	社学,在县治西,嘉靖十四年知县刘沂建
	昆阳州	社学,在州治东水波门内
	嵩明州	杨林社学,在驿南
	注:呈贡县、安宁州、禄丰县、易门县、富民县、宜良县、晋宁州等无社学	
大理府	府治	社学,城内外俱有
	赵州	凤山社学,在州治前,正德九年知州王宗器建
	云南县	社学,在五云书院左,兵备副使沈桥建
	邓川州	社学,在州治北大邑村,弘治间巡抚王懋中建
	浪穹县	社学,在县治西护明寺
	云龙州	社学,吏目赵策建
	注:太和县、宾川州没有社学	
临安府	府治	社学四,一在州治西,一在宝秀市,一在五亩,一在张大寨,知州萧廷对增建
	建水州	社学四,一在城东门外,一在大水塘,一在府治西,一在书院右
	新化州	社学,在分司东
	石屏州	社学二,一在御城内,一在杨广村
	阿迷州	社学,在州治,民赵祐义修
	宁州	社学,在州治东,府同知杨浚建

续表

各府、厅、州、县		社学分布
临安府	新平县	社学四,一在城隍庙前,一在普龙村,一在炼庄村,一在白木苴村,俱知县李先芬建
	河西县	社学,在县治南
	嶍峨县	社学,在县治南
	蒙自县	社学,在县治西
楚雄府	楚雄县	社学二,一在府治西,一在峨渌驿前
	锷嘉县	锷嘉县社学,在县钟楼左,嘉靖三十年杨江永重修
	定边县	定边县社学,在县治左,成化八年知县冯源广建。嘉靖三十九年,知县胡廷珍重修
	广通县	社学,在县治左,成化年间知县邹杰建
	注:南安州、镇南州没有社学	
澂江府		社学,在兵备道左
	江川县	社学,在县治东
	阳宗县	社学,在县治东,嘉靖年间知县郭翰建
	路南州	社学,在州西,成化十七年知州鲁厚建
	新兴州	未设社学
鹤庆府	府治	社学三十五,在甸头者十二,在甸尾者十,在中路者五,在东路者三,在西路者五,俱同知张廷俊建,知府马卿重修
	剑川州	社学,在州治东
	顺州	未设社学
姚安府	府治	社学二十八,在城南关、牟的邑等处,俱嘉靖十年知府王鼎建
	大姚县	未设社学
	沾益州	社学二,一在后所左,一在交水龙场
	陆凉州	陆凉州社学,在州治左
	马龙州	社学,在州治北
	罗平州	社学,在州治西,万历十五年建
	越州卫	越州卫社学,在城南旧崇正书院址
	注:平夷卫、六凉卫未设社学	
普洱府	下辖的宁洱县、思茅厅、他郎厅、威远厅均未设社学	

续表

各府、厅、州、县		社学分布
永昌府	府治（城）	社学四,俱在府城内。嘉靖二十六年,兵备副使韩廷伟又于老姚、施甸、阿思郎、木瓜郎四寨设社学
	腾越州	社学二,一在儒学前,嘉靖十一年知州许松建;一在凤山右,隆庆间御史刘翾建
	永平县	社学二,一在御城内,洪武二十六年,命临川叶学则为社师;一在打牛坪,嘉靖十五年建
	注:保山县、龙陵厅均未设社学	
景东府	府治	未设社学
蒙化府	府治	社学五,万历二十四年同知袁宽建
寻甸府	府治	社学二,一在府内,一在府南关
广南府	府治	社学,在治东
顺宁府	府治	未设社学
北胜州	州治	社学,在旧学东,署州永宁府同知纪汝中建
广西府	府治	社学,在府治东,知府陈忠建
	师宗州	师宗州社学,万历十八年建。二十七年,知州袁国藩重修。四十六年,知州伍揆文建文庙正殿五楹,启圣祠三楹,两庑十四楹,明伦堂三楹
	弥勒州	社学,在州治南,嘉靖四十三年建
武定府	府治	社学,在府城东,万历二十七年知府刘懋武建
	元谋县	未设社学
	禄劝州	社学,在州治前
元江府	府治	社学二,一在府南,一在府北
合计		一百六十八所

资料来源:据刘文征的天启《滇志》卷八《学校志一》、卷九《学校志二》。

据表5-4可见,明代云南各地的社学仅有168所,且空间分布十分不均,仅昆明县(31所)、鹤庆府属辖地(35所)、姚安府属辖地(28所)三地就有94所,超过全省总数的一半多。而清代云南义学的数量则超过880所,是明代社学的5倍多。与同时期贵州、广西相比,清代云南兴办义学的数量遥遥领先于两省。据民国《贵州通志·学校·选举志》,清代贵州义学总数为680余所,比云南少200所;清代广西义学总数为210多所,比云南要少很多。尽管咸同年间云南各地受到战乱的长期影响,很多义学在兵燹期间被损毁废弃,但延至清末,云南省仍在运行的义学保守估计在500所左右,这在全国范围内依然是颇为可观的。

二是清代云南义学创设的空间分布广。清代云南各府、州、县政区治所之外的乡村少数民族地区都有相当数量的义学分布,其作为民族教育的属性非常突出。

明代云南社学主要分布在府县治所及其周围,尤其是昆明、鹤庆、姚安三个地区社学分布最为密集,而广大的边疆少数民族地区没有设置社学。清初,朝廷下令在全国各地设立社学,主要分布在汉族地区的城乡;而在西南边疆少数民族地区,社学发展较为缓慢。自康熙、雍正时期开始,西南边疆少数民族地区义学大量出现,基本上完全取代社学的地位。这在云南表现得非常突出。从云南各地义学数量看,云南府、大理府、曲靖府、楚雄府、临安府等腹里靠内的地区,数量一直维持着较高的水平,更为突出的是,前代没有设义学的边远少数民族地区,在这期间亦兴办很多义学,有的府义学数量远比腹里靠内地区多,如永昌府83所,丽江府58所,普洱府56所。这些地区很多义学不在治所及其附近,也不在巨乡大堡,而是深入到边远的僻地,如:在丽江府丽江县义学,"一在城西北二百四十里巨甸,一在城西二百八十里通甸,一在城西四百九十里江西,一在城西北六百三十里江东树苗,一在城西南四百六十里江东小川";景东厅所设义学,"一在城西南二百里者牙圈关圣宫,一在城西南一百九十里仰里圈舍房,一在城西南二百三十里乌木圈,一在城西南二百四十里兴隆寺,一在城西三百五十里戞里圈那亢村,一在城西南三百二十里猛猛圈关圣庙,一在城北一百六十里安定关,一在城西南二百里大井,一在城西二百三十里磨外井";滇东南的开化府,设立义学11所,除1所在府城南半里处外,"一在城西南一百五十里老寨,一在城西九十里黄龙山寨文殊寺,一在城北七十里香腊(即江那)街,一在城东一百二十里牛羊寨,一在城西南一百二十里八寨,一在城南三十五里枯木寨,一在城西北三百四十里新现,一在城南一百五十里马白寨,一在城西一百八十里鸣旧文昌宫"。广南府有义学9所,其中1所在城内,其余的"一在城西二百八十里弥勒湾,一在城东南二百三十里普厅,一在城南三百二十里皈朝,一在城西南暮雨龙,一在城西南五十里里波,一在城东南一百五十里八播,一在城北八十里阿科,一在城东北四百六十里剥隘";滇南的普洱府思茅厅,义学"一在城东十二里漫兰村五显庙,一在城东南四百八十里倚邦山,一在城南五百里九龙江,一在城南六百八十里猛遮"[①]。猛遮即今天的西双版纳州勐海县勐遮镇。随着清朝在云南广大山区和边疆地区统治力的增强和控制的深入,义学的创办在云南广大山区、边疆地区呈现星罗棋布的分布态势,形成一张覆盖全省边疆少数民族地区的义学教育网络。此种情形在前代确是不曾有过的。

通过对比分析发现,与贵州义学空间分布呈"一带"加"一块"的"丁"字形结构不同,清代云南义学的空间分布大致呈现圈层状结构:云南府作为全省的政治、经济、文化中心,教育亦最为发达,义学数量最多,是全省义学分布圈层状结构的中心;大理、曲靖、临安、楚雄、永昌、丽江、普洱 7 个府的义学数量均在 50 所以上,属于全省的第二圈层。在第二圈层中,丽江和普洱两府的义学教育发展较快,其驱动力各不相同,丽江自明代以来,沐氏土司就比较热衷于接受儒学教育,文教氛围较为浓厚;而普洱自雍正年间设府以后,由于其占据滇南边疆的战略地位,在全省的重要性不断增强,官府亦特别重视发展义学。属于第三圈层的则是更靠外的各府厅,如武定、澂江、昭通、广西、蒙化等府或直隶厅州,这一圈层的义学数量在 50 所以下 20 所以上。属于第四圈层的是更靠近边疆的各府,如广南、开化、东川、顺宁、永北、鹤庆、景东、姚安等府,以及琅盐井、白盐井、黑盐井 3 个提举司。在第四圈层中,除琅井、白井、黑井 3 个盐井司外,广南府仅有 9 所义学,其数量是最少的。尽管云南义学数量从中心地区向边远地区呈现逐级递减的趋势,但相对而言亦呈现比较均衡的分布格局。

从康熙时期开始,清代云南义学主要创设于腹里发达地区,伴随着雍正朝改土归流的推进,云南义学则迅速向广大边疆少数民族地区拓展,且大多数分布于广大山区或少数民族地区,其教育对象均为"夷人"子弟,义学的民族教育属性和特点非常突出。

三是各地义学充分利用了现成的公共场所。见于记载的各种公共设施就有:文昌宫、关帝庙、土主庙、永宁宫、三教殿、观音庵、法华寺、福寿庵、极乐宫、大佛寺、启圣祠、关圣宫、邹公祠、玉皇阁、东岳庙、火神庙等,其中很多是寺、庵、庙。这样做的好处是不仅节约了经费,而且能较快地开办起来。在贵州、广西也存在类似情形。

四是清代云南义学兴办的时间波动轨迹与同时期的贵州差异明显。清代云南、贵州的义学教育发展演变经历了曲折反复的历程,在时间分布上呈现明显的曲线波动轨迹,但在具体时期又存在明显的不同。清代贵州

---

① 民国《新纂云南通志》卷一三五至一三六《学制考》。

义学教育发展大体历经康雍时期的起步、乾嘉时期的低潮、道光年间的高潮、同光时期复又上升到高潮四个阶段,而根据于晓燕的研究①,清代云南义学教育自康熙年间起步,发展即非常迅速,雍正年间突飞猛进,短短10余年,创设义学超过400所;乾隆至道光年间,云南义学发展转入低位增长期,此时期新增义学约160所;咸同时期,云南长时期遭受战乱的破坏,义学损毁严重,被毁或久废不设的约350所。同治末至光绪年间,战乱结束后,云南地方官府在原来基础上进行部分修复和新建,义学数量又增加了170余所,可以视为修复阶段。

清代贵州、云南两省的义学教育在时间发展曲线上,也有一些相似的地方。如在乾嘉时期,云贵两省的义学教育均转入低潮。贵州仅设立义学35所,云南新设义学约120余所,虽远比贵州多,但与雍正时期相比,义学数量呈现急剧减少之势。究其原因,由于贵州苗疆在武力开辟后,社会矛盾激化,苗民不断进行反抗,清政府为此改变此前在贵州苗疆积极兴学的政策,转而采取消极压制的"愚民"政策。乾隆朝君臣认为"苗性愚蠢,欲其通晓《四书》义理甚难,而识字以后以之习小说邪书则甚易。徒启奸匪之心,难取化导之效";亦即美国学者罗威廉所指出的,他们(乾隆朝君臣)抱怨"夷俗不事诗书,罔知礼法,蛮夷之人的教育事实上成为煽动和反叛朝廷的激励工具"②,因此清政府对苗疆的启蒙教育政策从支持创设转变为消极打压。不可否认的是,这一政策性的重大转变直接导致此后很长一段时期内贵州苗疆的社学渐次被大量裁撤,义学教育受到严重影响。从客观上看,同时期的云南义学或亦受到较大波及,云贵地区的义学教育在乾嘉时期整体上转入了低潮。

三、广西义学教育的发展

清代广西义学最早始于康熙二十年(1681),有平乐府永安州知州丁亮工所创办的永安州义学;二十一年(1682),思恩县知县刘元泓建箐莪管义学;二十二年(1683),西林县知县唐某建西林县义学;二十三年(1684),上思州知州戴梦熊建义学2所。康熙二十九年(1690),太平府宁明州教授高雄征在《请正风俗议》中云:"宜令土府、州、县各捐建义学,延品行端方者为之师,率土官族及土民中之秀者入学读书,每年将在学肄业生徒姓名造册

---

① 参见于晓燕的《清代南方民族地区的义学研究》,云南民族出版社,2011年,第71—74页。
② 罗威廉著,陆韧译:《中华帝国在西南的教育:陈宏谋在云南(1733—1738)》,陆韧主编:《现代西方学术视野中的中国西南边疆史》,云南大学出版社,2007年,第130页。

报府。"①康熙三十四年(1695),广西布政使崔维雅撰《立义学以广文教议》,他站在全省的角度,对广西兴办义学的重要性作了一番阐述,指出兴办义学对于培养人才、改变地方风气有诸多好处:

> 从此日渐月摩,鼓舞劝激。不但士之子恒为士,可使佣贩之子亦事诗书,瑶蛮桀骜之徒驯归礼义。人才于此出,风俗于此成,变乱于此弭,是一举而诸善备焉。②

雍正二年(1724),太平府知府甘汝来建义学于城内,并撰《示召生童入义学告谕》:"太平(府)古骆越地,僻处粤西极边,与安南接壤,人文科第,从来远逊中土。……因孜孜图所以教育多士者。又念苾兹岩疆,民顽俗悍,思以《诗》《书》《礼》《乐》树之风声,则所以化边氓而挽土俗者,亦惟设学为先务。"③

广西布政使崔维雅和太平府知府甘汝来的行为,可以看作是广西兴办义学的倡导,而并非正式的官方政策。康熙五十九年(1720),礼部议准:"广西土属共十五处,各设义学一所,该抚选择本省之举人贡生学品兼优者,每属发往一员,教读土属愿学子弟。如有文艺精通者,先令就近流官州县附考取进,其名数俟该抚酌量人文多寡定额,具题定议。"④这或许就可以看作清政府在广西民族地区或土司地区兴办义学正式发布的政策。

正是在清政府的重视和一批地方官员的推动下,广西各地的义学教育得到较大发展。其中,在土司地区兴办的义学共有40余所,占广西全省义学总数213所的1/5,分布在26个土府、厅、州、县,约占清代广西土属总数的一半以上,在数量上超过明、清时期在广西土司地区所设社学的总数。⑤ 表5-5是清代广西各地义学、社学设置情况的简要统计。

---

① (清)谢启昆修,胡虔纂:嘉庆《广西通志》卷一三九《建置略十四·学校七》,广西人民出版社,1988年。
② (清)谢启昆修,胡虔纂:嘉庆《广西通志》卷一三三《建置略八·学校一》,广西人民出版社,1988年。
③ (清)谢启昆修,胡虔纂:嘉庆《广西通志》卷一三九《建置略十四·学校八》,广西人民出版社,1988年。
④ 《钦定大清会典事例》卷三九六《礼部·学校·各省义学》。
⑤ 于晓燕:《清代南方民族地区的义学研究》,云南民族出版社,2011年,第122页。

表 5-5　清代广西各府州义学、社学设置情况表

府别	州县	义学建设及分布情况
桂林府	兴安县	一在振武门内,一为瑶僮义学,一为瑶地义学(在融江、沐水、东田、高田四处)
	临桂县	一为在城义学,在宁远门内;一为康熙五十四年,巡抚陈元龙檄建义学十七处(具体地址不详);一为雍正九年,巡抚金鉷檄知县骆为香增义馆二十处(具体地址不详);一为雍正十年,桂林同知徐德秩立义学于拱辰门外。光绪年间,在城内外新设义学八所
	灵川县	义学在北街,乾隆二十年更名文笔书院
	阳朔县	在明伦堂前,雍正二年知县侯靖建
	永宁州	在城内西北。康熙二十四年建。乾隆五十三年,改为云峰书院。光绪初年,在新兴里、吉良里、崇良里、仁良里、安和里各兴办社学一所
	永福县	康熙三十八年在城中建义学一所。光绪初年,在兴里、吉良里、崇良里、仁良里、安和里各兴办社学一所
	义宁县	无
	全州	雍正三年,知州张学林在凤坡书院旧址设社学一所。雍正十一年,全州州同在黄家塘建义学一所。乾隆三十一年,在大埠头设立义学一所
	灌阳县	康熙五十八年,在东门内建义学一所。曾有社学四:东为文昌,南为义和,西为兴贤,北为朝元。久俱废
柳州府	马平县	雍正十一年,在城内建义学一所。乾隆年间,在城内又建有义学和社学各一所
	雒容县	义学在城东门内,乾隆十二年建。嘉庆十年、光绪三十四年,分别创办寨沙三堡义学、中渡义学
	罗城县	康熙五十七年,建义学一所在城内。乾隆二年,署知县在黄金村建社学一所,后并归义学,遂废
	柳城县	乾隆二十五年,建义学一所在柳侯祠内。光绪十六年,于文庙东庑成立义学一所
	怀远县	康熙三十二年,在东门内、古宜梓潼阁各建义学一所。雍正二年,知县陈镇在古宜甲建社学一所

续表

府别	州县	义学建设及分布情况
柳州府	融县	乾隆三年,在县城学宫旁建义学一所。道光四年和六年,先后在融水镇、水东长庆坊创办嘉庆坊义学和潭东义学。咸丰四年,设立和睦义学。光绪十三年、二十九年,在大南街、长安湖广街各建义学一所
	象州	一在城北门内,后更名为"象江书院";一为瑶僮义学,在安中里中平墟,雍正十三年建。同治年间,地方士绅集资兴办寺村小学
	来宾县	雍正八年,建义学一所于城南
庆远府	宜山县	一所在城东门内,雍正十一年建;一为乾隆六年,由龙江书院改;一为怀远镇义学,乾隆四年建
	天河县	无
	河池州	义学在学宫前,雍正四年建
	思恩县	康熙二十四年,建于城内,名曰"环江义馆"
	东兰州	在城义学一所,雍正十二年建
思恩府	府城	雍正元年,知府戴朝选建义学一所在南门外
	武缘县	在城义学一所,康熙五十五年建。雍正元年,在思恩府城南建"惠泉义学"。同治四年,民众集资兴办琴泉义学。道光至光绪初,由宗族集资开设的社学有伊岭、葛圩、锣圩、凤山四所
	宾州	在城义学(后改宾阳书院)
	迁江县	无
	上林县	一在城北郊,久圮。一在学宫右,康熙四十八年建
	土田州	在城义学,康熙六十年建,乾隆二十年更名为"化城书院"。乾隆二十年,(在各里)别建义学七:一曰鹅洲义学,一曰兼州义学,一曰灵溪义学,一曰工尧义学,一曰上隆义学,一曰恩城义学,一曰武隆义学。光绪年间,在四乡建有义学六所,知名者有上田里居仁义学、下隆里崇礼义学、下恩里榜圩由义学
	阳万土分州	乾隆年间,州判岑熙建义学一所
泗城府	府城	义学,一在南街,一在北街,雍正八年知府祖范良建
	西隆州	嘉庆二年,立义学一所在德化
	西林县	康熙二十二年,知县唐如则建义学一所。康熙五十年,在旧州设义学一所

续表

府别	州县	义学建设及分布情况
平乐府	平乐县	在城义学,康熙四十九年建;雍正元年,建北乡义学。同治二年,知县李瑞源建文昌宫郡、城隍庙义学两所。光绪三年,知县龚嘉相设东北乡义塾二所。社学有三:一在西门外塔街,一在府儒学左,一在沙子埠。光绪年间废
	恭城县	康熙五十七年,在明伦堂左建义学一所。康熙五十九年,在城外常家村建社学一所。雍正年间,知县方显建社学三所。光绪年间废
	富川县	雍正元年,知县韩三善在城内创建社学,后改称义学。同治五年,蒋世培在祠堂两庑建深坡街义学。道光十三年,训导朱德鈇劝捐建有蒙泉义学
	贺县	康熙二十四年,在县前和城外水东亭子建义学两所。在城义馆,雍正十三年建。社学二:一在城东,一在信都乡
	荔浦县	康熙四十七年,在城南建义学一所。雍正元年,在县城北门外建社学一所
	昭平县	康熙年间,知县钱兆礼建义学三所。康雍年间,贡生何汉昆建社学"庐江作人社学"。同治光绪年间,在节孝祠内设有义学一所
	永安州	在城义学,康熙二十年建,四十八年重建,颜曰"眉江书院"。雍正二年重修
梧州府	府城	道光十一年,知府钟禄设四门义学;东门的阳明义学,南门的南薰义学,西门的绿漪义学,北门的大云义学。同治十二年,复设台山义学
	苍梧县	一为南街义学,康熙三十一年建。一为修明义学,康熙五十七年修。雍正七年,邑人李世瑞在冠盖乡思务村建社学曰"修明社"
	藤县	一由三元书院改建而来,一曰峤清学舍
	容县	社学,城乡共五十所。今俱废。同治五年,知县潘英章建自良义学。同治末,知县陈师舜另设义学一所
	岑溪县	在城义学,雍正十二年建。乾隆九年,知县刘延栋在文昌宫建经馆义学一所。并有瑶僮义学三所:一在大涨一在水汶墟,一在南渡埠。社学六所:一在城北,五在乡村。今俱废
	怀集县	康熙二十八年,改社学十所为义学

续表

府别	州县	义学建设及分布情况
浔州府	桂平县	府城义学,康熙三十二年建,后并入浔江书院。桂平义学,康熙三十三年建
	平南县	康熙四十六年,建在城义学一所。雍正二年,建社学两所:一在乌江关帝祠,一在大乌墟尖脚岭
	贵县	在城义学,康熙三十六年建。同治六年,知县萨必图重建义学于城东教谕署旁。光绪年间,覃塘、大圩各办起义学一所
	武宣县	在城义学,康熙二十七年建
南宁府	宣化县	县义学一所,康熙三十八年建。康熙三十九年,知府孙调鼎建府义学一所;同年,知府孙润新在北门内建北仓社学。康熙五十五年,知府沈元佐建北仓义学一所。乾隆二年,在瓦窑村建瓦窑社学,在蒲庙乡颜村建颜村社学。道光二十三年,设义学一所于南门昭忠祠
	新宁州	在城义学一所,康熙五十五年建。乾隆二十一年,改名为"吉阳书院"
	隆安县	在城义学一所,康熙二十五年建。光绪十六年,知县徐明勋在城厢内外设义学两所。光绪二十九年,在长安湖广街尾泗山庙办义学一所。社学,雍正二年建于西乡那重村
	横州	康熙四十四年,建在城义学一所。社学有二:一在高登里马畔村,一在从化乡交椅村
	永淳县	康熙五十八年,知县凌森美建在城义学一所,雍正十一年重建。雍正三年,建社学四所:一在古辣墟,一在甘棠墟,一为东隅社学,一为西隅社学
	上思州	康熙二十三年,知州戴梦熊建义学二所,分别在州城南街、后街
	下雷等土州	下雷、归德、果化、忠州等土州、迁隆峒各建社学一所
太平府	崇善县	前明隆庆五年,知县何道临建崇德、崇观、崇礼、崇文、崇伦、崇教、崇雅、崇经、崇敬、崇明、崇忠、崇仁、崇化、崇元、崇贤义学十五所。雍正二年,知府甘汝来建义学一所于高公祠前。乾隆年间,在北门外建义学一所,后改名"桂香书院"
	左州	在城义学,乾隆三十年建于州城北门

续表

府别	州县	义学建设及分布情况
太平府	养利州	原有在城义学一所,年代不详。光绪三十年,安平州衙建义学一所,专供官族和有功名者的子弟读书
	永康州	原有义学两所:一所于康熙二十三年设于崇圣祠内;一所为雍正二年知州江莪建,后改名"康山书院"。同治十年,在州城西街设蒙童义学一所
	宁明州	雍正二年,土知州李蕃在城西霸岭建"太平土州学"。明江厅义学,雍正九年同知张光宗建。(安平等土州,罗阳、罗白等土县,未建学校。)
镇安府	天保县	在城义学一所,久废。乾隆十三年前后,在府治东、西、南、北路四乡各设社学一所。光绪十四年,地方士绅和民间集资,兴办育英、育才两所义学
	奉议州	雍正五年,州判邵铨建在城义学一所。光绪年间,官府先后在城乡设立养正、正修、正蒙、正性、正德五所义塾
	归顺州	乾隆二十三年,建在城义学一所
	上映土州	建有在城义学一所。久废
	下雷土州	在城义学,雍正元年建。久废
郁林直隶州	—	在城内东、西二厢,以及东宁、抚康、贵平、富民四乡各建有社学一所
	博白县	雍正年间,建有义学一所。曾有文星社学,久废
	北流县	康熙四十年,在东门外建有义学一所。康熙四十四年,知县陈献德在波一里建社学一所,久废。道光年间,先后建毓秀义学、西关义学。同治年间,于扶来里创办扶阳义学
	陆川县	在城义学,康熙四十三年建。雍正三年建社学三所:一在南城外,一在北城外,一在城隍庙后。光绪二十四年,创建大峒堡义学、洞心堡义学,后均该为高等小学堂
	兴业县	雍正八年,知县柏宏智建义学四所,久废。社学八:一养正,在学宫前;一龙江,在东山;一冰塘,在谭村;一蟠龙,在黎村;一对山,在塘格;一柳山,在柳北三十里;一西水,在城北四十里;一读书台,在旧县。俱久废

资料来源:本表系根据(清)谢启昆修,胡虔纂的《广西通志·建置略·学校》卷一三三至一四○所记,以及相关地方志记载整理而成。

表 5-5 对广西义学和社学的统计情况并不完整,部分义学、社学的创建及废弃时间均不明确,有的旋设旋废,有的改作书院,因而难以准确统计,但从中仍可窥探清代广西各地义学、社学启蒙教育的大致面貌。结合其他文献及学界研究成果,可以初步概括清代广西义学教育发展的一些特点有别于同时期的贵州、云南。

第一,关于清代广西义学发展的时间阶段性。有学者认为,清代广西义学教育发展大致分为三个阶段[①]:第一阶段是康熙至雍正朝时期。广西在此期间创设义学 83 所,是清代广西义学发展的高峰期。所设义学分布面积较广,但集中在桂林、平乐、梧州等桂东地区,且多位于府县治所及其周围。同时,广西义学的创办亦出现向少数民族地区拓展的趋势,如土田州:"在城义学,康熙六十年建。(在各里)别建义学七:一曰鹅洲义学,一曰兼州义学,一曰灵溪义学,一曰工尧义学,一曰上隆义学,一曰恩城义学,一曰武隆义学。"第二阶段为乾隆至咸丰朝时期。在长达 126 年的时间里,广西仅设置义学 54 所,为清代广西义学发展的低潮期。此时期广西义学的发展出现部分义学转为书院、义学设置进一步向少数民族地区推进的特点。第三阶段是同治至光绪朝时期。此时期广西省共建义学 73 所,数量较多,且向更为偏远的民族村寨扩展。如同治年间泗城府北流县的扶阳义学(上、下两寨),光绪十六年(1890)在那马厅设置的石塘、周鹿、杨圩、高圩、片圩、林圩义学 6 所,桂平县知县何寿萱在县内各乡设立义学 11 所。这种情形说明,广西义学与贵州、云南一样,体现出非常明显的边疆少数民族教育特征。

第二,关于清代广西义学的空间分布。从全省范围看,义学在空间上的分布与官学、书院大体一致,呈现出东部密集、中部过渡、西部稀疏,逐次递减的三级阶梯式结构,分布在土司地区,即少数民族聚居的桂西地区的义学不到全省总数的五分之二;从各府、县义学具体分布来看,东部各府、县义学多位于府县治所及周围不远处,西部各府、县义学多位于治所以外的民族乡村山寨。

第三,清初广西创建的义学,实际上不少具有书院的规制和水平,并发挥着书院的教育作用。清初 80 年间,统治者对书院一直采取压制政策,不许别创书院,广西地方官员深感教化无门,因而另创义学以代书院,所以出现部分书院和义学名称混用的情况,如荔浦县义学又称荔浦书院。雍正十一年(1733),颁布鼓励各省督抚在省会创设书院的政策以后,广西各地书

---

① 参见于晓燕的《清代南方民族地区的义学研究》,云南民族出版社,2011 年,第 122—123 页。

院陆续兴起,部分义学又改为书院。正因为清初一部分义学具有书院的性质,所以广西东部地区很大一批义学集中在府、州、县治所及其周围。①

四、川西南地区的义学教育

雍正五年(1727),礼部议准四川建昌府择大村巨堡建义学学舍,令附近熟番子弟来学。雍正六年(1728),在建昌府土司地区实行改土归流,裁建昌旧设通判,新设宁远府(今西昌市一带)。雍正八年(1730),礼部议准四川巡抚宪德所奏,鉴于"新设建昌府蛮夷杂处,请于汉境内择大村堡照义学例建设学舍,选取本省文行兼优之士,延为塾师,令熟番子弟来学,俟学业有成,俾往教生番子弟"②。同年复准:

> 四川建昌府,僻处边隅,四面环彝,复有熟番杂处其中。未知礼教,应延塾师训习。但蛮童不解官语,塾师不能译语,训习似难遽通。应于汉境内择大村、大堡,令地方官照义学之例,捐建学舍。选择本省文行兼优之生员,延为塾师。令附近熟番子弟来学,日与汉童相处,熏陶渐染,宣讲《圣谕广训》。俟熟习之后,再令诵习诗书。……俟熟番子弟学业有成,令往教训生番子弟,至熟习通晓之后,准其报名应试。该地方官照例收考,申送学政,以应岁、科两试。其乡学塾师,应照乌蒙设学之例,以六年为期。如果教导有成,准作贡生。如三年无成,该生发回,另行选择。③

有意思的是,官府根据当地"夷人"子弟不通官语的实际,规定选择品学兼优的生员担任义学教师,招收熟番子弟,令其与汉族子弟一并在义学学习,待熟番子弟学成之后再回去教诲生番。此种做法与当地民族聚居地区教育发展落后的实际情况相适应,可谓少数民族地区义学师资培养模式的创新之举。于晓燕认为,以番教番比之以夷制夷是中央治边政策的一大进步,大大推进了少数民族地区官办教育制度的发展与完善。④ 我们认为,用"熟番子弟"教诲"生番子弟"的做法尽管还不能上升到清政府治边政策

---

① 于晓燕:《清代南方民族地区的义学研究》,云南民族出版社,2011年,第124页。
② 《清朝文献通考》卷七〇《学校考八》。
③ 《钦定大清会典则例》卷七〇,文渊阁《四库全书》本。亦见(清)素尔讷等纂修,霍有明、郭海文校注的《钦定学政全书校注》卷七三《义学事例》,武汉大学出版社,2009年,第288页。
④ 于晓燕:《清代南方民族地区的义学研究》,云南民族出版社,2011年,第115页。

的高度,但确实适应了当地民族聚居且与外界交往很少,从而教育滞后的实际,不失为一种行之有效的教学模式。而且,鼓励"番民"子弟入学,实行以"熟番"教授"生番"的举措,在西南边疆很多少数民族地区是较为普遍的。如乾隆十一年(1746)议准,"四川三齐等三十六寨番民,归隶茂州管辖,该寨番民如有子弟秀异,通晓汉语,有志读书者,送州、县义学从师受业,如果渐通文理,准照土司苗瑶子弟应试"①;在云南威远厅和东川地区,"雍正五年,议准建立义学,选延塾师。先令熟番子弟来学,日与汉童相处,宣讲圣谕、广训,俟熟习后,再令诵习诗书。……俟熟番学业有成,令往教诲生番子弟"②。

根据于晓燕的研究,四川生存发展较为不易,曾设立义学50馆,不仅数量少,且地域分布相当不平衡,如卭州直隶州10所,嘉定府9所,都集中在四川的东部和南部,占了四川省义学的64%,其余10余府、直隶州设立数目较少,大部分府、州仅占1所。③《四川通史》则记有义学48馆④,其中雍正八年(1730),建昌府即开设义学。根据王美芳的研究,其情况则有所不同,她在《文教遐宣——清朝西南地区文教措施研究》附录"西南地区义学简表——四川地区"的统计⑤显示,清代四川义学数目远远不止50馆。如叙州府、筠连县义学,五乡共计10堂;南溪县同治五年(1866)添设城乡义学25处;高县在道光年间设城乡义学20馆;宁远府会理州在嘉庆年间于城内外、白果湾、挂榜等处设立义学16处。

清代四川设立的义学数量不及贵州、云南两省,但仍在川西南地区实施以义学为中心的少数民族教育措施,特别是根据实际情况创造性地实行"熟番先学,再以之教生番"的教学模式,适应了少数民族地区教育发展不平衡的状况,在一定程度上体现出边疆少数民族地区义学与内地义学在办学模式上的差异。

---

① 《皇朝政典类纂》,第4487页,转引自于晓燕的《清代南方民族地区的义学研究》,云南民族出版社,2011年,第115页。
② 李春龙、王珏点校:《新纂云南通志》卷一三四《学制考四》第六册,云南人民出版社,2007年,第521—522页。
③ 于晓燕:《清代南方民族地区的义学研究》,云南民族出版社,2011年,第116页。
④ 陈世松主编:《四川通史》第五册,四川大学出版社,1993年,第317页。
⑤ 王美芳:《文教遐宣——清朝西南地区文教措施研究》附录"西南地区义学简表——四川地区",台湾师范大学硕士论文,2006年,第388—408页。

第三节　西南地区义学的管理与运作

一、教育目的与教学内容

清政府在西南边疆多民族地区大力兴办义学,其目的在于"广兴义学……化民成俗,教学为先;兴贤育才,致治所尚。……使天下无不学之人,乡村无不学之地,所以造就人材,移风易俗,意甚盛也。地方各官有牧民之责,专化导之司,多其教之之地,广其教之之法,莫如义学成材,可资以进取童幼。亦端其蒙养,诚教法之枢机,而地方之要务也","是义学之设,文教所系,风化所系"。① 这是清代贵州地方官员的认识。云南布政使陈宏谋认为,"是义学之设,文化风俗所系,在滇省尤为紧要也"②,"滇省夷多汉少,鲜事诗书,义学之设,视他省为尤急,在乡义学又视在城为尤急"③。从文献记载可见,清政府在西南边疆少数民族地区设立义学的目的是为了使"夷人"子弟熏陶其礼仪,以革其心,转移风俗,潜移默化地接受统治者提倡的忠、孝、礼、义、廉、耻之价值观念。

从上述清政府在西南边疆少数民族地区举办义学教育的目的出发,显然义学不是为了直接培养科甲正途士人,进一步说,西南边疆义学的教学内容并非像府、州、县官学那般直接为科举考试服务,即"义学仅令小子就学,而成材者不与焉"④,而是针对各少数民族子弟"训以官音,教以礼义,学为文字"⑤。这可以从清代西南边疆地区义学课程内容及教材的对比分析中得出。(详见表5-6)

---

① (清)张经田撰:《广兴义学文》,贵州省文史研究馆点校:《贵州通志·学校·选举志》,贵州人民出版社,2008年,第120—121页。
② (清)陈宏谋撰:《查设义学檄》,雍正《云南通志》卷二九《艺文七》,民国《新纂云南通志》卷一三四《学制考四》。
③ (清)陈宏谋撰:《查设义学第二檄》,雍正《云南通志》卷二九《艺文七》,民国《新纂云南通志》卷一三四《学制考四》。
④ (清)陈汝梅:《狮山书院碑记》,贵州省文史研究馆点校:《贵州通志·学校·选举志》,贵州人民出版社,2008年,第76页。
⑤ (清)陈宏谋:《五种遗规·养正遗规》补编《社学要略》,亦参见(清)素尔讷等纂修,霍有明、郭海文校注的《钦定学政全书校注》卷七三《义学事例》,武汉大学出版社,2009年,第288页。

表 5-6　西南边疆地区义学课程内容及教材统计简表

省、府、州、县名	课程内容	出　处
贵州省荔波县	每日经、史、古文、诗文	《荔波县志·学校志》，光绪元年钞本
贵州省贵阳府	《圣训四十一册》《课士直解》《课士规条》等	《耐庵文存》卷六《书简》
四川省南溪县	《圣谕广训》《衍义》《朱子》《小学》《四礼翼二语合篇》等书。散有亲书朱子家训、千字文字格，馆师即令学生摹写，随即讲解令其熟读	《南溪县志》卷三《教育》，1937年铅印本
四川省资州	《圣谕广训》《孝经》《小学》《劝孝歌》等	《资中县续修资州志》卷四《学校志》，1929铅印本
四川省南川县	《圣谕广训》《三字经》《孝经》《小学》	《南川县志》卷四《书院》
广西省罗城县	《三字经》《百家姓》《传家宝》《声律启蒙》《增广贤文》《幼学琼林》等	《中国少数民族教育史》卷三
广西省贺县	以《四书》《五经》为主，旁及子史文集、道德学问双方兼顾	《信都县志》卷三
云南省腾越府	《圣谕广训》《康熙字典》《科场条例》《弟子规》《四书合讲》《童蒙辑要》等	《腾越厅志》卷一〇《学校》
云南省普洱县	《三字经》《百家姓》《千字文》《幼学琼林》等	《普洱哈尼彝族自治县志》，589页
云南省路南州	《圣谕广训》《古文渊鉴》《四礼翼》《性理精义》《斯文精萃》《大学衍义》《朱子治家格言》等	《路南州志》卷二《学校》，乾隆二十二年刊本
云南省镇雄州	《圣谕广训》《古文渊鉴》《四礼翼》《性理精义》《孝经近思录合订》《制艺准绳》《朱子治家格言》等	《镇雄州志》卷三《学校》，乾隆四十九年刊本
云南省镇雄州	《圣谕广训》《古文渊鉴》《四礼翼》《性理精义》《斯文精粹》《孝经近思录合订》《吕子节录》《制艺准绳》《朱子治家格言》《纲鉴正史约》等	《镇雄州志》卷三《学校》，乾隆四十九年刊本

续表

省、府、州、县名	课程内容	出处
云南省镇雄州	《圣谕广训》《古文渊鉴》《四礼翼》《性理精义》《孝经近思录合订》《制艺准绳》《朱子治家格言》等	《镇雄州志》卷三《学校》，乾隆四十九年刊本
云南省广西府	《渊鉴古文四函》《性理精义》《斯文精粹》《孝经小学近思录》《吕子节录》等	《广西府志》卷一四《学校》，乾隆四年刊本
云南省琅井	《圣谕广训》《御纂经书》	《琅盐井志》卷三《学校》，乾隆二十一年刊本
云南省霑益州	《圣谕广训》《上谕律条疏解》《御纂日讲四书》《御纂性理精义》《孝经近思录合订》《大学衍义》《朱子治家格言》《纲鉴正史约》等	《霑益州志》卷二《学校书籍》，乾隆三十五年刊本
云南省广南府	《圣谕广训》《上谕》《日讲四书讲义》《性理精义》《古文渊鉴》《大学衍义辑要补》《四礼初稿》《朱子全书》《纲鉴正史约》等	《广南府志》卷二《学校》（书院、义学、经籍附），光绪三十一年重刊本
云南省镇南州	《诗经集解》《新刊周易本义》《礼记集解》《古文渊鉴》《弟子规》《四书翼》《蒙馆遗规》等	《镇南州志》卷三《学校》，光绪十八年刊本
云南省开化府	《圣谕广训》《古文渊鉴》《性理精义》《斯文精萃》《近思录》《孝经注解》《小学纂注》《吕子节录》《四礼初稿》《四礼翼》《纲鉴正史约》《大学衍义辑要》《朱子治家格言》	《开化府志》（道光八年本）卷六《学校》（经籍附）

由5-6表看，在西南边疆少数民族地区举办的义学，其教学内容包括道德教育、知识教育、识字等方面，使用传统蒙学教材，如《三字经》《百家姓》《千字文》《朱子治家格言》等。封建正统的道德礼仪规范是西南边疆义学教学的重要内容，如《小学纂注》《孝经注解》《近思录集解》等。《小学纂注》源自《小学》，其汇集古代圣贤的嘉言睿行多引用格言故事，以立教、明伦、敬身、稽古为纲，讲求三纲五常，要求人人遵守君臣父子之道、夫妇之

别、长幼之序、朋友之道,还有关于心术、感化、衣服冠履和饮食等诸多日常生活细节,故有着很强的道德教化功能。《小学纂注》则是由后人加以解释的辑录,适合教读蒙童。《孝经注解》是对《孝经》的详细注释,宣扬儒家的孝道和以孝治天下的思想,这对于从小培养各族儿童的忠孝仁义观念具有重要作用。《近思录集解》为宋代朱熹、吕祖谦合著,集中了宋代著名思想家周敦颐、程颢、程颐的有关言论,是阐述儒家性理的经典作品。陈宏谋认为:"四子(周、程、张、朱)者,《六经》之阶梯,《近思录》者,四子之阶梯,又以穷乡晚进有志于学,无良师益友之助者,得此足以得其门而入,朱子诱掖后学之苦心尤在于此。"①《圣谕广训》是西南边疆少数民族地区义学必备的教材。清康熙时颁布《上谕十六条》,雍正二年(1724)对上谕中的十六条进行汇集,"寻绎其义,推衍其文,共得万言,名曰《圣谕广训》",规定"凡直省州、县、乡、村、巨堡及番寨土司地方,设立讲约处,拣选老成者一人,以为约正;再择朴实谨守者三四人以为直月。每月朔望,齐集耆老人等,宣读《圣谕广训》,钦定律条,务令明白讲解,家喻户晓"。②《圣谕广训》被列为义学教育的教材,凸显出义学作为启蒙教育手段对清朝在西南边疆少数民族地区加强思想统治的重要意义。

二、义学的师资与教育对象

为保证义学的顺利运行,尤其是确保清政府提倡的封建道德观念和礼仪规范得到灌输,官府对西南边疆少数民族地区义学馆师的延聘做出严格规定,一般要求由各省举人、贡生、官学中品行兼优的生员担任,如康熙五十九年(1720)议准:"广西土属共十五处,各设义学一所。该抚选择本省之举人、贡生学品兼优者,每属发往一员教读。"③云南官府同样对义学馆师提出要求,即"经馆之师,选择宜严。地方官留心采访,无论本地举贡生员及外来绅士,必须立品端方,学有根底者,延之为师"④。对于馆师的籍贯,官府并未作硬性要求,只要符合条件,"无论本地举贡生员及外来绅士"均可,但在实际操作中,各地官府还是更倾向于聘用本地生员,一方面是为了节约路费,降低成本;另一方面侧重考虑的是本地生员其品行容易查访,且与

---

① (清)陈宏谋撰:《重刊近思录集解·序》,雍正《云南通志》卷二九《艺文八》。
② (清)汤大宾、周炳修纂:道光《开化府志》卷一〇《艺文》。
③ (清)素尔讷等纂修,霍有明、郭海文校注:《钦定学政全书校注》卷七三《义学事例》,武汉大学出版社,2009年,第287页。
④ (清)陈宏谋撰:《义学条规议》,民国《新纂云南通志》卷一三四《学制考四》。

本地学生言语、习惯相同,方便教学和沟通,这在民族聚居地区显得尤为重要。

在西南边疆一些比较特殊的少数民族地区,官府十分注意培养当地民族精英,作为义学的师资力量。请参看以下史料记载:

> 雍正三年,议准云南威远地方,五年,议准云南东川土人等处,并建立义学,选延塾师。先令熟番子弟来学,日与汉童相处,宣讲圣谕、广训,俟熟习后,再令诵习诗书。……俟熟番学业有成,令望教诲生番子弟,再俟熟习通晓之后,准其报名应试。①
>
> 四川建昌府,僻处边隅,四面环彝,复有熟番杂处其中。未知礼教,应延塾师训习。但蛮童不解官语,塾师不能译语,训习似难遽通。应于汉境内择大村、大堡,令地方官照义学之例,捐建学舍。选择本省文行兼优之生员,延为塾师。令附近熟番子弟来学,日与汉童相处,熏陶渐染,宣讲《圣谕广训》。俟熟习之后,再令诵习诗书。……俟熟番子弟学业有成,令往教训生番子弟。②

上述史料中提到的云南威远、东川,四川建昌等地的"熟番"和"生番"是相对的,都是当地的少数民族,前者接触汉文化较多一些,后者接触汉文化甚少且身处偏远闭塞的僻地。地方政府先在汉族聚居区选择品行兼优的生员作为义学馆师,教诲"熟番"子弟,当他们逐渐通晓汉语并学有所成后,便充任义学师资再去教授那些僻地的"生番"。此种教学模式颇受清政府的重视,在其他地区得以推广。如在台湾地区的义学,大多先"择熟番子弟之秀颖者入学读书,训以官音,熟习之后,令其往教生番子弟"③。

地方官府对义学馆师有比较严格的考核制度。雍正八年(1730)议准:"乡学塾师……以六年为期。如果教导有成,准作贡生。如三年无成,将该生发回,另行选择"。乾隆五年,又针对贵州苗疆地区的义学、社学教师,规定"于附近生员内,选择文行兼优者,令其教导,照例以六年为期。果能教

---

① 李春龙、王珏点校:民国《新纂云南通志》卷一三四《学制考四》第六册,云南人民出版社,2007年,第521—522页。
② 《钦定大清会典则例》卷七〇《学校三》,见(清)素尔讷等纂修,霍有明、郭海文校注的《钦定学政全书校注》卷七三《义学事例》,武汉大学出版社,2009年,第288页。
③ (清)丁绍仪:《东瀛识略》卷三《学校·习尚》,转引自于晓燕的《清代南方民族地区的义学研究》,云南民族出版社,2011年,第195页。

导有成,文学日盛,将训课之生,准作贡生。如三年尚无成效,发回另行选择"①。

清代西南边疆义学的教育对象大致有一个变化的过程。清初,西南边疆地区的义学与内地一样,其教育对象主要是针对贫穷孤寒子弟。康熙五十二年(1713),谕令"各省府、州、县,令多立义学,延请名师,聚集孤寒生童,励志读书"②。随着清政府对西南边疆广大山区和边远地带控制的深入,尤其是雍正年间在西南大规模改土归流及武力开辟苗疆,义学的创办逐渐深入到少数民族聚居地区,其教育对象亦即针对少数民族子弟。总体上看,与明朝在西南边疆的教育更多注重府、州、县儒学教育和关注对土司上层子弟的教化不同,清代西南边疆少数民族地区的义学其教育对象发生明显迁移。

云南是汉夷杂居的省份,清代云南的义学具有汉夷一体的教育特征。③平定"三藩之乱"后,云贵总督蔡毓荣上《筹滇十疏》,"饬行有司各设义学,教其子弟"④。这期间,云南义学的对象是汉夷子弟。雍正朝至乾隆朝初年,担任云南布政使的陈宏谋大力提倡创设义学,云南义学得到快速发展。陈宏谋认为,兴办义学是要使"成人、小子、汉人、夷人不以家贫而废学,不以地僻而无师"⑤,"不得以夷倮而忽之,更不得以夷倮而拒之。如有土目头人阻挠、不许向学者,立即究处"⑥。陈宏谋的提议明确了义学教育对象是不识字的成人、小孩、汉夷子弟,亦说明云南义学的教育对象面很广。当然,由于云南少数民族分布地域广,占全省面积比例大,清代云南义学多数分布于山区、边远地带等少数民族聚居地区,不可否认的是,清代云南义学教育对象重心在于夷人子弟,政策上有明显倾向。

清代贵州义学大多设置在民族聚居地区,尤其是改流地区和苗疆地区。但在不同时期,贵州义学的授课对象有所区别。康熙时期,贵州义学强制性要求土司子弟入学,如康熙四十四年(1705),贵州巡抚于准上《苗民久入版图请开上进之途疏》,朝廷议准:"贵州各府、州、县设立义学,将土司

---

① (清)素尔讷等纂修,霍有明、郭海文校注:《钦定学政全书校注》卷七三《义学事例》,武汉大学出版社,2009年,第288—289页。
② (清)素尔讷等纂修,霍有明、郭海文校注:《钦定学政全书校注》卷七三《义学事例》,武汉大学出版社,2009年,第287页。
③ 于晓燕:《清代南方民族地区的义学研究》,云南民族出版社,2011年,第190页。
④ (清)蔡毓荣撰:《筹滇十疏》"第九疏敦实政",见方国瑜主编的《云南史料丛刊》第八卷,云南大学出版社,2001年,第437页。
⑤ (清)陈宏谋撰:《查设义学檄》,雍正《云南通志》卷二九《艺文七》,民国《新纂云南通志》卷一三四《学制考四》。
⑥ (清)陈宏谋撰:《义学条规议》,民国《新纂云南通志》卷一三四《学制考四》。

承袭子弟送学肄业,以俟袭替。其族属人等,并苗民子弟愿入学者,亦令送学。该府、州、县复设训导,躬亲教谕";康熙四十五年(1706)议准:"黔省府、州、县、卫,俱设义学。准土司生童肄业,颁发御书'文教遐宣'匾额奉悬各学。"①这时期义学的教育对象是土司子弟、土民子弟及苗民子弟。雍正三年(1725)议准:"黔省苗人皆有秀良子弟,令各府、州、县设立义学。嗣后,苗人子弟情愿读书者,许各赴该管府、州、县报名,送入义学,令教官严加督察。"②光绪年间,在苗疆地区(古州、都匀、上江、黎平、朗洞、下江、清江、丹江、台拱、黄平、凯里、天柱苗疆各营)设立营制义学,招收苗民中"年力精壮、相貌敦厚者入营候补,以二成为率",被选中的苗兵"入营之后,营书教之识汉字,营兵教之习汉语,耳濡目染,不劳而集,因使之改汉装于无形之中","因其知识之既开,筋力之可用,化导之易,取径之捷,自较义学之童稚事半功倍,且可与义学并行不悖,相与有成也"。③至此,贵州苗疆义学授课对象进一步扩大到清军中的成年精壮之苗民。

清代广西义学的教育对象亦具有汉夷一体之特点。康熙五十九年(1720)议准:"广西土属共十五处,各设义学一所。该抚选择本省之举人、贡生学品兼优者,每属发往一员教读。土属愿学子弟,如有文艺精通者,先令就近流官州、县附考。"④在广西土司地区设置的义学,其教学对象主要是土司子弟和土民子弟。在少数民族聚居的桂西地区及桂东部分少数民族较为集中地区设立的义学,其招收的对象亦主要是少数民族子弟,如在桂林府兴安县,一为瑶僮义学,一为瑶地义学(在融江、沭水、东田、高田四处)。梧州府岑溪县,瑶僮义学有三:一在大洑,一在水汶墟,一在南渡埠,这些义学显然主要是为当地的壮、瑶民族子弟服务。

三、义学教学管理

在西南边疆少数民族地区,官府对义学的教学管理有具体的要求,以防止可能出现的随意性,保证义学的办学效果。为此,以条规的形式规定

---

① (清)素尔讷等纂修,霍有明、郭海文校注:《钦定学政全书校注》卷七三《义学事例》,武汉大学出版社,2009年,第287页。
② (清)素尔讷等纂修,霍有明、郭海文校注:《钦定学政全书校注》卷七三《义学事例》,武汉大学出版社,2009年,第287页。
③ 民国《贵州通志》第45册《前事志四十》,贵州人民出版社,1991年。
④ (清)素尔讷等纂修,霍有明、郭海文校注:《钦定学政全书校注》卷七三《义学事例》,武汉大学出版社,2009年,第287页。

了义学开馆、散馆的时间,学生的考核标准及优秀学生进一步深造等内容。①

义学生童的肄业时间一般为4年,每年学习时间约10个月。清代云南义学一般是岁初开馆,岁末散馆,不能迟开早散或早开迟散,开馆散馆的时间要如实呈报官府,以便督察落实:

> 每岁开馆以正月为期,散馆以十二月为期。开馆时,地方官将某馆延请某人为师,于何日开馆之处具报。至岁底散馆,将某馆生徒若干,成材若干,幼童若干,注明汉人夷人,申报查考。不得迟开早放,有名无实,虚縻馆谷。②

官府还规定了对义学学生的奖惩办法。陈宏谋在《义学规条议》中即提出:

> 如蒙馆义学内有资性聪颖,勤于课业,可以学文者,即升之在城经馆。此等远来就学,薪水维艰,该地方官量给膏火,以示奖励。即城中蒙馆童子,能晓经书,学为文者,亦即升之成材经馆。如经馆中有成材生员,文笔可造而人材又复可观者,仍许遵奉宪檄,量给盘费,给文送至省城,候两宪考取,送入书院读书。如是层递进取,犹是古者由乡而国之意。而乡僻生徒各知奋志观光。将来于此中提拔数人,转相传授,士习文风均有裨益。至村寨蒙馆,夷倮子弟鲜通官意,不识汉字,其始必以读书为苦。是在地方官加意引诱,设法奖励。③

除在物质上给予优秀学生奖励(量给膏火)外,还规定允许他们进入书院、官学深造。如雍正三年(1725)议准:"云南威远地方,彝人子弟在义学诵习。有粗通文义者,就元江府附考,于府学加额取进。"④

在广西,康熙五十九年(1720)议准:"广西土属共十五处,各设义学一

---

① 参见于晓燕的《清代南方民族地区的义学研究》,云南民族出版社,2011年,第197—199页。
② (清)陈宏谋:《本朝义学规条议》,民国《新纂云南通志》卷一三四《学制考四》第六册,云南人民出版社,2007年,第531页。亦见道光《广南府志》卷四《艺文》。
③ (清)陈宏谋:《本朝义学规条议》,民国《新纂云南通志》卷一三四《学制考四》第六册,云南人民出版社,2007年,第532页。亦见道光《广南府志》卷四《艺文》。
④ (清)素尔讷等纂修,霍有明、郭海文校注:《钦定学政全书校注》卷六九《土苗事例》,武汉大学出版社,2009年,第268页。

所,教读土属子弟。如有文理精通者,先令就近流官州、县附考取进";在贵州,雍正三年(1725)议准:"黔省苗人子弟,各赴该管府、州、县义学诵习。有文理通顺者,准于各府、州、县岁科两试加额取进。"①在苗疆地区则规定:"如苗民弟子中能勉力趋学,日就领悟,则令各该管官,不时稽察,随予奖赏,并将其父兄一体奖赉,以示鼓劝。俟数年之后,有稍识文义者,即由该管官申送学政衙门考试。只就此新附苗人子弟中,酌取一、二名,以风苗众,庶彼见有进步之荣。久而久之,咸切观感之念。陶以文教,消其悍顽,于苗疆治理不无裨补。"②

清政府希望通过上述鼓励措施,使更多的少数民族子弟进入义学,乃至于更高一级的书院、官学学习,从而起到文教遐宣的示范带动作用。

四、义学经费来源

关于地方义学的管理及其经费来源,清政府有明确的导向性意见,即"各省由府州县董理,酌给膏火"③。在西南边疆各地,义学的经费来源关系到义学的性质问题,诸如是官办还是私立,或者官办为主,民助为辅。翻检清代西南边疆各地修成的志书不难发现,清代西南边疆少数民族地区的义学经费来源是以官府出资为主,民间社会捐助作为补充。

(一)官府出资

官府出资兴办义学,大体有直接拨给钱粮、为义学置办学田等形式。

一是官府直接拨给钱粮。有关清代广西省义学经费的来源,崔维雅在《立义学以广文教议》中指出:"应令各府、州、县立学择宽闲公所,选取儒学中老成有学,行谊端方之士立为社师,官给馆谷,以资膳养,约岁费二十余金,正佐捐奉共举,不得派民,其穷荒残邑力有不足者,同各司、道、府等官,各随力量捐以助不给。远近寒素子弟愿受业者,咸使教授。"④由于官府出面主导,因此一般均会拨给相应款项,如兴安县"瑶地义学,在融江、沐水、东田、高田四处。乾隆四年建,召僮瑶子弟读书,司库岁发馆师脩金四

---

① (清)素尔讷等纂修,霍有明、郭海文校注:《钦定学政全书校注》卷六九《土苗事例》,武汉大学出版社,2009年,第268页。
② (清)张广泗撰:《题请设立苗疆义学疏》,贵州省文史研究馆点校:《贵州通志·学校·选举志》,贵州人民出版社,2008年,第118—119页。
③ (清)昆冈等:《清会典》卷三三《礼部》,中华书局,1991年。
④ (清)谢启昆修,胡虔纂:嘉庆《广西通志》卷一三三《建置略八·学校一》,广西人民出版社,1988年。

十八两"①。

关于贵州义学经费的拨给,乾隆五年(1740)议准:"其大、小丹江、清江、旧施秉摆顶等处,均应速饬设立(社学)外,所有长寨、大塘、水城、都江、三脚屯、荔波县、凯里、松桃、丙妹、朗洞、台拱、邛水、柳霁等处,应各设社学一所,永从县在城、在乡设立义学二所。……其社师每年各给脩脯银二十两,统于公费银内动支,入于该年册内报销。"②

雍正十三年(1735),云南省广南府创设义学,时任布政使的陈宏谋"捐银二百两,又于八达案内无人承领之米,折银三十九两二钱"。所设9所义学,除在城义学"每年给束脩银十九两二钱"外,其余弥勒湾、普厅、皈朝、莫雨竜、里跛、八播、者钟、博隘8处义学,"每年给束脩银十二两"③。昭通府建有府义学3所(城南门内大街、天底炉、八仙营),恩安县义学2所(城内县署前、城南凤凰山),雍正八年(1730)题明,该5馆"每年支公件银九十六两,给南门、县署前二馆各银二十四两,天底炉、八仙营、凤凰山三馆各银十二两,共银八十四两,余银十二两。乾隆三年,改拨大关新添、洛岸村、滩头汛三馆束脩。昭通本无公件,所需束脩银九十六两,按季司库领支,永著为例"④。

二是为义学置办学田。地方官府为义学置办学田,这在西南边疆各地是非常普遍的现象。学田是古代专门为各类学校置办的田产,学校可以通过出租这些田产收取租谷,从而维持学校的日常开支。⑤ 延至清代,由于地方官府的重视,西南边疆少数民族地区的各类学校,如官学、书院、社学、义学都有自己的学田(官学田、书院田、社学田、义学田)。地方官府为义学置办田产,又有由各地官府直接置办学田,官府将当地有争议的田地、绝户田、无主之田判给义学,将查获的地方隐漏田土收归义学等情形。

官府直接置办学田。贵州大定府黔西州知州苏松到任后,"捐养廉银七十五两,置买州民肖成俸、册民李盛先水田一段,截粮四亩四分,送入义

---

① (清)谢启昆修,胡虔纂:嘉庆《广西通志》卷一三三《建置略八·学校一》,广西人民出版社,1988年。
② 贵州省文史研究馆点校:《贵州通志·学校·选举志》,贵州人民出版社,2008年,第116页。
③ (清)李熙龄纂修,杨磊等点校:《广南府志点校》卷二《学校·义学附》,兰州大学出版社,2004年,第65页。
④ 民国《新纂云南通志》卷一三六《学制考六》第六册,云南人民出版社,2007年,第584页。
⑤ 伍淑斌:《清代广西义学经费来源探析》,《湖北职业技术学院学报》2015年第3期,第57页。

学以备耕种。每年收仓租谷二十石八斗,永为馆师膏火之费"①。广西灌阳县义学建在县城东门内,为康熙五十八年(1719)知县赵成章建,"置义田五十亩,以资膏火"②;邕宁县义学,"清康熙三十年知府孙调新建。五十五年,知府沈元佐另建于城隍庙街式南书院左,置学田四百五十五垡,计每岁租谷二百四十石。鱼塘四所,每岁租银三十两,以作束脩、膏火之费"③。云南开化府乐农里义学位于城西北四十五公里,知县徐本仙、曹国弼设立,"学田二分。一坐落卡租寨,一坐落季里寨,每年共收京斗谷五十二石,系知县曹国弼捐置"④。富民县义学有城内东街、城南三里仓前、城北三十里者北、城西十里永安庄四馆,"康熙四十八年知县谢天麟据士民呈请学宫前垦田八十亩,名曰西庄,钱粮知县捐完,年收京斗租米五十七石六斗,除分给四馆永供束脩外,年余米六石六斗"⑤。

官府往往将当地有争议的田地、无主之田、绝户田等判给义学。在贵州,据《永宁州志·永宁州牒文》载:"案据下三马洛运总目王日恒、生员王天元具控:邕怀王天宇匿契不税一案,业经前州讯明,照例充公,断归义学以充膏火在案。因州城未设义学,以至延搁未经查办。今义学现在兴修,相应开明四至《牒》送办理。为此合《牒》贵学署,烦为查照来《牒》事理。希将邕怀寨纳永田亩,照依后开四至丘数,归入义学安佃,收租以资膏火,须至《牒》者。计粘邕怀田,上抵坡脚,下抵河坎,左抵水沟,右抵水沟,四至清单。"⑥广西来宾县雷江义学建于雍正八年(1730),"乾隆三十二年,县民黄重奇、韦扶良等互控入官五里塘一口,岁收租谷三千斤;南三里周容绝户入官田,租谷四千三百二十斤。共谷七千三百二十斤,每百斤计易银四钱五分,共银三十二两九钱四分,为师生束脩、膏火之费"⑦。云南广南府义学则有"生员王洪照与王云龙互争普厅田一段,详请拨入义学,每年实收京斗

---

① 贵州省文史研究馆点校:《贵州通志·学校·选举志》,贵州人民出版社,2008年,第119页。
② (清)金铁:雍正《广西通志》卷三七《学校》。
③ 莫炳奎:《邕宁县志》1937年刊本,广西人民出版社点校本,2001年,第871页。
④ (清)汤大宾、周炳修纂,娄自昌、李君明点注:《开化府志点注》卷六《学校·义学》,兰州大学出版社,2004年,第155页。
⑤ 民国《新纂云南通志》卷一三四《学制考四》第六册,云南人民出版社,2007年,第533页。
⑥ 贵州省文史研究馆点校:《贵州通志·学校·选举志》,贵州人民出版社,2008年,第119页。
⑦ (清)谢启昆修,胡虔纂:嘉庆《广西通志》卷一三五《建置略十·学校三》,广西人民出版社,1988年。

租谷十二石"①。

将查获的地方隐漏田土收归义学的情形在广西较为多见。如《南宁府志》载:"国朝康熙五十五年,知府沈元佐捐置,嗣因隐占田塘,租多田少,佃丁逃散。乾隆年,知府苏士俊委宣化县知县吴逢年清查出原售隐匿那腊村田四十四丘,收租谷三十九石九斗,原匿者以墰留村田足其丘与租之数,并追出私占鱼塘立案。又田八十四,每年收租谷五十五石。……田于康熙五十七年亦归入义学并文昌祠香火,以上二项田,每年收租谷二百九十石。"②在横州,"乾隆二十一年,知州谢钟龄查出覃京合等官山脚下开垦零丘碎块,例免开科,田坐落南乡彭村,每年租谷二十石,拨入义学,更增资费"③。

咸丰、同治年间,云南、贵州两省分别爆发云南回民起义、张秀眉起义等民族反清运动。这些起义被镇压后,地方官府将参加起义民众的所谓"叛产"拨给义学。云南大理府太和县义学,"一在上关乡周城,清光绪五年知县秦述先设立,并拨叛产田三十四亩九分三厘作束脩之费"④;云龙州义学在咸同年间遭到较大毁坏,清同治十年(1871),云南巡抚岑毓英"拨叛产田租十石,永供束脩"⑤;元谋县义学,"经兵燹废弛","光绪七年,知县杨炳垣详准拨叛产田租一百八十石,除完纳条粮外,分给各乡兴复义学"。⑥

在贵州丹江厅,光绪元年(1875),丹江通判杨兆麒创设城乡义学 32 所,"六年(1780),通判曹正魁举兴月课膏火,以绝逆租谷充办。嗣因绝逆田产时被水湮,经费支绌,通判李成英禀准,义学减为八所";在都江厅,"咸丰苗变,同治肃清。通判周启江办善后局,清获逆绝等产,约谷四万余斤为束脩,置训苗义学十二堂"⑦。光绪十六年(1890),台拱同知周庆芝认为"苗民之梗化也,实由智识浅陋,文字隔膜所致,复兴义学,清理咸同起义的农民绝产,充作学田"⑧。

(二)民间捐助

从西南边疆各地方志记载来看,修建义学的民间捐助主要是指任职当

---

① (清)李熙龄纂修,杨磊等点校:《广南府志点校》卷二《学校·义学附》,兰州大学出版社,2004年,第66页。
② (清)纪堪谨、方培纪修纂:宣统《南宁府志》,广西人民出版社点校本,2008年,第636页。
③ (清)谢钟龄修:《横州志》,横县文物管理所1983年重印本,第132页。
④ 民国《新纂云南通志》卷一三四《学制考四》第六册,云南人民出版社,2007年,第545页。
⑤ 民国《新纂云南通志》卷一三四《学制考四》第六册,云南人民出版社,2007年,第549页。
⑥ 民国《新纂云南通志》卷一三六《学制考六》第六册,云南人民出版社,2007年,第594页。
⑦ 贵州省文史研究馆点校:《贵州通志·学校·选举志》"义学表",贵州人民出版社,2008年,第138页。
⑧ 台江县地方志编纂委员会编:《台江县志》,贵州人民出版社,1994年,第583页。

地的官员以个人身份捐助，或者是当地士绅、商民向义学捐助的行为。捐助方式包括捐给银钱、粮食、田地、房产等。翻检清代刊布的西南边疆各地方志书，此种情形非常普遍，然限于篇幅，在此仅随举数例。

清代云南府昆明县义学主要分布在县城四乡。文献载："一在东乡板桥堡，一在南乡普自堡，一在西乡多依堡，一在北乡沙朗堡，俱清光绪七年盐道钟念祖捐设。盐道钟念祖捐银一千五百两交商生息，每年得息银一百六十两，永供四馆束脩。"①广南府城义学的捐助，"客民王姓府署瓦房一所，捐入义学，每年收租吹银四两八钱"②。开化府安南里义学有学田一分，坐落母拉寨，每年收谷十市石，系乾隆十七年（1752）本里士民捐建；王弄里义学有学田一分，坐落团山，每年收谷八市石六斗，系乾隆九年（1744）里民徐元捐置。③ 在偏远的滇南普洱府思茅厅，"一在城东南四百八十里倚邦山，乾隆二年土千总曹富斋捐建书舍；一在城南五百里九龙江，乾隆二年宣慰司刀绍文捐建书舍；一在城南六百八十里猛遮，乾隆二年土守备刀细闷同八猛土目公建书舍。知府漆扶助、总兵杨国华议定：土千总叭先开垦笼代地方叛产，年纳租银五十两，分给三馆，永供束脩"④。东川府巧家厅义学，"一在新街，一在老街，俱清光绪六年邑绅杨盛宗新设，并筹款以作束脩"⑤。

广西永宁州义学，"原捐田租二十六石五斗，续捐本银二百两，生息为师生束脩、膏火"⑥。在镇安府，"育英义学在城内，育才义学在东门外，均光绪十四年知县洪杰设。每年脩脯钱七十二千文，经知县洪杰等筹获钱四百千文发黉善局生息，按年动支"⑦。

在贵州安顺府安平县，道光四年（1824），"知县刘祖宪又添设义学一十七处。大弄场外戛卧寨义学房二间，道光六年，刘聪、王君显等捐建。柔西齐伯房义学房三间，在文昌阁下，道光六年，贡生刘德丕、耆民杨作顺暨三排士民鸠建。城外东关厢义学正房三间，右厢房三间，过厅一间，头门外左边草房二间，右边草房二间，又门前空地一所，道光五年，民人张永富捐银九十两，刘文贵捐银十八两，杨士成捐银二十六两建。三八下洛阳义学房

---

① 民国《新纂云南通志》卷一三四《学制考四》第六册，云南人民出版社，2007年，第533页。
② （清）李熙龄纂修，杨磊等点校：《广南府志点校》卷二《学校·义学附》，兰州大学出版社，2004年，第66页。
③ （清）汤大宾、周炳修纂，娄自昌、李君明点注：《开化府志点注》卷六《学校·义学》，兰州大学出版社，2004年，第155页。
④ 民国《新纂云南通志》卷一三六《学制考六》第六册，云南人民出版社，2007年，第577页。
⑤ 民国《新纂云南通志》卷一三六《学制考六》第六册，云南人民出版社，2007年，第583页。
⑥ （清）谢启昆修，胡虔纂：嘉庆《广西通志》卷一三六《建置略十一·学校四》，广西人民出版社，1988年。
⑦ （清）羊复礼修，梁年纂：光绪《镇安府志》，成文出版社点校本，1968年，第300页。

三间,道光七年,耆民苏玉佩捐建"①。

从上述关于义学经费来源的情况看,清代西南边疆各地义学经费主要来自官府拨款拨粮、置办学田,官员的倡捐亦占重要地位,民间助学积极性相当高,大量士绅、商人、里民捐银、捐田产亦不少,但其中官府力量依旧占主导地位。请看下列记载:

> 乾隆二十六年奏准:滇省各府、州、县,每年将义学师生姓名,馆谷、修金额数,有无教习成效,各于年终汇报学政,以凭查核。其延请教习,如系举人、副榜、拔贡、廪贡四项,多属文理本优,听各随便延请册报外,其生员,饬令该教官,将文理优通、品行纯笃者,保送地方官。该印官复加访核亲试,然后延请。仍令该教官不时稽查。如有荒废学课、生徒游荡者,随时呈报本府、州、县,即行更换。其岁、科两试,即照籍贯、经书格式,将系某处教习注明卷面。若该教官滥将无学行之人混行充选者,听学臣记过,咨明督、抚存案。其教习文理优长,而又董课有成效者,亦听学臣随棚量加奖赏,以示鼓励。其别途初学之辈,不许延请。②

上揭史料反映的虽然是云南一省义学的情况,但在贵州等地亦存在同样的要求,表明官府对西南边疆义学的重视和控制程度。时任云南布政使的陈宏谋曾撰《义学规条议》,有完整系统的阐述,现不烦其赘,抄录于下,借此从中窥探官府对义学的重视:

> 案查滇省义学,荷蒙宪仁加意作养,设法振兴。义学之设,所在多有。而于改土归流之处,俱奉题明设立义学。或动公件,或拨官庄。其为化诲边民之计,诚足以树之风声。而各属之仰体德意者,亦各捐建学舍,置买学田。只以地方辽阔,或止于城市而未及于农村,公费无多;或只行于目前而未经于久远。即其原有公田,而或被隐占,或被侵收。地方官以度支不敷经理为难,不无因陋就简之意。本司到任以来,时承两宪谆谆提命,留心教养。曾经通檄行查,将现在开设者为某处,应行增设者为某处,目下脩脯作何出产,从前公项有无侵占,如无

---

① 贵州省文史研究馆点校:《贵州通志·学校·选举志》"义学表",贵州人民出版社,2008年,第128页。
② (清)素尔讷等纂修,霍有明、郭海文校注:《钦定学政全书校注》卷七三《义学事例》,武汉大学出版社,2009年,第289页。

公项,即将所需之费核定具复,往返驳查,不遗余力,经今二载。据云南等府属及各提举陆续造册,详报前来,义学共二百八十一所,或旧有学田,或新经添置,或于官庄余谷并判(叛)产公租内拨给,均已足敷束脩。其云南府属之呈贡等十一属所设义学五十二所,或称田租不敷,或称现在捐给。本司窃念,义学之设,必使费有常经,庶几事可垂久。因逐加酌核,按其所缺之数及买田之费,于本司养廉内捐银一千二百五十二两,饬令各该属买田收租,永供脩脯。至于设学既久,必须详立规模,始可永行无弊,谨以条例四则,恭候宪夺。

一、馆师宜慎也。成材之学,取法易上;经馆之师,选择宜严。地方官留心采访,无论本地举贡生员及外来绅士,必须立品端方、学有根底者延之为师。至于城乡蒙馆,即于本地附近生员儒士内慎选诚朴自好、不与外事者为之,地方官不时稽查勤惰,并令教官按期协查。如能克端师范,实心训课,该州县优其礼貌,时加奖励。果有成效,于年底报明本司,量行优奖。如虚縻脩脯,惰于督课者,查明另延。有不安本分,于设学之村寨唆讼生事,愚弄夷民者,是不得义学之益,反滋汉奸之扰,立即另行延请,仍将所犯查审详究,以示惩戒。每岁开馆以正月为期,散馆以十二月为期。开馆时,地方官将某馆延请某人为师,于何日开馆之处具报。至岁底散馆,将某馆生徒若干,成材若干,幼童若干,注明汉人夷人,申报查考。不得迟开早放,有名无实,虚縻馆谷。

二、化诲宜广也。成材之士,务在敦勉实学,习读佳文,不可仍踵随习,专工浮靡。请将宪台所刊书院条规及斯文精萃分发成材各馆,令师生人等专心传习,并令馆师将存心立品、居家治事之道随时指点,切加劝戒。至于蒙童,则课读而外必训以拜跪坐立之礼仪,君亲节孝之大义。每逢朔望,馆师率领各徒以次序立,拜谒至圣,次拜馆师,次令各徒交相拜揖。馆师于该地方敬将《圣谕广训》明白讲贯,令各学徒环立听讲,并许该处耆老民人齐集听讲。上年,本司详请印发《圣谕广训》及本司恭绎圣谕,均易按馆补发。又本司前岁重刊《朱子治家格言》《四礼》《四礼翼》,原为兴行礼教起见,均请按馆分发。以上分发圣谕及各书,均交馆师递相交代,毋使遗失。

三、学徒宜分别递升以示鼓励也。在城义学,成材为多;在乡义学,蒙童为多。然亦有蒙童而尽可造就渐至成材者,是不可不递加甄别。如蒙馆义学内有资性聪颖,勤于课业,可以学文者,即升之在城经馆。此等远来就学,薪水维艰,该地方官量给膏火,以示奖励。即城中蒙馆童子,能晓经书,学为文者,亦即升之成材经馆。如经馆中有成材生员,文笔可造而人材又复可观者,仍许遵奉宪檄,量给盘费,给文送至省城,候两宪考取,送入书院读书。如是层递进取,犹是古者由乡而国之意。而乡僻生徒各知奋志观光。将来于此中提拔数人,转相传授,士习文风均有裨益。至村寨蒙馆,夷倮子弟鲜通官意,不识汉字,其始必以读书为苦。是在地方官加意引诱,设法奖励,并令馆师用心开导,俾先通汉音,渐识汉字,并即训以习礼明义。不得以夷倮而忽之,更不得以夷倮而拒之。如有土目头人阻挠、不许向学者,立即究处。

四、田租归官经理以杜私隐也。从前学田,州县并不管理,或教官经收,或馆师自收,易致盘踞,渐多侵隐。今拨给各馆田亩,有一处而分给数馆者,有数处而同分给一馆者。零星分收,完欠更难稽察。嗣后均应归地方官经收,分给馆师。不许馆师私收,不许胥役分肥。或租田附近学馆,地方官即令老成乡约人等催令租户眼同就近上纳,并将纳过数目报明地方官查考。如有拖欠,立即追比。倘秋成尚远,馆师不能枵腹课读,地方官量行捐垫,取领存案,于秋收时还项。并将此田地租息另给佃户执照,于执照内填明田亩、坐落、丘数、租斗数目,取具佃户租约。如佃户遝习抗欠,追照,另行招佃。将来新旧官交代,一并另造清册交代可也。①

从上揭材料可以看出,陈宏谋对发展云南义学确实不遗余力,这也是云南义学在短时间内快速发展的重要原因。

本章小结

总体看,康熙朝以后,清朝从中央到地方官府十分重视义学教育,采取积极鼓励的政策,推动西南边疆义学教育迅猛发展。各地官府为加强对义学的管理,相继出台诸多规定和具体操作层面的措施,主要涉及义学的办学目的和教学内容、馆师的选聘与教育对象、教学管理及学生奖惩,以及义学办学经费来源等方面,一方面说明清政府及各级地方官府对在西南边疆少数民族地区举办义学非常重视,将义学教育视为教化边疆少数民族子

---

① (清)陈宏谋:《本朝义学规条议》,民国《新纂云南通志》卷一三四《学制考四》第六册,云南人民出版社,2007年,第531—532页。亦见道光《广南府志》卷四《艺文》。

弟、治理边疆,欲求统治稳定的重要举措;另一方面亦表明,官府的重视和主导正是清代西南边疆少数民族地区义学教育得以持续发展的根本原因。当然在这过程中,以乾隆十六年(1751)的上谕为标志,清政府的政策也出现过重大变化和波动,使贵州苗疆的启蒙教育遭到巨大挫折,云南等地的义学教育亦受到波及。

在对贵州、云南、广西三省义学的发展情形进行深入比较后,可以得到以下几点认识:

一是贵州、云南和广西同为多民族杂居的边疆省份,但三省义学见于记载的数量差距甚大。其中,云南义学数量最多,有记载的义学总数达到886所,至清末仍在运行的尚有约500所;贵州其次,清代有记载的义学数量为685所,而广西只有200余所。

二是清代贵州、云南、广西三省义学发展的时间层次明显,即时间曲线有着较大差异。清代广西义学发展历程在康雍时期、同光时期出现两个小高潮,贵州义学发展则先后经历康雍时期、道光时期、光绪时期三个高潮阶段,而清代云南义学发展在经过康熙年间的起步阶段后,雍正年间即迅猛进入鼎盛阶段,随后是乾嘉时期的低速增长和光绪时期的修复阶段。需要注意到,贵州、云南、广西三省义学兴办的时间曲线亦有相同点,即在乾隆时期均陷入低潮。乾隆时,基于苗疆地区的苗民反抗,清政府在贵州进行民族教育政策的调整和转变,并波及整个西南边疆少数民族地区,从而导致这一时期西南边疆各地义学教育均受到很大影响。

三是清代贵州、云南、广西三省义学在省域空间分布方面各具特点。大体来说,贵州义学的分布略呈"一带"加"一块"的"丁"字形结构,其分布重心位于自普安经贵阳、镇远往湖广方向的滇黔国家驿道南侧,在苗疆地区积极兴办义学尤其值得注意;云南义学的空间分布,则以云南府为中心,逐级向四周以至边远民族地区递减,大致呈圈层状结构,每一圈层的各府大体相对均衡;广西义学的空间分布则较为明显,是东部密集,中部过渡,西部稀疏,逐次递减的三级阶梯式结构,呈现出东、中、西部数量差异较大的不平衡格局。

四是清代贵州、云南、广西及川西南义学的创设与发展体现出明显的边疆少数民族教育特征。从全国层面看,贵州、广西、云南及川西南地处国家西南部边疆,非汉民族或族群众多,分布广泛;从各省义学的分布看,广西东部地区义学虽相当一部分是在城义,但从西南边疆整体看,义学主要分布在各民族聚居地域,表明清政府在西南边疆义学教育的政策指向是很明确的;从教育对象看,各地义学毫无疑问是以当地"夷人"子弟为主体。

五是清代西南边疆地区义学教育得到很大发展,是清政府随着边疆内地一体化发展的历史趋势愈益明显,从而更加重视对西南边疆少数民族的教化,以期建构起适应政治大一统的文化思想一元格局,这是清朝在西南边疆少数民族地区施行义学教育政策的根本动力。然而具体到不同省份,则与该省具体的地方官员是否重视、是否大力倡导有密切关联。如贵州苗疆义学的迅速发展,先后在于准、鄂尔泰、张广泗、贺长龄等人的推动下得以实现;云南义学的迅猛发展,则与雍乾之交任职云南布政使的陈宏谋密不可分;广西义学发展,则得益于崔维雅等官员的倡导。贵州、云南、广西三省在义学创办数量上呈现的较大差距,则仍值得进一步探究。

清代西南边疆义学教育的曲折发展既体现了清代西南政治经济与社会的不稳定性和不平衡性,又成为近现代西南边疆少数民族地区文化教育徘徊滞后的历史根源之一。

第六章　完善西南地区科举考试政策体系

就科举制度本身而言,清代科举制比以往历朝历代更为严密与完善,进而发展到顶峰。清政府为鼓励西南边疆少数民族地区的士子努力向学,在科举考试、录用等方面采取了诸多措施,确保西南边疆人才选拔。

第一节　实施科举优惠措施,促进西南边疆人才选拔

一、另编"云""贵""广"等字号取录

清初,会试的中额为预定,凭文取中,显然对于文教落后地区的举人相当不利。顺治九年(1652),虽然改为南、北、中卷取中,中额比例相差悬殊,边远省份中试者仍属不易。① 顺治十八年(1661),礼部具题:"会试取士,原分南、北、中卷,后因云贵等省未经平定,将中卷分入南北卷内,今各处省份俱全,应仍将浙江、江西、福建、湖广、广东五省,江宁、苏、松、常、镇、徽、宁、池、太、淮、扬十一府,广德一州为南卷。直隶及山东、山西、河南、陕西四省,奉天等处为北卷。四川、广西、云南、贵州四省,庐、凤、安庆三府,徐、滁、和三州为中卷。其南北中卷,中试额数,照赴试举人之数均派获准。"② 康熙三十年(1691),御史江蘩条奏科场事宜,获礼部议准将南北中卷复分左右名色。③ 不久即因于南、北、中卷内各分左右,致使阅卷者不尽衡文,左副都御史梅鋗上疏建议仍分南、北、中卷,唯概去左右名色,并将云南、贵州、四川、广西四省去其中卷名色。每科云南定为"云"字号,额中两名;四

---

① 《清朝文献通考》卷四十七《选举一》。
② 《清朝文献通考》卷四十七《选举一》。
③ 《清圣祖实录》卷一五一,"康熙三十年五月辛亥"条。

川定为"川"字号,额中两名;广西定为"广"字号,额中一名;贵州定为"贵"字号,额中一名。康熙三十九年(1700)会试,恩诏加额,应将云南、四川各加中两名,广西、贵州各加中一名。获九卿议复从之。① 这样的优惠措施下,边远省份中试者仍然很少。其后复规定,会试若有"脱科之省",则在未录取的试卷中"拣选进呈,取中一二名"②。康熙五十一年(1712),因左副都御史赵申乔奏请量增云南、贵州、广西三省会试中额,礼部等议复其奏称:"此三省路远人少,每至脱科,念边陲穷士,跋涉山川,曾谕该部酌量增额,以示劝兴。"③其后复获议准,将其三省备卷举人一并带来参加复试。改变会试分南、北、中卷的录取办法,规定各省的会试中额,对于边远省份是较有利的,总体上边省中试者逐年增加。④ 雍正十一年(1733),"诏于云、贵、广东西、四川、福建会试落卷,择文理可观、人材可用者,拔取时余等十人,一体殿试,赵绳其等四十人,拣选录用。乾隆初,拣选如例,则边省士子犹沐殊恩也"⑤。在这之后推行的"明通榜",即是在全面照顾西南边疆滇、川、黔、桂等六省士子能够顺利接受教育的情况下采取的优惠措施。

二、开行"明通榜"

"明通榜"是清代科举制度中特有的措施,开始于雍正朝,推行至乾隆朝。虽然推行时间不长,但仍为一项照顾边远省份士子的优惠措施。它是会试榜后再行公布的录取榜,旨在给予部分落榜士子入仕的机会。雍正五年(1727),首次拣选当年会试落选举人中文理明通者,以州县委署试用,希冀这些士子念"朕破格遴选,授以官职。即论感恩图报之常情,亦当人人自奋"⑥。至雍正十一年(1733),针对云南、贵州、广东、广西、四川、福建六省会试下第举人较多,特颁谕旨:"云南、贵州、广东、广西、四川、福建六省举人赴京会试,路途遥远,非近省可比。朕意欲于落卷中,择其文尚可观,而人才可用者,添取数人,候旨录用,以昭朕格外加恩之意。"⑦其做法是,传谕主考官于六省试卷内除遵旨取中之外,另选次等可取之卷,不拘数目,秉公选出,并于发榜后另派大臣会同主考官验看人才加以遴选。然后,六省下

---

① 《清圣祖实录》卷一九六,"康熙三十八年十二月乙酉"条。
② 《清圣祖实录》卷二一二,"康熙四十二年五月壬戌"条。
③ 《清圣祖实录》卷二四九,"康熙五十一年三月癸卯"条。
④ 《清朝文献通考》卷四八《选举二》。
⑤ 《清史稿》卷一〇八《志八十·三选举三》。
⑥ 《清世宗实录》卷五五,"雍正五年闰三月乙丑"条。
⑦ 《清朝文献通考》卷四九《选举三》;《清世宗实录》卷一二九,"雍正十一年三月丙戌"条。

第举人内除愿于下科会试者不必报名外,愿小就官职以图即行录用之人均得于礼部报名,一并交予派出之大臣、主考官拣选奏闻请旨。①

乾隆元年(1736),又谕:"著照雍正十一年之例,拣选奏闻请旨。"②同时并规定:"各放荐卷,尚有文理明通,可取中之卷,应拣选进呈,续出一榜,准其一体殿试。"③

此两次针对边远六省落第举人所出之榜时称为"明通榜",其目的亦相当明确,"此则旁搜博采,俾寒畯多获进身之阶也"④。借此鼓励当地士人努力向学,使其登进有阶;同时,这样的优惠措施或可提振边远地区的文风,从而使该地区文化教育事业得以发展。其后,清政府更在此基础上推而广之,使之成为各省落第举人均有机会入仕的途径之一。乾隆二年(1737)议准:"此次会试之后,遵照雍正五年制例,拣选下第举人文理明通者,大省四十人,中省三十人,小省二十人,引见钦定,令回本省,以学政、教谕即用。"⑤至此,明通榜由针对边远六省而扩展至全国各直省,遂成定制。乾隆二十六年(1761),有所变化,"二十六年,廷议于明通榜外选取中书四十名,其余年力老成、宜课士者,另选用学正、学录数名,报可。五十五年悉罢。此后下第者,于正榜外挑取誊录,北闱数百名,或百数十名。会试额定四十名,备各馆缮写,积资得邀议叙"⑥。直到乾隆五十五年(1780),和珅奏请停止明通榜,于正榜外挑取誊录北闱数百名或数十名。与此同时,会试定额40名,以备各馆缮写。至此,明通榜之做法才停止。

三、对西南边疆士子参加考试实施资助

清代大部分时间里,在科举考试中实行分省定额录取,但云南、贵州、广西等省位处极边,这些边远地方的士子赴京会试,因路途非常遥远,许多士子心有余而力不足,常常望而兴叹。针对此种情形,雍正元年(1723),朝廷开始讨论对边远地区赴京会试举人予以接济的问题。二年(1724),令"会试举人分别道路远近赏给归途路费,云南、广东、广西、贵州、四川五省每人银十两;福建、浙江、江南、江西、湖广、陕西六省每人银七两;直隶、山

---

① 《清朝文献通考》卷四九《选举三》。
② 《钦定大清会典事例》卷三五三《礼部·贡举·明通榜》。
③ 《清高宗实录》卷一四,"乾隆元年三月戊申"条。
④ 《钦定大清会典事例》卷三六九《礼部·学校》。
⑤ 《钦定大清会典事例》卷三五三《礼部·贡举·明通榜》。
⑥ 《清史稿》卷一○八《志八十三·选举三·文科》。

东、山西、河南四省每人银五两"①。清政府重视对边远地区士子给予特加恩赏,将入场之云南、贵州、四川、广东和广西五省举人每名赏银10两。并谕礼部务必按照进场举人名籍给予,俾得均沾实惠,并于出榜时一同出示晓谕,勿致延迟遗漏。② 一些地方政府也会对外出参加科考的生员予以盘缠补助,例如:乾隆十二年(1747),永北府知府林绪光奏称:"永北离省城千余里,凡诸生欲应乡试者多苦无路费,故陈请于公余谷内每岁存留谷五十石,三年共谷一百五十石,每石价银五钱,共银七十五两,随应试人数多寡而给予补助。"③

此外,云南、贵州等极偏远地区的应试举人可以通过该省布政司报告兵部领取火票牌证,凭牌证乘坐驿站车、马、船等交通工具赴考,以书写"礼部会试"字样的黄旗为标志,可以一路畅行无阻,此为体恤远方寒畯士子的措施之一。其后,乾隆四十二年(1777),谕令"嘉峪关以外士子赴西安乡试及进京会试并著加恩,照云贵之例一体赏给驿马,以示优恤边陲寒士之至意"④。从另一方面亦可说是为鼓励边区子弟努力向学的措施之一。类似的措施一直到清末仍在执行。同治年间,云南、贵州考取的癸酉科及补取的辛酉科拔贡仍遵照举人会试之例给予火牌驰驿的优惠,就是为了体恤因为战乱辗转流徙无力进京的士子;光绪元年(1875),四川总督奏称,川省僻处西陲,与云、贵两省犬牙相错、山路崎岖,古称天险,且离京遥远,所以亦请照云南、贵州举人进京会试例给予火牌一枚及夫马一匹。后经礼部议准后施行。

四、岁科连考、改附省棚、合棚分棚考试

清代,外放各省的学政三年一任,到任第一年举行岁考,次年举行科考,在学生员经过岁、科考试后,才有资格参加乡试。但是由于西南地区多属地域辽阔、道路崎岖之地,生童赴试既苦于跋涉,又艰于资斧不继,至科考时多观望不前,或因居住边远不能在规定时间内赴考。雍正七年(1729)九月,四川提督学政周人骥曾咨请部示,礼部认为岁科从无连考之例,不便酌定。第二年,周人骥再次条奏,称:实因所属夔州、宁远二府远在蜀边,人烟散处,生童赴试实为艰辛,难以齐集,故每坐棚守候士子皆不能克期考

---

① 《清朝文献通考》卷四九《选举三》。
② 王文韶等修,罗元黼纂:《续云南通志稿》卷一三〇《选举志》。
③ (清)陈奇典纂:《永北府志》卷一二《学校》乾隆三十年刊本。
④ 《清朝文献通考》卷五二《选举六》。

试,亦且学臣三年内实难以两次巡试。① 其后获部议奏准施行。照此定例,乾隆九年(1744)议准,云南东川、昭通二府生童岁科两试原来须远赴曲靖考试,体恤其高山密箐,跋涉艰难,准照岁科连考之例,令学臣按试曲靖时将东川、昭通二府,镇雄州永善县等四学生童岁科接连考试。②

嘉庆五年(1800)正月,广西学政钱楷复奏,边郡生童应考艰难,陈请改为连棚调考。称:广西泗城、镇安二府地处边瘴,不仅水陆崎岖,舟楫人夫均艰于雇募,故学臣向来岁科两试均于按临南宁府时将泗、镇二府生童就近调考;唯因近来边隅向化,泗、镇二府子弟读书者甚多,前赴南宁近者数百里或千余里;陆路则崇山峻岭,水路则江险滩高,生童非费银三五十两不能应考一次,贫士则多裹足不前。故与抚臣谢启昆商议请援前例,于岁试南宁调考时一并连棚考试,则生童于三年中仅须赴考一次,可省资斧一半而补廪入泮仍上进有阶。③ 嘉庆十三年(1808),奏准云南广南府属生童赴广西州考试,普洱府属生童赴景东厅考试,仍因山川间阻,士子多历危险,自属该地方实际情形,故照东川、昭通二府岁科连考之例办理。④ 因此,岁科连考,一般因地制宜,由学臣奏报议准后按例通融办理。

清朝地方官府陈请改附省棚考试的情形亦有存在。嘉庆二十三年(1818),云南巡抚李尧栋、云贵总督伯麟与云南学政牛坤会衔奏请将东川府应试生童改附省棚考试,以免其险阻而顺应舆情。其奏称:"东川府自康熙四十八年设学后原赴四川考试,嗣因隔省不便改归云南曲靖府棚;乾隆九年获题准岁科连考,唯查明该处山川险阻较之往年更甚,生童皆视为畏途,而由东川赴省系属大路,平坦易行复远近相等,故请援云南、武定二府生童皆隶省棚考试之例,陈请改附省棚并仍照旧例岁科连考。后于嘉庆二十三年九月二十七日谕准其请。"⑤

西南地区改土归流之后,清政府于滇、川、黔各省及下属部分府州行政管辖区域对考棚进行适当调整。原来的部分府属,因生童无多而未设考棚,故改赴其他府合棚应试;经过政区调整后,添辖新县纳入管辖,不仅生童倍增,且仍须赴别府合棚应试,确属偏累。如贵州巡抚张广泗在《考试分

---

① 《雍正朝朱批奏折》第十七册,雍正八年正月十三日,"提督四川学政周人骥奏折",第683—684。
② (清)索尔讷等纂修,霍有明、郭海文校注:《钦定学政全书校注》卷六五《各省事例》,武汉大学出版社,2009年,第245页。
③ 《宫中档嘉庆朝奏折》第七、八册,嘉庆五年正月二十六日,"广西学政钱楷奏折",第681下—682上。
④ 嘉庆《钦定大清会典事例》卷三一一《礼部》,第26页(总第3766—3767页)。
⑤ 《嘉庆道光两朝上谕档》第二十三册,嘉庆二十三年九月二十七日内阁奉上谕,第439页。

棚疏》内称:"黎平府向只辖永从县,因府县两学生童无多而赴镇远府合棚应试,计程途五六百里不等;今则辖三县(开泰、锦屏、天柱)合计生童不下二三千人;南笼府原系厅学,生童皆赴安顺府合棚应试,计程途十站有零。今则改厅为府并隶二州二县,生童为数已多,若仍赴别府就考,亦属不便。按学政定例原应按府考校,但因黎平、南笼二府未设考棚,故赴别府考试。于今各属士子既然呈请建棚分考,永免长途跋涉之苦,诚为一举两便之谋,详请分棚考试以培人才。"①奏疏获得批准。

五、寄籍考试、移家入籍应试与借考异地

在清朝的科举考试中,原籍应试是全国性的政策要求。所谓原籍应试,即指考生在原籍所在地以本身所属户籍类别应试的原则性规定。② 从当时的情况来看,这是清政府为维护科举考试的公平性而实施的与学额定额政策相配套的刚性措施之一,违反这一规定的行为,一般就被视为冒籍并受到严厉的惩罚。但是,由于西南边疆少数民族地区的一些特殊性,在一定时间段和特定的区域内,清政府也会对应试做出相应的变通,如允许部分入籍或寄籍考试。

清代的人口流动现象比较普遍,尤其在"盛世滋丁,永不加赋"及"摊丁入亩"等赋税政策出台后,内地人口大省人烟密集、人多地少的情形日渐严重,故人口流动较为普遍。如此,科举考试中的寄籍应试现象便逐渐增多。清政府对此制定了相应的对策。

一般来说,在清代入籍年限满二十年,具有田产、庐墓等不动产凭证,实无原籍可归,才可以在取具族邻甘结等基础上向寄籍地政府申请寄籍应试。③ 这一规定在清初已经开始实施。顺治二年(1645年)规定,"生童有籍贯假冒者进行斥革,仍将廪保惩黜。如祖、父入籍在二十年以上,坟墓、田宅俱有的据,方准应试"④。具体来说,寄籍应试需要满足四个条件:第一,关于入籍年限,定例明确要求至少为二十年;第二,由于官府规定入籍需要以置办有房产或田土等不动产为基本条件,因此,置有房产或田产亦相应成为寄籍应试的必要条件。除此之外,往往又格外强调以寄籍地置有

---

① 乾隆《开泰县志艺文志》载张广泗的《考试分棚疏》。
② 刘希伟:《清代科举冒籍研究》,华中师范大学出版社,2012年,第70页。
③ 龙小峰:《清中后期桂西民族地区的科举户籍制度变迁与社会转变》,《江西社会科学》2016年第6期,第131页。
④ (清)昆冈、刘启瑞等:《钦定大清会典事例》卷三九一《礼部·学校·生童户籍》,续修四库全书本,上海古籍出版社,1995年,第239页。

祖、父坟墓为条件。以上两个方面的要求密切相关。年限方面的规定,一般以田庐、坟墓为凭,其中田亩以纳粮之日为始,庐舍以契税之日为始,计足20年以上者可以于寄籍地应试。①"士子寄籍地方,室庐以税契之日为始,田亩以纳粮之日为始,扣足二十年以上,准其呈明入籍考试,并移会原籍地方官不得复回跨考。……"②第三,实无原籍可归是官府允准原籍应试的前提,否则需要返回原籍参加应试。第四,寄籍应试的考生必须在取具族邻甘结之后,向寄籍地知府呈明其为"寄籍应试",否则,即使满足其他年限、房产或田产等条件,通常也将被判定为冒籍应试。

关于"原籍是否可归"在当时存在着一些争议。经过乾隆朝君臣的讨论,采取了比较合理的、务实的意见,乾隆三十八年(1773)议准:

> 童生应试,有籍可归者,饬令拨回原籍,以杜两处歧考之弊。至入籍已久,安居乐业,无殊土著。而原籍地方,并无田产、室庐,则虽有原籍之名,实无可归之业。若概行拨回,未免涉于纷扰。嗣后除寄籍未久,原籍尚有嫡亲伯叔、兄弟,及本人名下确有田产、室庐可倚者,仍照例拨回原籍,不准在寄籍地方冒考报捐;即已捐贡、监,俱饬令改回外,若原籍仅存疏远族属,本人名下并无田产、室庐,其入籍年份已与定例相符者,该地方官查明确实,申详督、抚、学臣立案,准入于寄籍地方应试、报捐。仍令地方官彼此关会,不许两处歧考。违者从严究治。其有妄攻冒籍,聚众横击者,即行按律治罪。③

从乾隆五十九年(1794)与道光二十八年(1848)的两条规定,可以非常清楚地看到清代有关寄籍考试政策诸方面的条件要求。鉴于这两条规定相当清晰,故一并列出如下:

> 乾隆五十九年议奏:嗣后生童呈请入籍者,寄籍地方官先确查该生,室庐以税契之日为始,田亩以纳粮之日为始,扣定二十年以上,准予移会原籍。令原籍地方官据文立案,应试本生及子孙自改籍之后,再不许回原籍跨考,据文移复寄籍地方官,由寄籍申详督抚,咨明学

---

① 刘希伟、刘海峰:《清代科举考试中的冒籍问题及其现代启示》,《教育研究》2012年第1期,第142页。
② (清)杜受田、英汇等:《钦定科场条例》卷三五《冒籍·现行事例》,文清阁编:《历代科举文献集成》,燕山出版社,2006年。
③ 索尔讷等纂,霍有明、郭海文校注:《钦定学政全书校注》卷三〇《清厘籍贯》,武汉大学出版社,2009年,第116页。

政,准其入籍考试。立案之后,设再有妄行告讦攻击者,照定例治罪。若入籍之始,不行呈明,将该生童究办,并将不行查之该管官,交部议处。奉旨:此等寄籍生童,嗣后如有未经呈明入籍,即寄籍已满二十年例限,未经呈明辄行冒考者,一经发现,除照例黜革不准应试外,并着咨明原籍地方,亦不准其复在原籍考试,俾跨考幸进之徒,知查出后寄籍、原籍均无进身之路,庶各知自爱,不敢复蹈前辙。所有此次冒考之洪檀,即照此办理。①

    道光二十八年,通行各省:查《学政全书》内载商民呈请入籍,地方官确实查明室庐以税契之日为始,田亩以纳粮之日为始,扣足二十年以上,准其呈明入籍。并移会原籍地方官,不许复回跨考。如有未经呈明入籍,辄行冒考者,一经发觉,照例斥革,不准应试。并咨明原籍,亦不准复在原籍应试。至迁徙至六十年以外者,寄居既久,即与土著无异,不必补行呈明,惟令其于捐考时,取具邻里族亲甘结,声明原籍地方官,不得复回跨考。仍由寄籍地方官,知照原籍地方官存案,有跨考者照例斥革等语。而本部则例所载,寄籍已满六十年者,仅有不必补行呈明,但不得复回跨考数语,所以近年以来,有因入籍之始不谙定例,致被斥革者甚多。又有始而取巧幸进,继而蒙混,遂致办理不能画一。除将从前所办寄籍改籍各案,割裂例文,有害例意者,概行注销外,应再申明旧例,通行各省,并由各省转知照各该地方官,嗣后凡呈请入籍之人,其已满二十年者,必须呈明有案,由寄籍知照原籍,不得复回跨考,方准入籍。其已满六十年者,必须取具族邻甘结,由寄籍知照原籍,不得复回跨考,方准应试。至由寄籍改归原籍之人,其寄籍地方官文结内必须声明何年月日呈明入籍,曾经知照原籍在案,不得以呈明有案一语,含混蒙蔽。其原籍地方官,亦须于文结内声明何年月日寄籍何处,曾经呈明,或曾经取有族邻甘结,由寄籍知照原籍,并未复回跨考,方准改归原籍,不得以祖墓均在原籍一语,含混蒙蔽。如入籍时,未经知照原籍,是明明有心跨考,概不准其入籍,亦不准其改归原籍。经此次申明之后,庶例意统归简明,办理亦不致两歧。②

从上揭道光二十八年(1848)有关寄籍应试规定的史料可以看到,即使

---

    ① (清)昆冈、刘启瑞等:《钦定大清会典事例》卷三九一《礼部·学校·生童户籍》,续修四库全书本,上海古籍出版社,1995年,第253页。
    ② (清)杜受田、英汇等:《钦定科场条例》卷三五《冒籍·冒占民籍例案》,文清阁编:《历代科举文献集成》,燕山出版社,2006年。

寄籍60年以上者,亦必须在考试时向寄籍地知府呈明属于"寄籍应试"。嘉庆十一年(1806)便已出现这一规定。同年,清政府议准:"迁居寄籍历六十年以外者,即与土著无异,不必补行呈明,即准其在寄籍捐考。惟于捐考时,取具族邻甘结,声明原籍,不得复回跨考。仍由寄籍地方官知照原籍地方官存案。有跨考者,照例褫革。其借端攻讦者,照诬告例治罪。"①同时还可以看出,曾有不少寄籍应试者虽然寄籍在60年以上,且亦满足了田产、房产方面的要求,但因在报考时未按照规程向寄籍地官府呈请说明属于"寄籍应试",最终仍旧被判定为冒籍并被斥革处理。

关于寄籍应试,清政府的政策规定特别是年限要求是非常明确的,但在西南边疆部分少数民族地区,一段时间内并没有严格执行最低20年的要求。

清初,西南地区人文未盛,学生读书识字,可赴考试之童生不多,康熙四十二年(1703)题准:"贵州童生,照滇省例,许同省各府之人应考。俟人文充盛,再行禁止。"由此可知,云南省早在康熙四十二年(1703)之前便允许童生在各府之间跨考,贵州则是援引云南省之例而实行此法。②到雍正二年(1724),这项政策在贵州被禁止,文献载:"贵州儒童,日渐增益。即下州小县,亦可不致缺额。嗣后将考取童生,隔府、隔县拨入别学之例,永行禁止。"③除此而外,雍正和乾隆两朝亦曾在广西、云南部分少数民族地区实行过准许移家入籍应试的政策。

在广西西部边远的少数民族聚居地区,由于经济社会文化落后,读书向学的生童为数很少。为推行教化,清朝政府一度采取鼓励非本地籍人士入当地籍应试的措施。雍正九年(1731),广西巡抚臣金铁熟知太平、庆远、泗城、镇安四府及所属各州县"人极椎鲁,不事诗书,兼之地僻山深,见闻鄙陋,以故蛮苗愚悍之风骤难化导"④,且存在较为严重的冒籍应试问题,相应提出允许其他省份及广西其他各地的士子入籍这些地区,且不拘年限便可应试,希望借此消除冒籍应试问题,并借以带动这些地区文化水平的提升,"臣是以再四筹度,设法整顿,特疏题请于此四府所属州县,令别省及本省

---

① (清)昆冈、刘启瑞等:《钦定大清会典事例》卷三九一《礼部·学校·生童户籍》,续修四库全书本,上海古籍出版社,1995年,第254页。
② 刘希伟:《异地高考的历史参照:清代异地科举考试政策探论》,《教育研究》2015年第2期,第135页。
③ (清)索尔讷等纂,霍有明、郭海文校注:《钦定学政全书校注》卷二九《寄籍入学》,武汉大学出版社,2009年,第109页。
④ (清)金铁:雍正《广西通志》卷一一三《艺文》,《景印文渊阁四库全书》第568册,台湾商务印书馆,1986年。

之人入籍考试,俾得观摩渐染,以化其嚣凌强暴之习。前经部议未邀俞允,又经再疏题请在案。嗣准部咨,此中风气情形难以悉知,其果否一时变通之计可为日后久远之图,应令会同学政详悉妥议具题"①。金铁最初的呈请并未获准,经再次题请之后,礼部才咨复其会同学政详议具题,并最终获得雍正的同意。不过,对太平府与庆远府,并非内部各属均可以实行这一政策规定。雍正九年(1731)议准:

> 广西泗城、镇安二府,现无应试生童,应令外省及本省异府之人,有情愿入籍者,具呈府县造入烟户册,即申布政司咨查本籍,如无过犯,准其入籍考试,仍呈明学政衙门注册。该学政于考试时按籍而稽。如册内无名,不得混考。入学中举之后,照奉天定例,不许搬回原籍。其嫡亲子男弟侄,同时入籍有名者,准一体考试。无名者不准冒考。至入籍后,饬令地方官严行稽查。如有行踪诡秘,不守本分者,立即逐回原籍。如地方官失于觉察,该管上司指名题参,照例议处。其童生应试,例用廪生保结,及五生互结。泗、镇二府,既无廪生,应令入籍考试之人,即为土著童子之师。使之熏陶渐染,以开其愚蒙。至应试时,即令以业师为保结。其庆远府属之荔波县、东兰州,太平府属之宁明州,既无应试生童,与泗、镇二府相同,应准照此例。再嗣后,如有土属内以土改流之州、县,亦均照此例。准外省及同省异府之人,入籍考试。俟十科后,均行停止。②

从上述史料来看,庆远府有东兰州、荔波县,而太平府则只有宁明州曾在这一时期实行过此种"移家入籍应试之法"。

此外,云南省的部分少数民族地区亦曾援引广西泗城、镇安等府之成例实行过"移家入籍应试之法"。乾隆元年(1736)议准:

> 滇省广南、丽江、普洱三府,及昭通府属之恩安、永善二县,镇沅府属之恩乐县,东川府属之会泽县,现在夷多汉少,人文寥落,难以敷额。除现任本处官员子弟,不准入籍考试外,如有异省及本省异府之人,情愿移家入籍者,准照广西太平等府之例,同土著之人一体考试。入学

---

① (清)金铁:雍正《广西通志》卷一一三《艺文》,《景印文渊阁四库全书》第568册,台湾商务印书馆,1986年。
② 《清世宗实录》卷一三四,"雍正九年八月癸丑"条。参见索尔讷等纂,霍有明、郭海文校注的《钦定学政全书校注》卷二九《寄籍入学》,武汉大学出版社,2009年,第108—109页。

之后,永为土著,不许移家复回原籍。如父兄叔伯已经入籍,其子弟欲附籍应考,亦必均令移居,方准考试。如有入学后移家复回原籍,及其子弟并未移家而混冒入学者,即行斥革。倘徇隐不报,一并参处。或该地方渐染熏陶,人文日盛,可以无虑缺额,即将入籍移家之例奏请停止。其从前寄籍各学之生,若改归原籍,则土著无多,未免学校空虚,应免其改归原籍。①

广西泗城、镇安及云南广南、丽江、普洱等地区所实行的此种"移家入籍应试之法",由于规定"携家入居"便可入籍,且又不拘年限便可应试,因此是寄籍应试的一种变通。不过,这种方法并未能够有效消减冒籍问题,反而滋生了诸多"名为寄籍"而"实为冒籍"的弊端,导致窜名冒籍者纷纷不绝,且这些人并未在当地安居久住,土著士子亦未曾受其教益,故于乾隆三年(1738)议准:

广西泗城、镇安二府,及庆远府属之东兰州、荔波县,太平府属之宁明州,自今外省之人入籍考试以来,窜名冒籍者纷纷不绝。其实并未尝身在地方安居久住。土著士子何从受其教益,应将泗城、镇安等府属准令外省入籍考试之例即行停止。仍令该抚转饬该地方官,留心稽查。嗣后倘有外省之人,窜名冒考,将本人及廪保照例治罪。并将失察之官,题参议处。②

清政府虽然在西南边疆部分文化教育落后的少数民族地区停止允许外地人入籍本地考试的政策,而且开始加大清厘冒籍的力度,但由于利益驱动,冒籍行为始终没有能够完全杜绝。

另外,在遵循原籍考试的前提下,在西南边疆部分地区尚存在学政调考、异地借考的情形。

清初便存在调考、异地借考的情形。顺治九年(1652)题准:"提学官巡试各府州,务亲临遍莅,不许移文代委及于隔别府分调取生儒,以致跋涉为害。亦不许令师生匍匐迎送,考毕即于本地方发落,明示赏罚。不许携带

---

① (清)索尔讷等纂,霍有明、郭海文校注:《钦定学政全书校注》卷二九《寄籍入学》,武汉大学出版社,2009年,第109页。
② (清)索尔讷等纂,霍有明、郭海文校注:《钦定学政全书校注》卷二九《寄籍入学》,武汉大学出版社,2009年,第109页。

文卷于别处发案,致令吏书乘间作弊,士子无所劝惩,违者题参。"①这一规定,实际上就是针对当时存在的学政调考问题而出台的。由于调考、借考均会增加考试,尤其是贫寒子弟物质上与精神上的双重压力,故清初即有学政不得任意调考的规定②,且将之列为学政的一种弊端。但有些时候,在西南边疆一些地区,却又是不得已而为之的一种情形。这里以云南省昭通府士子借考异地的情形为例。

云南省昭通府由于直至清末才建置考棚,因此其士子长期异地借考。③光绪八年(1882),云南巡抚杜瑞联奏称:

> 窃查云南昭通府所辖大关、鲁甸、镇雄、恩安、永善五厅州县,文武童生,向赴曲靖府棚岁科并试。该郡地处滇边,距曲靖千余里,士子往返维艰,应试人数甚少,是以五属之中,向惟镇雄、永善设有学额。前臣到任后……奏请将昭通之大关、鲁甸、恩安三属,并安平等厅州县一体社学定额,并声明应行添设考棚,及各学署,均由地方自行筹捐办理。等情。仰蒙圣恩俞允,并准部复,自光绪九年岁试取进,当即转饬分别遵办。④

滇东北地区的经济社会原本较为落后,赴外府应试无疑会加重考生的经济压力,而战乱及自然灾害的影响又使社会面临雪上加霜的困境。因此,昭通府下辖五属各官共同呈请在昭通府城设置专棚,以使其各属士子得以就近赴试而免去舟车劳顿之苦。考棚的兴建系由当时的邑绅署四川提督唐友耕、管带四川练军提督李培荣等人捐资修建。⑤"至学署旧有公产,均不动正款,不邀议叙,并请免其造册报销。"⑥即地方自行捐办并修建考棚,实施上未涉及学署旧有公产的正额款项。而应用夫马等项经费开

---

① (清)索尔讷等纂,霍有明、郭海文校注:《钦定学政全书校注》卷一〇《学政关防》,武汉大学出版社,2009年,第39页。
② 刘希伟:《清代科举考试中的"异地借考"问题——兼论当今高考"借考"政策》,《河北师范大学学报(教育科学版)》2012年第7期。
③ 刘希伟:《清代科举考试中的"异地借考"问题——兼论当今高考"借考"政策》,《河北师范大学学报(教育科学版)》2012年第7期。
④ 中国第一历史档案馆:《光绪朝朱批奏折》(第一〇辑),中华书局,1996年,第681—682页。
⑤ 刘希伟:《清代科举考试中的"异地借考"问题——兼论当今高考"借考"政策》,《河北师范大学学报(教育科学版)》2012年第7期。
⑥ 中国第一历史档案馆:《光绪朝朱批奏折》(第一〇辑),中华书局,1996年,第681—682页。

支,则主要由昭通府下辖五属在地方公款内共同分配和承担,"由该五厅州县各就地方公款,每届共筹备银二千六百五十两"①。光绪帝批示:"昭通距曲靖千余里,士子跋涉维艰,自应准设立专棚,俾学政按临考试,着照议办理,并着免其造册报销。云南军务已平,自宜振兴文教,使强悍之民亦有所观感。昭通府向无考棚,亦是阙典。着照议建立,以恤士子而振文风。"②奏请获得批准。至此,昭通府才建置考棚,为当地士子免除了远赴曲靖府参加棚考的诸多艰辛。

六、在苗疆地区设置"边额"

清政府在乾嘉苗民起事(1795—1806)后,针对少数民族聚居的苗疆地区采取诸多让步措施,其中一项针对少数民族科举考试的特殊政策,即乡试另编字号取中苗疆士子及苗生。这种按地域、民族分配考生的录取名额,习惯称之为"边额"③。

此处的"边",意为边缘、边疆,主要指"文化上的边疆",而非地理上的边疆,如黔之苗疆,滇之夷(彝)区,桂之瑶区等。最典型的则是清代称苗族聚居地为苗疆,"边"即一省地之边缘,意指苗疆地区。苗疆的范围据《办苗纪略》载:"苗族甚繁,东至辰州界,西至四川平头(松桃)平茶(秀山)酉阳土司,北至保靖,南至麻阳,东南至五寨司,西南至贵州铜仁府。"④这一地带几乎为深处"苗疆"腹地的苗民所占据,因此,将分配到苗疆乡试取中士子及苗生的名额称为"边额"。

清政府将分配到苗疆的学额称之为"边额",应当与明清统治者在苗疆外围修建边墙有关。据《苗防备览》载:"万历四十三年乙卯,辰沅兵备道参政蔡复一以营哨罗布,苗路崎岖,请发帑金四万有奇,筑沿边土墙,上自铜仁,下至保靖,迤山亘水,凡三百余里,边防借以稍固。又,天启二年壬戌,辰沅兵备道副使胡一鸣委游击邓祖禹自镇溪所东南角之王会营,亭子关向东北至喜鹊营止,复添边墙六十余里。"⑤明朝兴建这道长约二百公里的边墙,将整个苗疆分割成东南和西北两大块,并且在边墙沿线设立千余座营哨碉卡等,并长期驻兵,将边墙以内苗民改姓入民籍,这部分为熟苗,必须

---

① 中国第一历史档案馆:《光绪朝朱批奏折》(第一〇辑),中华书局,1996年,第681—682页。
② 中国第一历史档案馆:《光绪朝朱批奏折》(第一〇辑),中华书局,1996年,第683页。
③ 王美芳:《文教遐宣——清朝西南地区文教措施研究》,台湾师范大学硕士论文,第134页。
④ (清)俞益谟编,杨学娟、田富军点校:《办苗纪略》卷一,上海古籍出版社,2019年。
⑤ (清)席绍保等修,谢鸣谦等纂:《辰州府志》卷一二《备边考》,乾隆三十年刊本。

"输租服役,稍同良家,则官司籍其户口息耗登于天府"①。对于边墙以外的苗民称为"生苗",在苗疆地区凭险而守,不入户籍,为化外之民。不过这道防御工事在明末清初的几次苗民起事中被夷为平地。清嘉庆四年(1799),傅鼐任凤凰厅同知时,复修边墙,实施苗防屯政,并长期驻军,不仅在边墙东部扩修,将大片生苗地区圈入边墙之内,且军队家属及其他汉人不断进入,使当地的民族关系更加紧张与恶化。清朝统治者逐渐意识到,单靠武力镇压是不可能奏效的,于是从康熙时期起,开始在苗疆创办义学蒙馆。参与镇压乾嘉苗民起事的傅鼐进一步提出,"然不申之以教,其心犹未格也",建议"添修苗馆若干处,延师教读",使其"移其习俗,奠其身家,格其心思",得到嘉庆皇帝的同意。这样来看,清政府在苗疆另设边额取士的措施不仅是为了巩固其统治,亦是苗疆地区少数民族多次抗争的结果。

嘉庆年间,湖南巡抚臣景安会同学政李宗瀚上奏,呈请将苗疆士子及苗生等乡试另行编制字号,分别取中。折内称,苗疆凤凰、乾州和永绥三厅及永顺府之保靖县所属地方僻在边隅,虽经改土归流设学年久,凤凰、永绥、保靖两厅一县至今尚未开科取士;乾州虽于乾隆年间辛卯科、丙午科各中举人一名,然皆系寄籍。"但苗疆士子朴鲁者多,与通省诸生校艺难以获隽,请照四川宁远府另编字号之例,数至三十名以上,另编边字号,于本省额内取中一名。"②案查凤凰、乾州、永绥三厅岁科两试各额进苗童2名,保靖苗童亦附入民籍应试,"近科乡试之士亦多而未能与通省人材校艺获隽,转恐阻其向上之心,请将该四厅县苗生照台湾府另编字号之例,另编田字号,仍照云南等省顺天乡试另编中皿字号之例,于十五名内额外取中一名"③。经礼部议复后,嘉庆十三年(1808)二月,清政府准其照四川宁远府另编字号取中之例,人数至30名以上者另编为边字号,于本省额内准取中1名,如不及30名仍归通省取中,毋庸另编字号;并议准照福建台湾另编字号额外取中之例另编田字号取中,准其于应试人数在15名以上者额外取中1名,如不足15名仍附通省取中毋庸另编字号,将来应试人多亦不得于额外加取以示限制,并令地方官严行查禁他处民人托名苗生希图侥幸者,以杜冒滥而昭慎重。④ 嘉庆十七年(1812),湖南学政汤金钊会同巡抚广厚奏边隅苗童应试请添学额,称保靖县属苗民前经奏准与乾州、凤凰、永绥三

---

① (清)席绍保等修,谢鸣谦等纂:《辰州府志》卷一二《备边考》,乾隆三十年刊本。
② 但湘良纂:《湖南苗防屯政考》卷一四《学校》,清光绪九年刻本。
③ 但湘良纂:《湖南苗防屯政考》卷一四《学校》,清光绪九年刻本。
④ 《部覆凤乾永保四厅县士子苗生乡试另编字号》,引自但湘良纂的《湖南苗防屯政考》卷一四《学校》,嘉庆十三年三月礼部议奏,第2229页。

厅苗童一律设立书院,每科乡试苗生数在15名以上另编田字号取中1名。该县苗众益知向善,赴馆诵读者共200余名,将来应试之人自当日增。"唯附于民籍取进,风檐校艺究与民童有间,历来取进乏人,是以戊辰、庚午两科乡试并无该县赴试苗生。"①该县苗童未设进额,若照三厅添设苗童2名,该县苗童较少未免过优,故请于该县学额8名外添设苗童学额1名。经礼部议复后奉旨准其所请。

为防止苗疆士子及苗生上进之阶被阻碍,从而引起当地民族关系紧张,嘉庆十五年(1810),护理湖南巡抚朱绍曾会同学政李宗瀚等奏请将苗疆占籍捐考及占苗籍各生拨回原籍。奏折称,乾州、凤凰、永绥及保靖等处苗疆士子及苗生乡试已另编字号分别取中,毋许客民占额通行,遵照在案。唯仍查出此四厅县冒籍及民占苗籍各生廪,且该生等均自祖父以来相沿捐考,自非因奏准另编字号之后有心占冒者,经逐一清查各有本籍可归,请将诸生廪等分别拨归各原籍考试。礼部议复,查各省民人迁徙寄籍在60年以上者,原有奏明准其入籍不必复行,具呈存案,"苗疆地方情形自与他处不同,该寄籍民人等年限已满者,亦不得因其侨寓已久,尚无骑考情弊即援照此例",意即为该寄籍民人等虽然入籍年限已满,其子弟亦不能占籍应试,"倘经此次清查之后,仍有民人混冒影射,查明系在嘉庆十三年另编字号以后捐考者,即从严惩办,自足清冒滥而杜弊端"。②清政府为了避免民人在苗疆冒籍或占籍捐考,除严行查禁托名冒考、从重治罪外,亦将民占苗籍者逐一清查,拨回原籍,使苗疆士子及苗生登进有阶,皆为鼓舞苗疆士子及苗生向学的文教措施。当时湖南通省士子应试取中者,百仅取一二;苗疆士子,三十取一;苗疆苗生,十五取一。若是以最近之科举考试嘉庆十四年(1809)仁宗六旬恩科来看,湖南全省取中举人49名,其中凤凰厅2名,约占全省取中举人总数之4.08%,另编字号使少数民族地区士子及苗生在科举考试中较易崭露头角,具有鼓励向学的正面作用。

当然,仅以另编字号作为鼓舞苗疆士子或苗生向学是不够的,毕竟学额非常有限。尤其是在乾嘉苗民起事后,苗疆地区各种矛盾交织,社会动荡不安。虽有儒学,无人课读;设有边额取士的措施,亦无人应试。为此,清政府又采取设立书院、开办义学等措施,加强对苗疆地区教育的扶持力度。嘉庆十二年(1807),在凤凰、乾州、永绥三厅及泸溪、麻阳、保靖等县各

---

① 《部覆保靖县添设苗童进额一名》,引自但湘良纂的《湖南苗防屯政考》卷一四《学校》,嘉庆十七年九月礼部议奏,第2229页。
② 《部覆占考苗疆贡生唐洪鉴等拨归原籍考试》,引自但湘良纂的《湖南苗防屯政考》卷一四《学校》,嘉庆十五年六月礼部议奏。

设立书院1所,吸纳民苗生童肄业其中,并添设屯苗义学100馆,令勇丁苗民子弟就近读书,以使其改变气质。苗疆义学大多位于深巢地方,极其寒苦,延请塾师不易,因此,清政府将极深之处15馆,每馆加增谷8石;次深之处20馆,每馆加增谷4石,共应添拨田200亩,一体饬交殷实公正绅士及总屯长妥为经理,以昭体恤之意。① 同时,除麻阳从前设有书院无须另建外,其余如凤凰厅旧有书院已经不敷居住,需要另行修建,而屯苗义学100馆也要另行修建。所以在屯租项下每所书院先发银一千两,每馆义学先发银五十两,共发银一万两,自嘉庆十四年(1809)起分作6年于屯防各项下撙节筹补归款。②

与此同时,地方官府积极筹措苗疆生童考试资费。因为乾嘉苗民起事与清军镇压,苗疆各地人烟寥落,文教大受影响。各厅士子无心上学,即便有心上进向学也无力以赴,故每届开考之期应试人数较少。自奉准凤凰、乾州、永绥、保靖四厅县苗民士子乡试另编字号取中后,始知刻苦上进。起初应试之人较少,故于三厅屯苗各佃新垦田内拨田1000亩,按亩收租变价作为民苗生童考试盘费;但后来,随着应试之人日渐增多,遂渐捉襟见肘。为此,清政府对凤凰、乾州、永绥、麻阳、泸溪、保靖六厅县的生童采取系列资助办法,即凡于凤、乾、永、麻、泸、保六厅县生童录取书院正课者,于凤、乾、永、保四厅县生员内科考录取正案者,再四厅县岁科试童生考列前十名者,以及凤、乾、永、泸、麻五厅县均田归公百亩以上之本人及其子孙,并原奏凤、乾、永、泸、麻五厅县率先出力绅士子孙③,符合以上条件之人给予资助。资助金额自然有所不同。应乡试之童生给乡试盘缠费银十两;赴府厅县考试各给盘费银一两;赴院试则给盘费银四两,并规定每人仅资助上述考试中之一种,不得重复领取。至于苗童,则不论是否考列前十名,凡赴县厅院试者各给盘费银一两,亦无论科考之正案录取与否,凡赴乡试者给盘费银十两。④ 这对鼓舞苗疆士子读书、应试应该是有积极作用的。

另外,清政府亦较重视培养当地少数民族师资。这些知识分子土生土长,精通当地语言,熟悉地方风土人情,由他们来推行教化,自然要比外地师资效果好,"以苗训苗,教易入而感动尤神,则礼义兴而匪僻消,苗与汉人

---

① 《详拨田收租加增各厅县书院义学经费》,引自但湘良纂的《湖南苗防屯政考》卷七《均屯三》,嘉庆十四年"湖南布政使朱绍增、按察使傅鼐奏折"。
② 《详请修建各厅县新设书院义学房屋》,引自但湘良纂的《湖南苗防屯政考》卷七《均屯三》,嘉庆十四年"湖南布政使朱绍增、按察使傅鼐奏折"。
③ 石邦彦:《古代湘西苗区学校教育探议》,《中央民族学院学报》1993年第6期,第57页。
④ 《详拨田收租给苗疆生童试资》,引自但湘良纂的《湖南苗防屯政考》卷七《均屯三》,嘉庆十四年"湖南布政使朱绍增、按察使傅鼐奏折"。

无异"①。大致做法是,添修苗馆若干处,并延请教师课读;于其中挑选优秀苗生,"取入书院肄业,给以膏火,阅课八股诗律,榜示甲乙,使之奋勉。久之,则今日书院之苗生,即可为异日各寨之苗师"②。清政府对于师资的综合素质是相当重视的,要求由巡道牌示,从厅属廪、贡生员中选择学问优长、品行端正、语言清晰、实心教育者,经考取始能充任;若是师资不足,则从童生中选择人品较为优秀、文字明通或处境寒苦者,由学院教官考验及邻近生员保结后充补。为了提高馆师教读的能力,除了选送到厅城书院课读深造外,每月初三、二十三两日,集中于厅城,由学道给馆师上课,讲解四书文、经解及释排律等。此外,对于馆师授课的状况,官府常常加以督促检查,于年终考核甄别,以定去留。同时,由于苗疆义学多位于深巢大箐,地方寒苦,延请教师不易,故对这些馆师的待遇较为优惠,同时也严格要求馆师不得勒索。

相关记载表明,清政府非常重视在苗疆地区实施文教,特别是乾嘉苗民起事后,苗疆地区的社会矛盾逐渐凸显出来。因此,需要加强在苗疆的文治,扶绥苗民,以较大的程度平缓阶级矛盾、客土矛盾、汉苗文化心理冲突,加强教育事业的兴办成为清政府治理苗疆的重要举措,包括另设边额,注重本土人才的选拔,保障苗疆士子及苗生取进,采取将苗疆占籍捐考及民占苗籍各生拨回原籍,拨田租资助苗疆生童赴试盘费;同时,重视在当地举办基础教育,教化风气,大力兴办书院、义学,重视当地师资的培养,这对于苗疆地区的文教发展起了较大的促进作用。

科举制度对于文化教育的推动作用,在西南边疆少数民族地区尤为明显。如果从设置边额的措施及其实施成效来看,据《湖南通志》载,嘉庆十三年(1808)至光绪八年(1882),共开科会试 33 次,每次田字号和边字号均取中举人 1 名。其中同治元年补咸丰九年之缺,系两科同试,故凤凰、永绥、乾州、保靖四厅县共取中举人 68 名。可以推知,凤、永、乾、保四厅县少数民族秀才当会更多。这些少数民族知识分子学成之后,大部分担任知州、知县、教谕、教官、教官等职。这些人生于苗疆,心向苗民,为民请愿。

少数民族地区教育的振兴急需人才,而人才之培养,在于学校教育。清政府在苗疆地区设立边额取士,对当地知识分子的办学意愿是很好的鼓励。于是,有自行延请教师并开办学馆的,亦有与他人共同办学以教育当地苗族童生的。据石启贵的《湘西苗族实地调查报告》载,湘西自乾嘉以

---

① (清)傅鼐:《治苗论》,见(清)贺长龄编的《清朝经世文编·兵政十九·苗防》,中华书局,1992年。

② (清)傅鼐:《治苗论》,引自但湘良纂的《湖南苗防屯政考》卷一五《勋绩》。

后,设屯征租,始拨学谷为经费,建立义学数十所,以苗化苗,教授苗民子弟。"当时竞争向学者,颇不乏人。……国家酌定乡试院试各级中试名额,以资鼓励……优秀分子,争趋受教,举人秀才,相继辈出。苗人任知县教谕官于外省服务者,为数亦不少。"①

边额的设置,虽然是乾嘉苗民起事后清政府为缓和苗疆地区社会矛盾而采取的让步措施,其政治意图非常明显。但客观上讲,这样的优惠措施培养了一批知识分子,有助于改变苗疆地区的社会结构,提升少数民族的文化素质,对促进当地社会进步有着积极的作用。

第二节 采取诸多措施防止考试舞弊

清代科举考试制度下,明确规定户口不得随便迁移,并在严格的户口管理制度之上建立起分省取士和分地取人的原则。在区域配置原则下,中试名额直接关系到各省各地方的利益,加上科举中试直接决定着个人或家族的未来,因而各种各样的作弊现象便随之出现。至清代中叶,随着对边疆地区治理的加强,中原内地移民向边疆少数民族地区的流动成为普遍现象,户籍管理存在的漏洞使得社会流动成为科场冒籍等积弊现象的重要原因之一。同时,西南边疆少数民族地区文风逊色于内地,清政府为了更好地控制西南边疆社会,将文教作为治理西南边疆少数民族地区的重大方略,实行诸多优惠措施,而这些优惠措施成为不少侥幸之徒的目标,也是西南边疆少数民族地区出现科举冒籍现象较多的重要原因。为此,清政府相应地在西南边疆少数民族地区采取了诸多防弊措施。

一、严格审定报名资格

首先,清政府规定,凡是报名应考的童生,必须是本县(本州)人,外籍(他籍)士子必须由地方政府认定已经入籍者,则可视同本籍应考。顺治二年(1645)规定:"如祖、父入籍在二十年以上,坟墓、田宅俱有的据,方准应试。"②凡是不符合规定的,以及其他州县或其他省籍冒充本县人士报考的,均属于冒籍跨考,为相关条例所禁止。

---

① 石启贵:《湘西苗族实地调查报告》,湖南人民出版社,1986年,第215页。
② 《钦定大清会典事例》卷三九一《礼部·学校·生童户籍》。

其次，必须要"报名取邻里甘结，身家无刑丧替冒各项违碍，方准收试"①。乾隆三十七年（1772），"议准定例娼优隶卒之家不准考试，其皂隶、马快、小马、禁卒之子孙有蒙混捐纳者，俱照例斥革。至门子、长随……有滥行报捐者，均予斥革"②。这清晰地说明，清代科考应试者必须是由邻里具结身家清白，无犯罪记录，亦非娼优皂隶子孙，没有服父母之丧，没有冒名顶替，方准参加考试。其后，同治、光绪年间又分别认定锣夫、吹鼓手等贱役及屠户等业及其子孙概不准应试。③

再次，顺治九年（1652）规定，府考取录已定，"榜示童生，照所取次序，五人为一结，取行优廪生，亲笔画押保结，查照格眼册式，当堂令各童生亲笔填写年貌、籍贯、三代、经书，汇为一册，并各结状粘送"；各童生所填年貌，务必要一一肖真，以便查对。并设有点名册，仍书写年貌，年貌不对者不准收考；开列保结廪生姓名于下，"点名时，廪生同结五人互相觉察，若有倩代等弊，即时举出，容隐者，五人连坐，保结廪生黜革"。④ 康熙年间，又增加了审音制度。康熙三十九年（1700），规定嗣后审音不详，草率送试者，照收考送考官例降级。⑤ 四十年（1701），复准广西省土官、土目子弟有愿考试者，先送附近儒学读书，确验乡音收送。如试官竟自收考，及土官禁遏与试者，该抚题参，交部严加议处。⑥ 雍正元年（1723）议准，童生考试，由州县送府，由府送学政，各加印结，方准考取生员。行令各督、抚、学政，实心奉行，严饬廪生，不许擅保品行不端之士。⑦ 至于苗童应试，也有一些规范。雍正十年（1732）复准："嗣后苗童应试，用汉廪生一名，苗生一名，不论廪、增、附生，公同联名保结，照定例用五童互结。如有民童冒入苗籍者，一经查出，将保结各生，究问褫革。教官滥行收试者，题参议处。"⑧其后，清政府又不断重申关于应试资格的种种规定。同治四年（1865）议准，应试童生身家不清，变易名色隐匿冒考，责成廪保于县考时先期查出，并出具识认保结。若一时未经察觉，准其自行检举；若隐匿经该处童生讦告并查为实情，则按例治罪。光绪二年（1876），又议准，嗣后童试结册，务必填写祖父真名，有功

---

① 《钦定大清会典事例》卷三八六《礼部·学校·童试事宜》。
② 《清朝文献通考》卷七二《学校考十·直省乡党之学四》。
③ 《钦定大清会典事例》卷三八六《礼部·学校·童试事例》。
④ （清）素尔讷等纂修，霍有明、郭海文校注：《钦定学政全书校注》卷二二《童试事例》，武汉大学出版社，2009年，第77页。
⑤ 《钦定大清会典事例》卷三四《礼部·贡举·申服禁令》。
⑥ 《钦定大清会典事例》卷三九一《礼部·学校·生童户籍》。
⑦ 《钦定大清会典事例》卷三八六《礼部·学校·童试事宜》。
⑧ 《钦定大清会典事例》卷三九一《礼部·学校·生童户籍》。

名者须注明,出继兼写本生三代。府、州、县试原卷,合订存封,以防抽换。凡身家不清,刑丧歧冒,廪保通同容隐者,所控据实照例严惩。①

经过上述资格认定,确定童生的身家清白,亦非冒籍跨考,始得完成报名参加考试。其规定非常严格,以下案例可为证。光绪三年(1877),御史刘增奏称贱役冒籍蒙考请旨饬革一案。牛守仁,即牛珍,又名牛升,曾在广西怀集灵川贺县署内充当门丁,辄敢勾串劣衿冒入临桂县籍,令其子牛光斗蒙混应试侥幸中试举人。贱役冒籍蒙考,有违禁例,亟应严行惩办。清政府谕令牛光斗着即褫革,并着广西巡抚饬属查明牛守仁若有蒙捐官职等情弊,亦一并斥革,按律严办。

二、严格订立场规

作为传统社会中官僚后备人员的选拔机制,科举制度发展到明、清时期,已经成为跻身仕途、进入上层社会圈子最为重要的途径,其对于一个士子一生的发展前途具有关键性的作用。因此,为达到中试的目标,科场中的种种舞弊现象也就难以避免。如果说冒籍问题是地方官与士子们钻"边省"(西南边疆地区是重灾区)政策漏洞的话,则科场中滋生的腐败行为就是完全相反的,往往都是官员或士子们以身试法的结果。

(一)严防士子夹带入场

清政府对科场的种种规定极为严格。据《钦定学政全书》载,朝廷为充分保证考试的公正性,对考试的考场环境、考场规则、考试要求等做出近乎严苛的规定。顺治九年(1652)规定:

> 试日,用印卷、受卷、散签、给牌官东西各一人,以教官充。供给、巡绰官各一人,司仪门启闭官一人,以州县佐贰或府卫首领官充。书吏四名,管写题毕,以二名司茶,二名司恭。司茶者兼管受卷,司恭者兼管封卷。司照进、照出牌官二人,以巡检大使充。厨役二名。巡绰了望快手八名,分为二班。外用巡捕官二人,以佐贰首领官充。报名门吏二名。试日,二吏把门。搜检官二人,以卫所官充,带领民壮二十名,军牢二十名,分东西搜检。其写题、受卷、封卷,以受卷官督理。司恭、司茶、厨役,以供给官督理。巡绰了望,以巡绰官督理。前一日,皆

---

① 《钦定大清会典事例》卷三八六《礼部·学校·童试事宜》。

开具姓名册呈验。仍于隔壁州、县,分拨二班,以备临期调换。各员役,日午给饭一餐。候饭熟,供给官禀明,二门内击鼓三声,督率内班皂隶,用食盒散给。以上除职官原有职守,各吏役人等,须择忠实勤敏者送用。如有受贿传递等弊事发,并生童一体重究,提调官亦不得辞责。在内各员役,每名仍各与事例一本。俾将本等执事演习惯熟,无至临时诗张差错。

试日,漏下五鼓,外巡兵壮举放号炮,以便诸生齐集。执牌吏将生童照次排齐于大门外。候门启,提调官入,至仪门止。吏卷箱随入。巡捕官带民壮、军牢,立仪门外两旁。先将执事官禀保内搜检员役点进。生童各持笔砚水注,随牌听点。州、县官于大门外照册唱名,随牌引至仪门外,鱼贯序立。搜检官连唱"仔细搜检",两旁齐应,二人对搜一人。搜毕,提调官点名给卷。仍令同列辨认,互相觉察。如有怀挟片纸只字及金银等物,或冒籍顶名代考者,本生照律例问罪枷号。搜获员役重行奖赏。执照进牌官引二十人至公座前听点,用隔壁州、县军壮复搜。若搜出情弊,内搜检员役破格奖赏,外搜检员役究赃重治。搜毕,印卷、散签教官在小公座前,夹直放长桌,东西相向,照点册唱名,本生高声答应。随以卷呈东立教官案上,用督学印一颗。西立教官信手掣签给本生。即令吏书坐号于卷面,书姓名于坐号册。东签者东下,西签者西下,各认号就坐。如已得签,往来行走,故不进号,及已就坐,东西观望者,扶出黜退。进毕,内搜检官役出,提调官、教官缴点名册。计入考若干名,有不到者,大书"不到"二字于本名卷上,以空箱及钥匙同缴。提调官领坐号册,率外搜检官役出。巡捕官禀领大门锁钥,检点大门内二门外并无一人,方从外封锁。次司仪门官将仪门封锁。锁毕,堂上击云板一声,堂上下阶肃静。吏执题目牌,于甬路上下行走,俾其熟视。短视者,立禀教官将题高诵二三遍,不许往就。兵快轮班登案了望,凡遇各项犯规,认定行次面貌,鸣金一声,高禀某字第几号生童犯某事。本生自持卷赴堂印记。二人共犯,二卷同印。抗拒者重究。如犯规不举,及不犯妄禀者,官役重究。已时,供给官禀明,二门上击鼓三声,方许饮茶出恭。饮茶者趋饮茶桌,自击小云板一声。东坐者放卷于桌之东,西坐者放卷于桌之西。司茶吏印"饮茶"二字。饮毕,领卷自击云板二声,复位。出恭者趋出恭桌,自击木梆一声,亦各东西放卷,执出恭牌,于甬路中行。司恭吏印"出恭"二字。恭毕,领卷自击木梆二声,复位。二生不许并出。偶有并出,稍后者于甬道拱立,待先者复位始行。搀乱者,及不交卷、不击梆、领牌不由中行者,候恭、候茶时并立接谈者,俱印"犯规"二字。饮茶、出恭止(只)许一次,重出者不准,卷面仍印"犯规"二字。但有一人交卷,即撤去饮茶、出恭桌。

　　试日,各执事员役须肃静,不许轻出一声,以乱文思。惟未时大门外击鼓三声,堂上巡绰官击云板三声,呼快誊真。申时,大门外重击鼓四声,堂上击云板四声,呼快交卷。申末,大门外重击鼓五声,堂上击云板五声,不论已未誊完,俱交卷。不交者收卷扶出,决不给烛。其原给号签,同卷交还。把大门官,务要依时击鼓,不许乱击,以混听闻。交卷时,司仪门官督率执事官二员候立仪门内,一收照出牌,一司启闭。受卷官东西各一员,督率受卷、封卷吏四名,分立桌旁,照各府、州、县坐牌交收。交卷时,本生即将浮票扯下带回。受卷官每收一卷,先检阅卷面背,如不扯浮票,或书写姓名门第关节,及卷内夹带片纸者,不许给牌,即时禀究。篇数不完者,印"不完"二字。卷上有犯规等项印记者,不许给牌,将卷仍付本生执立堂下。候出尽,查系移席、换卷、丢纸者,生员黜退,童生责惩余弊。生员阅卷定夺,童生卷屏不阅。受卷官督各吏将所收卷,每学以十卷为一束,三束为一封,注明某学三十卷,某官某吏封送到,收贮各卷箱。生童领牌,从甬道中直趋仪门。候三十牌足,司仪官禀请锁钥开二门。收一牌方放一人,无牌者即系带出试卷,司仪门官拘留禀究。如交卷时,值牌尽,执卷立候。已收足三十牌,巡绰官公同数明,缴上原桌,高声禀收牌讫,击鼓一声。大门外巡捕官,亦击鼓一声,从外开锁。门止半开,逐一放出。把大门官吏,不许入阈内。仪门官吏,不许出阈外,违者严究。凡开大门放出,如容闲人在外探听,并潜入大门内者,各员役究赃重治。生童出尽,收卷官计算收过签数有无多寡,收过卷数与送考人数有无异同,查算明确。禀请点名册,填送查核。生员试毕,次日免谢,各还寓所,静听发落。如发落稍迟,候牌示暂回,临期调取。①

　　从上面的材料可以看出,在诸多考场规则中,首先就是严行搜检,严防夹带。顺治年间,朝廷对士子入场的穿着就有明确的规定,如须着拆缝衣服,单层鞋袜,以防夹带,倘若查获,一律枷示问罪。雍正、乾隆年间,严禁携带双层板凳,砚台不可过厚,糕饼等须切开,作弊则罪及其父及业师。②

---

① (清)素尔讷等纂修,霍有明、郭海文校注:《钦定学政全书校注》卷一二《考试场规》,武汉大学出版社,2009年,第49—50页。

② 《钦定大清会典事例》卷三四一《礼部·贡举·整肃场规一》。

同时规定,"士子入场,不得饮醉紊规,接卷后各归号舍,违者即行扶出,归号后不许私出栅栏";"士子接卷后,不许逗留龙门,如有接谈换卷换号,及入场后逾墙换卷,隔墙传递代倩等弊,并从旁怂恿着,照例治罪";"监临、提调等官有与士子认识者,不许差人传送饮食果品,入号往来"。①

严防士子夹带入场是科考场规之中最为重要的规定,因此,官府所定搜检制度极为严格。士子若有夹带,或于场前枷号斥革,或不准应试;入场必须经过两次搜检,倘若搜检不严,查出士子夹带入场,将严惩搜检官。乾隆九年(1744),更严定搜检之法,并谕令各省严格执行:"各省科场怀夹之弊,朕已降旨,令该省监临、提调照京师之例严行搜检,务使诸弊肃清,以襄大典。嗣后每科有无怀夹及查出怀夹若干人,俱著该督抚具折奏闻。"②因此,各省督抚及时奏报科场搜检情况即成定例。禁防夹带细则的禁令,亦被载入《钦定科场条例》中,并成为清朝中后期考生衣着、器具等通用的规则基准。不过,虽严禁夹带,复行严格搜检,怀夹违禁者仍屡见不鲜,在文风稍逊内地的西南边疆地区亦是如此。

清朝后期,鉴于夹带之风越来越盛,朝廷强调搜检的指令更是接二连三,道光皇帝即多次下令,重申禁止士子怀夹之弊。道光六年(1826),再次颁谕"科场条禁,首严怀夹……乡、会试搜检王大臣及各省督抚,自宜认真厘剔,以期拔取人才",并严厉斥责"近年各省学政尚有查出挟带生童交提调惩办者。至乡、会试,搜检王大臣并不认真,率以三场无弊一奏了事,不肖士子竟有抄录程文侥幸中试者"。③因此,要求搜检王大臣及监临等官务须破除情面,严剔弊端,搜出立予斥革,照例惩办。随着科举制度的衰落,考场纪律日趋败坏,搜检亦渐松懈而流于形式。道光皇帝曾在谕旨中指出:"向来乡、会试大典,场内有监临、知贡举稽察……立法本极周密。近来视为具文,渐形疏懈,以致士子纷纷怀夹,毫无顾忌。"④材料说明在嘉道朝期间,科场搜检已是形同虚设。

(二)实行考官回避等制度

在清代,考官回避制度也是政府为防止考生与考官相互串通舞弊而采取的重要措施。顺治十五年(1658)规定,凡是乡试、会试的主考、总裁、同

---

① 《钦定科场条例》卷二九《关防场规》,沈云龙主编:《近代中国史料丛刊》第四十八辑,(台北)文海出版社。

② 中国第一历史档案馆编:《乾隆朝上谕档》第一册,乾隆九年八月十一日内阁奉上谕,北京档案出版社,1991年。

③ 《清宣宗实录》卷一〇六,"道光六年九月丁酉"条。

④ 《清宣宗实录》卷三〇〇,"道光十七年八月辛酉"条。

考官、监临、知贡举、监试、提调之子均不许入场考试。雍正元年(1723),清政府则规定帘官子弟应回避者,另立别场考试。第二年又规定,内帘官有子弟参与考试的,不许阅卷。至乾隆初年,进一步规定考官分省回避制度,即考官不得评阅本省士子的考卷。乾隆十七年(1752),规定乡、会试除外场巡绰等官外,内场所有官员子弟一体回避;三十三年(1768),重申会试回避本省,乡试回避本籍,以防止可能的弊端。① 此后,回避制度推及于所有考官,应回避者包括本族五服以内亲,以及外姻诸亲属,甚至僚、婿、姨、甥皆须回避,不准入试。②

三、采取各种反冒籍措施

(一)宋明时期伴随着科举选拔而来的冒籍问题

冒籍考试问题,从中国传统社会进入"科举时代"③便逐渐成为顽疾。唐代科举考试在发解试一级中,所实行的是分区定额与原籍应试原则。由于不同地区应考人数多寡不一,而士子科场竞争力也存在一定的地区差异,由此便出现了考生冒充户籍参加考试的现象,亦即科举冒籍问题。及至宋代,科举日重,中国社会进入了真正意义上的"科举社会"。宋代发解试所仍然实行分区定额和原籍应试原则,因此科举冒籍问题同样存在,且较之唐代进一步发展。

明代的科举制,在童试与乡试层级实行的是分区定额与原籍应试原则。在科举录取率与士子科场竞争力存在明显地域差异及人口流动等原因的背景下,冒充户籍应试的现象更加普遍。在云南、贵州等西南边疆地区,由于文教水平整体落后,土著读书应举者相对较少,故外来冒籍问题多有发生。"云南、贵州等处选贡生员,国初以其远方特示优容之意。其宣德、正统年间,已尝考贡。天顺年来,又复选贡。今国家文运百年,于兹道化旁洽,岂远近有间? 比云南、贵州科举进士,往往连名有足征者,宜自成化四年为始,仍照正统年例,一体考贡。若他处冒籍边方学校岁贡科举者,械系解京治罪,所司纵容者以赃论。"④文献记载,嘉靖十六年(1537),"贵

---

① 《清朝文献通考》卷五一《选举五》。
② 《钦定大清会典事例》卷三四五《礼部·开报回避》。
③ 刘海峰:《科举学导论》,华中师范大学出版社,2005 年,第 65—94 页。
④ (明)俞汝楫:《礼部志稿》卷七〇《修明学政十事》,《影印文渊阁四库全书本·史部》第 598 册,台湾商务印书馆,1986 年,第 190 页。

州开科……未曾限其名额。由是四方游食、遣罪生、儒,皆冒永宁籍求试。……至是,御史孙襄请行禁止,部复报允"①。崇祯年间,为了防止外来士子冒籍应考钦州庠学,知州杨为祯请求提学曾化龙"详分土附",结果规定"土著七分,寄籍三分"②。

明代,地处西南边疆的广西、云南、贵州等省文化教育发展相当落后,甚至不少学校经常会遇到在本地考生中无法足额录取的情形。为此,明廷规定可以将其他地方的生员拨入此类学校。正德六年(1511),"礼部言,旧例学校乏材处,许他县人补充生员,比乃有冒籍入学者,甚坏士习。宜令各提学官查核,如边卫夷境远方山县,或初立学校人材鲜少,或止有府州县学而无卫学,其卫所人材果堪教养及提学官摘发充增补廪者,仍旧存留起送科贡。若人材众多处,本地自有学者,乃或搀入别学,虽由提学拨送亦宜复试。果学已成者发回本学,计所补廪增日月,依次出身。其学无成、冒籍者,俱为民。遂著为令"③。实际上,这一规定并不意味着可以任意冒籍应考,但其却在一定意义上助长了边远地区的冒籍应试问题。明政府则因此而不得不反复出台冒籍禁令。万历四年(1576)题准:"广西、云南、四川等处,凡改土为流州县及土官地方建有学校者,令提学官严加查试,果系土著之人方准考充附学,不许各处士民冒籍滥入。"④《大明会典》亦载:"广西、云、贵、湖、川等处,冒籍生员食粮起贡,及买到土人倒过所司起送公文,顶名赴吏部投考,若已授职,依诈假官律。"⑤

从文献记载和朝廷的反应来看,明代的科举冒籍问题是比较严重、比较普遍的。如万历十三年(1585)闰九月初四日,内阁传奉圣旨就直接揭示:

> 朕惟祖宗设科取士,不为不严。近年以来,各省多有冒籍无耻之人,幸得取中。提学官通不稽察,亦有嘱托倚势,滥行收录,好生不公。今年,各省直提学官姑且不究。以后,务要严察,籍贯明白,方准收取,不许循情隐蔽,致伤风化。如有仍前许本处生员人等实时讦奏,重治不饶。礼部、都察院知道。⑥

---

① 《明世宗实录》,"嘉靖三十四年十月己卯"条。
② 民国《钦州县志·民族志》,转引自李富强的《中国壮学》(第1辑),民族出版社,2006年,第321页。
③ (明)俞汝楫:《礼部志稿》卷七〇《建学酌处弟子员》,《影印文渊阁四库全书本·史部》第598册,第190页。
④ (明)王圻:《续文献通考》卷六〇《学校考》。
⑤ (明)李东阳等撰,申时行重修:《大明会典》卷一七四《刑部》一六,新文丰出版社,1976年。
⑥ (明)周永春:《丝纶录》卷三《四库禁毁书丛刊·史部》第74册,北京出版社,1998年。

(二)清代西南边疆科举冒籍问题加重

清代,全国科举考试中的冒籍现象并未减少,反而进一步趋于严重。

清代科举制度中,同样禁止士子户口流动。因为清代实行的是分省取士制度,而在分省取士原则之下,因为各地的录取标准不同,同样的考试成绩,在教育发达、文风兴盛的内地省份或地区可能会落选,而在教育欠发达、文风较逊色的边疆地区则可能中试。于是,冒籍的现象就随之悄然出现,其实质是文风较兴盛的地区占据弱势区域(一般是边疆地区)的科举名额。

清初,全国性的冒籍跨考现象已很严重。浙江巡抚范承谟在康熙九年(1670)曾道:"盖人之必欲冒籍,或因问拟罪犯,本地难容;或系令劣行黜,条例难容;或出身下贱,图他郡之不知;或才学低微,希小邑为易取。"①王美芳认为,出现冒籍的根本原因在于,清政府所规定的应试资格极为严格,若有一项不符合规定即不得应试,即如果不能符合清政府的应试资格,在本地不能报考或没有把握考取的投机者,必然要以冒籍跨考的方式参加考试。②尽管清政府不断重申应试资格的规定,禁止冒籍考试,但利益攸关,仍然无法从源头上杜绝冒籍跨考现象的发生。

清初一度实行的入籍与寄籍考试政策,通常被认为是冒籍跨考的起因,因此清政府在清厘籍贯上有着诸多规定。康熙十年(1671)题准:"四川士子寄籍他省入学者,各直省巡抚查明自顺治元年以来有愿回原籍者,令其回籍;蜀抚核明本生籍贯,拨入该府州县儒学考试。四川学政将回籍生员造册报部,各直省学政亦于报部册内注明回籍以便查核。如有冒籍四川希图应试者,本生黜革治罪,该地方官参处。"③事实上,清政府曾于起初之时给予冒籍者赴部自首的机会,令其改归原籍免其斥革;其后,又议准冒籍生员除入籍二十年以上者不再议处外,其余以部文到达之日为始,限两个月内具呈自首,改归原籍。如过期仍照例黜革,并议准凡是冒籍中试举人,其收考、送考、出结官及学政、地方官、教官皆议处。雍正三年(1725),议准直隶冒籍生员自康熙六十年(1721)议定限期两个月改归原籍,犹未止息,

---

① 康熙《会稽县志》卷一三《学校·县学》,范承谟:《为申严学政事》。
② 王美芳:《文教逗宣——清朝西南地区文教措施研究》,台湾师范大学,2006年,第142页。
③ 《钦定大清会典事例》卷三九一《生童户籍》。

嗣后未经呈首者,一概不准改归,察出照例黜革。① 但冒籍之风并未得到遏止。清政府为防止上述弊端的发生,饬令各直省学政地方官并提调官、教官等严行禁止,如有徇私容隐情弊,除将冒籍者、顶替代倩并保结者从重究治之外,该地方官等亦一并照例议处。其次,清厘各直省学籍,将隔府隔县拨入别学之例,永行禁止。西南边疆少数民族地区在经过大规模改土归流后,部分地区的行政隶属关系发生较大变化,并导致许多士子只能寄籍入学。例如:将东川划归云南,原寄籍东川入学各生转赴云南应试,远涉为艰;五年(1727),议准将寄籍东川府入学各生,俱改归川省本籍各府、州、县应试。

乾隆十年(1745),颁布上谕重申:

> 冒籍顶名,例有严禁。况岁科考试,为士子进身之始,尤宜加意清厘,以肃学政……朕思各府州县,皆有烟户册籍,难以蒙混,诚于州县考试之时,童生报名,查对烟户无讹,方许廪保填结;府考院考,俱令原保廪生认识,则冒籍顶名之弊可除。着该督抚转饬所属实力奉行,不得视为故事,该学政亦不时稽察,如有仍蹈前辙者,查明按律究治。②

即使对冒籍的处罚如此严格,清代冒籍的情形仍未有明显减少。在西南边疆,冒籍的现象似乎更为严重。这与清政府一度在广西、云南部分地区实行准许移家入籍应试或寄籍考试的政策有关。比如广西省泗城、镇安二府,曾于雍正九年(1731)获准外省或本省异府之人入籍考试:

> 广西泗城、镇安二府,现无应试生童,应令外省及本省异府之人,有情愿入籍者,具呈府县造入烟户册,即申布政司。咨查本籍如无过犯,准其入籍考试,仍呈明学政衙门注册。该学政于考试时,按籍而稽。如册内无名,不得混考。入学中举之后,照奉天定例,不许搬回原籍。其嫡亲子男弟侄,同时入籍有名者,准一体考试。……其庆远府属之荔波县、东兰州,太平府属之宁明州,既无应试生童,与泗、镇二府相同,应准照此例。再嗣后,如有土属内以土改流之州、县,亦均照此

---

① (清)素尔讷等纂修,霍有明、郭海文校注:《钦定学政全书校注》卷三〇《清厘籍贯》,武汉大学出版社,2009年,第111页。
② 《乾隆朝上谕档》(一),乾隆十年八月初六日内阁奉上谕。(清)昆冈、刘启端等:《钦定大清会典事例》卷三九一《礼部学校生童户籍》,续修四库全书本,上海古籍出版社,1995年,第247页。

例。准外省及同省异府之人,入籍考试。①

在云南部分地区,同样因为人文寥落,参加应试的生童很少,难以满足录取条件,因此也曾实行允许入籍和寄籍的政策,如乾隆元年(1736)就议准:

> 滇省广南、丽江、普洱三府,及昭通府属之恩安、永善二县,镇沅府属之恩乐县,东川府属之会泽县,现在夷多汉少,人文寥落,难以敷额。除现任本处官员子弟,不准入籍考试外,如有异省及本省异府之人,情愿移家入籍者,准照广西太平等府之例,同土著之人一体考试。……其从前寄籍各学之生,若改归原籍,则土著无多,未免学校空虚,应免其改归原籍。②

上述两条史料,反映出来的情况是很清楚的,广西、云南的地方官员因为当地文化教育落后,参加应试的生童很少,为了提升这些地区的文化教育水平,更重要的是,他们任职期间的政绩不至于太过难看,因此奏请中央允许外省士子移家入籍到广西、云南的部分地区"同土著之人一体考试",同时为了保证外省士子切实为西南边疆地区服务,清政府做了很多制度上的设计,不可谓不严密,但仍然出现了很多窜名冒考之情形。乾隆元年(1736),江南道监察御史谢济世即陈请严冒籍之禁事:

> 窃惟功令严禁冒籍,非止为士子端进身之始,诚恐萍蓬无根,一窃科第,异时身膺民社,恣意亏空钱粮。及至按籍行查,并无田粮庐墓可抵,甚有身获重罪逃匿异方,及至按籍行查,并无亲族里邻可问者。故定例:入籍二十年,方准考试。其未满二十年者,仍以冒籍论。虽经中试,或被宗族邻里告发,或经科道究参,定行斥革,交送刑部,其虑至深且远也。至于云、贵、川、广人才寥落,冒籍多一人,则土著更少一人。列祖以来,垂念边省,多方培植,冒籍之禁尤严。……查新例,广西省以土改流之泗镇二府、东兰宁明二州,许多省人移家入籍考试。在定例之初,原从地方起见,欲资化导,以移风俗,且令先行查本籍有无过犯,方准移家入籍。既移家入籍,方准考试。考试中试之后,永不许搬

---

① (清)素尔讷等纂修,霍有明、郭海文校注:《钦定学政全书校注》卷二九《寄籍入学》,武汉大学出版社,2009年,第108页。
② (清)素尔讷等纂修,霍有明、郭海文校注:《钦定学政全书校注》卷二九《寄籍入学》,武汉大学出版社,2009年,第108页。

回本籍。其立法非不善,殊不知化导移风俗必有其渐,以土改流之处,止用本省异府之人已足,何必外省。而且蛮烟瘴雨之乡,水土甚恶,入籍考试中试尚未可知,外省之人谁肯先移家室,重一己之功而轻一家之性命。不过院、司、道、府、州、县幕中诸友挂名庠序,混入科场,是此举实无益于地方,徒破国家冒籍之禁也。

冒籍充斥,其害虽止在广西,而膺民社则亏空,犯重罪则脱逃,其害亦在天下。亏空脱逃,其害尚在异日;而煽诱苗民骚动边境,其害亦在目前。①

文献详细记载谢济世对冒籍现象表现出愤怒的态度,原因如下:

既如(康熙)乙卯科广西第一名举人潘乙震,系江南山阳人,作幕入粤,冒东兰州籍中试,榜后即领会试咨文,取道回伊本家;第三名举人何希尧系广东肇庆人,冒太平府籍捐纳岁贡,未经学臣考送,公然入场中试。此二人者,与移家入籍之例并不相符,其为冒籍明甚。五名之内便有二名,则一榜可知。此一榜不过占去举人数名,此例一开,将来广西举人、进士必尽为外省人占去。查直隶各省并无别设一学,令外省人移家入籍遽行考试者,独广西设此数学,使乡、会两试冒籍吐气,土著含冤。何外省之人皆得沾广西之皇恩,而广西之人不得尽沾本省之皇恩也。②

上述史料表明,潘乙震籍贯是江南行省山阳人,以幕僚身份来到广西,并以东兰州籍参加了康熙乙卯科乡试;而何希尧则是广东肇庆人,冒充广西太平府籍捐得岁贡,然后未经该省学臣审批,公然入场考试。二人竟然都在该科乡试中高中,分别是第一名和第三名,事后潘乙震领取会试咨文后便径直回老家。即二人并没有为广西的文化教育做出任何贡献。这是与朝廷有条件地实行"移家入籍应试"政策的初衷相违背的。

谢济世奏请将广西省以土改归流之府、州、县令外省移家入籍考试之例亟行停止;而若有冒籍中试者,允许其自首改回原籍。乾隆三年(1738),宣布停止广西泗城、镇安二府及庆远府属之东兰州、荔波县,太平府属之宁

---

① 中国第一历史档案馆:《乾嘉时期科举冒籍史料·为请停外省入籍广西应试奏折》,乾隆元年正月二十四日,"江南道监察御史谢济世奏折",转引自《历史档案》第4期,2000年,第13页。
② 中国第一历史档案馆:《乾嘉时期科举冒籍史料·为请停外省入籍广西应试奏折》,乾隆元年正月二十四日,"江南道监察御史谢济世奏折",转引自《历史档案》第4期,2000年,第13页。

明州外省入籍考试之例。① 但是,广西的冒籍问题并没有消除。到乾隆二十年(1760),广西学政鞠恺仍有进一步的奏疏,内称:

> 粤西冒籍之弊最甚,本省府县相邻之冒考者固然有之,而浙江、江西、湖广、广东等省冒籍广西者尤众。冒籍者入学之后仍归故乡,大比之期复来冒试,倘若不及早厘清惩处,则流弊日甚。而冒籍者既能入学,亦能补廪,以冒籍之廪生保冒籍之童生,是有察弊之名而实开作弊之门。窃查《学政全书》内开载:广西各属中向有因本地无人应试,准令外省及本省异府之人入籍考试,嗣因冒籍纷纷,有妨土著,于乾隆三年部议复准外省入籍考试之例即行停止,久经通行在案。据现今查出冒籍人等俱系停止以后复行窜入者,此其不遵功令,罔知法度,深属可恨。且此等人皆系学问平常,在本籍不能入学而冒考幸进,以为得计。粤西之地虽土著文风未盛,而就地取才,士子犹可渐自濯磨,若尽被冒籍占据,则土著进取为难,文风日就颓废,攻讦势难宁息。②

贵州冒籍问题亦比较严重。乾隆三十二年(1767),贵州学政陈筌在奏疏中指出:

> 黔省所属地方均与各省毗连,每有湖广、四川附近之人,希图贵州人少额多,获售较易,遂私通廪保,窜名冒考,以致土著生童艰于进取,文风日就颓废。查乾隆二十五年奉旨敕令云、贵、川、广各学臣彻底清厘,准其改拨。各生均系违例冒入,剃革本所应得,既邀宽典,自应据实呈首,乃复希冀便宜,多方隐匿,理应严加惩创,以昭定制。臣现饬各府及所属教官,逐一细查,分别办理。其在乾隆二十五年未经清厘以前者,该生不行具首,应科其隐匿之罪。将衣、顶剃革,照违制例律问拟杖责,失察教官照例议处;其在二十五年以后者,系已经清厘之后仍敢勾通冒籍,情罪较重,除将该生治罪外,滥保之廪生,一并查究示惩。③

---

① 《钦定大清会典事例》卷三九一《清厘籍贯》。
② 中国第一历史档案馆:《乾嘉时期科举冒籍史料》,乾隆二十五年四月二十八日,"广西学政鞠恺为陈严惩冒籍办法事奏折",引自《历史档案》2000年第4期。亦请参见徐毅著的《绥服远人——清帝国治理广西的教化策略》,社会科学文献出版社,2013年,第175—178页。
③ 张羽琼:《贵州古代教育史》,贵州教育出版社,2003年,第229页。

从上述所揭史料可以清楚地看出,清代西南边疆地区冒籍考试的现象十分严重,而且屡禁不止,愈演愈烈。

由于清代中原内地移民不断迁移到西南边疆地区,土著与移民(客民)之间一直存在冲突,显然这不仅仅是因为文化上的冲突。如果土、客之间能相安无事甚至走向融合,将有利于边疆地区文化的提升与社会的进步。而从科举中额(学额)的分配成为攻讦构成诉讼案的情形来看,土著与移民之间的矛盾冲突的确是当时难以平息调和的问题,执政者的智慧面临严峻的考验。若是按照成例作息事宁人的调解,对土著、客民取进名额再作瓜分,似乎只是进一步加深土、客之间的文化分野;如果采取较为积极的政策,拉近土、客之间的差距,让二者能站在同一起跑线上,以科举制度推进带动当地文化的整体进步,从长远眼光来看,这似乎能够真正解决当地存在的问题。①

王日根等人在《清代科场冒籍与土客冲突》一文中指出,冒籍是各类型考生谋求走向仕途的不合法之道,也因此引起诸多新的社会矛盾,从科举的社会史角度出发,对冒籍问题的解读,有助于了解清代社会矛盾的部分死结。② 清代科场中的冒籍问题及由应试籍贯规定所引发的土、客之间的冲突,反映出科举制度在发展过程中本身存在的诸多问题。比如,商品经济的发展、社会流动增加、移民问题客观存在,与建立在固定化的户籍管理制度之上的科举制度已经切实地产生了矛盾。

(三)在西南边疆的反冒籍措施

对于科场冒籍,清政府高度重视,为彻底治理冒籍问题而出台了诸多具体措施,从童生互保到廪生出结,从州县出结到知府出结,从族邻出结到教官出结,从地方官出结到同乡京官出结③,每一层次都是试图通过一种"担保机制"来治理科举应试冒籍问题。

1. 童生互保机制④

在清代治理科举冒籍的机制之中,童生互保是一项基本内容,也是最低层次的防治措施。所谓童生互保,是指在童试一级考试中,要求5名童生互相担保身家清白,不存在冒籍及枪替等问题。如果一人存在舞弊情

---

① 王美芳:《文教遐宣——清朝西南地区文教措施研究》,台湾师范大学硕士论文,2006年,第148页。
② 王日根、张学立:《清代科场冒籍与土客冲突》,《西北师范大学学报》2005年第1期。
③ 刘希伟、刘海峰:《清代科举考试中的冒籍问题及其现代启示》,《教育研究》2012年第1期,第144页。
④ 参见刘希伟的《清代科举冒籍研究》,华中师范大学出版社,2012年,第262—263页。

形,则其他互保童生亦将一同遭受处罚。这实际上是通过设定一种连带责任,以期最大程度减少冒籍问题的发生。① 这一治理机制,贯穿于清代科举史的始终。童生互保,在一定程度上能够防止科举冒籍问题的发生,因为从清代科举史中可以看到,曾有考生由于存在冒籍等问题而寻觅不到互保童生的情形。

童生互保作为清代一项基本的冒籍治理机制,是每一位应考童生都必须遵守的。此外,少数民族童生应试、棚童应试,以及某些特殊背景下的"客童"应试,一般说来也都要求5名童生互相担保。

2. 廪保机制

廪保机制可以说是清代科举冒籍治理机制中最为重要的一环。所谓廪保机制,是指科举考试中通过廪生担保童生符合应试条件,而不存在冒籍、枪替等舞弊情形的一种机制。

(1)认保机制

认保机制,是指童生应试时必须以一名廪生作担保,从而保证其没有冒籍、枪替等问题。通常说来,从制度设计的层面看,认保系由教官选择"品行端正、操守谨严"的廪生充任。与童生互保机制相类似,认保为某一童生作保的前提之一,也是其对于所保童生的具体情况基本了解,"查廪生保认童生,向例原令该教官选择品行端正、操守谨严之廪生令其保结,其素与本童熟识者为认保……"②认保需要与其所保童生较为熟悉,否则将难以保证所保童生不存在冒籍及其他违规情形。认保机制的一个重要要求是在县试、府试与院试时认保必须到场识认,确保无误后童生方可入场应试。且看以下相关史料:

> 童生入学,乃进身之始,不可不严为之防。督学文到,先期晓谕,报名取邻里甘结,身家无刑丧替冒各项违碍,方准收试。每府各州、县,关会一日同考。府试亦汇齐一日以防重冒。如州、县掌印官,不系科贡出身,申府另委。务照入学定例名数,县考取二倍,府考取一倍。府考取录已定,册报名数,榜示童生。照所取次序,五人为一结。取行优廪生,亲笔花押保结。查照格眼册式,当堂令各童生亲填年貌、籍贯、三代、经书,汇为一册,并各结状粘送。其各童生所填年貌,务要一

---

① 刘希伟、刘海峰:《清代科举考试中的冒籍问题及其现代启示》,《教育研究》2012年第1期,第144页。
② (清)索尔讷等纂,霍有明、郭海文校注:《钦定学政全书校注》卷二二《童试事例》,武汉大学出版社,2009年,第79页。

一肖真,以便查对。其点名册,仍书年貌,不对者不准收考。每名仍开保结廪生姓名于下。点名时,廪生与同结五人互相觉察,如有倩代等弊,即时举出。容隐者,五人连坐,廪生黜革。其府、州、县原取之卷,合钉封贮,候发落核对。其黜退生员,如不系行劣者,提调官准与童生一体收考。至于寄学改回,及称游学、随任等事别送者,悉不准行入府学者,即于各州、县内量拨,不必另送。发案日再行复试,笔迹虽同而文理不通者,亦不准入学。诈冒籍贯投充入学,及诡写两名、随处告考,或假捏士大夫子弟希图侥幸,或系优娼隶卒之家,及曾经犯罪问革、变易姓名等弊,访出严行究革。若教官纳贿容隐,生员扶同保结,一体治罪。更有一种冒名顶替、换卷代笔之徒,尤属伤风败类,宜倍加严查重治。①

乾隆八年(1743)又再次重申:"应试童生,有一人诡捏数名,及借顶他人姓名入场,其有干于枪手、冒籍诸弊者,审实,自应依枪手、冒籍定例,从重问拟。其但系诡捏数名,连棚应试,及顶他人姓名假冒入场,希图幸进者,照诈冒例杖八十。保结之廪生,知情同罪。"②

一般说来,原则上童生不得随意更换所请认保。乾隆二十九年(1764),礼部议复湖南学政李绶条奏保结廪生不宜更换一款时称:"恭查乾隆十年(1745)钦奉谕旨:'府考院考各令原保廪生识认,则冒籍顶名之弊可除。'是州、县、府及院考,原止许一人认保,并无节次换保之例。其该省府考另换廪保,系属办理错误。应饬该抚并该学政,申明前例,严饬所属府、州、县及教官务令原保廪生识认。如有仍前更换之处(着重号为摘者所加——摘者注),即行参处。"③据此可知,湖南省此前应该存在府考更换认保的做法,但这并不符合相关规定,因此礼部对于李绶的奏请予以驳斥,并令该省停止这种做法。或许可以认为,在乾隆十年(1745)关于府考、院考不得更换认保这一上谕规定发布之前,随意更换的现象已经是较为普遍存在的。

在某些特殊情况下,不得不对认保机制实行变通处理。雍正至乾隆朝期间,广西泗城、镇安等地在实行移家入籍应试政策之初,曾由于土著内一

---

① (清)索尔讷等纂,霍有明、郭海文校注:《钦定学政全书校注》卷二二《童试事例》,武汉大学出版社,2009年,第77页。
② (清)索尔讷等纂,霍有明、郭海文校注:《钦定学政全书校注》卷二二《童试事例》,武汉大学出版社,2009年,第78页。
③ (清)索尔讷等纂,霍有明、郭海文校注:《钦定学政全书校注》卷二二《童试事例》,武汉大学出版社,2009年,第80页。

时没有生员而无法施行正常认保机制,只得暂以童生的业师也就是"入籍考试之人"出具保结。当时,广西巡抚金𫓧奏称:"查定例,童生应试须册注保结廪生及互结业师字样,今泗、镇两府既无廪生,自无保结,嗣后文武童子应请即以业师为保结。"①这一奏请得到礼部的同意。

此外,苗童等少数民族考试应试,在认保机制上也允准其具有一定的特殊性。例如,雍正十年(1732年)复准:"嗣后苗童应试,用汉廪生一名,苗生一名,不论廪增附生公同联名保结,照定例用五童互结。如有民童冒入苗籍者,一经查出,将保结各生,究问褫革;教官滥行收试者,题参议处。"②从文献记载可知,某一苗童应试必须同时请两位生员共同作保,其中一位为汉廪生,另一位为苗廪生(或是苗增生、苗附生)。

(2)派保机制

商衍鎏在《清代科举考试述录及有关著作》中提道:"院试于认保外,再加派保廪生,系乾隆五十七年壬子湖南学政张姚成奏准,所以杜认保廪生之或有舞弊。由府、州教官依长案先将派保名次榜示署前,考试于府试、院试时请其加保,谓之派保。"③今人所著之《中国考试大辞典》关于"派保"的解释为:"乾隆五十七年,为杜绝认保廪生舞弊增加官派廪生认保一项,由府、直隶厅教官先将选定廪生名单张榜贴于衙署前,考生于院试、府试时请榜中某人加保,时称'派保'。"④

据学界研究⑤,派保机制似乎并未在全国范围内推行,而只是在部分省份如湖南、江苏、浙江、湖北等地实施运行过。至于是否在广西、云南、贵州等西南边疆省份施行过,尚未见到直接的证据。

3.官员担保机制

在清代科举冒籍问题的治理过程中,知县、知府等地方官担保机制也是比较重要的内容和环节。县试、府试的考官分别是知县、知府,这些地方官担负着出题、评阅,以及维持考场秩序的职责。其中,确保考生身家清白,不存在冒籍、匿丧,以及枪替等舞弊情形亦是其重要职责所在。童生在报考时需要提供姓名、年龄、籍贯、三代等信息,知县、知府则需要尽可能地确保这些信息的准确性,从而防止冒籍、枪替等舞弊情形的发生。因此,地

---

① (清)金𫓧:《广西通志》卷一一三《题覆四府入籍考试疏》,《影印四库全书本·史部》第564册,台湾商务印书馆,1986年。
② (清)昆冈、刘启端等:《钦定大清会典事例》卷三九一《礼部·学校·生童户籍》,续修四库全书本,上海古籍出版社,1995年,第244页。
③ 商衍鎏:《清代科举考试述录及有关著作》,百花文艺出版社,2003年,第10页。
④ 杨学为:《中国考试大辞典》,上海辞书出版社,2006年,第341—342页。
⑤ 刘希伟:《清代科举冒籍研究》,华中师范大学出版社,2012年,第268—270页。

方官在童试冒籍的治理中担负着重要的职责。由于院试是在县、府试的基础上进行,因此知县、知府在院试冒籍治理中亦担负着重要的责任。

清代关于地方官在科举冒籍治理中的职责规定相当繁多。例如,雍正元年(1723)礼部议准:"童生考试由州县送府,由府送学政,各加印结方准考取生员,行令各督抚学政实心奉行,严饬廪生不许擅保品行不端之士。"①雍正二年(1724)又复准:"各省异籍之人,每临期冒称本省居住窎远,顶替代倩,无从查核。令该学政饬地方官并提调官、教官,严行禁止。如有徇私容隐等弊,察出,将冒籍之人与顶替代倩并保结之人,从重究治。该地方官并提调官、教官照例议处。"②再如雍正十三年(1735)礼部议准:"嗣后凡府州县考试文武童生,即照学政衙门考试之例,令本籍廪生一体保结,仍于点名散卷时识认,倘有冒顶等弊,将该廪保照例黜革治罪。若府州县官违例不令廪保识认,混行录送者,经学政纠参,照混行收考例议处。"③文献记载表明,地方官在廪保机制是否能够有效执行这一问题上同样负有一定的责任。乾隆十一年(1746)议准:"嗣后州县考试童生,务须详查烟户册籍,令廪生于点名时当堂识认,果然无假捏始准收试。仍于考试后十日内将所取童生等履历、烟户、住址及保结廪生一并造册,出具并无重考印结,申送该府查核复考,俟学臣按临一同申送,以杜顶冒等弊。倘该州县所取童生有并无廪保,及不查明履历只填姓名送府,以致仍有捏名重考诸弊,该提调官查出即行揭参。倘提调不行查揭,经该学政察出将该提调一并题参。"④《钦定科场条例》载:"士子考试,俱由原籍送考。其有假冒籍贯者,该生及廪保一并黜革;因而中试者革去举人,照例治罪。仍将原送考官、收考官、出结官、学臣、地方官、教官,一并议处。"⑤这些规定十分清楚地表明,知县、知府等地方官在科举冒籍治理中担负着不可推卸的职责。

除知县、知府等地方官外,各学教官亦在科举冒籍治理中担负着重要的职责。教官担保事实上也是清代科举冒籍治理中一项十分重要的内容,且似乎越到后来越加倚重这一机制。教官不仅在遴选廪保上担负着重要

---

① (清)索尔讷等纂,霍有明、郭海文校注:《钦定学政全书校注》卷二二《童试事例》,武汉大学出版社,2009年,第77页。
② (清)昆冈、刘启端等:《钦定大清会典事例》卷三九一《礼部·学校·生童户籍》,续修四库全书本,上海古籍出版社,1995年,第240页。
③ (清)索尔讷等纂,霍有明、郭海文校注:《钦定学政全书校注》卷二二《童试事例》,武汉大学出版社,2009年,第77页。
④ (清)索尔讷等纂,霍有明、郭海文校注:《钦定学政全书校注》卷二二《童试事例》,武汉大学出版社,2009年,第78页。
⑤ (清)杜受田、英汇等:《钦定科场条例》卷三五《冒籍·现行事例》,文清阁编:《历代科举文献集成》,燕山出版社,2006年,第2672页。

的职责,而且其本身也就冒籍问题负有直接的责任。《钦定大清会典事例》载:

> 道光六年谕:御史黄德濂奏直省学政复试新进童生,请仍照旧例办理一折。各省新进童生复试,旧例先期赴学填册书保,原以杜枪冒暨身家不清等弊。嗣经礼部奏准。新生复试,改由提调造册申送。该提调管辖既多,公事亦繁,于各童生有无枪冒及身家清白与否,不能如教官切近周知,必致蒙混滋多,教官转得卸责,其弊尤甚。本年为各省举行岁试之时,所有复试取进童生,着各省学政仍照旧例办理,定于正场出案之日,饬令该学政、教官将取进童生三代、年貌、籍贯清册,与复试印卷,即日并送学政衙门,听候复试,不得借端迟延。并仿照正场之例,黎明点名,申刻完场,不准继烛。其无故不到者,该学政查系该童迟误,方准扣除。若系教官与书斗等需索留难,即行严参惩办。总在各该学政认真稽查,毋少瞻徇,则积弊自可肃清,不在更张成例也。①

从上述史料中可以看出,教官与学政在防范、纠察科举冒籍等问题上负有重要职责。同时,相对于提调官而言,教官对于入学者是否存在冒籍情形显然更为熟知。对于各省乡试来说,由于最终参考者都是在科试中取得优秀等级与名次的生员,因此冒籍问题主要还是在童试一级进行控制与治理。与此同时,知县、知府、学政等也都对于乡试冒籍问题负有一定责任。此外,由于录科、录遗、大收等特别录送方式的存在,学政在乡试冒籍治理中的责任更加彰显,但其显然是以知县、知府等地方官的责任机制为前提。如果知县、知府不能认真负责甚至有意隐匿、包藏,则无疑为学政增加了稽查冒籍的难度。所以,在官员担保机制中,知县与知府的责任较之学政来说更为根本。

在这种官员担保机制中,主考官系由中央在乡试之年自上而下派遣,而乡试考生规模庞大,阅卷需要占用较长时间,整个乡试流程前后时间有限,故其在短时间内根本无法确保各位考生不存在冒籍等情形。康熙三十九年(1700)之后,除非特殊情形,否则乡试问题的处理基本上不涉及主考官。这一年规定,"中试举人中有冒籍者,处分收考、送考、出结官、学臣及

---

① (清)昆冈、刘启端等:《钦定大清会典事例》卷三八六《礼部·学校·童试事宜》,续修四库全书本,上海古籍出版社,1995年,第176页。

地方官、教官，其主考官免议"①。

顺天乡试由于较为特殊，所以其治理冒籍的官员担保机制亦有较大的特殊性。例如，监生若要参加顺天乡试必须取具京官印结，后来还要求取具本籍地方官印结。康熙三十五年（1696），礼部议复：

> 查得顺天乡试，各省来应试者各取本地方官印文来应试，若在京者取京官正印官结应试，嗣后顺天乡试应如御史张泰交所请，一概令其各取本地方官印结。但远省之人在京者，若取本地方官印结，往返路途迢远，跋涉艰难，或致有不得与考，有负皇上作养士子之至意。查举人就教之例，近省三科不中方准就教，远省一科不中即准就教，应比照此例，其近省士子令其取本地州县卫官印结，其远省云南、贵州、四川、福建、广东、广西、湖南、甘肃此八处之在京应试者，仍取正印京官印结或取同乡官保结，亲身赴部投递。如有假冒，将出结官员一并照例议处可也。②

为加强治理以监生名义冒考顺天乡试的问题，清政府要求"在京者"也必须取具地方官印结，也就是要求地方官出结担保；但对于距京遥远者并不作此项要求，而是"仍取正印京官印结或取同乡官保结"。同样，如果所担保的考生属于冒籍应试，则出结官员将受到相应的处罚。

对于会试而言，应考者除需要取得地方官印结外，同样必须取具同乡京官印结，从而保证其不存在冒籍、枪替等舞弊情形。清代会试冒籍，在多数情况下可以说主要是童试与乡试冒籍的一种延伸与后续影响。同时，如果某一应试者能够在童试与乡试，尤其是后者中成功冒籍，则一般来说会试中也比较难以察觉其之前的冒籍问题。这也可以理解，纵观清代科举史可以发现，在会试中被查处的冒籍者远远少于童试与乡试中被查处者。③

4. 审音机制

李世愉认为，所谓审音就是对应试的童生在经过互保、派保之后，再进行核对口音，以判断是否为本州县人口或是否已入籍达20年。④ 换言之，清代科举考试中的审音机制是一种根据考生口音来防范冒籍应试的措施。

---

① （清）杜受田、英汇等：《钦定科场条例》卷三五《冒籍·冒占民籍例案》，文清阁编：《历代科举文献集成》，燕山出版社，2006年，第2675页。
② （清）张泰交：《受祜堂集》卷一〇《礼部题为直纠顺天乡闱等事》，《四库禁毁书丛刊·集部》第53册，北京出版社，1998年，第545页。
③ 刘希伟：《清代科举冒籍研究》，华中师范大学出版社，2012年，第276—277页。
④ 李世愉：《清代科举制度考辩》，沈阳出版社，2005年，第17—18页。

刘希伟通过研究认为,审音机制主要是在顺天府大兴、宛平两县童试中实行。审音机制至迟在康熙三十九年(1700)已经开始实施。① 这一年规定:"顺天乡试,大兴、宛平两县审音不详,草率送试者,照收考送考官例降级。其行查不据实呈报者,照出结官例革职。"②作为一种制度化的做法,审音机制的实施范围后来曾扩大到天津府地区。"凡顺天所属州县及天津府属,均将应考童生,照大兴、宛平两县之例,严加审音具结,申送学政存案。"③顺天地区在遴选乐舞生时,为防止冒籍起见,也规定需要对考生进行审查。例如,乾隆六年(1741)议准,"顺天府遴选乐舞生,请照考试儒童之例,责令取具廪保甘结,由教官加结送县审音,委系本籍之人,方准选补"④。乾隆十年(1745)议准,"顺天大、宛二县乐舞生,应令教官一体审查送试。如有审音不实,滥行出结者,将申送之知县等,照例议处"⑤。顺天地区童试中的审音机制大体上经历从知县负责到府尹、府丞监督,再到专门审音御史的添派、回避与问责的转换过程,审音机制从相对简单逐步走向细致和完善,历时70余年。同时,顺天地区童试审音机制的发展过程亦折射出大兴、宛平两县冒籍应试问题的顽固性。

据史料记载,清政府在西南边疆某些地区亦实行过审音措施。康熙四十年(1701),礼部复准,"广西省土官、土目子弟,有愿考试者,先送附近儒学读书,确验乡音收送。如试官竟自收考,及土官禁遏与试者,该抚题参,交部严加议处"⑥。显而易见,确验乡音亦是一种根据口音来防止外来士子冒充土官、土目子弟应试的规定。不过,这种情形似乎还难以称得上一种制度化做法。需要指出的是,目前尚无确切史料证明,审音机制在西南边疆各地得到了较大范围的推广。

5. 立碑示禁

为防止外来士子冒充本地户籍应试,清代出现一些地区性"立碑示禁"的现象。此种情形在西南边疆少数民族地区亦存在。例如,乾隆二十五年

---

① 刘希伟:《清代科举冒籍研究》,华中师范大学出版社,2012年,第278—281页。
② (清)杜受田、英汇等:《钦定科场条例》卷三五《冒籍·冒占民籍例案》,文清阁编:《历代科举文献集成》,燕山出版社,2006年,第2675页。
③ 道光二十四年(1844)《礼部则例》卷六〇。
④ (清)索尔讷等纂,霍有明、郭海文校注:《钦定学政全书校注》卷七九《挑选佾舞》,武汉大学出版社,2009年,第306页。
⑤ (清)索尔讷等纂,霍有明、郭海文校注:《钦定学政全书校注》卷七九《挑选佾舞》,武汉大学出版社,2009年,第307页。
⑥ (清)昆冈、刘启端等:《钦定大清会典事例》卷三九一《礼部·学校·生童户籍》,续修四库全书本,上海古籍出版社,1995年,第240页。

(1760)广西平乐县就立有严禁冒考应试碑。碑文①如下：

> 赐进士出身文林郎知平乐县事加三级杨为严禁冒籍,永清学校□□文教事,□二十四年十月内奉巡抚鄂、藩司叶两宪信牌,清查冒籍一案。乾隆二十五年三月内复奉提督广西全省学院局鞫奉粤西冒籍之弊最甚。如不急令彻底澄清,严加惩创。上谕:将已经冒籍各生,准其照顺天例,拨归原籍。钦此。钦遵在案。兹平邑历多冒籍,曾经廪生陶有德、陆机、曾生、莫桓等攻讦。外省外县籍冯元思、余灿章、明若火、欧阳彬、廖当弼等四十余人来本县,一一讯确。已经照例分别详情,改归各原籍亦在案。但从前之冒籍虽清,而将来之滋弊犹恐难免。兹据阖邑绅士呈请勒石,以垂永远。为此,请准勒碑。嗣后每遇岁科两试,遵照学院疏内,果系土著廪生,素行端谨,心地清明者,方令认保。仍于试前三日,齐集明伦堂,公同画押。其应试童生,照《学政全书》定例,实有田园庐墓者,方准入考。倘无田园庐墓,或有田园庐墓并生长于斯尚有原籍可归者,概不准考。如敢复蹈前辙,故犯科条或认保者,朋比滥包,许学中攻发,定将应试之人与保廪互童,一并照律治罪。夫然后学校正而士习端,文教彰而人才盛矣。须此勒石,以志不朽云。
>
> 大清乾隆二十五年十一月初一日　　阖邑绅士公立

平乐县的做法可以视为全县士子的一种群体性行为,他们共同反对外来士子冒籍应试。这在很大程度上彰显了在分区定额、原籍应试原则之下科举名额的地区专属性,即因为学额是一种全社会的稀缺性资源,分配到各地区的学额自然就是该地区的珍贵资源,也就是专属于该地区士子的宝贵资源,在这样的情形下,任何外来士子冒籍应试的行为都会成为该地区全体士子的"公敌"。当然,立碑示禁反对科举冒籍,似不是全国性的普遍行为,应该是地方性行为。

此外,在清代科举冒籍的治理过程中,有时比较注重某些技术层面的措施。例如,顺治九年(1652)题准:"童生入学乃进身之始,不可不严为之防。督学文到,先期晓谕,报名取邻里甘结,身家无刑丧替冒各项违碍,方

---

① 陈天云:《清乾隆年间"严禁冒籍应考"石碑》,《平乐方志通讯》1988年第1期,第43页。另,碑文中字迹不清之处,以"□"代替。

准收试。每府各州、县关会一日同考,府试亦汇齐一日,以防重冒。"①这种要求一府之内在相同时间考试的做法,对于冒籍跨考问题具有重要的防范作用。有时候,某些官员在西南边疆还进行各种具体技术层面的尝试,试图寻求对此类问题更好的治理方法。严修在光绪后期出任贵州学政时,便尝试实行某些具体治理科举冒籍的技术措施。史料记载如下:

> 及至大定,吏□□呈阅,请饬府造名册,以姓相次。如长案第一名系赵,则凡赵皆次其后。第二名系钱,则凡钱皆次其后。可杜重名跨考之弊,余允而行之。然此法可杜同州同县之歧考,而不能杜异州异县之冒考也。是以大、遵及贵阳三棚,重名者仍复不免。□有一便□,每至阅□前之日,将各属年貌册悉列于前。如阅至赵姓,则将他属赵姓检出,先核其三代,次证其年貌,遇今日之某似前日之某,则记其前日弓之力、刀之花、石之尺寸于今日之名下,以备参证。前三代同,年貌、技艺皆同,则□歧考□□也。歧考□不必究问,姑记之□□,记其身材、面庞,至马射日再细□□以为征信。内场点名之□,则□原廪保。有两名者,概不究其歧考之罪。唯须□一就一前,另觅一人顶入,查出必重惩。然后于所暗记之人细细留意,遇不符者指出之一□便优而后者可稍稍退矣。或于阅读技勇时,即详考其面貌,亦颇简易。余在兴义用此查出冒名者颇多。惟阅技勇时,为时甚促,又短视者□□或不真也,姑□存之,俟试下游时验其孰便。歧考、冒考,例禁綦严,而黔省则习不为怪久矣。致清冒考,当如胡文忠清理插花地□之议;致禁歧考,当如遵义由各属拨府之例。虽不能一律禁绝,稽察亦较易为力也。②

由此可以看出,严修对贵州冒籍问题的处理可谓煞费苦心,他在主持各地考试时也清查出很多冒籍问题,谓"余在兴义用此查出冒名者颇多"。而总的来看,冒籍舞弊现象作为一种科举考试中的顽疾,在清代始终没有得到彻底根除,其根源在于除各地中试名额分布不均、考试通过难易程度不同外,诸如地方督抚与中央政府直接外派的学政本有相互监督之责,却因"官官相护"的陋习长期存在,往往造成二者瞻顾情面、互相袒护。在官

---

① (清)索尔讷等纂,霍有明、郭海文校注:《钦定学政全书校注》卷二二班《童试事例》,武汉大学出版社,2009年,第77页。
② 严修:《蟫香馆日记》,文清阁编:《历代科举文献集成》,燕山出版社,2006年。文中模糊不清之处,以"□"代替。

方监督政策失效的情况下,各地的冒籍现象有增无减。

本章小结

　　清承明制,科举必由学校,因而科举与学校教育实在是密不可分。科举制度发展到清代,已经十分完善。同时,由于西南边疆特殊的自然环境,交通不便,各地政治、经济、社会发展存在着明显的不平衡,清政府在施行科举考试政策的过程中根据实际做出了很多变通,如:在会试中额录取方面,从清初的凭文录取,到分卷录取,再到分省定额取中,保证西南各省每科不至零录取;同时,雍正、乾隆时期,专门针对云南、贵州、广东、广西、四川、福建六省会试下第举人较多的情形,就其中可取中之卷,经过筛选,续出一榜,准其一体殿试,即所谓的"明通榜";根据西南边疆士子赴京会试,路途遥远,给予云南、广西、贵州赴京会试的举人每人银十两的路费补助,而且云南、贵州等极偏远地区的应试举人可以通过该省布政司报告兵部领取火票牌证,凭牌证乘坐驿站车马船等交通工具赴考,以书写"礼部会试"字样的黄旗为标志,可以一路畅行无阻。西南边疆内部山川纵横,道路崎岖,交通极为不便,官府为了照顾一些偏远地区的士子,采取了岁科连考、合棚分棚、搭附省棚考试等多种变通措施,尽量让更多的士子可以参加考试。甚至一些在当时已经引起争议的措施如寄籍应试、移家入籍应试,也曾在西南边疆部分地区实行过,其初衷是希望借此带动这些地区文化水平得以较快提升。

　　在采取一些变通、优惠措施的同时,为了治理西南边疆科举考试中的诸多舞弊现象,保证科举应试制度的公平性,清政府高度重视,出台了诸多规定,其中为彻底治理冒籍问题而出台了一系列具体措施,从童生互保到廪生出结,从州县出结到知府出结,从族邻出结到教官出结,从地方官出结到同乡京官出结,每一层次都是试图通过一种"担保机制"来治理科举应试冒籍问题。这些都对西南边疆的教育发展、人才培养和文化传播起到了积极的推动作用。正是在清朝的积极治理下,西南边疆的学校教育和科举制度都得以较大发展,培养了一大批封建知识分子。据统计,清代云南共产生文进士682名、武进士141名、文举人5697名、武举人5659名,另有钦赐进士19名、钦赐举人125名;广西文进士共有585名,文举人5075人、武举人1104名;自顺治丙戌(1646)至光绪三十年(1904)的110余科中,贵州共产生文进士 611 名、武进士 103 名、文举人 4110 名、武举人 1704 名。其中不乏少数民族子弟。除举人、进士外,各省还有秀才、童生,以及接受了书院、义学教育而没有更进一步深造的各民族子弟,其具体数量无法进行准确的统计,这应该是一个更大的深受内地儒家文化观念影响的群体,他们在引领当地少数民族社会文化观念和传统习尚的变迁方面,起着不可替代的作用。

第七章　清代西南地区教育发展的影响

从清代前期到中期,全国经济社会得到较大的发展,清政府对边疆政治控制力度进一步增强,尤其是在西南边疆少数民族地区实施文教治理方略取得很大成效、各类学校教育取得长足发展的情形下,西南边疆少数民族地区的文化认同与内地化呈现明显加快的趋势。

正如绪言中指出的,所谓"内地化",就是指将中央集权直接控制的地区实施的政治、经济(包括生产力水平和生产方式)、文化及社会生活的发展水平和发展模式推行于边疆少数民族地区,以改变边疆少数民族的政治、经济发展模式和发展方向。很显然,"内地化"是一个具有时间性和空间性维度的概念。其时间性特征,是指边疆少数民族地区的内地化是一个长时段的动态演进的进程,是一个边疆少数民族地区向内地趋同的历时性过程;其空间性维度,指边疆少数民族地区的内地化涵盖社会的整体变迁,而非中原内地的政治管理制度在边疆推广这样单一的层面,还包括边疆少数民族地区社会经济、文化、社会生活等在中原内地的影响下发生变迁的情形。限于体例和篇幅,这里主要就西南边疆少数民族地区内地化进程中文化和社会习俗变迁作简要的考察分析。

第一节　教育政策对西南地区文化认同的牵引

清政府在西南边疆实施的一系列教育政策措施,对西南边疆少数民族地区趋向内地化的社会变迁,产生了十分重要的牵引作用,造成了深远的影响。这种牵引作用大致是沿着创办各类学校→教授各族子弟→传播中原内地文化→形成具有共同价值观的知识分子群体→带动地域社会习尚和文化趋向内地化变迁的路径达成的,也就是说,通过创办各类学校,招收各族子弟入学,从而开启了文化交流的序幕,导致民族社会逐步发生变迁。

西南边疆少数民族的文化相对于中原内地文化而言,尚处于人类文化的早期形态,其抗变性和排外性均较弱,相反,其吸纳和变异的空间却很大,亦即在其外部环境发生变化并带来多样性的文化压力,特别是处于强势地位的中原内地文化的压力时,较容易接受外来的汉文化。当一个社会与另一个经济、文化上都比较强大的社会接触时,这个弱小的社会经常要被迫接受较强大社会的很多文化要素,这种由于两个社会强弱关系所产生的广泛的文化假借过程,在清代的西南边疆经常发生,而清政府实行的一系列教育政策,避免了简单粗暴的做法,更进一步促进了文化传播。

西南边疆自然环境复杂,交通极为不便,少数民族众多,土司林立,民族社会文化多元并存,甚至还有很多少数民族聚居区属于未纳入统治的"化外"之区,"西南诸省,水复山重,草木幽昧,云雾晦暝,人生其间,丛丛虱虱,言语饮食,迥殊华风,曰苗,曰蛮,史册屡纪,顾略有区别。无君长不相统属之谓苗,各长其部割据一方之谓蛮"①。这些都是让清政府大感头痛的。因此,清政府采取种种措施力图加强对西南边疆的统治,包括大规模改土归流、武力开辟苗疆、加密行政设治、往山区和边远地区推进行政建制、严密军事防控措施等。着眼于长治久安,清政府清醒地认识到,要让西南广大少数民族聚居区从"异域"成为"旧疆"②,从边疆变为内地,关键是要让西南边疆各民族确立起对清政府统治的认同,而要使此种认同内化于心,根本之策是要让各少数民族社会确立起对中原内地文化的认同。换言之,文化认同才是清政府在西南边疆长久存在的基础,所谓"五方风土不一,故习尚各殊,此化民成俗之方所宜亟亟也"③。基于这样的认识,清统治者充分利用了中原内地自秦汉以来就占据的文化软实力优势,形成了文教治边的重要方略,而学校教育便成为这一方略得以实现的核心手段,即时人所谓之"教化"。而儒家"教化",就是"以王权为中心的政治系统,通过宣讲、表彰、学校教育,以及各种祭祀等方式,将王权主义的价值体系灌入人们的意识之中"④。可以认为,在各朝各代的更迭中,清政府构建的儒家教化运动可称之为典范。其时,"儒家教化"不仅是"一个文明化进程",也是"延伸清帝国统治的手段"⑤。从当时的最高统治者到地方官员关于"教

---

① (清)赵尔巽等撰:《清史稿》卷五一二《列传》二九九《土司》一,中华书局,1977年。
② 参阅温春来的《从"异域"到"旧疆":宋至清贵州西北部地区的制度、开发与认同》,生活·读书·新知三联书店,2008年。
③ (清)汤大宾、周炳纂,娄自昌、李君明点注:《开化府志点注》,兰州大学出版社,2004年,第240页。
④ 刘泽华:《中国的王权主义》,上海人民出版社,2000年,第159页。
⑤ [美]John E. Herman,于晓燕译:《帝国势力深入西南:清初对土司制度的改革》,陆韧主编:《现代西方学术视野中的中国西南边疆史》,云南大学出版社,2007年,第178—216页。

化""向化"等诸如此类的言论在文献记载中俯拾皆是。

> 朕惟至治之世,不专以法令为事,而以教化为先。……盖法令禁于一时,而教化维于可久。若徒事法令而教化不先,是舍本而务末也。①
>
> 治天下者莫亟于正人心厚风俗,其道尚在教化。以先学校者,教化所从出,将以纳民于轨物者也。……教化者为治之本,学校者教化之原。②
>
> 国家化民成俗之本,不可一日废者,学校也。世儒弗达于斯乎,泮官作而采芹之颂出,学校废而化教之意荒。③
>
> 从来地方之治,在风俗;风俗之厚,在教化;教化之兴,在诗书;其所以鼓舞而作新之者,是又在上之人加之意耳。④
>
> 学校之设,择秀民众处其中,而以《六经》之道训而迪之。盖欲其明大伦,崇正学,悖治体,探化原以成君子之行,以备公卿百执事之选,以收正朝廷治天下之功。……实系治道之最先且急者。⑤

雍正、乾隆时期分别任职云南和贵州的陈宏谋与张广泗对少数民族地区的了解,以及学校教育所具备的教化育民作用有着非常深刻的认识。陈宏谋指出:"人才之兴,惟资教育;风俗之易,端赖诗书。……滇居边末,汉夷杂处。……而乡寒子弟犹苦无力延师,夷倮乡愚或苦不知向学。……故边省义学视中土为尤急,而乡村义学视城市为尤急。"⑥张广泗则亲身经历开辟贵州苗疆的重大行动,对军事行动之后如何缓解苗疆社会矛盾,建立起稳固的统治,有着长远的看法:"从前办理苗疆,但宜严禁扰累,防范周密,期其不敢生事而已。此后苗疆除禁扰累、严防范之外,兼宜从容治理,

---

① (清)素尔讷等纂修,霍有明、郭海文校注:《钦定学政全书校注》卷七四《讲约事例》,武汉大学出版社,2009年,第291页。
② 《钦定国子监志》"卷首"。引自蒙荫昭、梁全进编的《广西教育史》,广西人民出版社,1999年,第196—198页。
③ 贵州省文史研究馆点校:《贵州通志·学校·选举志》,贵州人民出版社,2008年,第17页。
④ (清)蔡毓荣撰:《新建昆明书院碑记》,见民国《新纂云南通志》卷一三四《学制考四》。
⑤ 贵州省文史研究馆点校:《贵州通志·学校·选举志》,贵州人民出版社,2008年,第19页。
⑥ 陈宏谋:《本朝义学规条议》,(清)李熙龄纂,杨磊等点校:《广南府志点校》,兰州大学出版社,2004年,第163页。

循序化导,使其渐染华风,变为内地,以期千百年久安长治,方可一劳永逸也。"①可以说,上述两人的认识和主张,在清代的西南边疆地方官员群体中具有一定的代表性。

在西南边疆少数民族地区创儒学、开科举,是为了培养一个认同中原内地文化的士人群体。因为统治者认识到,"为士者乃四民之首,一方之望,凡属编氓,皆尊之奉之,以为读圣贤之书,列胶庠之选,其所言所行,俱可以为乡人法则也……群黎百姓,日闻善言,日观善行,必共生感发之念。风俗之丕变,庶几其可望也"②,士人群体起着引领重构当地社会文化不可替代的作用。而康熙、雍正时期开始在西南边疆少数民族地区兴起大规模义学运动,则是欲将封建道德观念和礼仪规范进一步推及底层民众,通过长期的熏陶濡染,潜移默化,确立起西南边疆底层社会的文化认同,所谓"夷俗不事诗书,罔知礼法,急当诱掖奖劝,俾其向学亲师,熏陶渐染,以化其鄙野强悍之习。是义学之设,文化风俗所系,在滇省尤为紧要"③,"故边省义学视中土为尤急,而乡村义学视城市为尤急"④,"行之既久,苗民渐可变而为汉,苗俗渐可化而为淳。边末遐荒之地,尽变为中原文物之邦"⑤。

正因为如此,在康、雍、乾时期,清政府在西南边疆少数民族地区的诸多教育举措已经形成一套完整的政策体系,建立起从义学、书院到官学,再到科举考试教育的完整制度。至此,西南边疆少数民族地区不仅在行政管理制度方面已经逐渐内地化,而且通过学校教育对中原儒学思想的传播,以及科举考试选拔出来的士人群体的示范,西南边疆少数民族地区社会风气、文化习尚亦出现了趋向内地的明显变化。在西南边疆各地清代修的地方志书"学校"部分,几乎一致指出开设学校之后所带来的风气变化。略举数例:

云南广南府:康熙年间设府学,创办书院、义学后,"故今日家置诗书,俗知礼义,人文之盛,济济恂恂,媲美大邦矣"⑥。

云南开化府:康熙六年(1667)设府,"设流之后,学校既开,习俗渐改";

---

① (清)张广泗撰:《议冯光裕治理苗疆事宜折》,中国第一历史档案馆、中国人民大学清史研究所、贵州省档案馆编:《清前期苗民起义档案史料》(上),光明日报出版社,1987年,第213页。
② (清)郑珍、莫友芝纂:《遵义府志》卷二三《学校二》,道光二十二年刻本。
③ 陈宏谋:《查设义学檄》,见民国《新纂云南通志》卷一三四《学制考四》。
④ 陈宏谋:《本朝义学规条议》,(清)李熙龄纂,杨磊等点校:《广南府志点校》,兰州大学出版社,2004年,第163页。
⑤ (清)于准撰:《苗民久入版图请开上进之途疏》,贵州省文史研究馆点校:《贵州通志·学校·选举志》,贵州人民出版社,2008年,第117—118页。
⑥ (清)李熙龄修,杨磊等点校:《广南府志点校》卷二《学校》,兰州大学出版社,2004年,第59、71页。

"设学已久,风气日开,穷乡僻壤,亦闻弦诵之声","中州礼乐以次输入,至于今日,纲常道德,文章风雅亦已大备"。①

云南临安府:广大乡村设义学后,"土僚(壮族)亦能习汉语,渐知读书,有通诗书,入庠序,领乡荐登仕籍者"②。

贵州大定府:"黔西旧属夷地,种类非一,语言文字概不相通。我朝改土归流,建立学校,文教大兴,习俗丕变,冠婚丧祭渐循于礼";"自新辟设学,七十余年来,文物蔚兴,师弟子彬彬学古,诗书弦诵四达,孝友忠敬成风"。③

上述所举例子,虽然多有夸溢之词,但在很大程度上也反映出学校教育对当地社会风气、民族习尚的影响。

通过清代200余年各类学校教育对中原内地文化和封建道德价值观的传播,在西南边疆培养了一大批知识分子群体,促使民族地区社会文化发生了深刻的变化。这种变化,正是统治者所希望的。

> 黔地自改土归流,皆成"腹地"。……经圣天子武功文教,恩威四讫,各大吏承流宣化及职此土者加意抚绥,休养生息,服教畏神数十年。向之言类侏漓者,今则渐通音问矣;向之行类禽兽者,今则渐通礼教矣;向之饮血茹毛者,今则水濡火化食稻甘肥矣;向之草衣卉服者,今则蚕生棉植纺布织帛矣;向之佩刀负弩买路抽江者,今则荷锸扶犁力役供赋也;向之缒梯构厂巢居穴处者,今则雉堞千门鱼鳞万尾矣。④

而这在很大程度上正是清朝西南边疆少数民族教育政策与民族社会内地化进程的耦合关系产生正向牵引的结果。

---

① (清)汤大宾、周炳修纂,娄自昌、李君明点注:《开化府志点注》卷九《风俗》,兰州大学出版社,2004年,第241页。
② 《临安府志·学校·义学》,清嘉庆刻本。
③ 民国《贵州通志·风俗志·大定府》。
④ (清)胡章主修:乾隆《清江志·胡兴邦序》,乾隆五十五年(1790)刻本。

第二节　西南地区文化认同的基本表现

清代,西南边疆从腹里发达地区向边远地区、山区扩散,儒学为核心的内地主流文化(思想、意识、价值观念、礼仪规范等)逐渐传播,产生较大的影响,使得边疆或山地少数民族原有的文化形态、社会心理、审美价值、思维习惯等逐渐发生嬗变。这些变化与各类学校教育的举办密不可分,可以说是清代在西南边疆少数民族地区实施这一系列教育政策带来的影响或结果。

一、儒学知识群体的出现

清代西南边疆向内文化认同与少数民族社会内地化的一个显著特征,就是在各民族中形成了一个与内地具有相似的价值观念、道德取向和家国情怀的知识分子群体。

清代两百余年间,清政府在贵州的教育政策一直持积极的导向,允许"土人得为流官",由此给贵州少数民族地区各民族子弟读书上进打开了大门,逐渐引导各民族子弟走上读书、科举的道路。贵州八寨(今丹江县),雍正以前,"所属皆苗人,不知读书为何事",被开辟之后,竟无一人入场应试;改流之后,雍正八年(1730)建立义学,苗民子弟渐有成名者,出现莫嘉泽、张德音、莫让三等学问精纯,教授乡里"颇得苗民欢心"的学者。在古州(今榕江县),苗人素不识字,设学以后,"苗民悉敦弦诵","入郡庠者接踵而起"。至道光年间,古州出了1名进士、5名举人。郎岱厅在道光初年已有应试生童300余人,占整个安顺府应试总数的⅓,以致督抚学政奏请建设厅学,并定学额10名。昔日风气不开的铜仁府,乾、嘉以后,官府设学兴教,"由是风俗顿改,饮食衣服与汉无异。其俊秀者诵诗读书,且有列庠序登科举者"①。道光年间,永丰州应院试的苗童达600多人。在彝族聚居的黔西北一带,随着科举导向的深入,读书应试者日渐增多,教育需求不断扩大,因此,书院、义学、私塾等各类学校得到很大发展。大定府白蜡黄家坝彝族黄氏家族,世代传授儒学,自康熙至道光,有黄显模、黄崇安等39人为

---

① 张羽琼:《贵州古代教育史》,贵州教育出版社,2003年,第269—270页。

业儒。思南一带文风尤其昌盛,道光年间,思南府知府上任伊始,曾见"东西文场不足一千号,而间坐生童至千四五百之多。每逢试期则肩肘相摩,手足无措。有倚柱而书者,有席地而坐者,有卷加膝上而砚置阶而缮者"①,可见读书应试的人数之多。

据统计,自顺治丙戌(1646)至光绪三十年(1904)的110余科中,贵州共产生文举人4110名、武举人1704名;文进士611名、武进士103名,入翰林院者150余人。康熙四十二年(1703)癸未科,贵阳人曹维城以武科一甲第一名进士及第,是贵州唯一的武状元;光绪十二年(1886)丙戌科,贵阳青岩人赵以炯中状元,为滇黔文科以进士及第夺魁之第一人;光绪二十四年(1898)戊戌科,麻哈州(今麻江县)人夏同和中状元,其后留学日本,是中国唯一兼有状元与留学生双重身份的人。光绪二十九年(1689)癸卯科,遵义人杨兆麟以一甲三名进士及第,是贵州唯一的探花。这其中,有相当的少数民族子弟通过自身努力脱颖而出。仅以黔东南民族地区为例,从乾隆至光绪年间,天柱苗族宋仁溥,锦屏苗族龙绍讷、吴师贤,古州侗族杨廷芳,天柱侗族杨树琪,清江邓磨土司子弟杨澜等人经过科举考试,取中举人和进士,成为本民族知名学者。② 宋仁溥于乾隆三十年(1765)为贵州乡试解元,次年会试进士及第成为贵州苗族第一名进士,选翰林院庶吉士,钦命主考江南,时人视为贵州奇才,称为"苗学台"。道光二十五年(1845),黔西南贞丰州布依族子弟王绩康以优异成绩考中贵州乡试第八名举人,开贞丰州少数民族子弟科举入仕之先河。③

清代广西有文进士585名,数量比明代有较大增加,并产生状元4名、榜眼1名,在三省中最多,如嘉庆二十五年(1820)乡、会、殿试连中三元的陈继昌(陈宏谋之曾孙),道光二十一年(1841)的龙启瑞,光绪十五年(1889)的张建勋,十八年(1892)的刘福姚,同治四年(1865)的榜眼于建章,他们均为临桂(今桂林)人。清代广西进士的空间分布大致是:桂林府298名,柳州府27名,庆远府5名,梧州府50名,太平府7名,南宁府38名,浔州府42名,平乐府38名,郁林直隶州62名,镇安府4名,思恩府7名,泗城府3名,廉州府4名。④ 产生文举人5075人,武举人1104名。根据民国《广西通志稿》的统计,自顺治十四年(1657)到道光二十年(1840),广西各府州中举人的数量分别是:桂林府1639人,柳州府206人,平乐府183人,

---

① 张羽琼:《贵州古代教育史》,贵州教育出版社,2003年,第266、270页。
② 张羽琼:《贵州古代教育史》,贵州教育出版社,2003年,第270—271页。
③ 张羽琼:《贵州古代教育史》,贵州教育出版社,2003年,第230页。
④ 蒙荫昭、梁全进主编:《广西教育史》,广西人民出版社,1999年,第249页。

梧州府253人，浔州府220人，郁林州272人，南宁府241人，思恩府105人，庆远府38人，泗城府9人，太平府79人，镇安府5人。① 由此可知，桂林地区在清代广西文化教育版图中居于首位，是其他府州无法比拟的。与此同时，更应关注的是，元明时期文化教育落后、人才寥落的桂西壮族聚居地区，如思恩府、庆远府、太平府、镇安府、泗城府，也产生了一批进士、举人、秀才。虽然在数量、规模上无法与桂东地区相比，但亦有了很大的增长。有的士人还很有名，如清代称为"一门三总督"的西林人岑毓英、岑毓宝、岑毓冥，以及后来出任两广总督的岑春煊，在壮族中名重一时。

清顺治时，云南等西南诸省被纳入全国科举应试范围，但至顺治末年彻底平定南明永历帝残余势力、康熙前期平定吴三桂叛乱后，云南的开科取士始进入常态。至光绪末年，云南产生的文武进士、举人数量比明朝更多，有文进士682名，武进士141名，文举人5697名，武举人5659名，另有钦赐进士19名、钦赐举人125名。在光绪二十九年（1903）的经济特科考试中，石屏人袁嘉谷名列全国第一，是云南历次科举考试中所没有的。②各地区的具体情形请看表7-1：

表7-1 明、清时期云南各地区文进士、文举人人数统计对比③

府州厅	明朝		清朝		府州厅	明朝		清朝	
	进士	举人	进士	举人		进士	举人	进士	举人
云南府	65	760	228	1516	丽江府	—	—	24	242
临安府	55	546	144	1367	昭通府	—	—	8	100
大理府	51	527	105	646	东川府	—	—	6	78
永昌府	26	264	15	152	开化府	—	—	6	40
鹤庆府	19	153	—	—	永北直隶厅	—	—	5	26
曲靖府	17	94	23	264	广南府	—	—	3	33
澂江府	9	107	40	354	景东直隶厅	—	—	3	69
蒙化府	8	82	16	134	元江直隶州	—	—	3	53
楚雄府	5	111	34	276	白盐井	—	—	3	

---

① 钟文典主编：《广西通史》（第一卷），广西人民出版社，1999年，第489页。
② 《新纂云南通志》卷一六（上中下）《历代贡举征辟表》。
③ 田春春：《明、清时期云南边疆民族教育政策之比较》，《云南民族大学学报（哲学社会科学版）》2015年第6期。

续表

府州厅	明朝		清朝		府州厅	明朝		清朝	
	进士	举人	进士	举人		进士	举人	进士	举人
姚安府	3	28	—	—	武定直隶州	—	—	2	20
广西府	1	8	11	136	镇雄直隶州	—	—	2	17
顺宁府	1	4	1	25	普洱府	—	—	1	26
北胜州	1	—	—	—	镇沅直隶厅	—	—	1	9

说明:①明代昭通、东川、镇雄隶属于四川,故未统计。②明代,广南、寻甸、景东、元江、永宁、丽江、镇沅等府,威远、湾甸、镇康、广邑等羁縻州,没有出过进士,故部分府州未列入。③明至清,云南省级以下行政划分有变化,有的府改为直隶厅、直隶州,有的取消府一级建制。因为由明至清各地进士分布只是表明一种动态变化,因此表内就没有完全反映省级以下行政建制变化的情形。

由表7-1可知,与明代相比,清代云南进士、举人群体的空间分布有了很大的拓展。明代进士空白区域有滇之北部、东南部和澜沧江、元江一线以西地区,由于儒学向边疆推展,至清代已经有进士出现。这在一定程度上反映出,随着清政府对边远少数民族地区政治控制的加强,文化治理措施亦相伴而行,故大力推行儒学教育,旨在采借中原内地儒学文化来促进边疆治理,并取得了比明代更加显著的效果。①

上述所列举的知识分子群体仅仅是进士、举人这样一个数量相对较小的群体,实际上,除举人、进士外,各省还有秀才、童生,以及接受了书院、义学教育而没有更进一步深造的各民族子弟,由于未有明确的记载而无法进行准确的统计,这应该是一个数量更大的深受内地儒家文化观念影响的群体。他们在引领当地少数民族社会文化观念和传统习尚的嬗变方面,起着不可替代的作用。陆韧教授在考察明代云南知识分子士绅阶层的历史作用时指出:"知识分子士绅阶层的兴起与形成彻底改变了云南原来以部族首领与部民为主的较单一的社会结构,促使云南社会结构与中国内地逐渐趋于一致,云南与中国内地的一体化进程加速,深刻影响了明清以来乃至今天的云南社会发展";"以夏变夷,兴教化,导风俗,是明朝统治云南的根本指导思想";"明代云南士绅阶层形成在促进云南人口素质、文化素质的

---

① 田景春:《明、清时期云南边疆民族教育政策之比较》,《云南民族大学学报(哲学社会科学版)》2015年第6期。

迅速提高,推动着西南边疆社会的进步和云南与内地一体化进程的发展中发挥了极其重要的作用,使云南的社会结构与内地趋于一致,社会的发展实现了与中国内地基本同步"。① 这一论断亦大体适用于清代西南边疆知识分子群体所起的历史作用,而且比起明代来说,这一作用更加深刻,更加久远。

这里有一个有趣的问题可以讨论一下。如前所述,经过有清一代200余年的熏陶濡染,西南边疆涌现出了一个数量颇为可观的文人群体。那么,能否借鉴杨念群教授分析儒学地域化的三种形态的做法②,将清代西南边疆知识分子视为一个具有内部凝聚力且具有自身特点的地域性群体?或者说,清代形成了一个具有内在特点和凝聚力的滇黔学派?

从一般意义而言,滇黔学派的存在是可能的。因为"中国幅员和版图十分辽阔和广大,各个地域经济发展的极端不平衡性当然有可能构成不同地区文化变迁与知识分子思想演变的纵深背景"③,而且从唯物主义的观点看,存在着地理环境→民性人格→学术分野的逻辑关系,民国时的学者就指出:"山国之地,地土硗瘠,阻于交通,故民之生其间者崇尚实际,修身力行,有坚忍不拔之风。泽国之地,土壤膏腴,便于交通,故民之生其间者,崇尚虚无,活泼进取,有遗世特立之风。故学术互异,悉由民习之不同。"④确实,"民性以及更为广义的民风习尚对士人的性格塑造乃至心理陶冶,未尝不是作为一个相当重要的区域文化背景而存在着"⑤。以云贵高原为核心的西南边疆具有独特的自然环境、民族人文情状,与湖南、江浙、岭南等地相比,差异非常明显。进一步说,云贵高原的文化底蕴、民性人格自然有其独特性,其自然环境与民族文化元素的多样性,较之岭南地区更甚。然而,滇黔学派的名称并没有出现在清末至民国时期的舞台。亦即是说,时人以及后来的研究者并不认同存在一个可以与湖湘学派、岭南学派比肩并论的滇黔学派。因为多元的族群及多元文化长期存在,配合着山河相间、山区

---

① 陆韧:《论明代云南士绅阶层的兴起与形成》,《云南师范大学学报(哲学社会科学版)》2007年第1期。
② 杨念群在《儒学地域化的近代形态——三大知识群体互动的比较研究》一书中,对近代湖湘学派、江浙学派、岭南学派三大知识群体的形成、特点,以及在近代史上的作用和影响做了精细化的深入考察。该书由生活·读书·生活三联书店1997年出版。
③ 杨念群:《儒学地域化的近代形态——三大知识群体互动的比较研究》,生活·读书·生活三联书店,1997年,第83页。
④ 刘师培:《南北学派不同论》,转引自杨念群的《儒学地域化的近代形态——三大知识群体互动的比较研究》,生活·读书·生活三联书店,1997年,第165页。
⑤ 杨念群:《儒学地域化的近代形态——三大知识群体互动的比较研究》,生活·读书·生活三联书店,1997年,第165页。

与河谷坝子相阻隔的零碎的地理环境,在西南边疆很难形成一个超越地理环境和诸多亚文化单元的具有内在凝聚力和认同危机感的地域学派和知识分子群体。① 但是,这并不影响清代的西南边疆已经出现了一大批包括各民族读书精英在内的知识分子群体,而且某些民族的精英群体数量十分可观,并不比同一省域内的汉族逊色。除了前面提到的贵州苗族,云南大理地区的白族就很具有代表性。大理乃白族聚居之地,明清之际,随着文化教育的昌盛,白族地区学风甚为浓厚,读书仕进蔚然成风。正德《云南志》卷三载,大理"郡中汉、僰人,少工商而多士类,悦其经史,隆重师友,开科之年,举子恒胜他郡";乾隆《赵州志》载:"白人,颇读书,习礼教,通仕籍,与汉人无异。"与之相适应,大理地区白族在明清科举制中取得举人、进士资格和有文章著述的人数大幅增加,出现了被时人誉为"理学名儒项背相望"②的盛况。在这些项背相望的理学名儒中,以杨黼、高桂枝、杨士云、杨南金、李元阳、何蔚文、李崇阶、杨辉吉、龚渤、谷际岐、杨履宽、苏竹窗、师范、王崧、李于阳、杨绍霆为代表,构成了这一时期的白族作家群。清代的作家,有名可查的就有5000多人,而且有的甚至一个家庭内就形成作家群,如浪穹县的何邦渐及其子何鸣凤、其孙何蔚文,赵州师范及其子师道南,龚渤及其子龚锡瑞及龚锡瑞之妻苏竹窗,大理府赵廷玉及其弟赵廷枢、其妻周馥、其子杨载彤等。③ 这些白族文人作家普遍有着强烈的民本思想和忠孝仁义思想。如李元阳提出:"以爱民为主,始终一念,唯知有民而已。政务宜于民者,上官曰不可,己必曰可;有弗宜于民者,上官曰可,己必曰可。"他在任职江苏江阴县令、湖广荆州知府时,积极实践其民本思想,受到当地百姓的好评。④ 白族思想家艾自新说:"做官当想着朝廷设官的思想,为民父母当想父母爱子的心肠,予他日倘受一官,必求忠以报主,仁以牧民,礼以下贤,公以奉上,正以驭下,廉以持己,勤以立政,明于折狱……捐俸以偿民之赎、助士之贫、周族之乏、酬师友之恩谊。"⑤又如清代名士师范,在任安

---

① 清末民初,云南涌现了一批具有近代思想观念和视野的知识分子,如赵藩、袁嘉谷、李根源等,但尚不具备全国性文化和思想大师的地位和影响力。近年来,有滇学、黔学等学术概念的出现,但其指向主要是指特定地域空间形成的历史文化知识体系,而且是在建设文化大省、旅游强省的现实背景下提出的。与此处所提及的湖湘学派、岭南学派等的内涵不同。可参见张连顺的《关于"黔学"的再思考》,《贵州日报》2018年2月7日。
② 康熙《大理府志》卷一二《风俗》。
③ 李晓斌:《历史上云南文化交流现象研究》,民族出版社,2005年,第129页。
④ 《李中溪全集》卷六,见李晓斌的《历史上云南文化交流现象研究》,民族出版社,2005年,第131页。
⑤ 《二艾遗书·希圣录》,转自李晓斌的《历史上云南文化交流现象研究》,民族出版社,2005年,第131页。

徽望江知县期间,"以爱士恤民为己任,敦礼节,厚风俗,义之所在,虽死生利害弗晓","娇娇刚直,面折贵臣,权责豪奴,有董宣之风"①。很显然,这些接受了学校教育、经历科举制度熏陶的各族精英与中原内地的汉族文人并无多大的差异,已经接受了中原内地文化,即儒学主流思想价值体系,对内地文化建立起厚重的认同感。

二、传统文化观念、社会习尚发生深刻的变迁

自明代开始,西南边疆少数民族地区的社会面貌发生了深远而不可逆转的变化。各级学校的创办、中原汉文化持续传播而带来的深刻影响,就是明代云南少数民族社会风气发生较大变化的一个重要表征。如:多民族聚集的寻甸府,自改流设学以来,"其俗渐改,人文可睹";彝族聚居的武定府,原称"俗尚强悍难治",自建学后旧习渐迁,"士民勤业,骎骎有省会之风"②;大理白族地区居民喜欢读书,悦其经史,敬重师友,每科参加考试的人数比其他地区都要多,所谓"举子恒胜于他郡"③。一些土官汉文化造诣颇高,如丽江纳西族土官木氏,因为醉心内地汉文化,在《明史·云南土司传》载:"云南诸土官,知诗书,好礼守义,以丽江木氏为首云。"蒙化彝族土知府左正,"能文翰,工诗画,有魏晋风"④。但由于明代云南各类学校主要分布在传统发达地区,如云南、大理、临安等府,少数民族中能够接受儒学教育的主要是土官土司子弟,这就使明代儒学教育的影响在空间上有较大局限。⑤

进入清代,西南边疆少数民族地区社会文化内地化进程在明代的基础上有更加显著的进展。最重要的就是义学、社学、书院等各类学校的分布逐步向边远民族地区推进,尤其是义学的大规模兴办或创设,不断扩大了西南边疆少数民族地区的受教育对象,清代西南边疆地区儒学教育的影响空间范围明显超越明代,同时也使一些地处边远地区的少数民族社会生活和习俗发生深刻的变迁。

云南滇东南开化府原属壮族先民聚居之地,原来绝少有汉民进入,当

---

① 民国《新纂云南通志》卷一九七《师范传》。
② (明)刘文征撰:天启《滇志》卷三《地理志·风俗》,古永继点校本,云南教育出版社,1991年,第111页。
③ 正德《云南志》卷三《风俗》,云南省图书馆藏抄本。
④ 民国《新纂云南通志》卷二三四《文苑列传》。
⑤ 田景春:《明、清时期云南边疆民族教育政策之比较》,《云南民族大学学报(哲学社会科学版)》2015年第6期。

地的文化和社会风气表现为"刻木为信,不习文字,不喜构讼,崇巫祀鬼,迁徙无常",带有浓厚的土著原始色彩;改土归流和创设学校之后,此种情形发生了较大变化,"设流之后,学校既开,习俗渐改";"设学已久,风气日开,穷乡僻壤,亦闻弦诵之声","中州礼乐以次输入,至于今日,纲常道德,文章风雅亦已大备。故士敦廉洁,女重贞操,力农务本,知耻好义,俭朴成风,忠孝为贵"。① 远离一省政治、文化中心的广南府边地,亦有同样的情形发生。先是广南府"在元明虽入版图,未设学校,犹结绳刻木之陋也","边民种类不一,衣服食用各异,面目颣丑,言语啁啾,土地使之然也。然椎鲁无知,见官长如失魂魄,训以道理,亦似心领神会。第足迹罕入城府,目不识字,遇告诫明文不能句读,而日萃处于游民无赖之中,听其煽惑,往往为蚊蚋蚁虫之聚,迨呼喝解散,茫然不知所见而来也";康熙四十六年(1707),广南府创设府学之后,书院、义学亦相继开办,风气渐开,"故今日家置诗书,俗知礼义,人文之盛,济济恂恂,媲美大邦矣"。② 表明儒学为核心的封建道德观念和封建礼仪规范通过学校教育的宣扬,逐渐在当地社会中传播渗透,不仅读书科举之人,一般的底层民众也在长时间接触中原内地文化之后,对当时统治者提倡的主流道德价值取向产生了认同。另外,因为广南辖境的各民族居住在坝区、河谷地带,受汉族影响较大,其民族文化、社会习俗亦渐渐发生变化,如"白土僚,重农力穑,卜居近水,以便耕作。能习汉语。瑶人,自耕而食,少入城市。男女皆知书(根据田野访谈,瑶族历史上曾借用古汉字来记录,但与汉文文献不同——注者)。衣服近汉,女人长衫拖裙。婚用媒。僰人,又谓之民家子。知读书。其婚丧嫁祭与汉相近,衣服食用迥与他夷不同"③。

在云南南部多民族聚集的阿迷州地区,"阿以汉夷杂处,未能遽臻一道同风者,则以转移而化导之者自有渐也。……自奉旨裁土归流,历年涵濡渐摩,乃知诗书之宜读,而礼义之可行也。故每考皆有夷童数十,视其俗则向之婚尚财物者,今亦俭;向之葬俗从火者,今亦用棺;向之相仇杀者,今亦相亲睦熙熙来往"④。另据《临安府志》(嘉庆年间刊本)载,在今天元阳县境内的阿邦乡,"民居依山附箐,杂种旁乡,计种人一,僰夷(摆夷,今傣族)

---

① (清)汤大宾、周炳修纂,娄自昌、李君明点注:《开化府志点注》卷九《风俗》,兰州大学出版社,2004年,第241页。
② (清)李熙龄修,杨磊等点校:《广南府志点校》卷二《学校》,兰州大学出版社,2004年,第59、71页。
③ (清)李熙龄修,杨磊等点校:《广南府志点校》,兰州大学出版社,2004年,第74—76页。
④ (清)刘鹏鲲:《风俗志论》,雍正《阿迷州志》卷一〇《风俗》,《中国方志丛书·华南地方》第258号,影印清抄本,成文出版社有限公司,1975年,第118页。

村落四。……地狭民贫,鲜有盖藏。……土舍陶文杰设义学以教民,风气渐开,人知向义"。在蒙自乡村设义学后,"土僚(壮族)亦能习汉语,渐知读书,有通诗书,入庠序,领乡荐登仕籍者"。在滇南哈尼族地区,"男勤耕作女务织纺,采薪入市交易,婚丧略似汉礼,通汉语,近有读书应试入泮者"①。

在滇川黔交界彝族地区,"昭通旧本蛮薮,自改土移隶以来,从前轻僄繁华之习渐已更变。近则士习诗书,民务耕凿。汉俗与中州无异"。黑猓猡,近来男子仿效汉冠戴。白猓猡,近日,男人亦仿汉人穿靴顶帽。② 在黔西北地区,也在发生变化,"黔西旧属夷地,种类非一,语言文字概不相通。我朝改土归流,建立学校,文教大兴,习俗丕变,冠婚丧祭渐循于礼"③。经过长时期的传播濡染,内地儒家文化对彝族文化予以很大影响,产生了一批具有较高汉文化水平的彝族文人,有的还有诗文集传世,如安吉士、余家驹、安家元、安永松、余昭、安履贞、余珍、余达父等,他们大多有"深厚凝重的忧患意识,这是汉文化的熏陶,为历代诗人忧国忧民的思想影响"④。更值得注意的是,滇川黔地区彝族社会生活在儒家文化的影响下,发生着明显的变化。不少彝族青年进入义学学习,即使不能考取功名,六年后发还,其对一般民众社会的影响力亦不可低估。乾隆九年(1744),张允随即奏称:"现在夷方傈族,亦解好施;玀女蛮媛,渐知守志。并增建义学三百七十余所,捐置田亩,以充馆谷。选择师儒,以司训课。现在肄业诸生中,不乏笃学好修之士。"⑤由此,在儒家文化的影响下,滇川黔交界地区彝族社会生活发生了很大变化,主要表现在改汉姓、说汉语,等级制度松动,家支制度衰落,随之宗族制度出现,家庭结构发生变化,衣食住行习尚、婚姻丧葬习俗,乃至岁时节日都发生嬗变。⑥

---

① 光绪《普洱府志》卷四五《南蛮志一·种人志》。
② (清)戴芳、马洲纂:《恩安县志稿》卷五《风俗·种人》。
③ 民国《贵州通志·风俗志·大定府》。
④ 安尚育:《清代黔西北彝族诗人的文化品格》,《贵州民族研究》1993年第7期。
⑤ 《清高宗实录》卷二三〇。
⑥ 潘先林:《民国云南彝族统治集团研究》,云南大学出版社,1999年,第65—71页。

第三节　西南地区社会变迁的个案考察

在回应内地化这一历史趋势和因应中原内地主流文化传播的过程中，西南边疆不同地区各民族的表现有很大不同，导致其民族传统文化与主流文化的涵化路径及表现有着较大殊异，大体存在着始终较为强烈的抗拒、从抗拒到矛盾中的整合、比较主动的顺应与吸纳等多种不同的情形，但亦不同程度保持自身的传统文化基因、文化特质，而不是完全移植或替换，比如贵州苗疆地区，滇东北—凉山彝族地区，桂西—滇东南的壮族地区，滇南傣族地区。

一、滇桂交界地带的壮族地区

壮族先民是岭南地区的土著民族，直到明清之际，其分布核心区域是在红水河、左右江流域及云南东南部的文山地区，亦即清代的广西南宁府以西诸府州到云南的广南、开化两府一带。

壮族地区的内地化是一个渐进的过程，在明朝土司制度比较盛行的时期，由于明朝政府的社会治理方式、民族文化生活习惯和风俗差异较大，绝少有汉族人敢于冒险进入壮族的核心居住区定居。这种情形到明代开始发生很大变化。随着壮族地区土司制度的改流、汉族移民大规模进入壮族核心居住区，壮族开始受到汉族文化的影响，其内地化进程较为显著。因此，改土归流是壮族地区社会发展的重大历史事件。

在广西西部，自元明以降，桂西壮族核心居住区大小土司林立。明代，先后设置有4个土府、54个土州，土州中51个为元朝旧州，3个为新设，即镇安、田州、凭祥；设有11个土县，其中8个为元朝旧土县，程县、忻城、凭祥3个土县为新设；还新设安隆、上林、永安、永定、永顺等长官司，上述土府、土县、长官司全部位于桂西地区。① 经过明代断断续续的改流，有的改流后又复土，到清代，土司数量有所减少，但仍然集中在桂西壮族核心地区。清代有31个壮族土司被改土归流，其中教化三部、王弄山、牛羊寨、维摩乡、土富州位于今云南文山地区，其他26个位于桂西地区，包括实力较大的泗

---

① 黄家信：《壮族地区土司制度与改土归流研究》，合肥工业大学出版社，2007年，第36页。

城土府、土田州、东兰土州、土龙州几个土司。到民国时期,广西还有 22 个土州、4 个土县、15 个小土司;云南壮族地区则有广南土同知。1931 年,那地土州并入南丹县,广西壮族地区的改土归流全部结束。但就壮族地区而言,直到 1948 年广南土同知侬鼎和去职,壮族地区的改土归流才宣告全部结束。①

改土归流对壮族社会产生了深刻的影响。改流之后,壮族地区的政治、经济、文化传统都发生了巨大的变化。② 政治上最大的变化自然是流官体系取代了世袭制的土官体系,世袭制被铨选制度代替,世袭、世职制度开始松动。原来政治上较为封闭的状态被打破,中央势力不断深入壮族聚居区。与此同时,社会成员的身份地位不再是固化的,可以凭借自己的努力加以改变,如通过参加科举选拔制度成功仕进之后,就可以进入上升通道,社会流动加快了。另外,在壮族核心居住区,诸如"老人厅"等传统社会管理的一些因素仍被保留下来。经济上,原来的土司领主经济,土民不能随便脱离原住地,汉族地区的商人、手工业者不能随便进入土司辖区③,造成壮族地区与外界的经济交流不顺畅。改流之后,壮族人民只向官府交纳赋税,减少了原来向土司交纳实物和服劳役的负担;更为重要的是,破除壮族土司地区与外界的经济交流的制度性障碍,有利于壮族地区经济的发展。文化上,土司时期,土司剥夺所有土民的受教育权,以防止土民上进之后"脱籍"。改流之后,土民可以有机会并自由地接受社学、义学的儒家文化教育,通过科举考试获得出身,这为更多的壮族民众进一步学习和接受汉文化的洗礼创造了重要条件。因此在改流以后,这些原壮族居住区迅速汉化,并很快与"中土"划一。但是改土归流以后,"也存在着壮族文化开始失去保护的工具,出现深度汉化和自我迷失的问题"④。

改土归流还造成部分地区壮、汉民族的迅速融合,以及这一地区人口比例的显著变化。改流之后,大量汉族涌入左、右江流域的壮族腹心居住区,在清代很长一段时间里,壮、汉民族相安,以互相学习、互相影响、互相融合为主流,没有出现过较大规模的针对改土归流或汉民的起事。壮族民众学习儒学为核心的汉文化,参加科举考试,部分读书人考中科甲以后还

---

① 黄家信:《壮族地区土司制度与改土归流研究》,合肥工业大学出版社,2007 年,第 200—201 页。
② 黄家信:《壮族地区土司制度与改土归流研究》,合肥工业大学出版社,2007 年,第 261—263 页。
③ 黄家信:《改土归流对壮族社会的影响》,《广西民族学院学报(哲学社会科学版)》2005 年第 4 期,第 74 页。
④ 黄家信:《壮族地区土司制度与改土归流研究》,合肥工业大学出版社,2007 年,第 261 页。

获得出任地方官的机会。在日常生活方面,壮族逐渐接受汉族文化中精华的一面,并用其改造自己的文化,"壮族传统生活比较粗放,在跟汉族杂居之后,逐渐学习其勤俭持家、精打细算的风格;原来笃信鬼巫,改土归流后,地方官按国家规定在府州县设立城隍庙、文庙、武庙、厉坛,有些官吏或其太太捐设观音庙等等,这些汉文化的表现仪式也得到壮族人民的认同,其中武庙、观音庙在壮族地区影响更大一些"①。

改流后到原来壮族土司地区任职的流官,与到其他民族聚居地区任职的流官所肩负的治理使命大体一致,除抚绥土民、安定社会秩序外,另外一个重要任务就是"格"民心,"化"民俗。② 采取的主要措施亦很相似,就是大力举办地方教育、大兴教化之策,如龙州州官"欲举荒陬僻壤咸化为衣冠礼义之乡"③,西林县"自改土来,别号安定,设师儒以董其教,置书院以勖之成,勤耕勤读,户有诗书……久道化成,蛮烟瘴雨之乡转成文物声名之地,蒸蒸丕变,大异往昔之陋俗矣"④。西隆州"改流后莫非王(土)也,则生聚教训所宜亟矣。庠序所设,教化可行,移风易俗,是有待于经济斯世者"⑤。

在与桂西毗邻的云南滇东南,同样是壮族聚居地区,清代以前亦绝少有汉民进入。这一地区的文化特点是"刻木为信,不习文字,不喜构讼,崇巫祀鬼,迁徙无常"。此种情形在改土归流和创设学校之后发生了非常大的改观,"设流之后,学校既开,习俗渐改","设学已久,风气日开,穷乡僻壤,亦闻弦诵之声","中州礼乐以次输入,至于今日,纲常道德,文章风雅亦已大备。故士敦廉洁,女重贞操,力农务本,知耻好义,俭朴成风,忠孝为贵"。⑥ 虽有溢美之嫌,却也说明在官府举办的学校教育对传统社会结构的冲击下,民族社会发生了趋向内地的明显变迁。远离一省政治、文化中心的广南边地,也是一个壮族先民聚居地区,其先是"在元明虽入版图,未设学校,犹结绳刻木之陋也","边民种类不一,椎鲁无知,见官长如失魂魄,训以道理,亦似心领神会。第足迹罕入城府,目不识字,遇告诫明文不能句读";康熙四十六年(1707),广南府创设府学之后,书院、义学亦相继开办,

---

① 黄家信:《壮族地区土司制度与改土归流研究》,合肥工业大学出版社,2007年,第262页。
② 黄家信:《改土归流对壮族社会的影响》,《广西民族学院学报(哲学社会科学版)》2005年第4期,第75页。
③ 嘉庆《龙州纪略·序》,嘉庆刻本。
④ 康熙《西林县志·风俗》,康熙五十七年钞本,云南大学图书馆藏抄本。
⑤ (清)王誉命撰:《西隆州志·风俗》,康熙十二年刊本,广西区第二图书馆藏本。
⑥ (清)汤大宾、周炳修纂,娄自昌、李君明点注:《开化府志点注》卷九《风俗》,兰州大学出版社,2004年,第241页。

风气渐开,"故今日家置诗书,俗知礼义,人文之盛,济济恂恂,媲美大邦矣"。①

从长时段的视野来看,明清改土归流之后,壮族社会被汉族影响而内地化的进程加速,且壮族被同化最多的地区主要分布在广西东部地区。当然,壮、汉民族的影响与融合并非是单向的,而是双向的,尤其是清代至民国时期,进入壮区的部分汉族被"壮族化",此种情形又主要出现在桂西地区。以靖西县为例,"清雍正年间归顺州改土归流后外商落籍日多,今诸私家碑牒多祖籍广东,其余为湖广与浙江、福建等省。民国后,钦州、玉林五属上云南贩烟土客居县内各地不乏其人;1948年在越南侨居的600余人因政局动乱流入本县。1977年起侨居越南华人陆续被驱赶,全县安排难民471人。每年部队复员分配、调入干部、职工、家属等,都是主要人口迁入"。这些外来人口绝大多数很快被壮族同化,即使表面上还承认自己是"汉族",但是语言、生活习惯都已壮族化。所以在第四次全国人口普查时,统计出壮族占全县总人口的99.64%。②

在西南边疆,明清以来,壮族与汉族的交融影响是比较突出的历史现象,相对于贵州苗疆地区、川滇彝族地区、滇南傣族地区,壮族社会的内地化似乎没有受到来自本民族内部很大的阻力,在清代改土归流过程中或改流之后,滇桂结合部的壮族核心地区没有发生过大的反抗或起事。③ 有的学者对此分析认为,"在历史上,壮族从来没有形成过统一的行政区域,没有过统一的自己的民族文字,也没有过统一的宗教意识,所以,其族群边界本来就很脆弱。在土司时期形成的对汉、壮文化等距认同,使这种脆弱的族群边界维持很容易发生改变,甚至'集体无意识'地迷失。晚明以来的'壮人汉裔'情结,就是这种迷失的最好注脚。可以这么说,壮族群的边界维持主要依靠羁縻制度、土司制度这些外在的结构来隔绝。所以,当改土归流之后,原来的隔绝已不复存在。于是,在不算太长的时间里,经过潜移默化,壮族接受了汉文化的影响,逐渐趋同汉文化,认同汉文化。他们在观念意识、生活习俗、语言文字等方面,已渐渐地被汉族同化"。④

---

① (清)李熙龄修,杨磊等点校:《广南府志点校》卷二《学校》,兰州大学出版社,2004年,第59、71页。
② 靖西县地方志编纂委员会办公室编:《靖西县志》,广西人民出版社,2000年,第754页。
③ 比如在云南省广南府。参见杨永福的《试论云南壮族地区侬氏土司统治时间较长的缘由及其他》,《文山学院学报》2018年第5期。
④ 黄家信:《壮族地区土司制度与改土归流研究》,合肥工业大学出版社,2007年,第266页。

二、贵州苗疆地区

与清代西南其他民族地区相比,同时期的贵州苗疆社会内地化趋势呈现出反复曲折之态势。

雍正时期,清政府武力开辟苗疆地区并展开行政建置,先后设立八寨、丹江、古州、清江、都江、台拱六厅,即"新疆六厅",标志着苗疆地区内地化进程的开端。然而,在武力开辟之前,苗疆民众处于自立自主的状态。开辟苗疆事件可以说是外来强加给当地苗民的,他们既无心理准备,更没有自觉自愿的主观愿望;加之在开辟苗疆的过程中,清政府主要采取武力进剿的策略,不考虑苗疆的历史与现状,不顾苗民的意愿,简单地以顺逆为导向,以屠杀政策对待势单力弱的苗民,不仅给苗疆地方造成极大的破坏,也给苗民留下蛮横凶残的形象,埋下仇恨的种子。① 因此,就在武力开辟结束,清政府宣布"苗疆诸事就绪凡尔苗众皆为服教向化之良民"②不久,雍正十三年(1735)二月,便爆发包利、红银领导的苗民大起义。这是苗疆民众对清政府开辟苗疆后,外来压力剧增的强烈回应,表明苗疆社会对清政府主导的内地化进程一开始是不接受的,从而试图用武力反抗清政府极端的军事进剿和高压政策,重建苗疆传统社会秩序。而与此同时,清政府亦意识到苗疆社会的特殊性,故在起义最后被残酷镇压下去后,便对苗疆政策措施进行一定的调整,诸如减免钱粮、整顿吏治、发展经济、兴办教育,其中最重要的内容是部分承认苗疆社会传统习俗"与内地百姓迥别",于乾隆元年(1736)谕令:"嗣后苗众一切自相争讼之事,俱照苗例完结,不必绳以官法。"③主持开辟苗疆和镇压雍乾苗民起义的张广泗亦认为:"苗人争讼,悉准照苗例完结,既无征输之扰,又无讼狱之烦,实为千古治苗之要法。"④这一规定被明确载入乾隆五年(1740)编成的《大清律例》,成为官府调整与苗疆人民关系的准则之一,被纳入官方成文法律体系。此外,针对苗疆社会发展现状,清政府不再追求军事防御和行政设治的直接控制,一定程度仍旧实行"以苗治苗"之政策。张广泗在处理苗疆善后的过程中,提出"苗寨应签立头人,以专责成",认为苗疆"新辟",不仅不能一步到位施行流官统

---

① 杨胜勇:《清朝经营贵州苗疆研究》,中央民族大学博士学位论文,2003年,第44—45页。
② (清)方显撰:《平苗纪略》,载民国《贵州通志》第27册"前事志十九"。
③ 《清圣训》(乾隆朝)卷一五《圣治》,见程贤敏编的《清〈圣训〉西南民族史料》,四川大学出版社,1988年,第62页。
④ (清)张广泗撰:《严禁兵役骚扰苗民折》,中国第一历史档案馆、中国人民大学清史研究所、贵州省档案馆编:《清前期苗民起义档案史料》(上),光明日报出版社,1987年,第253页。

治,即使设立土司条件亦不成熟,"新疆苗众向无酋长,若遽设立土司头目,恐滋事端,然亦不便听其散涣,漫无约束",而各寨"自立之寨头,并无责成","应请就各本寨择其良善守法者,将姓名公举报官,酌量寨分大小,或每寨一二人,或二三人,佥为寨头,注册立案,各本寨散苗听其约束"。① 这一主张得到清政府采纳。应该说,一定程度地尊重并承认苗疆社会传统习俗,恢复苗族头人在当地社会中的权威,使其起到苗民与官府之间的桥梁沟通作用,这符合苗民心理接受能力,从而缓解了苗疆社会与官府间的矛盾。当然,对于清政府而言,其在苗疆的长远目标是使新辟苗疆真正由此前的"化外"化为"内地",正如张广泗所说:

> 从前办理苗疆,但宜严禁扰累,防范周密,期其不敢生事而已。此后苗疆除禁扰累、严防范之外,兼宜从容治理,循序化导,使其渐染华风,变为内地,以期千百年久安长治,方可一劳永逸也。②

因此,清朝治理苗疆地区最重要的措施之一就是大力兴办教育,尤其是义学教育和书院教育,同时开苗民科举上进之途。晚清咸同苗民大起义之后,清政府再一次把兴办、重振苗疆教育作为重建社会秩序的重要之举措,就是基于这样的考虑。

随着苗疆学校教育的发展,苗族中读书识字的人日益增多。在黎平府,"岁科考试,府学额入二十五名,内例取苗生十三名,是以读书识字之苗民各寨俱有"③;雍正九年(1731),经过张广泗奏请,于黎平府设考棚,"十二司及古州下江苗童为一棚,取十三名,以故苗民读书者众"④。道光十三年(1833),据云贵总督伊里布等人奏,古州厅"读书上进者日多,现有文武举各二名,生员将及百名,应试文童三百余名,武童一百余名"⑤。苗族生员中,已有不少人通过科举进入了仕途,有的则成为知名的文人。由此,苗疆社会习俗风尚亦在发生缓慢变迁。如台拱厅"内辖既久,蛮俗渐更。今男子多有汉装者";都匀"府治苗多汉少,汉人勤于耕读,苗民于务农纺织之外,亦间有读书应试者";古州"迄今百余年来,苗民食德服畴,与编氓无以

---

① (清)张广泗撰:《严禁兵役骚扰苗民折》,中国第一历史档案馆、中国人民大学清史研究所、贵州省档案馆编:《清前期苗民起义档案史料》(上),光明日报出版社,1987年,第254页。
② (清)张广泗撰:《议冯光裕治理苗疆事宜折》,中国第一历史档案馆、中国人民大学清史研究所、贵州省档案馆编:《清前期苗民起义档案史料》(上),光明日报出版社,1987年,第213页。
③ (清)罗绕典:《黔南职方纪略》卷六《黎平府》。
④ (清)爱必达:《黔南识略》卷二一《黎平府》。
⑤ 光绪《古州厅志》卷五。

异";都江"新辟之区俗陋民淳,向化日久,婚丧渐易夷风"。①

张中奎认为,除发展教育外,清政府还有一整套"化苗为民"的文化措施,如修建学宫、会馆、庙宇、牌坊、祠堂等。中原地区儒、释、道文化的引入,极大地影响着苗民的文化价值观。苗民群体由此发生分化,一部分主动学习、模仿汉人的生活习惯等,变为"民人"。剩下的苗民,文化上或多或少地也发生着变化。"开辟"苗疆后,汉移民所持的为清政府所认可的种种文化与风俗,为力图在新的政治、经济、文化环境中获得更大利益的苗民提供模仿的对象,地方官府也希望通过苗汉之间的文化接触与交流来改变苗民的礼俗。清代贵州数量较多的同乡会馆"反映出清水江、都柳江开通之后,商品经济的蓬勃发展,进入苗疆经商的各地客商达到了相当大的规模,形成一定的经济势力;贞节牌坊,表彰的可能是汉族妇女,但无疑是清帝国礼俗教化的一种昭示,对苗民起着潜移默化的影响;经过长期的文化移植,中原地区的宗教文化逐渐在苗疆传播;清政府还在苗疆推行'忠'的价值观,目的当然是希望苗民认同于大清,不要再屡服屡叛,给清帝国添乱;与中原地区一样,苗疆还多处建有文昌宫,教育汉族士子勤奋读书,并向苗民展示汉文化的魅力"②。这些文化上的做法,配合着创办义学等教育措施的实行,使得中原内地文化和封建礼俗潜移默化地渗透进苗疆基层社会。

在清政府的积极引导培育下,苗民开始具有朦胧的国家观念。为更加有效地保护自己的利益,他们从武力对抗,逐渐懂得借用皇权和更高一级的流官反对地方流官、土司的欺压盘剥。雍正十年(1732)六月,据贵州按察使方显具奏,开辟苗疆以后,"各苗格被,凡有争讼亦知赴官告理"③。有学者认为,这极有可能是清政府开辟苗疆之后,"新疆六厅"境内苗民顺应、接受清政府司法体系的最早记录。④咸同年间"苗乱"被平息后,同治十三年(1874),贵州巡抚曾璧光为能长治久安,向苗民做出让步,制定免除夫役条例公布于众,但苗疆的厅官、土司仍旧盘剥苗民如故;时隔二十年后的光绪二十年(1894),翁座等村苗众将曾璧光颁布的公文条例勒石刻碑竖立于寨侧,采取合法的手段反抗厅官、土司对苗民的剥削,保护自身的利益。碑

---

① (清)爱必达:《黔南识略》卷一三《台拱同知》,卷八《都匀府》,卷二二《古州同知》,卷九《都江通判》。

② 张中奎:《改土归流与苗疆再造——清代"新疆六厅"的王化进程及其社会文化变迁》,中国社会科学出版社,2012年,第266页。

③ 台北故宫博物院整理:《宫中档雍正朝奏折》第20卷,台北故宫博物院印行,1979年,第95—98页。

④ 张中奎:《改土归流与苗疆再造——清代"新疆六厅"的王化进程及其社会文化变迁》,中国社会科学出版社,2012年,第181页。

眉刻"例定千秋",兹将其正文内容抄录于下:

> 照得苗疆未定,民困未苏,亟应剔出积弊,加意抚绥,以作长治久安之计。兹据通省善后总局据署都匀府罗守具禀:地方官及土司衙门,向有苗民轮流当差应夫并供应器具什物,每遇差使过境,或因公下乡,土司夫役,联为一气,勒派夫马、酒食、洋烟(指鸦片),无不恣意苛求,且有营汛弁兵绅团责令苗人服役,其弊相等;各路防营见而效尤,遇有移营、樵采等事,亦相率拉夫。似此劳烦民力,朘削民膏,实不堪命,应即严行禁革,以安闾阎。除行善后局分驻镇道并行各属遵照外,合行出示严禁。为此,示仰各属地方官绅即营汛员弁、土司、书役、民苗人等知悉:嗣后除主考、学院过境照旧派夫迎送外,无论何项差役不得派令苗民应夫供役,一切供应陋规概行革除。倘有仍前勒派索扰情弊,一经查出,或被告发,即行照旧条例,分别究办,决不稍宽,勿谓言之不预也。各宜禀遵毋违!①

碑刻原文完整抄录官府的苗疆禁令,表明苗众认识到贵州巡抚的命令具有不能否认的合法性、权威性,可以以之来对应苗疆厅官、土司的胡作非为。曾璧光发布命令的时间和苗众刊刻的时间相隔了 20 年之久。在这 20 年中,可能部分苗民"通过接受义学教育,了解外面的世界,知道上面(中央和省一级流官政府)是如何规定的,而下面(厅县以下的流官、土司)是怎样执行的,才想出勒石为证的办法,抄录贵州巡抚苗疆禁令的办法来抵制地方流官政府和土司的盘剥、摊派等"②。

清政府在经营苗疆时,有意鼓励汉苗通婚,促使苗民汉化。在汉文化的强势影响下,苗民出现主动学习汉文化、改革本族群"陋习"的趋向。同时,苗民内部也发生着分化,如在黎平府,"苗有六种,峒民向化已久,男子耕凿诵读,与汉民无异,其妇女汉装弓足者与汉人同姻。花衣苗、白衣苗、黑脚水西苗近亦多剃发,读书应试……黑苗蓄发者居多,衣尚黑,短不及膝……勤于耕织,鲜知文字"③。"熟苗"瞧不起文化上"落后"的"生苗"。同时,汉移民也存在被"苗化"的现象(这当然是少数的)。因此,清代两百

---

① 贵州省剑河县地方志编纂委员会编:《剑河县志》,贵州人民出版社,1994 年,第 1039—1040 页。亦参见张中奎的《改土归流与苗疆再造——清代"新疆六厅"的王化进程及其社会文化变迁》,中国社会科学出版社,2012 年,第 182 页。
② 张中奎:《改土归流与苗疆再造——清代"新疆六厅"的王化进程及其社会文化变迁》,中国社会科学出版社,2012 年,第 182 页。
③ (清)爱必达:《黔南识略》卷二一《黎平府》。

余年间,在"新疆六厅"及其周边苗疆,苗民社会发生了急剧的变化,其中一个变化就是苗民汉化,主要分为主动汉化和被动汉化两种情况。①

翻开乾隆末期修纂的《清江志》,其"序"中的一段话颇能代表清政府推行诸多内地化措施、"再造苗疆"之宗旨,特抄录如下:

> 黔地自改土归流,皆成"腹地"。……经圣天子武功文教,恩威四讫,各大吏承流宣化及职此土者加意抚绥,休养生息,服教畏神数十年。向之言类侏㒧者,今则渐通音问矣;向之行类禽兽者,今则渐通礼教矣;向之饮血茹毛者,今则水濡火化食稻甘肥矣;向之草衣卉服者,今则蚕生棉植纺布织帛矣;向之佩刀负弩买路抽江者,今则荷锸扶犁力役供赋也;向之缠梯构厂巢居穴处者,今则雉堞千门鱼鳞万尾矣。水陆路开,商贩踵至,竟已成一大都会。各屯堡差操外,负来极经,四方流寓入籍者,衣食足而诗书文武孝廉入庠食气(饩)者续起。迩来苗裔中竟有通经应试,为内地之仲家者,风会骎骎日上矣。②

从整体上来看,贵州苗疆社会的内地化是一种外力(清政府中央到贵州地方的官方力量)主导下的被动发展模式。为将苗疆整合纳入大一统的政治体系,化"边疆"为"内地",清政府对苗疆进行改造,其大致步骤是军事征服—行政设治—发展经济—兴办教育—文化改造,并取得了一定的成效;但也引起了苗疆社会从政治到文化,再到社会层面的持续抵制。最后是清政府在政治、社会治理、文化改造等方面做出一定的让步,部分尊重并承认苗疆社会传统习俗,恢复苗族头人在当地社会中的权威,亦即部分保留了苗族传统社会文化的基础,才使苗疆地区的社会矛盾逐渐缓解。当然,"在封建统治的体系之内,苗疆人民作为弱势群体,成为统治、剥削、奴化的对象,其意愿和自主性被视为统治的对立物而被压制,自然针对苗疆的各项举措不可能以他们的意志为转移,使得苗疆社会的发展只能是在缺乏自主性和内在动力的状态下被动地缓慢发展,这不能不说是苗疆地方发展长期滞后的重要根源"③。

---

① 张中奎:《改土归流与苗疆再造——清代"新疆六厅"的王化进程及其社会文化变迁》,中国社会科学出版社,2012年,第266页。
② (清)胡章主修:乾隆《清江志·胡兴邦序》,乾隆五十五年(1790)刻本。
③ 杨胜勇:《清朝经营贵州苗疆研究》,中央民族大学博士学位论文,2003年,第97页。

三、滇黔川交界的彝族地区

清代滇、黔、川交界地带的彝族聚居地区的文化认同与社会变迁表现出来的现象要更为复杂一些。

彝族在西南边疆的分布较广,至清代主要聚居于乌蒙山区、大小凉山和哀牢山区,与今无大的区别。清雍正年间,在滇、川、黔交界地区,针对东川、乌蒙、镇雄三大彝族土司地区进行的改土归流,成为此后彝族社会发展的一个重大转折,主要体现在两个方面:一是滇东北、黔西北地区的民族构成发生显著的变化,彝族人口大量减少,一部分迁往凉山腹心地区;二是凉山地区彝族社会走上与滇东北、黔西北彝族地区不同的发展道路,奴隶制在凉山腹心地区延续下来,滇东北、黔西北彝族地区则缓慢地朝向内地化发展。

改土归流以前,滇、川、黔交界地区为彝族聚居区,并与西南边疆的彝族居住区连成一片,外来流官或移民很难在这一区域立足,有的即使能进入亦大多走上"夷化"的道路。清雍正年间,在滇东北等彝族地区的武力改流,使大量彝族人民遭到屠杀,据倪蜕的《云南志略》载,仅米帖一地就有三万余人被杀或逃亡,剩下的也大半被逼逃往金沙江对面的凉山腹心地区。黔西北地区情况稍好一些,但总的看,滇川黔交界地区的彝族人口遭到重大损失是不争的事实。与此同时,在官方的鼓励支持下,大量移民进入到滇东北、黔西北地区,到乾隆时期,仅东川府属汤丹、大碌两铜厂,就"厂众益增,不下二三万人"。到极盛时曾发展到十数万人的高峰。① 改土归流几十年后,这片区域的人口结构已经出现"汉多夷少"的现象。在清政府的打压之下,滇、川、黔交界地区彝族土司势力大为衰落,新兴彝族地主不断涌现,导致彝族传统社会结构受到很大冲击。同时,汉族移民大量进入原来彝族居住的腹心地区,同时也带来先进的生产工具、农作物和生产方式,加之玉米和马铃薯的广泛传播,这些都对彝族传统社会产生了深刻影响。"数年以来,招徕开垦,野无旷土,商贾辐辏,汉土民夷,比屋而居,庐舍稠密,已与内地气象无二"②,虽有夸大之嫌,却也反映了汉移民进入之影响。这就避免了普通彝族人民由于生活困难,不谙水稻耕作而故步自封,走上

---

① 《清高宗实录》卷七二五,亦见《续云南通志稿》卷四五《厂员》。
② (清)张允随撰:《张允随奏稿》(下),方国瑜主编:《云南史料丛刊》第八卷,云南大学出版社,2001年,第684页。

和相邻的四川凉山彝族相同的发展道路,或向保有领主地位的土目阶级投附。① 伴随着农业生产和矿冶业的发展,滇川黔交界地区的彝族社会出现一定程度的社会分工,市场交换有所发展。如水城有场市七,平远州有场市十五,黔西州场市二十,威宁州场市十二。② 这种交换关系,自然不限于彝族内部,而更多的是与周边的汉、苗等民族进行,由是扩大了彝族参与市场生活的程度。

改土归流使滇、川、黔交界地区的社会动荡,矛盾尖锐,文化冲突又加剧了社会矛盾。为了稳定在改流地区的政治统治,需要使这些地区的社会矛盾尽快缓和下来。于是,清政府采取了一系列的善后措施。其中,兴办教育,用中原儒家思想文化来教化、统一,最终同化这些地区的非汉民族,就成为清政府的首要选择。③ 改土归流之意,"盖去其椎髻,易以衣冠;去其巢窟,易以室庐;去其戈矛,易以辑让;去其剽掠,易以讴吟,诚千万世型仁讲让之勋,非仅一时除残禁暴之绩也"。"夫欲民永保厥生,循规蹈矩,又非教无由。况在昭通初辟,夷疆风俗甫整而向化者哉,则治状孰有急于设学乎。"④为此,官府在黔西北、滇东北设置一批儒学、书院、义学。如滇东北地区先后设置东川府学、乌蒙府学、镇雄州学、永善县学、会泽县学、恩安县学、巧家厅学、大关厅学;书院则有东川府的西林书院,巧家厅的月潭书院,昭通府的凤池书院,镇雄州的凤山书院、奎垣书院,永善县的五莲书院,大关厅的景文书院、关阳书院,鲁甸厅的文屏书院等;义学的数量更多,东川府有义学19所,昭通府先后设立义学42所。"至义学之设,其旨趣略如今之民众教育,而在边省则尤重在开化夷民。雍正五年,议准云南东川土人等处,并建立义学,选延塾师。先令熟番子弟来学,日与汉童相处,宣讲圣谕、广训,俟熟习后,再令诵习诗书。……俟熟番学业有成,令往教诲生番子弟。"⑤总体上看,"熟番先学,再以之教生番"的教学模式在彝族地区普遍推行,这有助于中原内地文化在彝族社会中逐渐推广渗透。

到乾隆十一年(1746),云南布政使陈宏谋令通省乡村创立义学,达700

---

① 潘先林:《民国云南彝族统治集团研究》,云南大学出版社,1999年,第50页。
② (清)爱必达撰:《黔南识略》卷二四《水城通判》,卷二五《平远州》《黔西州》,卷二六《威宁州》。
③ 田景春、印义炯:《清代云南边疆民族地区教育发展的社会历史背景》,载《云南行政学院学报》2016年第5期,第47页。
④ 戴芳、马洲编纂:《恩安县志稿》卷六《艺文》,张宽寿主编:《昭通旧志汇编》第一册,云南人民出版社,2006年,第80—82页。
⑤ 李春龙、王珏点校:《新纂云南通志》卷一三四《学制考四》第六册,云南人民出版社,2007年,第521—522页。

余所,"昭之有义学始此……使夷民均入学,粗通文墨。其后,夷(彝)苗多能读书取功名者,皆其教也"①。与此同时,清政府在很多方面采取措施,对这一地区的彝族学人参加科考予以照顾,特别强调严禁"考试冒籍之弊",以免"不肖士子,冒其籍贯,阻土民读书上进之路"②。经过长期的传播濡染,内地儒家文化对彝族文化予以重大影响,培育产生了一批具有较高汉文化水平的彝族文人,有的还有诗文集传世,如安吉士、余家驹、安家元、安永松、余昭、安履贞、余珍、余达父等人,他们大多有"深厚凝重的忧患意识,这是汉文化的熏陶,为历代诗人忧国忧民的思想影响"③。更值得注意的是,滇黔毗邻地区彝族社会生活在儒家文化的影响下发生着明显的变化。不少彝族青年进入义学学习,即使不能考取功名,六年后发还,其对一般民众社会的影响力亦不可低估。乾隆九年(1744),张允随奏称:"现在夷方倮族,亦解好施;玀女蛮媛,渐知守志。并增建义学三百七十余所,捐置田亩,以充馆谷。选择师儒,以司训课。现在肄业诸生中,不乏笃学好修之士。"④其中"陇氏土官感化最早,为诸彝翘楚,故自改土后不到五六年时间,衣冠、风俗焕然改观,州治既建,城郭已成,赋税定而武备修,学校隆而人才起,虽曰新疆,无殊内地"⑤。在儒家文化的影响下,滇川黔交界地区彝族社会生活发生了很大变化,主要表现在改汉姓、说汉语,等级制度松动,家支制度衰落,随之以父系小家庭为核心的宗族制度出现,家庭结构发生变化,衣食住行习尚、婚姻丧葬习俗,乃至岁时节日都发生嬗变。⑥到晚清民国时期,上述所提及的种种变化进一步发展,从而成为民国时期云南彝族统治集团崛起的社会历史根源。⑦

与滇东北彝族社会的内地化趋势之变化不同,凉山腹心地带的彝族社会则走上相对封闭的道路。明清两代均在凉山地区周围地带设立土司,布置营汛,并逐渐向腹心地区推进,但官府扶持的土司势力始终不能深入,汉移民主要分布在周边,商品经济亦仅在边缘地区得到发展。雍正年间的改土归流仍然没有使凉山彝族得到有效治理。此后,黑彝成为凉山腹心地区的主要统治者,这一地区逐渐成为官府势力鞭长莫及、与外界相对独立的

---

① 符廷铨、蒋应澍总纂:《昭通志稿》卷四《官师志·循绩》,张宽寿主编:《昭通旧志汇编》第一册,云南人民出版社,2006年,第173页。
② 《清世宗实录》卷六六。
③ 安尚育:《清代黔西北彝族诗人的文化品格》,《贵州民族研究》1993年第7期。
④ 《清高宗实录》卷二三〇。
⑤ (清)屠述濂等修:乾隆《镇雄州志》卷六《艺文》,张寿宽主编:《昭通旧志汇编》(四),云南人民出版社,2006年,第1058页。
⑥ 潘先林:《民国云南彝族统治集团研究》,云南大学出版社,1999年,第65—71页。
⑦ 潘先林:《民国云南彝族统治集团研究》,云南大学出版社,1999年,第82页。

彝族聚居区。究其缘由，首先是凉山地区特殊的自然环境。这个地区地形险恶、山峦起伏、沟壑纵横、峡谷壁立，到处崇山峻岭，交通阻隔。同治年间，贵州提督周达武在征剿凉山彝区后所立的《征剿建南夷匪碑记》中提道："治夷之道，有三难焉。建南之中，群山所布，峻途绝险，足茧艰步，难一；倮夷野处，蹊径熟悉，猱猿善登，如履平地，常以羊皮裹数日行粮，力强轻战，难二；夷地辽阔，群蛮散处，不能聚歼，败则兔脱，胜则蜂屯，善于攻人之整，袭人之疲，乘人之危，常以数十人敌千数百人之众，难三。"①清政府尽管在沿边一带设置营汛，企图"形联势控"，对凉山形成包围之势，然始终未能深入腹心地带。其次，在凉山彝族地区，家支制度成为当地整个社会的核心。明清以来，黑彝家支联合起来把几个大土司一步步逼出凉山腹心地带后，这一带便成为黑彝家支的天下。家支，彝语称为"楚西"或"楚加"，是内部严禁通婚，并以父子联名制谱系作为链条贯穿起来的一个父系血缘集团，一般以共同的男性祖先名字来命名。家支关系是彝族社会的一大特征，它以血缘关系为纽带，以嫡长子继承制为基本特征组织起若干亲族集团，每个家支都依据同一姓氏分为若干家族，每一家族又分为若干支族。每个家支都有自己固定的地域范围，可能包括几个、十几个甚至几十个村寨，有时这些村寨并不是连成一片，而是分散到不同的地方。② 家支与家支之间彼此不相统属，各自为政，在其上并未形成更大范围的联盟或政权组织形式；同时，为了扩大财富、地盘，家支经常进行掠夺战争，即所谓"打冤家"。为了在与别的家支的冲突中占据优势，凉山黑彝社会又实行家支外的联姻制度，家支内部绝对不允许通婚，以避免本集团内部由于婚配而引起的纠纷，"彝族婚姻制度是一种强大的习惯势力，谁也不敢违抗，如果违背了就会遭到本家支的非难、旁人的歧视。所以，大家就只好竭尽全力地去迎合，这样才能受到家支的称赞，旁人的尊重"③。

  由于凉山地区特殊的自然地理条件和社会环境，如家支制度、婚姻制度相互配合，以及长期积淀形成的习惯法，共同维系着凉山彝族的社会组织结构，使其坚固而不易被打破；加之清政府的民族隔离政策，长期形成的尖锐的彝汉矛盾，诸多因素都使得这一地区彝族的生产、生活和经济活动被局限在一个极其封闭的自然空间内，造成凉山腹心地带彝族经济日趋萎

---

① 杨肇基纂：民国《西昌县志》卷九《兵寇志》，民国三十一年（1942）修订本。
② 参见沈乾芳的《社会变革时期的彝族婚姻形态研究（1368—1949年）》，民族出版社，2011年，第144页。
③ 阿黑拉机：《凉山彝族婚姻风俗的社会学剖析》，《四川省公安管理干部学院学报》1994年第4期。

缩和民族文化的逐渐衰退。

四、云南南部傣族地区

　　清代官府除重视对傣族土司子弟实施儒学教育,培养他们的忠顺之心外,亦从雍正年间起开始在傣族地区创办义学。雍正三年(1725),清政府议准在威远等地建立义学,先延塾师,"以六年为期。如果教导有成,塾师准作贡生。三年无成,该生发还,别择文行兼优之士。应需经书日用,该督抚照例办给。俟熟番学业有成,令往教诲生番子弟,再俟熟习通晓之后,准其报名应试"①。至乾隆初年,傣族居住较多的景东直隶厅设义学15馆,腾越厅义学21馆,威远厅义学14馆。② 至清末,蒙化直隶厅义学达29所,腾越厅增加到59所,滇南的普洱府有义学56馆,其中在思茅厅,义学"一在城东十二里漫兰村五显庙,一在城东南四百八十里倚邦山,一在城南五百里九龙江,一在城南六百八十里猛遮"③。猛遮即今天的西双版纳州勐海县勐遮镇。这说明较之明代,傣族地区的文化教育普及得到较快发展。这对云南傣族地区的文化教育和社会经济发展具有很大意义。光绪末年,曾任总理永(昌)顺(宁)普(洱)镇(边厅)沿边学务中书科中书的李曰垓曾对晚清傣族地区的土民学塾的作用有过一番阐述:一是土民学塾的创办可以使边疆少数民族"教化渐濡,既隐清其犷悍不驯之风,又长养其营生之智识,而竖其归依爱戴之心"。二是开办土民学塾有保全国土、巩固国防的作用,通过教化,增强广大土民的国防意识,培养国家观念。三是创办土民学塾可以收拾笼络人心。他认为边疆地区的少数民族民风强悍,自古以来很难驯服。而创办学校,是潜移默化、改变人心的长久之计。④ 李曰垓的上述评价一定程度上也是符合义学教育之于傣族等边疆少数民族地区的作用的。

　　受儒学文化教育的长期影响,清末傣族地区的社会面貌有了很大的变化,如普洱地区,"户习诗书""士敦礼让";威远厅,傣族子弟"渐摩华风,亦知诵读","子弟多有入庠序者"。由于受内地汉文化的影响,一些傣族土司的思想观念已打上封建伦理道德、儒家思想的烙印。他们效仿汉族,修纂族谱、家谱;鼓励子孙学习四书五经,参加科举考试;严守三纲五常、封建礼

---

　　① 吴永章:《中国土司制度渊源与发展史》,四川出版社,1988年,第243页。
　　② 参见方铁、方慧的《中国西南边疆开发史》,云南人民出版社,1997年,第429页。
　　③ 李春龙、王珏点校本:民国《新纂云南通志》卷一三六《学制考》第六册,云南人民出版社,2007年,第577页。
　　④ 参见程印学的《清朝经营傣族研究》,中央民族大学博士学位论文,2005年,第99—100页。

教等条规。此外,他们在生活习俗、婚丧仪式,乃至节日等方面也不断趋向内地化,所谓"夷俗渐革而文教兴焉"、"风俗人情,居然中土"、"士敦礼让,日蒸月代,骎骎乎具有华风"。① 例如,当时的普洱府属三厅一县皆仿照内地汉文化,并有"八景"和"八景诗",宁洱县八景为:天壁晓霞、仙洞春云、龙潭秋月、城畔荷风、东岑兰尊、西岭温泉、回峰夕照、茶庵鸟道;他郎厅八景为:九叠联珠、文山笔架、青烟古洞、碧岫灵山、双溪绕阁、双峰叠键、墨江锦浪、龙泉珠滚;思茅厅八景为:东涧温泉、玉屏耸翠、灵岩仙窟、孔明古城、鸠坡云气、南屏古柏、南涧荷香、木井甘泉。②

当然,必须要注意到,云南傣族地区的社会面貌在清代虽然有较大的趋向于腹里靠内地区的变化,但似乎不能估计过高。因为在内地儒家文化对清代傣族社会产生日渐明显影响的同时,一些不能忽视的因素在发挥着博弈的作用,如土司制度的治理模式直到民国时期仍然延续着,内地县级建制直到晚清民国时期尚未在今德宏、普洱、西双版纳等傣族地区完全建立起来。与此同时,南传佛教对傣族社会的影响,在元明就逐渐深入,到清代其影响更加广泛,已经渗透到傣族社会的方方面面,这自然亦对内地汉文化的进入产生了相当大的牵制作用。

本章小结

何为内地化,学界对此较为关注。"内地化"是一个具有时间性和空间性维度的概念。其时间性特征,是指边疆少数民族地区的内地化是一个长时段的动态演进的进程,是边疆少数民族地区向内地趋同的历时性过程;其空间性维度,指边疆少数民族地区的内地化涵盖社会的整体变迁,既包括中原内地的政治管理制度在边疆少数民族地区推广、取代民族地区传统政治治理架构的过程,还包括边疆少数民族地区社会生产方式、文化生活等在中原内地的影响下发生变迁的情形。

由于篇幅有限及内容叙述的主线,本章主要考察清代西南边疆少数民族在教育政策及其施行的牵引作用下,该民族地区对内地文化认同与社会变迁的表现。毫无疑问,清政府主观上是希望通过一系列教育政策的实

---

① 方铁、方慧:《中国西南边疆开发史》,云南人民出版社,1997年,第432页。
② 道光《普洱府志·艺文志》,邓启华主编:《清代普洱府志选注》,云南大学出版社,2007年,第358—374页。

施,以儒家"教化"来促成西南边疆少数民族的行为观念同化于中原内地。所谓儒家"教化",即"以王权为中心的政治系统,通过宣讲、表彰、学校教育以及各种祭祀等方式,将王权主义的价值体系灌入人们的意识之中"①。在元、明、清三个统一王朝中,清政府构建的儒家教化运动可称之为典范,其时,"儒家教化"不仅是"一个文明化进程",也是"延伸清帝国统治的手段"②。在清代学校教育政策和科举考试制度的叠加作用下,西南边疆少数民族地区文化认同与社会变迁之程度前所未有。首先,在各民族中出现了一大批与内地具有相似价值观念、道德取向和家国情怀的封建知识分子。明代贵州共录取文举人 1739 名、文进士 105 名,清代增加到文举人 4110 名、文进士 611 名;清代广西产生文举人 5075 人、文进士共有 585 名,云南有文举人 5697 名、文进士 682 名,均比明代增加很多。士人群体起着引领重构当地社会文化不可替代的作用,正所谓"为士者乃四民之首,一方之望,凡属编氓,皆尊之奉之,以为读圣贤之书,列胶庠之选,其所言所行,俱可以为乡人法则也……群黎百姓,日闻善言,日观善行,必共生感发之念。风俗之丕变,庶几其可望也"③。其次,进入清代,西南边疆少数民族地区对中原文化认同与社会文化变迁在明代的基础上有更加显著的进展。最重要的就是义学、社学、书院等各类学校的分布逐步向边远民族地区推进,尤其是义学的大规模兴办或创设,不断扩大西南边疆少数民族地区的受教育对象,清代西南边疆地区儒学教育的影响空间范围明显超越明代,这就使一些地处边远地区少数民族的社会生活和习俗发生了深刻的变化。最后,选取西南边疆 4 个较大的民族居住地区,即滇桂交界地带的壮族地区、贵州苗疆地区、滇川交界地区的彝族地区、云南南部的傣族地区,对各该民族地区的社会变化作进一步的考察。然而,正如前面已提及,西南边疆少数民族地区的内地化是一个整体性的过程,除了文化认同与社会习尚变化,还包含行政治理方式、社会生产方式等的内地化趋向,关于政治层面、社会生产方式的内地化,由于受体例和叙述主线的局限无法展开,仅能在此稍作简介。

  西南边疆行政治理方式的内地化,实质是维护国家统一之大势。至明清,这一促进手段主要是通过改土归流来逐渐实现的。对西南土司的改土归流,明代初年即已开始,清初亦未间断,如顺治十六年(1659)云南元江改

---

① 刘泽华:《中国的王权主义》,上海人民出版社,2000 年,第 159 页。
② [美]John E. Herman,于晓燕译:《帝国势力深入西南:清初对土司制度的改革》,陆韧主编:《现代西方学术视野中的中国西南边疆史》,云南大学出版社,2007 年,第 178—216 页。
③ (清)郑珍、莫友芝纂:《遵义府志》卷二三《学校二》,道光二十二年刻本。

流,康熙四年(1665)蒙化改流,康熙六年(1667)革教化、王弄、安南三长官司,建开化府。不过清代改土归流的高潮是在雍正时期。此后,西南边疆的改流仍断续进行。如云南到民国初期就只剩下滇西澜沧江以西的江外土司地和滇南的部分中小土司了。在贵州苗疆,通过武力开辟,设置"新疆六厅",将曾经的"化外"之地纳入政治管辖,其政治内地化层面实现重大进展。当然,清朝对西南边疆的政治内地化,也同时伴随了战争和少数民族的反抗,如对苗疆的大规模开辟,在雍正至乾嘉时期就引起各地苗民的5次大规模起义,其余波则延续到嘉道年间。然而政治正确显然也是历史的选择,因此"清政府推行的上述政策,从客观历史发展来看,无疑具有进步意义,它不仅加强了中央政府同苗族地区政治上的联系,而且有助于打破苗族地区封闭落后的状态,从而有利于苗族地区社会经济的发展"[1]。

明清王朝关于西南边疆社会生产方式的内地化,又是"以个体小农生产方式的地域推进来实现的"[2]。其典型结构功能的示范性,可从两方面显现:一是以家庭为生产单位的制度构建。这是伴随着中原内地移民源源不断进入西南边疆逐渐推广开来的。明代,以军事移民为主体的汉族移民遍布云贵交通干线及重要城镇、坝区;进入清代,"则在旧移民增殖、新移民增多的情况下,向少数民族居住的农村和山区、半山区扩展"。大量汉族移民涌入山区,使汉族人口超过该山地的土著民族,并最终使内地以家庭为单位的生产方式融为西南边地社会的主体。二是内地小农耕作技术方式的融入。由于汉族移民普遍使用牛进行耕作,在此示范下,"夷人亦渐习牛耕"[3]。同时,内地水利技术的引入、农产品种类的增多,促进了西南边疆农业迅速发展,内地农业生产工具如铁犁铧、铁锄、铁钉耙等亦为西南边疆少数民族广泛使用,并使副业生产获得相应发展。这表明在传统农业社会的活动方式上,西南边疆内地化程度的提高和与汉民族的日益融为一体。

需要注意的是,尽管西南边疆的内地化研究本身内涵指向是探讨西南边疆少数民族地区如何逐渐实现与内地的均质化,亦即西南边疆社会的政治、经济地位在与内地核心区域社会相较下的质变过程,但由于受政治、经济及人文诸多因素的影响,包括清朝在内的历代中原王朝,曾对西南边疆内地化采取过很多措施。如行政建置、办理交通、兴办学校、移民实边等,

---

[1] 中国第一历史档案馆等编:《清代前期苗民起义档案史料》(上册)"前言",光明日报出版社,1987年。

[2] 陈庆德:《资源配置与制度变迁——人类学视野中的多民族经济共生形态》,云南大学出版社,2001年,第227页。

[3] 尤中:《中国西南民族史》,云南人民出版社,1986年,第436页。

而且清朝的力度远远超过元明大一统王朝,但其目的只是为了维持既定的政治控制,换言之,西南边疆处于"被内地化"的地位,实质就是"处于从属""弱势"的西南边疆少数民族为中原"强势民族群体"所吸纳和同化的过程①,西南边疆多民族自身仍然缺乏"我需要"的明显自觉,这就使得清代西南边疆少数民族地区与内地的均质化程度十分有限。只有进入近代,面对西方列强的欺凌侵逼,西南边疆各族人民在谋求对自身权益进行保护之时,才深刻感悟到"没有国,哪有家"之痛楚,其边缘化的自在状态才被警醒,进而随着国际、国内形势的变化,亦在不同物质生产领域的活动中,逐渐显示出其力欲依托内地、展示边内一家,以及力欲形成与内地声息相通的自觉,为此也使得西南边疆在交通、实业、商贸、近代教育、社会风尚及思想意识等方面显现出与内地日渐一体的变化趋势。只有到那时,近代西南边疆社会与内地日趋均质化,其动力源既有内地,特别是国家政治中枢的拉力作用,也有西南边疆各少数民族由"中国认同"延伸到对"内地化"的不懈追求。②

---

① 参见陈庆德的《经济人类学》,人民出版社,2001年,第445页。
② 参见陈征平的《近代西南边疆少数民族地区内地化进程研究》,人民出版社,2016年,第4—19页。

结　　语

如前所述,与元明王朝相比,清政府能根据西南边疆的实际(如自然环境和人文环境复杂,少数民族种类众多,各民族地区经济社会、文化教育水平参差不齐等),实施一套较为符合西南边疆少数民族地区实情的教育政策,促进了西南边疆少数民族地区文化教育的较快发展,从而极大地推动了西南边疆的文化认同与民族地区的内地化进程,但清朝西南边疆少数民族教育政策也存在诸多局限。

一是总体上对发展西南边疆少数民族地区的教育投入不足,很多地方办学条件极其简陋。

譬如在贵州,作为府州县学授课、地方官员定期督学的场所学宫,就比较简陋,至雍正初年,很多已经毁坏。如雍正二年(1724),王弈仁视学黔中,见安平县学宫"雨堕潦毁,倾圮殆尽"。晏斯盛就任贵州学政期间,也记述安化县学"庙故圮颓,虑无以光盛典",平越州学"庙庑倾圮,上漏下湿,有不可终日之势"①。

西南边疆少数民族地区的义学办学条件也十分有限。很多义学都是利用庙宇、乡村公房等场所。道光年间,徐铉记述松桃义学情况云:"旧设义学,迁徙不恒。中历多年,且有废而不举者。"②

西南边疆各地的书院经费同样紧缺。从书院经费来源看,在贵州苗疆兴办的40所书院中,流官出面捐修或重建的占7所,私人捐资修建的有12所,仅黎平府陈熙就捐资兴建有4所。这在一定程度上体现出清政府对苗疆教育的重视是远远不够的。应该说,在经济社会较为落后的的边疆民族地区,作为基础的启蒙教育,应该是国家、政府投资作为主要渠道,但事实上其经费大部分还是来源于官员个人、地方士绅及平民等的捐助。国家投入不足,一定程度上影响了西南边疆少数民族地区各类学校教育的发展。

---

① 《贵州通史》编委会:《贵州通史》第三卷《清代的贵州》,当代中国出版社,2002年,第708—709页。
② 贵州省文史研究馆点校:《贵州通志·学校·选举志》,贵州人民出版社,2008年,第121页。

二是统治集团内部对在贵州苗疆发展基础教育认识不统一,导致在政策执行过程中出现严重波动和反复,造成了诸多消极影响。

雍正年间,对贵州苗疆进行武力开辟后,在采取的诸多善后措施中,很重要的一条就是兴办义学、社学,对苗民子弟实施启蒙教育。雍正三年(1725)议准:"黔省苗人皆有秀良子弟,令各府、州、县设立义学。嗣后,苗人子弟情愿读书者,许各赴该管府、州、县报名,送入义学,令教官严加督察"①;乾隆五年(1740),下令在苗疆地区开展大规模创建社学活动,并要求地方政府保证社学教师、办学经费到位:"于附近生员内,选择文行兼优者,令其教导……仍令驻扎该地方之同知、通判等官,不时稽察。至修建社学,应令该督转饬地方官酌量办理。其社师,每年各给脩脯银二十两,统于公费银内动支,入于该年册内报销。"②至于参与开辟苗疆的鄂尔泰、张广泗等地方大吏,对在苗疆设学、举办教育有着更加深刻的认识,视为"振励苗疆之要务":"于抚导绥戢之余,必当诱植彼之秀异者,教以服习礼义。庶几循次陶淑,而后可渐臻一道同风之效。是所请设立义学,课诲新附苗人子弟,实为振励苗疆要务",认为"庶陶以文教,消其悍顽,于苗疆治理不无裨益。"③

然而,部分高级官员却对在苗疆实施启蒙教育出现了认识上的严重偏误,即认为"概令鸟言侏漓读书识字,将来未收移风易俗之效,而适启舞文仇法之奸,甚非绥辑边疆之要道也","今若更令诵习诗书,凿其智巧,是非教之,使为'汉奸'乎"。④尤其是鄂尔泰、张广泗相继去世后,乾隆皇帝亦受到这种错误认识的影响,竟然接受了贵州布政使温福缺乏远见和战略高度的建议,于乾隆十六年(1751)基本否定了苗疆启蒙教育政策,遂使社学大量被裁汰,苗疆义学教育亦转入低谷。书院教育同样受到影响,乾隆朝在贵州苗疆仅仅兴建5所书院,这与当时全国的经济、文化发展大势是不协调的。这就造成"新疆六厅"及周边苗疆厅县的苗民长期缺乏向社会上层合法上升的通道。苗疆地区除了政治上有流官统治外,文化教育长期处于

---

① (清)索尔讷等纂修,霍有明、郭海文校注:《钦定学政全书校注》卷七三《义学事例》,武汉大学出版社,2009年,第287页。
② (清)索尔讷等纂修,霍有明、郭海文校注:《钦定学政全书校注》卷七三《义学事例》,武汉大学出版社,2009年,第288—289页。
③ (清)张广泗撰:《题请设立苗疆义学疏》,贵州省文史研究馆点校:《贵州通志·学校·选举志》,贵州人民出版社,2008年,第118—119页。
④ 中国第一历史档案馆编:《清代档案史料丛编》第14辑,乾隆十四年六月二十六日,"云贵总督张允随奏遵因俗而治谕旨办理缘由折",中华书局,1990年,第178—180页。

停滞不前的状态。① 对同时期云南、广西的义学教育亦带来了消极影响。

三是清政府在西南边疆少数民族地区采取的很多政策措施,尤其是在各类学校的教学思想、教学内容,以及价值导向上往往采取一刀切的做法,较少甚或没有尊重西南边疆众多民族的文化传统,在很多地区造成了持久的文化冲突,带来了深刻的影响。

事实上,清统治者对西南边疆少数民族地区人文社会情状的认知是清晰的,如在苗疆地区,认为苗民风俗"与内地百姓迥别",故而在司法层面特别允许"嗣后苗众一切自相争讼之事,俱照苗例完结,不必绳以官法"②,但因为清政府治理苗疆的目的是使其由"化外"变而为内地,"宜从容治理,循序化导,使其渐染华风,变为内地,以期千百年久安长治,方可一劳永逸"③,这就必然要消解苗疆传统文化,传播移植中原内地文化。如施行剃发,把苗民划分为"民苗""熟苗""生苗"三大类,先令"熟苗"剃发,待官府承认"熟苗"为"民苗"后,再化"生苗"为"熟苗",对所谓"生苗"群体加以歧视。同时,在各级学校教育内容上,传播以儒学为核心的中原内地文化,尤其是通过义学教育同化西南边疆各民族的目的非常明确:"广兴义学……化民成俗,教学为先;兴贤育才,致治所尚。……使天下无不学之人,乡村无不学之地,所以造就人材,移风易俗,意甚盛也。地方各官有牧民之责,专化导之司,多其教之之地,广其教之之法,莫如义学成材,可资以进取童幼。亦端其蒙养,诚教法之枢机,而地方之要务也","是义学之设,文教所系,风化所系"。④ 云南的陈宏谋认为,"是义学之设,文化风俗所系,在滇省尤为紧要也"⑤,"滇省夷多汉少,鲜事诗书,义学之设,视他省为尤急,在乡义学又视在城为尤急"⑥。从这里非常清楚地看出,清政府在西南边疆少数民族地区设立义学的目的,是为了使"夷人"子弟熏陶其礼仪,以革其心,转移风俗,潜移默化地接受统治者提倡的封建礼教和价值观念。进一步说,西南边疆义学的教学内容更加注重对少数民族子弟"训以官音,教以礼义,学为

---

① 张中奎:《改土归流与苗疆再造:清代"新疆六厅"的王化进程及其社会文化变迁》,中国社会科学出版社,2012年,第251页。
② 乾隆《清圣训》卷一五《圣治》,《十朝东华录·乾隆四》。
③ (清)张广泗撰:《议冯光裕治理苗疆事宜折》,《清前期苗民起义档案史料》(上),第213页。
④ (清)张经田撰:《广兴义学文》,贵州省文史研究馆点校:《贵州通志·学校·选举志》,贵州人民出版社,2008年,第120—121页。
⑤ (清)陈宏谋撰:《查设义学檄》,载雍正《云南通志》卷二九《艺文七》,民国《新纂云南通志》卷一三四《学制考四》。
⑥ (清)陈宏谋撰:《查设义学第二檄》,载雍正《云南通志》卷二九《艺文七》,民国《新纂云南通志》卷一三四《学制考四》。

文字"①。这样的教育方针与政策,甚少考虑受教育主体的民族其文化的传播与弘扬,对各少数民族文化缺乏尊重,其在西南边疆少数民族地区长期推行的结果,必然会引发当地民族文化与外来文化的冲突。

四是在西南边疆少数民族地区的人才选拔力度不够,同时移家入籍应试、寄籍应试等政策的施行,虽然引领示范西南边疆少数民族地区文化教育风气的初衷有一定的合理性,但造成了诸多流弊,客观上扩大了土著与客籍之间的矛盾。

如广西平乐县,当地官员和地方士绅曾在乾隆二十五年(1760)立有严禁冒考应试碑,明确规定"嗣后每遇岁科两试,遵照学院疏内果系土著廪生,素行端谨,心地清明者,方令认保。……其应试童生,照《学政全书》定例,实有田园庐墓者,方准入考。……如敢犯科条或认保者,朋比滥包,许学中攻发,定将应试之人与保廪互童,一并照律治罪"②。

平乐县立碑示禁的做法,可以视为全县士子的一种群体性行为,他们共同反对外来士子冒籍应试。这在很大程度上彰显了在分区定额、原籍应试原则之下,科举名额的地区专属性,即因为学额是一种全社会的稀缺性资源,分配到各地区的学额自然就是该地区的珍贵资源,也就是专属于该地区士子的宝贵资源,在这样的情形下,任何外来士子冒籍应试的行为都会成为该地区全体士子的"公敌"。此种情形反映出,在学额长期作为稀缺性地方资源的情况下,西南边疆普遍存在着土著士子与外来士子之间的矛盾。

另外,清代科举教育的内容和形式没有能够适应时代潮流的发展而及时进行改革或转型,亦是很大的历史局限性。

古代中国选拔人才的制度经历了几个阶段的变化,"取士之法,三代以上出于学,汉以后出于郡县吏,魏晋以后出于九品中正,隋唐至今出于科举",到清代,采用科举考试之法选拔人才已有千余年历史,虽然"科举之法,每代不同,而自明至今,则皆出于时艺",但其积弊延至清代已很明显,"科举之弊,诗赋则只尚浮华而全无实用,明经则专事记诵而文义不通","今之时文,徒空言而不适于用"③。因此,早在乾隆九年(1744),就有人曾指出,"科举之制,凭文而取,按格而官,已非良法……侥幸求售者,弊端百

---

① (清)陈宏谋:《五种遗规·养正遗规》补编《社学要略》,亦参见(清)素尔讷等纂修,霍有明、郭海文校注的《钦定学政全书校注》卷七三《义学事例》,武汉大学出版社,2009年,第288页。
② 陈天云:《清乾隆年间"严禁冒籍应考"石碑》,《平乐方志通讯》1988年第1期,第43页。
③ (清)索尔讷等纂修,霍有明、郭海明校注:《钦定学政全书校注》卷六《厘正文体》,武汉大学出版社,2008年,第28页。

出。探本清源,应将考试条款,改移而更张之,别思所以遴援真才实学之道"①。但在当时没有引起最高统治者的重视。鸦片战争后,随着西方资本主义的侵入,"欧风美雨"纷至沓来,中国传统社会与文化被迫向近代转型。新形势的变化对人才培养和选拔提出了新的要求,但清政府昧于大势,没有及时主动适应。延至1901年,清政府在被动中宣布实行"新政",次年起废除八股,乡、会试皆试策论;1905年,清政府宣布停止科举应试制度,试行改革。然仅仅过了6年,辛亥革命爆发,在政治革命浪潮的冲击下,清政府轰然倒塌。清朝统治集团在打开国门之后,未能敏感地认识到世界大势的急剧变化,也就未能主动进行教育思想、教育内容及选拔制度等一系列大刀阔斧的改革,而是仍然维持着传统的一套,导致传统教育错失了转型发展的最好时机。

尽管清朝边疆民族教育政策存在诸多局限,但将其与当时边疆民族地区内地化联系起来观察,以结构功能主义理论为观照,仍有一些问题值得进一步深入探讨。通过考察,我们发现清朝对西南边疆进行治理的政治、经济、军事、文化、教育、司法等诸多措施,已经形成了一个较为完整的,具有内在联系的治理政策体系,其中教育政策是非常重要的组成部分。清政府对西南边疆治理的过程,实际上是中央向地方施加干预的指向。

西南边疆社会由于其地理、人文的特殊性,则可以视为一个与内地具有明显差异的相对的社会系统,根据冲击—反应理论,清政府采取的诸多治理措施,必然引起西南边疆社会的反应,形成中央与地方的互动博弈。在清中央—西南边疆社会这一互动博弈的关系中,清政府因为有庞大的政治制度、经济发展模式和文化软实力等诸多资源作为支持,因而居于主导地位。西南边疆少数民族社会在清政府治理政策体系的作用下,发生了持续的反应,这一过程实质上就是内地化。

西南边疆经过元明两代大一统王朝的治理与经营,已经与内地形成密不可分的联系,成为清帝国版图不可分割的一部分,并在清政府的整体视野中占有着重要地位。就当时的国家整合整体形势而言,西南边疆因其重要的地缘区位、复杂的地理环境、多元的民族社会文化,在清政府的边疆治理总体设计和实施过程中有着特殊的重要性。西南边疆少数民族社会在清政府的持续治理下,内地化进程加快,且最终形成不可逆转的历史趋势,对于中华民族多元一体格局的最终形成和稳固奉献了不可替代的历史性价值。

---

① (清)索尔讷等纂修,霍有明、郭海文校注:《钦定学政全书校注》卷六《厘正文体》,武汉大学出版社,2009年,第28页。

清代西南边疆与内地一体发展、西南边疆少数民族社会趋向内地化是客观的历史演进过程,但因西南边疆整体及其内部自然地理环境与人文状况有诸多特殊性,这一进程是复杂的且带有显著的地域性,或可称为"西南边疆性",即西南边疆地区的内地化具有一些较为显著的特征。

首先,从西南边疆整体历史演进来看,西南边疆内地化是一个长期渐进的动态过程,这个过程伴随着西南边疆的民族融合与分化,到清代,西南边疆的内地化进程进入完全不可逆的轨道。但个别地区存在反复曲折的情形。其次,西南边疆内地化应该是一个综合的系统概念,即不仅仅止于政治(行政管理体制)、经济(经济发展模式、经济生活形态)、文化(民族传统文化、社会心理等)某一层面或维度的"内地化",而是一个边疆土著民族社会(包括传统政治管理架构、经济生活、传统文化等)系统变迁的过程。再次,从秦汉以后的历史发展看,西南边疆内地化确乎是以政治治理体制在西南边疆的采用为先导的,中原中央政府的强力主导是西南边疆内地化的重要推力,但随着时间的推移,如交通、移民、教育等的因素的影响逐渐增强,尤其是到明、清时期,文化教育因素在西南边疆内地化进程中发挥的作用更为突出,其作用和价值不可替代。最后,元、明、清时期,西南边疆少数民族地区的内地化进程在整体上呈现逐渐加快的趋势,但不同的民族在回应内地化这一复杂的历史趋势时,其表现是不尽相同的,大致有以下四种情形:一是比较强烈的拒斥,如川西南凉山彝族地区;二是骤然被动地卷入内地化进程,在博弈中缓慢变迁,如贵州苗疆地区;三是较为主动地顺应,如滇东南、桂西的壮族地区;四是受到综合因素(土司制度、移民、小乘佛教文化等)的影响,如滇南傣族地区。这样的划分是否恰当,是否比较符合历史演进的实际,还需要进一步深入研究。

此外,还应注意到特殊而又复杂的自然地理环境在历代中原王朝治理西南边疆过程中所起的作用。西南边疆以云贵山地高原为主体,地表面崇山峻岭,山河相间,崎岖不平,森林植被密布,一直到晚清民国,其内部交通以及与外界的交通都极其不便。由于西南边疆地区开发时间较晚,开发程度不高,汉唐以来,西南边疆的瘴气以及疟疾等诸多疾病所造成的伤害不断出现在中原内地士人的诗词、游记、信札之中,形成了长久挥之不去的群体性印记,此种情形在清代士人的各种记载中仍普遍可寻。到清代,西南边疆的自然环境仍无大的改观,对清王朝向西南边疆山区或边远地带推进的治理努力仍然是一种阻碍性的客观因素。换句话说,特殊的自然地理环境对西南边疆少数民族地区的内地化起着阻碍性作用。

清王朝对西南边疆的治理,西南边疆少数民族社会的内地化,这两种相向而行的行为进程都具有不同于别的边疆地区的特殊性。

当然,我们在此无意过分强调西南边疆在清政府治理视野下的特殊性。因为单纯地停留在内地化内涵层面的讨论,或者将西南边疆少数民族社会内地化趋势看作整齐划一的效果,都是不可取的。而应该既要站在西南边疆整体性的宏观立场审视和把握清代西南少数民族社会内地化的动态趋势,又要借助个案研究的路径深入考察不同民族地区社会文化变迁所呈现出来的个性化特征,唯有兼顾共性与个性、普遍性与特殊性,方能更清晰地感触到清代西南边疆少数民族社会在多元一体格局下与内地交互共振的时代节奏。

毋庸置疑,当代越来越多的学者逐渐认识到,清代西南边疆少数民族社会的内地化是一个值得关注的问题,与当下西南边疆少数民族地区经济社会的发展在历史时序上有着密切的联系。这一问题看似简单,实际上表现出来的历史情状十分复杂。它不是短时期内发生,也并非很快结束的进程,而是一个具有前代良好基础,在清代呈现更快速度的长时段的动态进程。同时,我们也不能简单地将之视为完全单方面的行为,即不是西南边疆少数民族社会被动地完全接受中原内地经济社会发展模式,而是有被动接受也有主动顺应。"边疆民族地区的内地化既不是全盘接受或照搬了中原地区的发展模式,也不是被内地同化,而是在保持区域和民族特点的前提下,或被动或主动地受到较发达和强势的中原内地模式的影响,具有了中原传统及民族区域的双重特点。"[①]亦正因为如此,直到现代,西南边疆少数民族地区在与内地各方面密切交流的同时,仍具有自身较为鲜明的社会发展特征和丰富多彩的传统文化。

---

① 周琼:《"八景"文化的起源及其在边疆民族地区的发展——以云南"八景"文化为中心》,《清华大学学报(哲学社会科学版)》2009年第1期。

附 录

1. 清代贵州各府县学学额统计表

府(州)	儒学	学额	廪生名额	增生名额	贡期	儒学设立时间
贵阳府	贵阳府学	20	40	40	一年一贡	康熙三十一年
	贵筑县学	20	20	20	二年一贡	康熙三十八年
	定番州学	12	30	30	三年两贡	康熙三十一年
	贵定县学	12	20	20	二年一贡	康熙二十六年
	修文县学	12	20	20	二年一贡	康熙二十六年
	广顺州学	8	30	30	三年两贡	康熙三十三年
	开州学	8	30	30	三年两贡	康熙三十八年
	龙里县学	8	20	20	三年一贡	康熙十年
安顺府	安顺府学	20	40	40	一年一贡	康熙七年
	普定县学	12	20	20	二年一贡	康熙三十八年
	清镇县学	12	20	20	二年一贡	康熙二十六年
	安平县学	12	20	20	二年一贡	康熙二十六年
	镇宁州学	12	30	30	三年两贡	康熙六年
	永宁州学	8	30	30	三年两贡	不祥
	郎岱厅学	10	15	15	三年一贡	道光七年
南笼府(后改兴义府)	南笼府学	12	30	30	一年一贡	康熙三十九年
	永丰州学	4	2	2	四年一贡	雍正十二年
	普安州学	12	30	30	三年两贡	康熙七年
	普安县学	8	20	20	二年一贡	康熙三十八年
	安南县学	8	20	20	二年一贡	康熙八年
	松桃厅学	4	2	2	四年一贡	嘉庆四年
	普安厅学	10	24	24	三年两贡	嘉庆六年

续表

府(州)	儒学	学额	廪生名额	增生名额	贡期	儒学设立时间
平越府	平越府学	20	40	40	一年一贡	顺治十七年（后改为州学）
	平越县学	8	20	20	二年一贡	不祥
	余庆县学	8	20	20	二年一贡	康熙三十八年
	黄平州学	15	30	30	三年两贡	康熙二十六年
	瓮安县学	12	20	20	二年一贡	康熙三十三年
	湄潭县学	12	20	20	二年一贡	康熙三十八年
都匀府	都匀府学	18	40	40	一年一贡	康熙六年
	都匀县学	8	20	20	二年一贡	康熙三十八年
	清平县学	8	20	20	二年一贡	康熙十一年
	独山州学	8	30	30	三年两贡	康熙三十八年
	麻哈州学	8	30	30	三年两贡	康熙五十八年
	荔波县学	4	2	2	四年一贡	康熙二十一年
	八寨厅学*	6	8	8	四年一贡	道光二十年
镇远府	镇远府学	20	40	40	一年一贡	康熙三十一年
	镇远县学	8	20	20	二年一贡	康熙三十八年
	施秉县学	12	20	20	二年一贡	康二十六年
	天柱县学	12	20	20	二年一贡	康熙十年
思南府	思南府学	20	40	40	一年一贡	康熙十年
	安化县学	12	20	20	二年一贡	康熙三十八年
	印江县学	8	20	20	二年一贡	顺治十七年
	婺川县学	8	20	20	二年一贡	康熙五十五年
思州府	思州府学	16	40	40	一年一贡	康熙六年
	玉屏县学	8	20	20	二年一贡	顺治十八年
	青溪县学	8	20	20	二年一贡	雍正五年
石阡府	石阡府学	17	40	40	一年一贡	康熙三年
	龙泉县学	8	20	20	二年一贡	康熙三十八年
铜仁府	铜仁府学	12	40	40	一年一贡	康熙二年
	铜仁县学	8	20	20	二年一贡	康熙三十八年

续表

府(州)	儒学	学额	廪生名额	增生名额	贡期	儒学设立时间
黎平府	黎平府学	20	40	40	一年一贡	顺治十八年
	开泰县学	12	20	20	二年一贡	雍正五年
	锦屏县学	8	20	20	二年一贡	雍正五年
	永从县学	8	20	20	二年一贡	康熙五十七年
	古州厅学	6	8	8	四年一贡	雍正十二年
大定府	大定府学	23(内水城厅5名)	46(内水城厅6名)	46(内水城厅6名)	一年一贡	康熙六年
	威宁州学	20	30	30	三年两贡	雍正七年
	黔西州学	15	30	30	三年两贡	康熙四年
	平远州学	12	24	24	三年两贡	康熙四年
	毕节县学	15	20	20	二年一贡	康熙二十六年
	水城厅学	5	6	6	四年一贡	乾隆四十一年
遵义府	遵义府学	18	36	36	一年一贡	康熙元年
	遵义县学	15	20	20	二年一贡	康熙八年
	正安州学	12	30	30	三年两贡	乾隆十年
	绥阳县学	12	20	20	二年一贡	康熙二十八年
	桐梓县学	8	20	20	二年一贡	康熙六十年
	仁怀县学	6	16	16	二年一贡	雍正十一年
	仁怀厅学	4	8	8	四年一贡	乾隆四十一年

资料来源:此表主要依据(清)素尔讷等纂修的《钦定学政全书》卷六一《贵州学额》和《嘉庆重修一统志》卷四六〇有关贵州地区儒学设立时间等资料整理而成。

2. 清代云南各府县学学额统计表

府（州）	儒学	学额	廪生名额	增生名额	贡期	儒学设立时间
云南府	云南府学	20	40	40	一年一贡	康熙二十九年
	昆明县学	20	20	20	二年一贡	康熙二十九年
	宜良县学	20	20	20	二年一贡	康熙三十八年
	富民县学	12	20	20	二年一贡	康熙二十一年
	罗次县学	12	20	20	二年一贡	康熙三十二年
	禄丰县学	12	20	20	二年一贡	康熙十一年
	易门县学	12	20	20	二年一贡	康熙三十四年
	呈贡县学	15	30	30	二年一贡	康熙二年
	晋宁州学	20	30	30	三年两贡	康熙四十一年
	安宁州学	20	30	30	三年两贡	康熙八年
	昆阳州学	15	30	30	三年两贡	康熙元年
	嵩明州学	15	30	30	三年两贡	康熙九年
曲靖府	曲靖府学	22	40	40	一年一贡	顺治十七年
	南宁县学	20	20	20	二年一贡	顺治十七年
	霑益州学	15	30	30	三年两贡	康雍年间
	陆凉州学	15	30	30	三年两贡	康熙八年
	马龙州学	12	30	30	三年两贡	雍正三年
	罗平州学	12	30	30	三年两贡	康熙三十一年
	寻甸州学	20	30	30	三年两贡	康熙七年
	平彝县学	12	20	20	二年一贡	康熙三十四年
	宣威州学	8	20	20	二年一贡	雍正八年
临安府	临安府学	20	40	40	一年一贡	康熙年间
	建水县学	20	20	20	二年一贡	乾隆三十五年
	石屏州学	20	20	20	二年一贡	雍正一年
	阿迷州学	15	30	30	三年两贡	雍正三年
	宁州学	15	30	30	三年两贡	道光十五年
	通海县学	20	20	20	二年一贡	康熙二十九年
	河西县学	20	20	20	二年一贡	康熙二十四年
	嶍峨县学	12	20	20	二年一贡	康熙三十四年

续表

府(州)	儒学	学额	廪生名额	增生名额	贡期	儒学设立时间
临安府	蒙自县学	15	20	20	二年一贡	康熙二十年
澂江府	澂江府学	20	40	40	一年一贡	康熙三十年
	河阳县学	20	20	20	二年一贡	顺康年间
	新兴州学	20	30	30	三年两贡	康熙四十八年
	路南州学	12	30	30	三年两贡	顺治十七年
	江川县学	12	20	20	二年一贡	康熙三十二年
广西州	广西州学	18	30	30	三年两贡	康熙五年
	弥勒县学	15	20	20	二年一贡	雍正十一年
	师宗县学	12	20	20	二年一贡	乾隆二十五年
	邱北县学	3	5	5	四年一贡	道光二十二年
元江州	元江州学	15	30	30	三年二贡	顺治十七年
	新平县学	8	20	20	二年一贡	康熙三十一年
开化府	开化府学	20	40	40	一年一贡	不祥
	文山县学	8	—	—	—	光绪六年
	安平厅学	4	—	—	—	光绪六年
广南府	广南府学	15	30	30	三年两贡	康熙四十八年
	宝宁县学	8	—	—	—	光绪六年
	富州学	—	—	—	—	未设学
昭通府	昭通府学	10	8	8	四年一贡	不祥
	恩安县	3	—	—	—	附府学
	镇雄州学	10	8	8	四年一贡	不祥
	永善县学	10	8	8	四年一贡	不祥
	大关厅学	2	—	—	—	光绪年间
	鲁甸厅学	2	—	—	—	光绪年间
东川府	东川府学	10	8	8	四年一贡	不祥
	会泽县	8	—	—	—	附府学
	巧家厅学	4	—	—	—	道光二十八年
楚雄府	楚雄府学	20	40	40	一年一贡	康熙二十二年
	楚雄县学	20	20	20	二年一贡	顺治初年

续表

府(州)	儒学	学额	廪生名额	增生名额	贡期	儒学设立时间
楚雄府	镇南州学	15	30	30	三年两贡	康熙二十二年
	南安州学	12	30	30	三年两贡	康熙二年
	广通县学	12	20	20	二年一贡	康熙三年
	定远县学	15	20	20	二年一贡	康熙二十二年
	黑盐井学	8	8	8	四年一贡	康熙三十八年
	琅盐井学	8	8	8	四年一贡	康熙四年
	姚州学	20	30	30	三年两贡	康熙二十九年
	大姚县学	20	20	20	二年一贡	康熙三十年
	白盐井学	12	8	8	四年一贡	康熙五年
武定州	武定州学	20	30	30	三年二贡	康熙十五年
	禄劝县学	14	20	20	二年一贡	乾隆三十五年
	元谋县学	12	20	20	二年一贡	康熙五十四年
景东厅	景东厅学	20	40	40	一年一贡	乾隆三十五年
大理府	大理府学	20	40	40	一年一贡	康熙七年
	太和县学	20	20	20	二年一贡	顺康年间
	浪穹县学	20	20	20	二年一贡	康熙元年
	赵州学	20	30	30	三年两贡	康熙十一年
	邓川州学	20	30	30	三年两贡	康熙二十六年
	云南县学	15	20	20	二年一贡	康熙三十九年
	宾川州学	15	30	30	三年两贡	康熙五十一年
	云龙州学	12	30	30	三年两贡	康熙二十四年
	鹤庆州学	20	30	30	三年二贡	乾隆三十六年
	剑川州学	20	30	30	三年两贡	康熙年间
永昌府	永昌府学	20	40	40	一年一贡	康熙八年
	保山县学	20	20	20	二年一贡	康熙九年
	永平县学	12	20	20	二年一贡	康熙八年
	腾越州学	20	30	30	三年两贡	康熙七年（嘉庆二十四年该厅学）
	龙陵厅学	4	—	—	—	道光九年

续表

府(州)	儒学	学额	廪生名额	增生名额	贡期	儒学设立时间
顺宁府	顺宁府学	12	30	30	三年二贡	康熙八年
	云州学	12	30	30	三年两贡	光绪八年
	顺宁县学	8	10	10	四年一贡	光绪年间
	缅宁厅学	2	—	—	—	光绪年间
蒙化厅	蒙化厅学	20	40	40	一年一贡	康熙二十二年
永北厅	永北厅学	20	40	40	一年一贡	乾隆三十五年（另加取客童两名）
丽江府	丽江府学	8	20	20	二年一贡	康熙四十四年
	丽江县学	7	10	10	四年一贡	乾隆三十五年
	中甸厅学	2	—	—	—	道光八年
	维西厅学	2	—	—	—	光绪年间
普洱府	普洱府学	15	20	20	二年一贡	雍正九年
	宁洱厅学	3	—	—	—	光绪年间
	思茅厅学	3	—	—	—	道七年
	他郎厅学	2	—	—	—	同治二年
	威远厅学	2	—	—	—	光绪六年
镇沅州	镇沅州学	8	10	10	四年一贡	乾隆三十五年（后改厅学）
	恩乐县学	8	8	8	四年一贡	不祥

资料来源：此表系依据(清)素尔讷等纂修的《钦定学政全书》卷六〇《云南学额》和《钦定大清会典事例》卷三八〇《云南学额》等资料整理而成。

3. 清代广西各府县学学额统计表

府(州)	儒学	学额	廪生名额	增生名额	贡期	儒学设立时间
桂林府	桂林府学	20	40	40	一年一贡	康熙十一年
	临桂县学	20	20	20	二年一贡	康熙二十四年
	灵川县学	15	20	20	二年一贡	康熙二十一年
	灌阳县学	15	20	20	二年一贡	顺治十八年
	兴安县学	15	20	20	二年一贡	雍正九年
	阳朔县学	12	20	20	二年一贡	康熙九年
	永宁州学	12	20	20	二年一贡	康熙二年
	永福县学	8	14	14	二年一贡	康熙二年
	义宁县学	8	12	12	二年一贡	雍正七年
	全州学	20	30	30	三年两贡	康熙二十年（另取苗童两名）
	龙胜厅学	2	—	—	—	取苗童两名
平乐府	平乐府学	20	20	20	一年一贡	顺治十六年（另取客童两名）
	平乐县学	15	13	13	二年一贡	康熙四十二年（另取猺童两名）
	永安州学	15	6	6	三年一贡	康熙五年
	恭城县学	12	15	15	二年一贡	康熙九年
	富川县学	15	20	20	二年一贡	康熙四年（另取猺童两名）
	贺县学	15	20	20	二年一贡	康熙九年
	修仁县学	8	6	6	三年一贡	顺治十二年
	荔浦县学	8	10	10	二年一贡	康熙四年
	昭平县学	12	10	10	二年一贡	康熙元年
梧州府	梧州府学	18	33	33	一年一贡	顺治十三年
	苍梧县学	20	20	20	二年一贡	康熙三十九年
	怀集县学	20	20	20	二年一贡	顺治十四年
	藤县学	12	20	20	二年一贡	康熙二十五年
	容县学	8	15	15	二年一贡	康熙五十四年

续表

府(州)	儒学	学额	廪生名额	增生名额	贡期	儒学设立时间
梧州府	岑溪县学	8	7	7	二年一贡	顺治十五年
浔州府	浔州府学	20	24	24	一年一贡	顺治十五年
	桂平县学	15	20	20	二年一贡	康熙六年
	贵县学	15	20	20	二年一贡	康熙五十六年
	平南县学	12	20	20	二年一贡	康熙初年
	武宣县学	8	14	14	二年一贡	康熙七年
南宁府	南宁府学	20	38	38	一年一贡	康熙四年
	宣化县学	20	20	20	二年一贡	顺治初年
	隆安县学	15	13	13	二年一贡	康熙十一年
	横州学	20	26	26	三年两贡	顺治十四年
	永淳县学	15	10	10	二年一贡	康熙二十一年
	上思州学	15	10	10	三年一贡	顺治十六年
	新宁州学	20	10	10	三年两贡	顺治初年
太平府	太平府学	20	25	25	一年一贡	顺治十八年
	崇善县学	8	4	4	四年一贡	雍正元年
	左州学	12	10	10	四年一贡	康熙二十五年
	养利州学	12	7	7	四年一贡	康熙三十二年
	永康州学	15	8	8	四年一贡	康熙二十五年
	宁明州学	15	8	8	四年一贡	康熙二十六年
	太平土州学	4	2	2	四年一贡	雍正二年
	土思州学	20	25	25	四年一贡	康熙三十七年
泗城府	泗城府学	12	4	4	三年一贡	康熙二十年
	西隆州学	6	4	4	四年一贡	康熙十五年（另取苗童两名）
	西林县学	4	2	2	四年一贡	雍正二年
	凌云县学	4	2	2	四年一贡	不祥
镇安府	镇安府学	12	6	6	三年一贡	雍正元年
	归顺州学	4	2	2	四年一贡	雍正十一年
	天保县学	4	2	2	四年一贡	乾隆五十七年

续表

府(州)	儒学	学额	廪生名额	增生名额	贡期	儒学设立时间
镇安府	奉议州学	4	2	2	四年一贡	雍正二年
	镇边县学	2	2	2	四年一贡	光绪十三年
	百色厅学	4	2	2	四年一贡	光绪二年
柳州府	柳州府学	20	34	34	一年一贡	康熙十九年（另取客童两名）
	马平县学	12	20	20	二年一贡	康熙五年
	雒容县学	12	13	13	二年一贡	康二十二年
	柳城县学	12	11	11	二年一贡	康熙二十年
	罗城县学	8	7	7	三年一贡	康熙元年（另取苗童两年）
	融县学	15	18	18	二年一贡	顺治十八年
	怀远县学	8	10	10	二年一贡	康熙三十四年（另取苗童两名）
	来宾县学	8	8	8	三年一贡	康熙二十九年
	象州学	15	17	17	三年两贡	康熙三年
庆远府	庆远府学	20	19	19	一年一贡	康熙六十年
	宜山县学	15	16	16	二年一贡	康熙四十六年
	天河县学	8	8	8	三年一贡	雍正元年
	河池州学	12	7	7	三年一贡	康熙二十三年
	思恩县学	8	5	5	四年一贡	康熙二年
	东兰州学	4	2	2	四年一贡	雍正十一年
思恩府	思恩府学	20	22	22	一年一贡	康熙十一年
	武缘县学	20	16	16	二年一贡	康熙三十九年
	宾州学	20	30	30	三年两贡	康熙四年
	上林县学	20	16	16	二年一贡	康熙四十三年
	迁江县学	8	10	10	三年一贡	顺治九年
	恩隆县学	4	2	2	四年一贡	光绪二年
郁林州	郁林州学	20	30	30	三年两贡	康熙元年
	博白县学	12	16	16	二年一贡	康熙三年

续表

府(州)	儒学	学额	廪生名额	增生名额	贡期	儒学设立时间
郁林州	北流县学	12	16	16	二年一贡	康熙元年
	陆川县学	8	20	20	二年一贡	顺治十六年
	兴业县学	8	18	18	二年一贡	雍正三年
	又拨梧州府学旧额内入学五名,在郁林州属各学凭文取进					

资料来源:此表系依据(清)素尔讷等纂修的《钦定学政全书》卷五九《广西学额》和《钦定大清会典事例》卷三七九《广西学额》等资料整理而成。

4. 清代川西南、川南各府县学学额统计表

府(州)	儒学	学额	廪生名额	增生名额	贡期	儒学设立时间
叙州府	叙州府学	20	40	40	一年一贡	康熙二十四年
	宜宾县学	12	20	20	二年一贡	康熙二十年
	富顺县学	12	20	20	二年一贡	康熙二十一年
	南溪县学	8	20	20	二年一贡	康熙二十四年
	长宁县学	8	20	20	二年一贡	康熙七年
	隆昌县学	8	20	20	二年一贡	康熙二十五年
	庆符县学	8	20	20	二年一贡	康熙二十五年
	筠连县学	8	20	20	二年一贡	康熙五十四年
	高县学	8	20	20	二年一贡	康熙五十六年
	珙县学	8	20	20	二年一贡	康熙二十八年
	兴文县学	8	20	20	二年一贡	康熙十年
	屏山县学	15	20	20	二年一贡	康熙八年(后学额减为十名)
	马边厅学	5	4	4	四年一贡	乾隆二年
	雷波厅学	3	6	6	四年一贡	雍正七年
宁远府	宁远府学	8	15	15	三年一贡	嘉庆十四年新设
	西昌县学	15	20	20	二年一贡	雍正六年(嘉庆十四年学额减为九名)
	会理州学	12	20	20	二年一贡	康熙二十九年
	盐源县学	12	20	20	二年一贡	雍正六年(嘉庆十四年学额减为十名)
	冕宁县学	8	20	20	二年一贡	康熙二十六年
	越嶲厅学	6	15	15	三年一贡	康熙二十四年
雅州府	雅州府学	22	30	30	三年两贡	康熙五年
	雅安县学	12	20	20	二年一贡	嘉庆三年
	名山县学	8	20	20	二年一贡	康熙四十年
	荥经县学	8	20	20	二年一贡	康熙七年
	芦山县学	8	20	20	二年一贡	康熙初年

续表

府(州)	儒学	学额	廪生名额	增生名额	贡期	儒学设立时间
雅州府	清溪县学	6	10	10	四年一贡	雍正八年(拨增土司学额一名)
	天全州学	8	10	10	三年一贡	乾隆一十八年(童生取进府学额内)
	打箭炉厅	—	—	—	—	未设学
嘉定府	嘉定府学	15	20	20	二年一贡	康熙五年
	乐山县学	20	20	20	二年一贡	乾隆六年(乾隆四十三年拨学额四名予犍为县学)
	峨眉县学	8	20	20	二年一贡	康熙四年
	犍为县学	8	20	20	二年一贡	康熙九年(乾隆四十三年将乐山县学拨归学额四名)
	洪雅县学	12	20	20	二年一贡	康熙三年
	夹江县学	12	20	20	二年一贡	康熙十一年
	荣县学	6	10	10	两县轮流二年一贡	康熙二十三年
	威远县学	6	10	10		雍正八年
	峨边厅	—	—	—	—	未设学
叙永厅	叙永厅学	12	20	20	二年一贡	康熙七年
	永宁县学	12	20	20	二年一贡	顺治十七年

资料来源：此表系依据(清)素尔讷等纂修的《钦定学政全书》卷五七《四川学额》和《钦定大清会典事例》卷三七八《四川学额》等资料整理而成。

5. 清代分省取士简表(西南边疆部分)

单位:名

时间	云南	广西	贵州	四川	全国
康熙五十二年(1713)	4	3	3	4	186
康熙五十四年(1715)	4	2	3	5	200
康熙五十七年(1718)	4	3	2	4	174
康熙六十年(1721)	3	2	2	4	174
雍正元年(1723)	5	1	2	3	180
雍正二年(1724)	5	2	4	5	213
雍正五年(1727)	10	3	4	6	209
雍正八年(1730)	14	9	11	9	406
雍正十一年(1733)	10	4	8	7	330
乾隆元年(1736)	8	3	6	6	300
乾隆二年(1737)	8	4	6	7	313
乾隆四年(1739)	8	6	8	10	316
乾隆七年(1742)	10	7	9	10	316
乾隆十年(1745)	10	8	10	11	307
乾隆十三年(1748)	8	6	7	9	259
乾隆十六年(1751)	9	5	7	9	241
乾隆十七年(1752)	7	5	7	8	235
乾隆十九年(1754)	7	5	7	8	241
乾隆二十二年(1757)	8	5	7	9	235
乾隆二十五年(1760)	5	4	6	7	191
乾隆二十六年(1761)	5	5	7	8	207
乾隆二十八年(1763)	4	4	5	6	187
乾隆三十一年(1766)	5	4	6	7	206
乾隆三十四年(1769)	1	2	2	3	143
乾隆三十六年(1771)	2	3	3	4	161
乾隆三十七年(1772)	2	3	3	5	169
乾隆四十年(1775)	1	2	2	3	151
乾隆四十三年(1778)	2	2	3	3	156
乾隆四十五年(1780)	3	3	3	3	158

续表

时间	云南	广西	贵州	四川	全国
乾隆四十六年(1781)	4	3	3	4	168
乾隆四十九年(1784)	1	1	1	1	115
乾隆五十二年(1787)	2	2	2	3	137
乾隆五十四年(1789)	1	1	2	2	96
乾隆五十五年(1790)	1	1	2	3	102
乾隆五十八年(1793)	1	1	2	3	102
乾隆六十年(1795)	2	2	3	4	114
嘉庆元年(1796)	4	3	3	5	148
嘉庆四年(1799)	7	3	5	6	209
嘉庆六年(1801)	10	7	8	10	270
嘉庆七年(1802)	10	6	7	9	245
嘉庆十年(1805)	10	4	9	5	233
嘉庆十三年(1808)	12	6	10	7	259
嘉庆十四年(1809)	11	6	9	7	241
嘉庆十六年(1811)	10	6	9	7	237
嘉庆十九年(1814)	9	6	9	6	225
嘉庆二十二年(1817)	12	7	10	8	249
嘉庆二十四年(1819)	10	6	9	8	222
嘉庆二十五年(1820)	11	7	10	9	241
道光二年(1822)	9	5	8	6	223
道光三年(1823)	10	6	7	7	240
道光六年(1826)	11	7	7	9	257
道光九年(1829)	8	6	5	6	214
道光十二年(1832)	7	6	5	6	203
道光十三年(1833)	9	5	5	8	222
道光十五年(1835)	11	10	9	9	269
道光十六年(1836)	6	5	5	6	174
道光十八年(1838)	6	5	4	6	182
道光二十年(1840)	6	5	6	6	183

续表

时间	云南	广西	贵州	四川	全国
道光二十一年(1841)	7	6	6	7	200
道光二十四年(1844)	8	7	7	8	229
道光二十五年(1845)	8	7	7	8	212
道光二十七年(1847)	8	7	7	8	211
道光三十年(1850)	7	6	6	8	207
咸丰二年(1852)	10	5	7	10	244
咸丰三年(1853)	11	6	8	13	237
咸丰六年(1856)	7	2	5	9	191
咸丰九年(1859)	5	8	5	9	191
咸丰十年(1860)	5	6	4	8	190
同治元年(1862)	6	11	4	7	196
同治二年(1863)	3	11	3	5	197
同治四年(1865)	6	12	3	14	252
同治七年(1868)	4	12	10	16	271
同治十年(1871)	11	13	11	15	326
同治十三年(1874)	13	14	13	15	345
光绪二年(1876)	14	13	12	15	339
光绪三年(1877)	12	13	11	14	323
光绪六年(1880)	12	13	11	14	323
光绪九年(1883)	12	13	11	14	316
光绪十二年(1886)	12	13	11	13	316

资料来源:此表主要依据《钦定大清会典事例》卷三五〇《礼部·贡举·会试中额》制作。需注意的是,此表仅仅统计文科,不包括武科,亦不含钦赐中试、五经中试等名目。

参考文献

（清）张廷玉等撰：《明史》，中华书局，1974年。

（明）刘文征：天启《滇志》，古永继点校，云南教育出版社，1991年。

《清实录》，中华书局影印本，2008年。

云南省历史研究所编：《〈清实录〉有关云南史料汇编》（四卷本），云南人民出版社，1985年。

中国科学院民族研究所、中国科学院贵州分院民族研究所编：《〈清实录〉贵州资料辑要》，贵州人民出版社，1964年。

（清）赵尔巽等撰：《清史稿》，中华书局，1977年。

（清）素尔讷等纂，霍有明、郭海文校注：《钦定学政全书校注》，武汉大学出版社，2009年。

（清）昆冈、刘启端等：《钦定大清会典事例》，续修四库全书本，上海古籍出版社，1995年。

方国瑜主编：《云南史料丛刊》十三卷本，云南大学出版社，1998年至2001年。

程敏贤选编：《〈清圣训〉西南民族史料》，四川大学出版社，1988年。

光明日报出版社、中国第一历史档案馆、中国人民大学清史研究所、贵州省档案馆编：《清代前期苗民起义档案史料》，光明日报出版社，1987年。

谭其骧主编：《中国历史地图集·清时期》第八册，中国地图出版社，1987年。

（清）谢启昆修、胡虔纂：嘉庆《广西通志》，广西师范大学历史系中国历史文献研究室点校，广西人民出版社，1988年。

龙云、卢汉、周钟岳纂修，李春龙等点校：《新纂云南通志》，云南人民出版社，2007年。

贵州省文史研究馆点校：《贵州通志·学校·选举志》，贵州人民出版社，2008年。

贵州通史编委会：《贵州通史》六卷本，当代中国出版社，2002年。

钟文典主编：《广西通史》三卷本，广西人民出版社，1999年。

何耀华主编:《云南通史》六卷本,中国社会科学出版社,2011年。
陈世松主编:《四川通史》全七册,四川大学出版社,1994年。
方铁主编:《西南通史》,中州古籍出版社,2003年。
张中奎:《改土归流与苗疆再造:清代"新疆六厅"的王化进程及其社会文化变迁》,中国社会科学出版社,2012年。
梁志平、张伟然:《定额制度与区域文化的发展——基于清代长三角洲地区学额的研究》,漓江出版社,2013年。
王美芳:《文教遐宣——清朝西南地区文教措施研究》,台湾师范大学硕士学位论文,2006年。
徐毅:《绥服远人——清帝国治理广西的教化策略》,社会科学文献出版社,2013年。
于晓燕:《清代南方民族地区的义学研究》,云南民族出版社,2011年。
刘希伟:《清代科举冒籍研究》,华中师范大学出版社,2012年。
方国瑜:《中国西南历史地理考释》(上下),中华书局,1987年。
滕兰花:《明、清时期广西区域开发不平衡研究》,民族出版社,2011年。
方铁:《方略与施治:历朝对西南边疆的经营》,社会科学文献出版社,2015年。
黄家信:《壮族地区土司制度与改土归流研究》,合肥工业大学出版社,2007年。
李世愉:《清代科举制度考辩》,沈阳出版社,2005年。
李世愉:《清代科举制度考辩(续)》,北方联合出版传媒(集团)股份有限公司万卷出版公司,2012年。
张羽琼:《贵州古代教育史》,贵州教育出版社,2003年。
蒙荫昭、梁全进主编:《广西教育史》,广西人民出版社,1999年。
刘光智:《云南教育简史》,贵州人民出版社,1993年。
蔡寿福、陶天麟主编:《云南教育史》,云南教育出版社,2001年。
陈宝良:《明代儒学生员与地方社会》,中国社会科学出版社,2005年。
张仲礼:《中国绅士——关于其在19世纪中国社会中作用的研究》,上海社会科学院出版社,1991年。
商衍鎏:《清代科举考试述录》,生活·读书·新知三联书店,1958年。
刘海峰、李兵:《中国科举史》,东方出版中心,2004年。
陆韧:《变迁与交融——明代云南汉族移民研究》,云南教育出版社,2001年。
秦树才:《清代云南绿营兵研究——以汛塘为中心》,云南教育出版社,

2004年。

周琼:《清代云南瘴气与生态变迁研究》,中国社会科学出版社,2007年。

陆韧主编:《现代西方学术视野中的中国西南边疆史》,云南大学出版社,2007年。

凌永忠:《民国时期云南边疆地区特殊过渡型政区研究》,中国社会科学出版社,2015年。

彝族简史编写组:《彝族简史》,民族出版社,2009年。

潘先林:《民国云南彝族统治集团研究》,云南大学出版社,1999年。

李晓斌:《历史上云南文化交流现象研究》,民族出版社,2005年。

马亚辉:《康雍乾三朝对云南社会的治理》,云南大学博士论文,2013年。

许庆如:《清代贵州义学的时空分布研究》,西南大学硕士论文,2009年。

毛信元:《清代贵州榕江地区义学政策实施情况研究》,西南大学硕士论文,2008年。

沈乾芳:《社会变革时期的彝族婚姻形态研究》,民族出版社,2011年。

刘本军:《震动与回响——鄂尔泰在西南》,云南大学博士论文,1999年。

(部分参考或引用的论文在正文中已作了标注,在此处不一一列举。)

后　　记

　　本书是国家社科基金西部项目"清朝西南边疆少数民族教育政策与民族社会内地化研究"（14XMZ095）的最终成果。在课题组成员的共同努力下，历时数载终于完成书稿并通过验收，现在即将付梓。回顾本课题研究过程中的种种坎坷，回味曾经经历的诸多困惑和迷惘，此时此刻的我们心情颇为复杂，可谓五味杂陈，欣慰与遗憾共存。欣慰的是，数度寒暑的辛苦努力终于有了一个像样的结果，似乎可以松一口气；遗憾的是，当初课题设计时所拟定的研究目标并未完全达到。我们在立项申请和开题答辩时曾提到，本课题欲在前辈和时贤研究的基础上，对清朝在西南边疆少数民族地区实行的教育政策与少数民族地区内地化的密切联系能够进行较为系统深入的研究，从而较为清晰地呈现清代西南边疆少数民族地区内地化进程的复杂图景，现在看来，书稿中这部分的内容显得较为单薄，还有进一步挖掘和提升的空间。然而，由于一些原因，目前书稿中存在的诸多不尽如人意之处，只能寄希望于将来在相关的专题研究中弥补了。好在学术研究永无止境，每一个成果都仅仅是当时所处阶段努力的结果和下一个阶段的研究起点，对问题的探究始终在路上。

　　由于课题组各位成员教学、科研和管理工作繁重，全书的框架思路和执笔撰写主要是由杨永福完成的，其他课题组成员参与了部分资料的搜集整理工作。需要说明的是，除了课题组成员之外，还有不少师友为本书的最终完成付出了辛勤的劳动，为书稿修改完善提出很多中肯意见，并无偿提供了丰富的文献资料。中国社会科学院历史研究所李世愉老师和云南大学方铁老师一直关心本课题研究进展，百忙之中慨然为本书作序，他们关爱、提携后学的品质令我们十分感动。我授课班级的学生卓扬涛、刘毕娜、李明怡、杨颖怡、李宁川、罗明燕、刘文文、池冲等人在繁忙的学习之余，整理录入资料、校对书稿，做了很多琐碎且重要的工作，在此一并表示感谢！

由于笔者自身水平有限,错谬疏漏之处在所难免,祈望学界同仁不吝赐教,不胜感激之至!

杨永福

2021 年 6 月 20 日